修正箇所	誤記	
本冊	p.26 2 気候・農業 図内表記	BS の分布（インダス川流域）	BS の分布（インダス川… ン高原の西〜南部）
	p.43 3 鉱工業・経済 2 鉱産資源 ㉖	OPEC 加盟国は 4 か国	アフリカの OPEC 加盟国は 6 か国 ／2023 年 12 月現在
	p.60 図 2 - ② 各月の表記	1 3 5 7 7 9 11	1 3 5 7 9 11
	p.163 2 都市 図	（X 軸の表記）	0　　　　　50　　　　100% 総人口に占める首位都市の人口割合
	p.227 問 5 選択肢ク	貴少な生物	希少な生物
別冊	p.2 第 2 章 ㉑	ア・イ・ウ	ア・イ・ウ・エ
	p.2 第 2 章 ㉗	イ・エ	イ
	p.3 第 6 章 ⑫⑬	⑫カール⑬ホーン	⑫ホーン⑬カール
	p.24 13 選択肢 C 1 行目	ウに該当する。	アに該当する。
	p.59 4 選択肢③ 1 行目	アジア太平洋経済協力会談	アジア太平洋経済協力会議

地理総合，地理探究

2025 実戦攻略 大学入学共通テスト問題集

出題傾向分析………2

第 1 編　**基礎編（系統地理）**
第 1 章　自然・防災・地図………6
第 2 章　資源・産業………10
第 3 章　交通・通信・観光・貿易………12
第 4 章　人口・村落・都市………14
第 5 章　生活文化・民族・宗教・国家………16

第 2 編　**基礎編（地誌）**
第 1 章　東アジア………18
第 2 章　東南アジア………22
第 3 章　南アジア………26
第 4 章　西アジア・中央アジア………30
第 5 章　ロシア………34
第 6 章　ヨーロッパ………38
第 7 章　アフリカ………42
第 8 章　アングロアメリカ………46
第 9 章　ラテンアメリカ………50
第 10 章　オセアニア………54
第 11 章　日本………58

第 3 編　**例題演習編＋実践編**
第 1 章　自然・防災・地図………60
第 2 章　資源・産業………104
第 3 章　交通・通信・観光・貿易………144
第 4 章　人口・村落・都市………162
第 5 章　生活文化・民族・宗教・国家………192
第 6 章　地域圏の調査………210

第 4 編　**実戦演習編**
2025 年度大学入学共通テスト試作問題………218

基本的には，旧共通テストを踏襲

- 問われている本質的な内容は，従来の共通テスト（以下，旧共通テスト）と同様。
  ある事象（自然・産業・文化など）の**分布**や**因果関係**をつかみ，
  他の地域と**比較**する知識・技能が求められている。
- 基本的な出題形式も，旧共通テストと同様。
  ①問題文を読む → ②関連する資料（図表・写真・文章）を読み解く
  →③複数の選択肢の中から適切な解答を選択する，という形式は従来どおり。
    ⇒ 新共通テスト対策として，
      旧共通テストやセンター試験の過去問演習で十分に対応可能！！

一方で，旧共通テストとの違いも

① 出題形式

大問数は増加したものの，小問数は減少。

	大問数	小問数
2023年度　共通テスト（本試験）	5問	31問
試作問題	6問	30問

しかし，図表・資料数は大幅に増加　＝　1小問当たりの平均資料数の増加

	資料数*	問題の総ページ数**
2023年度　共通テスト（本試験）	38点	34ページ
試作問題	45点	36ページ

*「図」「表」「写真」「資料」の点数。「図1」「写真1」「資料1」とされたものを各1点としてカウント。
**表紙を除く。

さらに，同時により多くの資料の読み取りが求められている。

2023年度の共通テスト（地理B・本試験）では，1小問で多くても2点の資料が出されたに過ぎなかった。
しかし，試作問題では，3点の資料が使用された小問が3問，4点の資料が使用された小問が1問存在。

第6問　問3　4点の資料を使用。地理総合で重視される「地理情報システム」の活用。

問3　ジュンさんたちは，X市内のある地区で買い物に関する聞き取り調査を行い，次の資料1と，聞き取り調査の内容に関する後の図3～5を作成した。ジュンさんたちが聞き取り調査をした地区として最も適当なものを，図3～5中の①～④のうちから一つ選べ。

資料1　聞き取り調査の結果

- この辺りは，50年前に大規模に造成された住宅地である。
- 開発当時の入居者は，30歳前後の世代とその子どもが多かったが，その後，進学や就職，結婚を機に若者が転出し，今では高齢化が進んだ地域となった。
- 食品スーパーへ買い物に行くには自家用車が使えれば問題ないが，歩いて行くには遠く，坂道が多いため自転車も使いにくい。
- バスの本数が少なく，食品スーパーまで遠回りで時間も運賃もかかる。
- 高齢となり自家用車を使えなくなった世帯は，食品スーパーに行くことが困難になっている。

図3
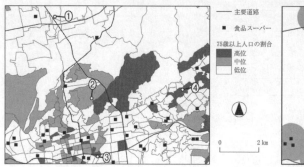

図4
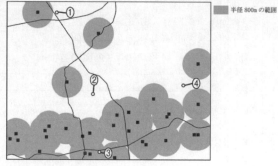

図5
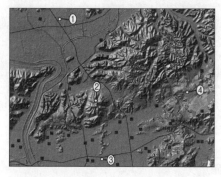

第4問　問3　複数の図が使用された「資料」も増加している。

問3　工場の分布には，様々な立地条件が反映されている。次の資料1は，製紙・パルプ工場の分布と紙・板紙*の生産の流れを示したものである。資料1をもとに，日本の製紙・パルプ工場の特徴について述べた文として**適当でないもの**を，後の①〜④のうちから一つ選べ。

*板紙は，段ボールや包装に使われる厚い紙。

資料1　製紙・パルプ工場の分布と紙・板紙の生産の流れ

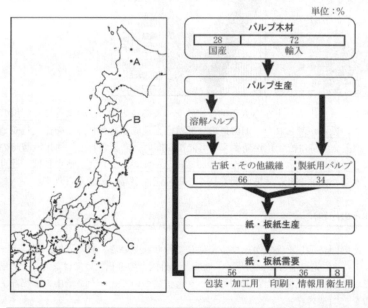

① 工場Aでは，国産木材を調達しやすい立地条件をいかした生産をしている。

② 工場Bでは，原料を輸入しやすい立地条件をいかした生産をしている。

③ 工場Cでは，安価な労働力を得やすい立地条件をいかした生産をしている。

④ 工場Dでは，大量の古紙を調達しやすい立地条件をいかした生産をしている。

⇒「図」「表」「資料」をすばやく正確に判読することが求められている。

② 内容

試作問題
第1問〜第2問　「地理総合」の範囲
第3問〜第6問　「地理探究」の範囲

想定される本試験の構造
第1問〜第4問　　系統地理
第5問　　　　　　地誌
第6問　　　　　　系統地理と「持続可能な国土像の探究***」
　　　　　　　　　　　　　　***旧共通テストの「地理的技能」と類似

・試作問題の時点では，地誌分野に関しては，系統地理の理解で対応可能。
[・地理総合で重視される「防災」
・地理探究で拡充された「交通・通信，観光（第3次産業）」
・地理総合で重視される「課題把握・追究・解決型」
　　　　　　　　　　　　　　　の出題頻度が高まることが予想される。
ただし，特別な対策が求められているわけではない。
基礎の徹底（教科書レベルの内容理解）と**過去問演習**が大切！！

第2問　問2（防災分野からの出題）

問2　次の図に示した地域について，地形と災害リスクを述べた文章中の下線部①〜④のうちから，**適当でない**ものを一つ選べ。

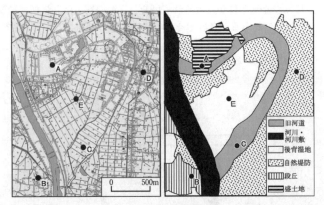

　　この地域では，河川の蛇行部をショートカットする人工的な流路をつくることで，①増水時にも河川の水を流れやすくして洪水発生リスクの低減が図られた。旧河道の一部は盛土造成が行われ，この盛土造成地にある②地点Aは，地点Bよりも地震発生時に液状化が発生する可能性が高いと考えられる。河川氾濫時のリスクとしては③地点Cは，浸水しやすく，浸水した状態が長時間継続しやすい。また，④地点Dは，地点Eよりも浸水深が大きくなり，浸水した状態が継続する時間も長くなる可能性が高いと考えられる。

第4問　問5（交通・通信・観光からの出題）

問5　国際データ通信の多くは，次の図に示した海底ケーブルを通じて行われている。後の表は，国際データ通信量について示したものであり，通信先の割合には，各国・地域と諸外国との通信だけではなく，その国・地域を経由した通信も含まれている。図と表をもとに，国際データ通信について述べた文章中の下線部①〜④のうちから，**適当でない**ものを一つ選べ。

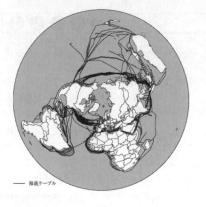

表 国際データ通信量の上位8か国・地域における世界シェアと通信先の割合 （単位：％）

国・地域	世界	通信先の割合				
	シェア	北アメリカ	ヨーロッパ	アジア	ラテンアメリカ	その他
香港	14.3	9.5	3.3	82.9	0.0	4.3
アメリカ合衆国	11.9	8.8	24.5	23.7	38.8	4.2
イギリス	10.3	20.3	65.7	3.6	0.2	10.2
台湾	5.1	36.6	0.1	63.2	0.0	0.1
中国	4.2	63.5	10.7	25.6	0.0	0.2
日本	3.6	43.1	2.2	52.7	0.0	2.0
ブラジル	3.1	76.4	1.7	0.0	21.8	0.1
ドイツ	3.0	2.3	89.0	1.0	0.1	7.6

中国の数値には台湾，香港，マカオを含まない。統計年次は世界シェアが2016年，通信先の割合が2017年。
「ジェトロ世界貿易投資報告」により作成。

― 海底ケーブル

世界で初めて敷設された海底ケーブルは，大西洋を横断するものであった。その後，大西洋には複数の海底ケーブルが開通し①ヨーロッパ側の起点の多くがイギリスとなっている。アメリカ合衆国は，多くの国際データ通信の経由国となっており，海底ケーブルが集中している。特に，②ラテンアメリカは，北アメリカを経由地として，他の国・地域と国際データ通信を行っている。太平洋にも複数の海底ケーブルが敷設されており，アメリカ合衆国とアジアとの間の国際データ通信においては，③ほとんどのデータ通信が中国を経由している。世界シェアが1位の香港は，アジア域内と複数の海底ケーブルで結ばれ，④日本や韓国，ASEAN諸国との国際データ通信が多い。

第6問　問7（課題把握・追究・解決型）

問7　ジュンさんたちは，最後に，持続可能なまちづくりについて話し合った。次の会話文中の下線部マ～ムと，それらを解決するための取組みS～Uとの組合せとして最も適当なものを，後の①～⑥のうちから一つ選べ。

ジュン「大都市は，公共交通機関も充実して便利だし，お店も多くて買い物もしやすいね。そんなまちづくりをすれば暮らしやすくなると思うよ」

ヒカリ「持続可能なまちづくりには，利便性の高さだけではなく過密の問題の解決も重要だと思う。マ大都市は便利だけど家賃がとても高いし，人が多くて通勤ラッシュも激しいね」

ジュン「そう考えると，大都市よりも地方都市の方が住みやすいのかな」

アズサ「X市もそうだったように，地方都市は，車社会で交通渋滞が発生している一方，車が運転できない人の中には買い物に困る人もいたよ。ミ車がなくても暮らしやすいまちづくりを目指すべきだと思うよ」

ユウキ「X市で空き家のことについて調べたけど，空き家を放置していると老朽化して危険だから，持続可能なまちにはならないと思う。なんとかしてム空き家を活用してもらう方法を考えるべきだと思うよ」

ジュン「国内の他地域の取組みや海外の取組みなども参考に，持続可能なまちづくりについて引き続き考えてみよう」

解決するための取組み
S　住宅や商店，病院などの生活関連施設を一定の範囲内に再配置する。
T　大企業の本社や国の行政機関の地方都市への移転を促す。
U　地方移住を希望する人に受け入れ側が経済的な支援を行う。

	①	②	③	④	⑤	⑥
マ	S	S	T	T	U	U
ミ	T	U	S	U	S	T
ム	U	T	U	S	T	S

新共通テストに向けて

複数の文章や「図」「表」「資料」を比較して正確に判読する力，国際的課題に関する時事的な問題への対応力がこれまで以上に求められる。
⇒日常の学習において興味をもつ・興味を広げることが大切！！
（ニュース，資料集，統計集，インターネットなどの活用）

1 自然（地形）

1 空所に当てはまるものを，それぞれ記号で選びなさい。

❶ 地球上の地形は，（　　）により生じた高まりが（　　）により改変されることで形成される。
〔ア：外的営力，イ：内的営力〕

❷ 大西洋・インド洋の中央部や東太平洋に（　　），日本列島・南アメリカ大陸西岸，インドネシアのスマトラ島に沿って（　　）が分布する。〔ア：海溝，イ：海嶺〕

❸ インド半島北部のヒマラヤ山脈はプレートの（　　），アイスランドはプレートの（　　），北アメリカ大陸西部のサンアンドレアス断層はプレートの（　　）に該当する。
〔ア：ずれる境界，イ：狭まる境界，ウ：広がる境界〕

❹ パリ盆地に広がるケスタは（　　），甲府盆地の扇状地や広島平野の三角州は（　　）に分類される。
〔ア：侵食平野，イ：沖積平野〕

❺ 河岸段丘や海岸段丘では，（　　）位置にある段丘面ほど古い時代に形成された。
〔ア：高い，イ：低い〕

❻ 海岸平野は（　　），エスチュアリーは（　　）である。〔ア：沈水海岸，イ：離水海岸〕

❼ リアス海岸は（　　），フィヨルドは（　　）に海水が浸入してできた入り江である。
〔ア：U字谷，イ：V字谷〕

❽ 湿潤地域に源流を発し乾燥地域を流れる河川は（　　），普段は流水がみられないかれ川は（　　）である。〔ア：外来河川，イ：カナート，ウ：内陸河川，エ：ワジ〕

❾ 火山の陥没によりできた凹地が（　　），石灰岩が溶食作用を受けてできた地形が（　　）地形である。
〔ア：カルスト，イ：カルデラ〕

2 当てはまるものをそれぞれ選びなさい。

❿ 扇状地では長年，扇央は〔ア：水田，イ：畑・果樹園〕，扇端は〔ウ：水田，エ：畑・果樹園〕として利用され，集落は〔オ：扇央，カ：扇端〕に立地した。

⓫ 氾濫原では長年，自然堤防は〔ア：水田，イ：畑・果樹園〕，後背湿地は〔ウ：水田，エ：畑・果樹園〕として利用され，集落は〔オ：自然堤防，カ：後背湿地〕に立地した。

3 当てはまるものをすべて選びなさい。

⓬ プレートの衝突による地殻変動が現在もみられる山脈は，〔ア：アフリカ北西部のアトラス山脈，イ：北ヨーロッパのスカンディナヴィア山脈，ウ：中国西部のテンシャン山脈，エ：アメリカ合衆国東部のアパラチア山脈〕である。

⓭ 日本を取り巻くプレートのうち，海溝で沈み込むのは〔ア：北アメリカ，イ：太平洋，ウ：フィリピン海，エ：ユーラシア〕プレートである。

2 自然（気候）

1 空所に当てはまるものを，それぞれ記号で選びなさい。

⓮ 亜熱帯高圧帯から低緯度に向けて（　　），高緯度に向けて（　　）が吹く。〔ア：偏西風，イ：貿易風〕

⓯ 貿易風は，北半球では（　　），南半球では（　　）から吹く。
〔ア：南西，イ：南東，ウ：北西，エ：北東〕

⓰ 夏の季節風（モンスーン）は，日本では（　　），インドでは（　　）から吹く。
〔ア：南西，イ：南東，ウ：北西，エ：北東〕

⓱ 海流の方向は，低緯度から中緯度の地域の北半球で（　　），南半球で（　　）となる。
〔ア：時計回り，イ：反時計回り〕

⓲ 熱帯には（　　），温帯には（　　），亜寒帯（冷帯）には（　　）とよばれる成帯土壌が分布する。
〔ア：褐色森林土，イ：ポドゾル，ウ：ラトソル〕

⓳ 地中海沿岸には（　　），ブラジル高原には（　　），インドのデカン高原には（　　）とよばれる間帯土壌が分布する。〔ア：テラローシャ，イ：テラロッサ，ウ：レグール〕

⓴ 北半球において，熱帯雨林気候の周辺に分布する気候区では，7月に（　　），1月に（　　）の影響を受ける。
〔ア：亜寒帯低圧帯（高緯度低圧帯），イ：亜熱帯高圧帯（中緯度高圧帯），ウ：熱帯収束帯（赤道低圧帯）〕

㉑ 熱帯雨林が分布する地域から高緯度側にかけて，（　　）→（　　）→砂漠が分布する。
〔ア：サバナ，イ：ステップ〕

㉒ 地中海沿岸では，夏季に（　　），冬季に（　　）の影響を受ける。
〔ア：亜寒帯低圧帯（高緯度低圧帯），イ：亜熱帯高圧帯（中緯度高圧帯），ウ：熱帯収束帯（赤道低圧帯）〕

㉓ 地中海沿岸には（　　），その高緯度側には（　　）が分布する。
〔ア：硬葉樹，イ：照葉樹，ウ：落葉広葉樹〕

㉔ 熱帯低気圧が発達したものは，北西太平洋で台風，インド洋や南太平洋で（　　），大西洋や北東太平洋で（　　）とよばれる。
〔ア：サイクロン，イ：ハリケーン〕

2 当てはまるものをそれぞれ選びなさい。

㉕ 気温の年較差が大きいのは〔ア：高緯度，イ：低緯度〕地域，ならびに，〔ウ：沿岸部，エ：内陸部〕，そして，中緯度地域の大陸〔オ：西岸，カ：東岸〕である。

㉖ 砂漠が形成されるのは，〔ア：亜熱帯高圧帯（中緯度高圧帯），イ：熱帯収束帯（赤道低圧帯）〕，〔ウ：沿岸部，エ：内陸部〕，恒常風の〔オ：風上側，カ：風下側〕，低・中緯度地域の〔キ：寒流，ク：暖流〕沿いである。

㉗ 亜寒帯では，〔ア：灰白色，イ：赤色〕の土壌が広がり，針葉樹林の〔ウ：タイガ，エ：ツンドラ〕が分布する。

㉘ 高山地域は，低地よりも気温が〔ア：高く，イ：低く〕，紫外線量が〔ウ：多く，エ：少なく〕なる。

㉙ エルニーニョ現象は，太平洋〔ア：西部，イ：東部〕の赤道周辺海域で，貿易風が〔ウ：強まる，エ：弱まる〕ことで海水温が高くなる現象である。

㉚ 梅雨前線は，〔ア：太平洋高気圧，イ：温帯低気圧〕と〔ウ：オホーツク海高気圧，エ：シベリア高気圧〕の境界に発生する。

㉛ 東北地方の〔ア：太平洋側，イ：日本海側〕ではやませによる冷害が発生しやすい。また，大都市の〔ウ：郊外，エ：都心部〕ではヒートアイランド現象が発生する。

㉜ 積乱雲が次々と発生して同じ場所を通過する現象を〔ア：線状降水帯，イ：都市型水害，ウ：ゲリラ豪雨〕という。

3 当てはまるものをすべて選びなさい。

㉝ 上昇気流が卓越するのは，〔ア：亜寒帯低圧帯（高緯度低圧帯），イ：亜熱帯高圧帯（中緯度高圧帯），ウ：極高圧帯，エ：熱帯収束帯（赤道低圧帯）〕である。

㉞ 熱帯低気圧の襲来により発生するのは〔ア：洪水，イ：高潮，ウ：津波〕である。

3 防災

1 空所に当てはまるものを，それぞれ記号で選びなさい。

㉟ 火山地帯では，大雨で雨水と火山灰などが混ざった（　　）や，高温の火山ガスと火山灰などが混ざった（　　）が発生する。
〔ア：火砕流，イ：土石流〕

㊱ 1995年に発生した兵庫県南部地震は（　　），2011年に発生した東北地方太平洋沖地震は（　　）に分類される。
〔ア：海溝型地震，イ：直下型地震〕

㊲ 洪水や高潮による浸水被害は（　　），土砂災害は（　　）で発生しやすい。また，山麓部で新たに造成された宅地においても土砂災害が発生する。
〔ア：三角州，イ：扇状地〕

㊳ 河川の氾濫による水害を（　　），雨水を河川に排出できずに市街地が浸水することを（　　）という。
〔ア：外水氾濫，イ：内水氾濫〕

2 当てはまるものをすべて選びなさい。

㊴ 地震による液状化現象は，〔ア：埋立地，イ：自然堤防，ウ：台地上，エ：氾濫原の旧河道〕で発生しやすい。

㊵ 火山災害に対する取り組みに当てはまるものは，〔ア：砂防えん堤，イ：地下調節池，ウ：ハザードマップ，エ：避難シェルター〕である。

㊶ 減災の取り組みのうち，ソフト対策に当てはまるものは，〔ア：ダムの建設，イ：堤防の補強，ウ：ハザードマップの作成，エ：防災訓練の実施〕である。

4 環境問題

1 空所に当てはまるものを，それぞれ記号で選びなさい。

㊷ （　　　）は酸性雨，（　　　）はオゾン層破壊の原因物質である。

〔ア：硫黄酸化物，イ：PM2.5，ウ：フロン〕

㊸ 1992年に（　　　）で開催された地球サミット（環境と開発に関する国際連合会議）で気候変動枠組条約が締結され，2015年に（　　　）において，すべての参加国が温室効果ガスの削減目標を作成することを義務化する協定が採択された。

〔ア：京都，イ：パリ，ウ：リオデジャネイロ〕

2 当てはまるものをすべて選びなさい。

㊹ 砂漠化の原因として，〔ア：アグロフォレストリー，イ：過耕作，ウ：過剰な灌漑，エ：熱帯林破壊〕などがあげられる。

㊺ 地球温暖化による悪影響として，〔ア：異常気象，イ：海面上昇，ウ：湖沼の酸性化，エ：生態系の破壊，オ：脱炭素社会〕などがあげられる。

5 地図

1 空所に当てはまるものを，それぞれ記号で選びなさい。

㊻ メルカトル図法で任意の2点を結んだ直線は（　　　），正距方位図法で中心から任意の点まで結んだ直線は（　　　）を示す。

〔ア：大圏航路（大圏コース），イ：等角航路〕

㊼ ホモロサイン（グード）図法は，低緯度でのひずみが小さい（　　　）と高緯度でひずみが小さい（　　　）を接合した図法である。

〔ア：サンソン図法，イ：メルカトル図法，ウ：モルワイデ図法，〕

㊽ 地理空間情報をコンピュータ上で表示，分析するシステムを（　　　），GNSS（全球測位衛星システム）のうち，アメリカ合衆国が運用するものを（　　　）という。

〔ア：GIS，イ：GPS〕

2 当てはまるものをそれぞれ選びなさい。

㊾ 縮尺2万5千分の1地形図は〔ア：一般図，イ：主題図〕に分類される。この地図では，等高線のひとつである計曲線は〔ウ：50m，エ：100m〕間隔で描かれている。

3 当てはまるものをすべて選びなさい。

㊿ 絶対分布図を示すために用いられるのは，〔ア：階級区分図，イ：図形表現図，ウ：ドットマップ，エ：流線図〕である。

6 参考：植生と成帯土壌

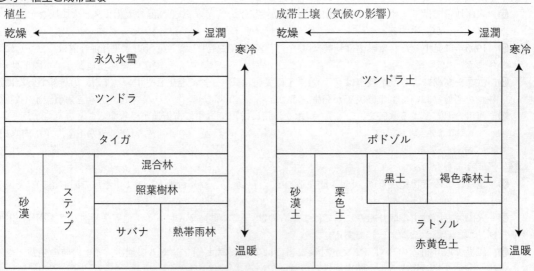

7 参考：間帯土壌（岩石の影響）と風積土

	土壌名	分布	岩石	色	農作物
間帯土壌	テラロッサ	地中海沿岸	石灰岩	赤色	オリーブ
	テラローシャ	ブラジル高原	玄武岩	赤紫色	コーヒー豆
	レグール	デカン高原	玄武岩	黒色	綿花
風積土	レス	ホワンツー高原 フランス〜黒海	－	－	小麦など

8 参考：環境問題

環境問題	地域
地球温暖化　⇒　海面上昇の影響	モルディブ・ツバル＜環礁＞
	バングラデシュ　　＜三角州＞
	オランダ　　＜干拓地＞
酸性雨	北・東ヨーロッパ
砂漠化	サヘル
オゾン層破壊	南極大陸上空
森林破壊	アマゾン盆地
	東南アジア＜マングローブ伐採＞

第2章 資源・産業

▶▶ 要 点 整 理

1 農林水産業

1 空所に当てはまるものを，それぞれ記号で選びなさい。

❶ 東アジアの農業は，（　　）生産性が高く，（　　）生産性が低い。

〔ア：土地，イ：労働〕

❷ 西アジアでは（　　），北極海沿岸では（　　），チベット高原では（　　），アンデス山脈では（　　）やアルパカ，モンゴル高原では馬や羊の遊牧がみられる。

〔ア：水牛，イ：トナカイ，ウ：ヤク，エ：リャマ，オ：ラクダ〕

❸ ウクライナ南部・グレートプレーンズ・湿潤パンパ・オーストラリア南東部では（　　），五大湖周辺・オランダやデンマーク・ニュージーランド北島では（　　）が行われている。

〔ア：企業的穀物・畑作農業，イ：地中海式農業，ウ：焼畑農業，エ：酪農〕

❹ 農産物の生産・加工・流通や，種子の開発など，農業に関する様々な事業を（　　）といい，特に小麦やとうもろこしなどの穀物の流通に関わる巨大な多国籍企業を（　　）という。

〔ア：アグリビジネス，イ：穀物メジャー〕

❺ 食品の流通経路を追跡することを（　　），食料を輸入する国が輸入した食料を自国で生産すると仮定したさい，生産に必要と推定される水を（　　）という。

〔ア：トレーサビリティ，イ：バーチャルウォーター，ウ：フードマイレージ〕

❻ 先進国では（　　），発展途上国では（　　）としての木材利用の割合が高い。

〔ア：薪炭材，イ：用材〕

❼ ノルウェーやチリでは，フィヨルドにおける（　　）の養殖が盛んである。一方，東南アジアではマングローブ林を伐採して（　　）の養殖池が造成されているが，海岸侵食や水質汚濁も問題となっている。

〔ア：えび，イ：タコ，ウ：サケ〕

2 当てはまるものをそれぞれ選びなさい。

❽ 東アジアでは，アメリカ合衆国やオーストラリアに比べて農民1人当たりの耕地面積が〔ア：大きく，イ：小さく〕，耕地1ha当たりの肥料消費量が〔ウ：多い，エ：少ない〕。

❾ オアシス農業では，〔ア：ココやし，イ：なつめやし〕，〔ウ：ジュート，エ：綿花〕，小麦などが栽培されている。

❿ ヨーロッパでは，他地域に比べて〔ア：自然林，イ：人工林〕の割合が高い。また，〔ウ：中国，エ：ブラジル〕では植林により森林面積が増加している。

3 当てはまるものをすべて選びなさい。

⓫ 中央・南アメリカを原産とする作物は〔ア：小麦，イ：じゃがいも，ウ：大豆，エ：とうもろこし〕である。

⓬ 緑の革命によりインドで進行したこととして，〔ア：遺伝子組み換え作物の導入，イ：センターピボット方式の導入，ウ：土壌汚染，エ：農民間の経済格差〕があげられる。

⓭ 先進国の食料問題とその対策として当てはまるものは，〔ア：食品ロスの減少，イ：地産地消，ウ：フードバンク，エ：フェアトレード〕である。

⓮ 好漁場が発達するのは〔ア：潮境，イ：大洋底，ウ：大陸棚，エ：バンク〕においてである。

2 資源

1 空所に当てはまるものを，それぞれ記号で選びなさい。

⓯ 1960年代のエネルギー革命を経て，エネルギー消費の中心が（　　）から（　　）に移行した。

〔ア：石炭，イ：石油，ウ：水力，エ：天然ガス〕

⓰ 原子力発電が総発電量の過半を占める国は（　　）である。一方，（　　）は火力発電が過半を占めるが，太陽光発電と風力発電の発電量がヨーロッパで最も多い（2022年）。

〔ア：ドイツ，イ：フランス〕

⓱ 石油をめぐっては，（　　）とよばれる欧米の巨大企業が権益を握っていたが，資源ナショナリズムの高まりの中で結成された（　　）が，1970年代の石油危機を経て原油の産油量や価格の決定権を有するようになった。〔ア：OPEC，イ：国際石油資本（石油メジャー），ウ：IEA，エ：コングロマリット〕

⑱　二酸化炭素排出量を増加させないとされるバイオエタノールであるが，アメリカ合衆国では（　　），ブラジルでは（　　）が主な原料として利用されている。

〔ア：アブラヤシ，イ：サトウキビ，ウ：トウモロコシ，エ：テンサイ〕

2 当てはまるものをそれぞれ選びなさい。

⑲　アメリカ合衆国では新たなエネルギー資源として〔ア：シェールガス，イ：都市鉱山〕の開発と利用が急速に進んでいるが，〔ウ：オゾン層破壊，エ：地盤沈下〕や地下水汚染などが懸念されている。

3 当てはまるものをすべて選びなさい。

⑳　水力発電が総発電量の過半を占める国は〔ア：カナダ，イ：中国，ウ：ノルウェー，エ：ブラジル〕である。

㉑　地熱発電が行われている国は〔ア：アイスランド，イ：イタリア，ウ：オーストラリア，エ：インドネシア〕である。

③ 工業

1 空所に当てはまるものを，それぞれ記号で選びなさい。

㉒　アルミニウム工業は（　　）指向型工業，ビール工業は（　　）指向型工業，繊維産業は（　　）指向型工業，セメント工業は（　　）指向型工業に分類される。

〔ア：原料，イ：市場，ウ：電力，エ：労働力〕

㉓　ヨーロッパの鉄鋼業は，産業革命以降，（　　）に立地したが，現在では多くが大都市近郊の（　　）に立地している。　　〔ア：炭田，イ：臨海部〕

㉔　新興国では，第二次世界大戦後に（　　）の工業化が進められたが，経済発展に結びつかなかった。その後，（　　）の工業化を進めたことにより急速に経済成長を遂げていった。

〔ア：輸出指向型，イ：輸入代替型〕

㉕　日本で1960年代に始まった（　　）期は，1970年代の石油危機まで続いた。しかし，1990年代前半に（　　）が崩壊すると，その後は長期の不況に陥った。　　〔ア：高度経済成長，イ：バブル経済〕

㉖　1980年代に，日本と（　　）との間で自動車をめぐる貿易摩擦が生じたため，対策として現地生産が進められた。さらに，1985年以降の円高と人件費の高騰により，多くの企業が（　　）に進出した結果，産業の空洞化が生じた。　　〔ア：アジア諸国，イ：欧米諸国〕

2 当てはまるものをすべて選びなさい。

㉗　自動車産業は，〔ア：原料，イ：集積，ウ：電力，エ：臨空港〕指向型工業に分類される。

㉘　現在進行しつつある第4次産業革命とかかわりが深いのは，〔ア：IoT，イ：AI，ウ：オートメーション化，エ：地場産業，オ：ビッグデータ〕である。

㉙　次世代型の工業とかかわりが深いのは，〔ア：ガソリンエンジン，イ：産学連携，ウ：スタートアップ企業，エ：知識産業化〕である。

㉚　1970年代に経済成長を遂げたアジアNIEsに含まれる国は，〔ア：インドネシア，イ：韓国，ウ：シンガポール，エ：中国，オ：ベトナム〕である。

第3章 交通・通信・観光・貿易 ▶▶ 要 点 整 理

1 第3次産業・商業・観光

1 空所に当てはまるものを，それぞれ記号で選びなさい。

❶ 観光の形態は多様化しており，都市部の住民が農山漁村の自然に親しむ（　　）や，自然環境を損なうことなく学ぶことを目的とする（　　）が盛んになりつつある。

〔ア：エコツーリズム，イ：グリーンツーリズム，ウ：テーマパーク，エ：ワーキングホリデー〕

❷ 白神山地・屋久島・知床・小笠原諸島などは（　　），阿蘇・室戸・糸魚川などは（　　）に登録されている。　　　　　　　　　　　　　　　　　　　　　　　〔ア：世界ジオパーク，イ：世界自然遺産〕

2 当てはまるものをそれぞれ選びなさい。

❸ 経済発展に伴い，産業の中心が第1産業から第2次産業，第3次産業へと移行することを〔ア：産業革命，イ：産業構造の高度化〕という。

❹ 消費者に商品を販売する業態を〔ア：卸売業，イ：小売業〕というが，近年は車社会化の進行により，大型店舗が〔ウ：都市中心部，エ：郊外〕へ進出している。

❺ 映像・音楽・ゲーム・書籍などの制作・流通を担う産業の総称を特に〔ア：コンテンツ産業，イ：サービス業〕といい，〔ウ：地方都市，エ：大都市〕に立地する傾向にある。

❻ インターネットの普及に伴い，オンラインショッピングやインターネットオークションなどの〔ア：通信販売，イ：電子商取引〕が拡大している。

❼ 多くの製造業ではジャストインタイムの考えのもと在庫を〔ア：増やし，イ：減らし〕，〔ウ：必要な量だけ，エ：多めに〕生産することが求められている。

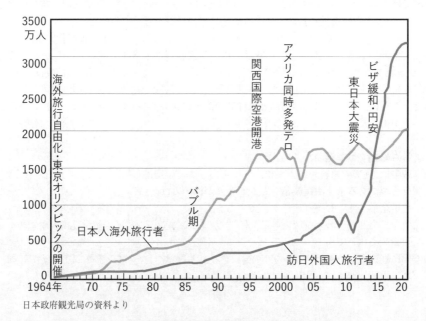

日本人海外旅行者と訪日外国人旅行者の推移

2 交通・通信

1 空所に当てはまるものを，それぞれ記号で選びなさい。

❽ 近年，航空交通では格安航空会社である（　　）の路線が拡大している。また，鉄道による陸上交通では，環境負荷や渋滞の軽減を図るため，次世代型路面電車である（　　）が，ヨーロッパの都市部を中心に利用されている。　　　　　　　　　　　　　　　　　　　　　　　　　　　　　　〔ア：LCC，イ：LRT〕

❾ 20世紀半ばごろから進む車社会化を（　　）という。一方，環境への負荷を軽減するために，輸送手段を自動車から鉄道や船舶へ転換することを（　　）という。

〔ア：モータリゼーション，イ：モーダルシフト〕

2 当てはまるものをそれぞれ選びなさい。

⑩ ヨーロッパでは，日本と比べて陸地の勾配が緩やかであり，〔ア：偏西風，イ：貿易風〕の影響で一年を通じて平均的な降雨がみられ，水量が安定していることから，運河や〔ウ：外来河川，エ：国際河川〕を利用した内陸水運が発達している。

⑪ 国際的なデータ通信の大部分は，〔ア：海底ケーブル，イ：人工衛星〕を介して行われている。

3 当てはまるものをすべて選びなさい。

⑫ ハブ空港を有する都市として世界的に知られるのは，〔ア：シンガポール，イ：シェンチェン，ウ：ドバイ，エ：フランクフルト，オ：ロッテルダム〕である。

3 貿易・国際経済

1 空所に当てはまるものを，それぞれ記号で選びなさい。

⑬ 先進国が発展途上国から原燃料を輸入して工業製品を輸出する国際分業を（　　），各国が工業製品を輸出し合う国際分業を（　　）という。　　　　　　　　　　　　　〔ア：垂直分業，イ：水平分業〕

⑭ 発展途上国に多くみられる，特定の一次産品の生産と輸出に依存する経済構造を（　　）といい，国際価格の変動の影響を受けて国家財政が不安定になりやすく，（　　）が生じる原因となっている。
〔ア：貿易摩擦，イ：南北問題，ウ：モノカルチャー経済〕

⑮ 第二次世界大戦前には欧米諸国を中心に（　　）が行われ，それが戦争の一因にもなったため，戦後は（　　）が推進されてきた。　　　　　　　　　　　　　　　　　　〔ア：自由貿易，イ：保護貿易〕

⑯ 戦後，関税や輸入制限の撤廃を図るために（　　）が締結された。さらに，1995年にはそれを発展させる形で（　　）が組織され，物の貿易だけでなくサービス貿易や投資の自由化，知的財産権の保護なども進められている。　　　　　　　　　　　　　　　　　　　　　　　　　　〔ア：GATT，イ：WTO〕

⑰ 特定の国どうしが関税や輸入制限の撤廃，サービス貿易の自由化を目的として締結する協定を（　　），それらに加えて人的交流の拡大など，より幅広い分野で連携を推進するために締結する協定を（　　）という。　　　　　　　　　　　　　　　　　　　　　　　　　　　　　　　　〔ア：EPA，イ：FTA〕

⑱ 域内における貿易推進などの経済連携を目指す組織や協定として，北アメリカの（　　），南アメリカの（　　），東南アジアの（　　），日本・中国・韓国・東南アジア諸国などの（　　）などがある。
〔ア：AEC，イ：MERCOSUR，ウ：RCEP，エ：USMCA〕

⑲ 日本の貿易は戦前から戦後の長期にわたり（　　）が中心であったが，近年はアジア諸国からの工業製品の輸入も増加している。　　　　　　　　　　〔ア：加工貿易，イ：中継貿易，ウ：フェアトレード〕

2 当てはまるものをすべて選びなさい。

⑳ TPP11協定に署名しているのは，〔ア：アメリカ合衆国，イ：インド，ウ：オーストラリア，エ：日本，オ：カナダ，カ：ベトナム〕である。

第4章 人口・村落・都市 ▶▶ 要点整理

■1 人口

1 空所に当てはまるものを，それぞれ記号で選びなさい。

❶ 人間が居住する地域を（　　），乾燥地域・高山地域・極地など人間が居住しない地域を（　　）という。〔ア：アネクメーネ，イ：エクメーネ〕

❷ 一般に，経済成長に伴い（　1　）→（　2　）→（　3　）と移行することを人口転換という。また，人口ピラミッドは，（　1　）から（　2　）にかけては（　4　），（　3　）に移行すると（　5　）となり，出生率がさらに低下すると（　6　）となる。
〔ア：少産少死，イ：多産少死，ウ：多産多死，エ：つぼ型，オ：釣鐘型，カ：富士山型〕

❸ 都市部で高層住宅が建設されると，若年層の流入により人口ピラミッドは（　　）となる一方，農村では若年層が流出して（　　）となる。〔ア：ひょうたん型，イ：星型〕

2 当てはまるものをそれぞれ選びなさい。

❹ 20世紀後半にはアジア・アフリカ・〔ア：アングロアメリカ，イ：ラテンアメリカ〕などで人口が急増する人口爆発が生じたため，〔ウ：家族計画，エ：少子化対策〕が奨励されてきた。インドでは，識字率が比較的〔オ：高い，カ：低い〕南部で出生率が低下した一方，北部の〔キ：都市部，ク：農村部〕では出生率が高いままである。

❺ 先進国では少子化と高齢化が進行し，合計特殊出生率が，人口が維持される水準である〔ア：1.1，イ：2.1，ウ：3.1〕を下回る国が大半である。

❻ 日本は，2007年に老年人口割合が21％を上回る〔ア：高齢化社会，イ：高齢社会，ウ：超高齢社会〕となった。農村部では過疎化が顕著であり，限界集落とよばれる地域もみられる。

3 当てはまるものをすべて選びなさい。

❼ 出生率が高い地域が存在する理由として，〔ア：子どもが老後の支えとなること，イ：子どもを労働力としてみなす考え方，ウ：宗教上の理由，エ：晩婚化・非婚化，オ：養育費の上昇〕があげられる。

❽ 出生率を高める政策として日本で求められていることに，〔ア：外国人労働者の受け入れ，イ：保育施設の充実，ウ：非正規雇用の増加，エ：ワークライフバランスの実現〕があげられる。

4 図表演習

❾ A〜Cに当てはまる国名を選択肢から選びなさい。

発生国	難民数（万人）	％
A	685	32.1
アフガニスタン	271	12.7
南スーダン	236	11.1
ミャンマー	118	5.5
コンゴ民主	91	4.3
その他	732	34.3
計	2133	100.0

受入国	難民数（万人）	％
B	376	17.6
ウガンダ	153	7.2
C	149	7.0
ドイツ	126	5.9
スーダン	110	5.2
その他	1219	57.1
計	2133	100.0

〔選択肢〕

トルコ
シリア
パキスタン

国連難民高等弁務官事務所の資料より

■2 村落・都市

1 空所に当てはまるものを，それぞれ記号で選びなさい。

❿ 「木曽三川」が合流する濃尾平野では水害を防ぐための対策がとられた（　　），地中海沿岸では外敵や疫病を防ぐための（　　）がみられる。〔ア：丘上集落，イ：谷口集落，ウ：輪中集落〕

⓫ 集落の形態は集村と（　　）に大別されるが，集村には，家屋が自然発生的に密集した（　　），ヨーロッパで広場や教会を中心に形成される（　　），そして，列状村が含まれる。さらに，列状村には江戸時代に開拓された新田集落やドイツ東部にみられる（　　）や，宿場町にみられる街村が含まれる。
〔ア：円村，イ：塊村，ウ：散村，エ：路村〕

⓬　都市の形態（街路）には，北京などの中国の古代都市にみられる（　　），モスクワやパリのように中心部に宮殿や記碑が建てられている（　　），イスラーム圏で多くみられる（　　）などが存在する。

〔ア：直交路型，イ：放射環状路型，ウ：迷路型〕

⓭　東京やニューヨークのように広大な都市圏を形成して周辺地域に大きな影響力を有する大都市を（　　）といい，周辺には（　　）が分布し，それらの市街地が連続すると（　　）とよばれる。さらに，複数の大都市圏が鉄道や道路で密接に結ばれて帯状に連なったものは（　　）とよばれる。

〔ア：衛星都市，イ：コナーベーション，ウ：メガロポリス，エ：メトロポリス〕

⓮　発展途上国では人口規模で第2位の都市を大きく上回る（　　）が形成されることが多く，居住環境が劣悪な（　　）がみられる。さらには，行政指導が行き渡らない経済活動である（　　）で働く人々や（　　）もみられる。

〔ア：インフォーマルセクター，イ：ストリートチルドレン，ウ：スラム，エ：プライメートシティ〕

⓯　先進国の都心周辺の市街地では（　　）が深刻となったため，（　　）を行って活性化を目指す動きもある。

〔ア：インナーシティ問題，イ：ジェントリフィケーション，ウ：スプロール現象，エ：ドーナツ化現象〕

⓰　ロンドン郊外には（　　），東京や大阪の郊外には（　　）のニュータウンが建設された。

〔ア：職住近接型，イ：職住分離型〕

⓱　東京都の都心部には中枢管理機能の集積が著しく，（　　）が進行した。バブル経済期に地価の高騰などにより人口減少がみられたが，バブル崩壊後の再開発により，郊外から人々が流入する（　　）がみられる。

〔ア：一極集中，イ：都心回帰〕

2　当てはまるものをすべて選びなさい。

⓲　先進国ではサステイナブルシティの実現を目指す動きがみられるが，先進国における都市問題解決の取り組みに当てはまるものは，〔ア：スプロール現象，イ：ドーナツ化現象，ウ：パークアンドライド，エ：ロードプライシング制度〕である。

3　図表演習

⓳　A〜Dに当てはまる語句を選択肢から選びなさい。

A	B	C	D
デトロイト（アメリカ）	キャンベラ（オーストラリア）	エルサレム（イスラエル）	ニース（フランス）
バーミンガム（イギリス）	ブラジリア（ブラジル）	メッカ（サウジアラビア）	マイアミ（アメリカ）
豊田（愛知県）	ワシントンD.C.（アメリカ）	ヴァラナシ（インド）	熱海（静岡県）

〔選択肢〕

観光・保養都市
工業都市
宗教都市
政治都市

第5章 生活文化・民族・宗教・国家 ▶▶ 要 点 整 理

1 生活文化

1 空所に当てはまるものを，それぞれ記号で選びなさい。

❶ インドの女性が身につける（　　）は通気性が良く，サウジアラビアの人々は強い日ざしや砂嵐を防ぐために長袖の衣服を着ている。アンデス山脈では着脱が容易な（　　）をまとい，紫外線を防ぐためにつばの広い帽子を着用している。　　　　　　　　　　　　　　〔ア：サリー，イ：ポンチョ〕

❷ 中国南部から東南アジアでは（　　），欧米諸国やオーストラリア，アジアの乾燥地域，北アフリカでは（　　），メキシコや東アフリカでは（　　），アフリカ中部や南太平洋，アンデス山脈では（　　）が主食となっている。　　　　　　　　　　〔ア：イモ類，イ：小麦，ウ：米，エ：トウモロコシ〕

❸ モンゴルでは組み立て式の移動住居である（　　），北極海沿岸におけるイヌイットの居住地域では，氷でできた冬の一時的な住居である（　　）が利用されている。

　　　　　　　　　　　　　　　　〔ア：イグルー，イ：合掌造り，ウ：ゲル，エ：高床式住居〕

2 当てはまるものをそれぞれ選びなさい。

❹ 西アフリカや北アフリカの乾燥地域で利用される住居は日干しれんがでつくられているが，外気の熱が入るのを防ぐために壁は〔ア：厚く，イ：薄く〕，窓は〔ウ：大きい，エ：小さい〕。

❺ 地中海沿岸では，降水量が少ない〔ア：夏，イ：冬〕の強い日ざしを防ぐために，〔ウ：玄武岩，エ：石灰岩〕を用いた白壁の住居が利用されている。

❻ 衣食住の分野では，〔ア：アジア，イ：欧米〕諸国による植民地政策や多国籍企業進出の影響を受けて〔ウ：画一化，エ：多様化〕が進行している。

2 民族・宗教

1 空所に当てはまるものを，それぞれ記号で選びなさい。

❼ アメリカ合衆国には（　　），オーストラリアには（　　），ニュージーランドには（　　）とよばれる先住民が居住する。　　　　　　　〔ア：アボリジニ，イ：ネイティブアメリカン，ウ：マオリ〕

❽ ヨーロッパでは主にキリスト教が信仰されているが，北西ヨーロッパでは（　　），南ヨーロッパから東ヨーロッパでは（　　），東ヨーロッパからロシアでは（　　）とよばれる宗派が広く信仰されている。

　　　　　　　　　　　　　　〔ア：カトリック，イ：正教会（東方正教），ウ：プロテスタント〕

❾ 仏教は主に東アジアから東南アジアで信仰されているが，スリランカや東南アジアの大陸部では（　　），日本を含む東アジアでは（　　），チベット高原やモンゴルでは（　　）とよばれる宗派が信仰されている。　　　　　　　〔ア：上座仏教（上座部仏教），イ：大乗仏教，ウ：チベット仏教〕

❿ カシミール地方の領有をめぐっては，（　　）が多数派を占めるインドと，（　　）が多数派を占めるパキスタンとの間で争いが続いている。　　　〔ア：ヒンドゥー教徒，イ：仏教徒，ウ：ムスリム〕

⓫ カナダでは1971年に世界で初めて（　　）政策が導入された。　〔ア：多文化主義，イ：同化主義〕

2 当てはまるものをそれぞれ選びなさい。

⓬ ロシア国内では，〔ア：ムスリム，イ：ユダヤ教徒〕が多数を占めるチェチェン共和国で独立運動が発生した。チェチェン共和国は，カスピ海沿岸で産出される〔ウ：原油，エ：石炭〕の輸送路として重要であるため，ロシアは独立を認めていない。

⓭ 日本へは，1990年の法律改正以降，〔ア：中国，イ：ブラジル〕からの日系人が出稼ぎのために来日し，主に〔ウ：鉄鋼業，エ：自動車産業〕に従事した。近年は〔オ：韓国，カ：ベトナム〕出身の技能実習生が増加している。

3 当てはまるものをすべて選びなさい。

⓮ 人種や民族をこえて信仰される世界宗教に当てはまるものは，〔ア：イスラーム，イ：キリスト教，ウ：ヒンドゥー教，エ：仏教，オ：ユダヤ教〕である。

⓯ クルド人が居住する地域が存在するのは，〔ア：イラン，イ：シリア，ウ：トルコ，エ：サウジアラビア〕であるが，独立が認められずに居住地を追われて難民となる人が多い。

⓰ パレスチナ地方に位置するエルサレムは，〔ア：イスラーム，イ：キリスト教，ウ：ヒンドゥー教，エ：仏教，オ：ユダヤ教〕の聖地であり，周辺地域の帰属をめぐって紛争が続いている。

⓱ カナダの公用語は〔ア：英語，イ：スペイン語，ウ：中国語，エ：フランス語〕である。

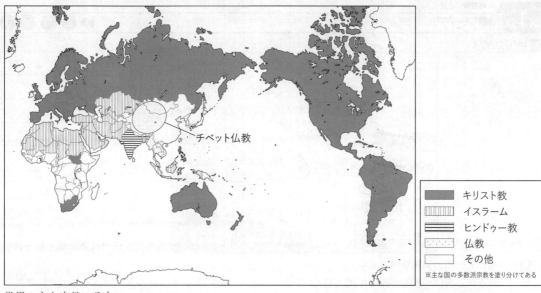

キリスト教
イスラーム
ヒンドゥー教
仏教
その他

※主な国の多数派宗教を塗り分けてある

世界の主な宗教の分布

3 国家

1 空所に当てはまるものを，それぞれ記号で選びなさい。

⑱ 日本やフランスは（　　），アメリカ合衆国・スイス・ロシアなどは（　　）である。

〔ア：中央集権国家，イ：連邦国家〕

⑲ 日本の領土である北方領土は（　　）に，竹島は（　　）によって不法に占拠されている。また，尖閣諸島周辺の領海に（　　）が不法侵入を繰り返している。　〔ア：韓国，イ：中国，ウ：ロシア〕

2 当てはまるものをすべて選びなさい。

⑳ 冷戦が終結した1990年代には，〔ア：アジア，イ：アフリカ，ウ：オセアニア，エ：ヨーロッパ〕で独立国が増加した。

㉑ 社会主義国に分類されるのは，〔ア：キューバ，イ：韓国，ウ：中国，エ：ロシア〕である。

㉒ 南沙群島の領有を主張している国は，〔ア：インド，イ：タイ，ウ：中国，エ：ベトナム，オ：フィリピン〕である。

㉓ 南極条約によって，南緯60度以南の地域における〔ア：科学的調査の自由，イ：軍事基地の建設，ウ：鉱産資源開発の自由，エ：領有権主張の凍結〕が定められている。

3 図表演習

㉔ A～Cに当てはまる国境の種類を選択肢から選びなさい。

A	B	C	〔選択肢〕
エジプト スーダン	アルゼンチン チリ	ルーマニア ブルガリア	河川 経線・緯線 山脈
アメリカ合衆国 （アラスカ州） カナダ	フランス スペイン	アメリカ合衆国 （テキサス州） メキシコ	

1 中国の地形

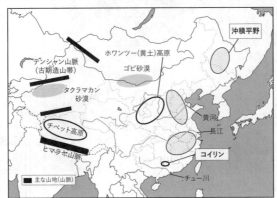

❶ _____
❷ _____
❸ _____
❹ _____
❺ _____
❻ _____

※西高東低の地形と覚えると良い

1 東側　大河川の**沖積平野**（＝平原）
　　　　例）黄河（華北平原…中国文明），長江（長江中下流平原），チュー川，トンペイ〔東北〕平原
　　　　黄河流域のホワンツー〔黄土〕高原…❶□□（砂漠から風により運搬・堆積）
2 西側　❷□□□帯（＝標高が高い）　例）ヒマラヤ山脈，チベット高原，テンシャン山脈（侵食→再隆起）
　　　　❸□□砂漠（→春先には日本にも❹□□が広く飛散）
　　　　例）タクラマカン砂漠（タリム盆地），ゴビ砂漠
3 その他の重要地形
　　　　石灰岩地域にみられる❺□□□□地形　例）コイリンの❻□□□□□□□

2 中国の気候・第一次産業

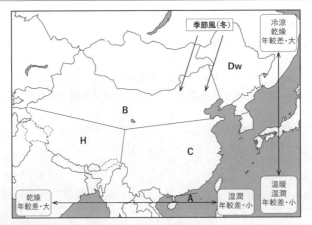

❼ _____
❽ _____
❾ _____
❿ _____
⓫ _____
⓬ _____
⓭ _____
⓮ _____
⓯ _____
⓰ _____
⓱ _____
⓲ _____
⓳ _____

※モンスーンの影響　⇒　夏・降雨，冬・乾燥
※年降水量1,000mm線　＝　稲作・畑作の境界線（食文化にも影響）
1 北東部　❼□□□□□□□気候（＝冬・乾燥＆寒冷，気温の年較差が大きい）
　　　　　　　⇒❽□作中心（小麦・とうもろこし・大豆，綿花）
　　　　　　　　　　※近年，米の生産量も増加（←品種改良）
2 南東部　**温帯**（温暖・湿潤，気温の年較差が比較的小さい）
　　　　　　　⇒❾□作中心（米，茶），❿□□作（米＋冬小麦）
　　　　　⓫□帯・⓬□□帯（気温の年較差が小さい）
　　　　　　　⇒米の⓭□□作，さとうきび・天然ゴム
3 北西部　⓮□□帯（乾燥，気温の年較差が大きい）
　　　　　　　⇒⓯□□（羊），⓰□□□□農業（小麦，綿花，ぶどう）
4 南西部　⓱□□気候（チベット高原→夏・冷涼，気温の年較差が比較的小さい）
　　　　　　　⇒⓲□□（ヤク・羊）
　　　　※東部の大都市近郊　⓳□□農業（野菜）→日本にも輸出

5 その他の重要事項★

1950年代　**⑳**□□□□の導入→集団農場→停滞

1980年代　**⑳**□□□□の解体

　　　　　→**㉑**□□□□□の導入→農民生産意欲の向上→生産量の増大

食料の自給を目指す→主な食料の自給率は100%前後

大豆…消費量の増大（←経済成長，肉類の消費，飼料の需要）

　　　　　→<u>南北アメリカから輸入</u>

㉒□□業割合の増加　　例）内水面養殖（長江・チュー川流域），海面養殖

⑳

㉑

㉒

---

3 中国の政治経済

第二次世界大戦後　内戦→共産党勝利→中華人民共和国建国（＝社会主義国）

1960〜70年代　文化大革命→停滞

1970年代　　　**㉓**□□□□政策→市場経済，外国資本導入

　　　　　　　㉔□□□□の設置　　例）シェンチェン，ハイナン島（南部の沿海部）

　　　　　　　その後，経済技術開発区の設置（←北部や内陸部にも）

2000年代　　　WTO加盟→「世界の**㉕**□□」，BRICS の一角として発展

㉓

㉔

㉕

---

4 中国の民族

㉖

㉗

㉘

人口密度
　■ 600人/km²以上
　▨ 200〜600人/km²以上
　□ 200人/km²未満
　（統計年次は2020年）

中国統計年鑑2021年版より

1 標準語（←北京語をもとに作成）の普及

2 **㉖**□民族　…国民の約9割

55の少数民族…民族自治区の設置（5つの民族）

　　　　　　　※首長や行政幹部は少数民族からも選出される

┌ **㉗**□□□□族★・ホイ（回）族（北西部）…イスラーム　　★独立運動
│ モンゴル族・**㉘**□□□□族★　　　　　…チベット仏教
└ チョワン（壮）族（南部）　　　　　　　　…人口最大の少数民族

---

5 中国の人口

第二次世界大戦後　人口増加率・高

1970年代末　　　　**一人っ子政策**実施

　　　　　　　　　→<u>少子高齢化，生産年齢人口の減少，男女比の偏り</u>

2016年　　　　　　一人っ子政策の廃止（2子まで出産可能）

　　　　　　　　　※出生率の大幅な上昇はみられず

＜移民＞

華僑・華人…<u>南部（フーチエン省など）</u>から東南アジアを中心とする外国へ

6 中国の課題

経済格差＝沿海部（経済発展）と内陸部

　　→内陸部や東北部から沿海部への**出稼ぎ労働者**

2000年　㉙□□□□□…経済格差是正を目指す

　　　　　　例）チンツァン［青蔵］鉄道，ガス田開発，風力発電所・太陽光発電所

＜環境問題＞

石炭の消費⇒二酸化炭素放出，酸性雨

モータリゼーション⇒PM2.5の増加⇒電気自動車の拡大

㉙＿＿＿＿＿＿＿＿＿

7 中国の鉱工業

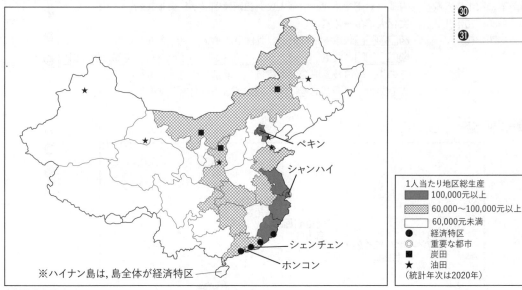

㉚＿＿＿＿＿＿＿＿＿

㉛＿＿＿＿＿＿＿＿＿

```
1人当たり地区総生産
■ 100,000元以上
▨ 60,000～100,000元以上
□ 60,000元未満
● 経済特区
◎ 重要な都市
■ 炭田
★ 油田
（統計年次は2020年）
```

※ハイナン島は，島全体が経済特区

中国統計年鑑2021年版より

1 鉱産資源

豊富な鉱産資源，㉚□□□□□，レアアースの産出

2 工業

沿岸部の㉛□□□□の設置

　　　　→外国企業の進出　※安価で豊富な労働力と有望な市場を求めた

　　　　→「世界の工場」「世界の市場」

　　　　→世界最大の貿易黒字国

　　　　→アメリカ合衆国などとの貿易摩擦

8 中国の海外進出

2013年　㉜□□□□構想　→アジアやアフリカ諸国などのインフラ整備

　　　　　　　　　　　　→資源開発，中国企業の進出

　　　　　　　　　　　　※一部の国での累積債務問題

㉜＿＿＿＿＿＿＿＿＿

9 ホンコンと台湾　※ともにアジアNIEsとして発展

1 ホンコン［香港］

19世紀　イギリスの統治下

1997年　イギリスから返還

　　　　→㉝□□□制度…大陸では社会主義⇔ホンコンでは資本主義

2020年　国家安全維持法制定→中国政府とホンコン市民の対立

㉝＿＿＿＿＿＿＿＿＿

2 台湾

第二次世界大戦後　内戦で敗れた国民党→台湾に逃れる→資本主義に基づく国づくり

1960年代　　　　　経済発展

1990年代以降　　　パソコンや半導体の生産→中国本土に工場を建設

10 韓国

1 朝鮮半島の自然

地形…安定陸塊（日本より地震・火山が少ない），東部にテベク山脈

南部は**㉞□□□海岸**

気候…冬・乾燥＆寒冷（←大陸からの北西季節風）→<u>気温の年較差が大きい</u>

⇒**㉟□□□□**（床暖房）や**㊱□□□**（冬の保存食）

2 文化

宗教…**㊲□□**の影響→祖先や年長者に対する敬意，学問の重視

キリスト教徒が最も多い

文化…**㊳□□□□**（表音文字）の利用

アメリカ合衆国や日本の文化の受容

1990年代以降　映画・テレビドラマ・音楽などを輸出

3 農業

食料自給率の低下，農村人口の急激な減少

日本向けの野菜の輸出

4 工業

1960年代　軽工業（←安価な労働力）

1970年代　重化学工業（←**㊴□□**の影響力・大）→　経済成長「**㊵□□の奇跡**」

1997年　アジア通貨危機→経済への打撃

2000年代　造船・家電・自動車・半導体の輸出

5 社会

大学への進学率・高→受験産業が盛ん

インターネット普及率・高

ソウル首都圏への一極集中（ソウル＝**㊶□□□□□□シティ**）

急速な少子化（<u>合計特殊出生率が1.0を下回る</u>）

㉞ _____

㉟ _____

㊱ _____

㊲ _____

㊳ _____

㊴ _____

㊵ _____

㊶ _____

11 重要統計

＜貿易統計（輸出額・2020年，輸出上位5品目・2021年）＞

※<u>下線部</u>が重要な特徴

国名	日本	中国	韓国
輸出額 （億ドル）	6,413	<u>25,906</u>	5,093
1位	機械類	機械類	機械類
2位	自動車	<u>衣類</u>	自動車
3位	精密機械	<u>繊維と織物</u>	石油製品
4位	鉄鋼	金属製品	鉄鋼
5位	化学薬品	自動車	化学薬品

UN Comtrade より

＜基本統計＞

国名	GNI総額 （億ドル） 2020年	1人当たり GDP （ドル） 2020年	第1次産業 割合 （％） 2020年	都市人口率 （％） 2015年	老年人口割合 （％） 2021年	合計特殊 出生率 2020年
日本	52,229	40,810	3.2	<u>92</u>	<u>29.8</u>	1.34
中国	<u>145,830</u>	<u>10,530</u>	<u>24.9</u>	56	13.1	1.70
韓国	16,505	32,930	5.4	82	16.7	<u>0.84</u>

国連の資料より

1 地形

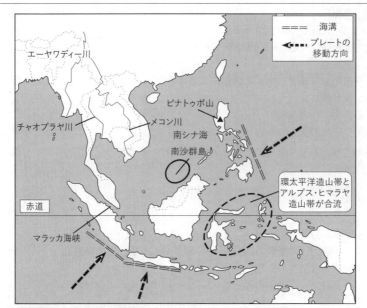

大部分が❶□□帯（2種類の新期造山帯が合流）

1 大陸部　大河川の中・下流に❷□□平野（❸□□□（デルタ）で稲作）

　　　　　例）メコン川（東南アジア最長，国際河川），チャオプラヤ川，エーヤワディー川

　　　　インドシナ半島には安定陸塊

2 島嶼部　❹□□帯（→**海溝に沿って地震＆火山**）　例）スンダ海溝，フィリピン海溝

　　　　　　　　　　　　　　　　ピナトゥボ山（噴火⇒地球の平均気温低下）

　　　　低平な土地が少ない→❺□□（斜面を利用した水田）

　　　　　　　　　　例）ジャワ島・バリ島（インドネシア），ルソン島（フィリピン北部）

3 海洋　マラッカ海峡…貨物船の通航量が多い

　　　　南シナ海…❻□□□□の領土問題

2 気候・第一次産業・生活文化

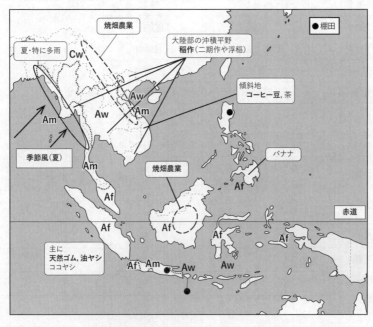

❼□□□□（季節風）の影響　　インドシナ半島┌5〜10月・雨季（南西モンスーン）
　　　　　　　　　　　　　　　　　　　　└11〜4月・乾季（北東モンスーン）

　　⇒　❽□作　　河川や火山から土壌の供給
　　　　　　　　❾□の革命→高収量品種，灌漑施設，農業機械・化学肥料の導入
　　　　　　　　　　　　→タイやベトナムでは輸出も盛ん，二期作の実施
大部分が❿帯　赤道周辺…⓫□□□□気候（年中多雨，気温の年較差はほとんどない）
　　　　　　　インドシナ半島・インドネシア東部
　　　　　　　　　　…⓬□□気候（雨季と乾季が明瞭）
　　　　＜住居＞⓭□□□住居（←湿気や洪水への対策）
　　　　　　　　屋根の勾配が急（←大雨への対策）
　　⇒　伝統的な⓮□□農業　カリマンタン島やインドシナ半島の丘陵地や山岳部
　　　　　　　⓯□□□□□□□□農業　欧米諸国の資本→独立後は現地資本も
　　　　　天然ゴム，⓰□□□（天然ゴムからの転換）　例）インドネシア，マレーシア
　　　　　コーヒー豆　例）ベトナム（高原地帯）
　　　　　バナナ（←アグリビジネスの進出）　例）ミンダナオ島（フィリピン南部）

★その他の重要事項★
　　日本向けの冷凍野菜や調理済みの鶏肉の生産　例）タイ（低賃金労働力）
　　エビ養殖池の拡大→マングローブ林伐採，水質汚濁　例）インドネシア

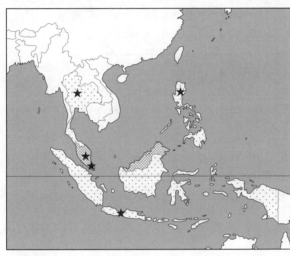

★ ASEAN 原加盟国
　1人当たりGNI
▨ 10,000ドル以上
⠿ 3,000〜10,000ドル以上
□ 3,000ドル未満
（統計年次は2020年）

国連の資料より

3 ASEAN

第二次世界大戦まで
　ほとんどの国が欧米諸国の植民地
　┌旧イギリス領…マレーシア，シンガポール，ミャンマー，ブルネイ
　│旧フランス領…ベトナム，ラオス，カンボジア
　│独立を維持　…タイ（旧イギリス領と旧フランス領に挟まれた⓱□□国）
　│旧スペイン領から旧アメリカ合衆国領へ…フィリピン
　└旧オランダ領…インドネシア　　　　　　　　　　　　　　→カトリック＆英語
第二次世界大戦後　独立
1960〜70年代　　ベトナム戦争→社会主義勢力の勝利→社会主義国
1960年代　　　　⓲□□□□□〔東南アジア諸国連合〕結成
　　　　　　　　　※当初の目的は社会主義勢力への対抗
　　　　　　　　　　＜原加盟国＞インドネシア，マレーシア，フィリピン
　　　　　　　　　　　　　　　　シンガポール，タイ
1990年代　　　　加盟国増加（←冷戦や内戦の終結）
　　　　　　　　　→東南アジア諸国の経済・社会・文化面の協力を目指す
　　　　　　　　　→加盟国は10か国（未加盟は東ティモールのみ）

❼
❽
❾
❿
⓫
⓬
⓭
⓮
⓯

⓰

⓱
⓲

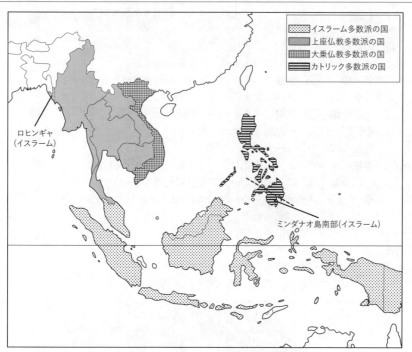

凡例：
イスラーム多数派の国
上座仏教多数派の国
大乗仏教多数派の国
カトリック多数派の国

ロヒンギャ
（イスラーム）

ミンダナオ島南部(イスラーム)

1 宗教　大陸部　…⑲□□（ベトナム以外は上座仏教）
　　　　　島嶼部　…⑳□□□□□（インドネシア，マレーシア，ブルネイ）
　　　　　フィリピン…㉑□□□□□　※南部ではイスラーム→独立運動
　　　　　バリ島　　…㉒□□□□□□
2 民族　多民族国家が多い，中国系（華人）の進出→経済的に優位
　　　　　マレーシア　…多数派・マレー系　公用語はマレー語のみ
　　　　　　　　　　　　少数派・中国系（経済的実権）＆インド系
　　　　　　　　　　　　　　　→㉓□□□□□政策（マレー系優遇政策）
　　　　　シンガポール…多数派・中国系
　　　　　　　　　　　　　　　→英語など４つの公用語
3 民族問題
　　　　　フィリピン　…南部（ミンダナオ島）でのムスリムによる独立運動
　　　　　ミャンマー　…ムスリム（ロヒンギャ）への襲撃→難民

5 鉱工業
植民地時代　　モノカルチャー経済　→　独立
1970年代　　㉔□□指向型工業の推進
　　　　　　　※㉕□□□□区の設置
　　　　　　　　→外国資本の誘致
　　　　　　　　　　＜利点＞優遇措置（関税の免除等）
　　　　　　　　　　　　　　低賃金労働力，安価な工業用地
　　　　　　　シンガポール…アジアNIEsの一員として発展
　　　　　　　　　　　　　㉖□□貿易→加工貿易→金融センターへ
1990年代　　タイ・マレーシアの発展（←日本企業の進出）
　　　　　　　　※タイ…自動車生産台数・東南アジア１位（2021年）
　　　　　　　　　　ASEAN諸国が部品を生産→供給
2000年代　　㉗□□□〔ASEAN経済共同体〕
　　　　　　　　→域内関税の撤廃→域内貿易の拡大→国際分業の進展
※ベトナム…経済発展の遅れ（←ベトナム戦争の影響，社会主義国）
　　　　　1980年代　㉘□□□□政策→市場経済・外国資本導入→工業化

⑲＿＿＿＿＿
⑳＿＿＿＿＿
㉑＿＿＿＿＿
㉒＿＿＿＿＿
㉓＿＿＿＿＿

㉔＿＿＿＿＿
㉕＿＿＿＿＿
㉖＿＿＿＿＿
㉗＿＿＿＿＿
㉘＿＿＿＿＿

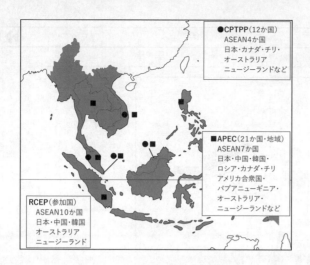

右上凡例:
●CPTPP（12か国）
ASEAN4か国
日本・カナダ・チリ・
オーストラリア
ニュージーランドなど

■APEC（21か国・地域）
ASEAN7か国
日本・中国・韓国・
ロシア・カナダ・チリ
アメリカ合衆国・
パプアニューギニア・
オーストラリア・
ニュージーランドなど

RCEP（参加国）
ASEAN10か国
日本・中国・韓国
オーストラリア
ニュージーランド

（右側縦書き）基礎―地誌

6 課題

ASEAN原加盟国と1990年代の加盟国との間の経済格差

<都市問題>

　　農民の流入→インフラの未整備→渋滞・環境問題

　　㉙□□□の形成，　㉚□□□□□チルドレン　　例）ジャカルタ（インドネシア），マニラ（フィリピン）

　　国境を越える出稼ぎ労働者

　　　例）シンガポール，バンコク（タイ，プライメートシティ），ペルシア湾岸の産油国

㉙ _____

㉚ _____

7 変化

人口増加＆中所得層の増加→有望な消費市場

<地域協力>

　RCEP（ASEAN10か国＋日・中・韓＋オーストラリア・ニュージーランド）

　CPTPP，APEC〔アジア太平洋経済協力会議〕，

　㉛□□□□□□□□□プログラム（インドシナ半島）

㉛ _____

8 図表演習

問1．A〜Eに当てはまる国名を選択肢から選びなさい。

<貿易統計（輸出額・2020年，輸出上位5品目・2021年）>　　　　　　※下線部が重要な特徴

国名	A	B	C	D	E
輸出額 （億ドル）	<u>3,633</u>	2,825	1,633	639	<u>172</u>
1位	機械類	機械類	<u>パーム油</u>	機械類	衣類
2位	石油製品	<u>衣類</u>	<u>石炭</u>	野菜と果実	金
3位	精密機械	<u>履物</u>	鉄鋼	銅	履物
4位	金	家具	機械類	精密機械	バッグ類
5位	化学薬品	繊維と織物	衣類	ニッケル鉱	機械類

UN Comtrade より

〔選択肢〕　シンガポール　　ベトナム　　インドネシア　　カンボジア　　フィリピン

問2．A〜Dに当てはまる国名と年次の組合せを選択肢から選びなさい。

<輸出品の変化>

国名	A	B	C	D
1位	原油	米	機械類	機械類
2位	<u>天然ゴム</u>	野菜と果実	石油製品	自動車
3位	木材	<u>天然ゴム</u>	衣類	金
4位	機械類	<u>すず</u>	パーム油	プラスチック
5位	パーム油	機械類	精密機械	野菜と果実

UN Comtrade より

〔選択肢〕　タイ（1980年）　　タイ（2021年）　　マレーシア（1980年）　　マレーシア（2021年）

第3章 南アジア

1 地形

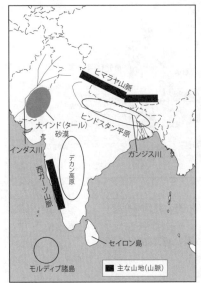

❶
❷
❸
❹
❺
❻
❼
❽
❾
❿
⓫
⓬
⓭
⓮
⓯
⓰
⓱
⓲
⓳
⓴

1 北部 ❶□□帯（急峻な山脈，地震が多い，衝突帯→火山活動はない）

例）ヒマラヤ山脈（エヴェレスト山）

高山地帯には氷河 →❷□□湖が増える（地球温暖化による氷河の縮小）

2 中部 ❸□□平野 東・湿潤…ガンジス川流域：ヒンドスタン平原（農業地帯）

河口に巨大な❹□□州

→洪水（モンスーンに起因）＆高潮（❺□□□□□
に起因）の被害

西・乾燥…インダス川流域：インダス平原

西部に砂漠 例）大インド（タール）砂漠

3 南部 地殻変動がほとんどない❻□□□□（インド半島）

❼□□□□の分布（玄武岩の風化，綿花の栽培）

西側に西ガーツ山脈→夏・南西モンスーンの風上側で多雨

4 島嶼部 セイロン島 …❻□□□□

モルディブ諸島…サンゴ礁（環礁） →国土水没の懸念（地球温暖化）・津波の被害

2 気候・農業

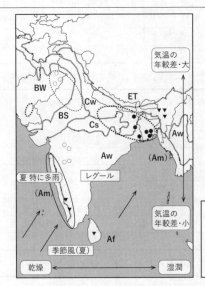

※年降水量1,000mm線　＝　稲作・畑作の境界線（食文化にも影響）

❶ 南部（沿岸部）～中東部
　　❽□□□気候… 5～10月→雨季（南西モンスーン）
　　　　　　　　　　　11～3月→乾季（北東モンスーン）
　　⇒**❾**□作，ジュート（ガンジスデルタ），サトウキビ（ヒンドスタン平原）

❷ 南部（内陸部）～西部
　　❿□□帯　デカン高原　　　…**⓫**□□，雑穀
　　　　北西部（インダス川中流域）…**⓬**□□，**⓭**□□　例）パンジャブ地方　　※下流域では稲作
　　　　　　　　　　　　　　　　　⓬⓭は解答順不同

❸ ヒマラヤ山麓，セイロン島
　　⓮□（←水はけの良い傾斜地）　例）アッサム地方（世界的な多雨地域）

インドにおける主な農産物の生産の推移

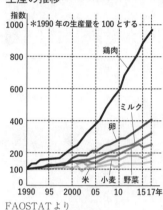

指数
＊1990年の生産量を100とする

鶏肉
ミルク
卵
米　小麦　野菜

FAOSTATより

③ インドの農村の変化
　　第二次世界大戦後　食料不足
　　1960年代　**⓯**□の革命…高収量品種の導入，技術革新
　　1970年代　食料自給の達成
　　＜課題＞多額の資本→農民間の経済格差の拡大
　　　　　　　　　　　　例）井戸の掘削，用水路の建設，化学肥料の購入
　　　　　　環境問題　例）地下水位の低下，土壌汚染

④ インドの食生活の変化
　　近年の経済成長→穀物以外の需要が増加（乳製品，鶏肉，野菜類など）
　　　　　　　→**⓰**□い革命…生乳の消費量が急増
　　　　　　　　　　　　　　（←流通システムが整備された）
　　さらに，**⓱**□□□革命…鶏肉の生産量や消費量が急増
　　　　　　　　　　　　　（←宗教的禁忌が少ない）

⑤ インドの工業

■ 石炭
▲ 鉄鉱石
★ 原油

カシミール地方
デリー
ムンバイ
コルカタ
ジャムシェドプル
ベンガルール
チェンナイ

植民地時代　綿工業，製鉄業
独立後　　　混合経済体制…市場経済と計画経済の併存
　　　　　　輸入制限＆豊富な鉱産資源→自給自足型の工業化
　　　　　　　　　　　　　　　　→技術革新が遅い→国際競争力が低下
1990年代　　経済の自由化→民間企業の設立，外国資本の参入
　　　　　　→経済成長
2000年代　　**⓲**□□□□□の一角として発展
　　　　　　⓳□□□産業
　　　　　　（←日本企業の進出，安い労働力と巨大な市場）
　　　　　　⓴□□□〔情報通信技術〕産業

＜ICT産業の発展要因＞
①英語が堪能な人材（旧イギリス領）
②アメリカ合衆国との時差12時間（24時間体制での開発が可能）
③低賃金労働力
④教育水準の高さ（数学，コンピュータ）
⑤国や州の誘致政策
⑥ジャーティによる職業制限を受けない

6 インドの都市

デリー	…首都，自動車（←内陸＆豊富な労働力）
ムンバイ	…人口最大，貿易港，巨大なスラム街，石油化学，自動車，繊維（←デカン高原の綿花）
ベンガルール（バンガロール）	…ICT産業「インドのシリコンヴァレー」，自動車
コルカタ	…繊維（←ガンジスデルタのジュート）
チェンナイ	…南部の中心的都市，自動車
ジャムシェドプル	…鉄鋼（原料指向型）

7 民族・宗教

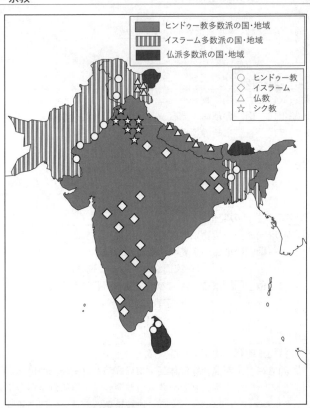

1 インド…数百の言語

　　┌北部…インドヨーロッパ語族　例）ヒンディー語
　　└南部…ドラヴィダ語族　　　　例）タミル語

　　　　　　　→　連邦公用語…㉑□□□□□語
　　　　　　　　　共通語　　…㉒□語
　　　　　　　　　州ごとの公用語も制定

2 宗教　インド…信仰の自由（国教を定めず）

　　　　　　　　多数派が㉓□□□□□教

　　　　　　　　※㉔□□□□制によって生活規定
　　　　　　　　　㉕□□□□（身分枠）＆㉖□□□□□（社会集団）
　　　　　　　　↑差別は禁止されているが慣習が残存

　　少数派・イスラーム（約2億人），キリスト教など
　　パキスタン・バングラデシュ・モルディブ…多数派は㉗□□□□□
　　スリランカ…多数派・㉘□□仏教，少数派はヒンドゥー教など

3 民族問題

　　インドvsパキスタン…㉙□□□□□地方をめぐる紛争（ヒンドゥー教vsイスラーム）
　　スリランカ　　　　　…民族紛争（<u>少数派ヒンドゥー教徒のタミル人の独立運動</u>）

㉑ _____
㉒ _____
㉓ _____
㉔ _____
㉕ _____
㉖ _____
㉗ _____
㉘ _____
㉙ _____

8 人口

依然として出生率・高（特に農村部）

　　→人口世界第1位

　　→生産年齢人口の増加　→経済成長（都市問題も発生）

9 課題

経済格差の拡大…首都周辺＆南部（←工業＆ICT産業）

　　　　　　　　　　北部（←農業）

<都市問題>

　都市部への農民の流入→**㉚**□□□の形成，**㉛**□□□□□□セクター

㉚ ＿＿＿＿
㉛ ＿＿＿＿

基礎｜地誌

10 図表演習

問1．A～Cに当てはまる国名を選択肢から選びなさい。

<貿易統計（輸出額・2020年，輸出上位5品目・2021年）>
　※下線部が重要な特徴

国名	A	B	C
輸出額（億ドル）	3,242	308	119
1位	石油製品	衣類	衣類
2位	機械類	繊維と織物	紅茶
3位	ダイヤモンド	履物	タイヤ類
4位	鉄鋼	えび	機械類
5位	繊維と織物	革	野菜と果実

UN Comtrade より

〔選択肢〕
　　インド　　　　スリランカ　　　バングラデシュ

<基本統計>

国名	GNI総額（億ドル）2020年	1人当たりGDP（ドル）2020年	第1次産業割合（％）2020年	都市人口率（％）2015年	老年人口割合（％）2021年	合計特殊出生率2020年
日本	52,229	40,810	3.2	92	29.8	1.34
中国	145,830	10,530	24.9	56	13.1	1.70
インド	26,318	1,910	44.3	33	6.8	2.18

国連の資料より

1 西アジアの地形

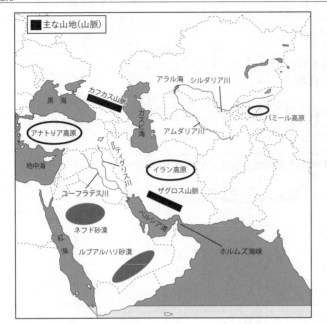

❶ _____
❷ _____
❸ _____
❹ _____
❺ _____
❻ _____
❼ _____
❽ _____

1 北部　　　❶□□帯　　例）アナトリア高原（トルコ），カフカス山脈，イラン高原
　　　　　　　❷□□河川　　例）ティグリス川・ユーフラテス川（メソポタミア文明）
2 アラビア半島　安定陸塊，❸□□□砂漠（←亜熱帯高圧帯の影響）　例）ルブアルハリ砂漠
　　　　　　　❹□□（かれ川）（交通路として利用）
3 海洋　　　紅海（プレートの❺□□□境界）
　　　　　　　ペルシア湾（世界的な❻□□の産出地←周辺に褶曲構造）

2 中央アジアの地形

　大部分が安定陸塊，❼□□砂漠　例）カラクーム砂漠
　＜湖沼＞　　　❽□湖（乾燥地域）　例）カスピ海（面積世界最大），アラル海

3 気候・第一次産業・生活文化

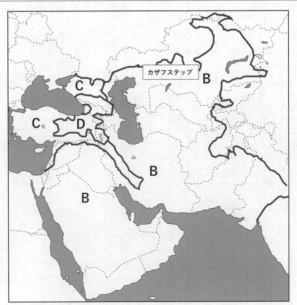

⑨ _____
⑩ _____
⑪ _____
⑫ _____
⑬ _____
⑭ _____

⑮ _____
⑯ _____
⑰ _____
⑱ _____

乾燥帯の割合・高

⇒　①灌漑農業（外来河川の流域），❾□□□□農業

　　　→小麦（西アジア原産），野菜，❿□□□□□□など　※地下水路の利用（イランの⓫□□□□）

　　　※アラル海周辺での⓬□□栽培（旧ソ連時代の自然改造計画）→アラル海の縮小→農地で⓭□□が起こる

　　　※近年は⓮□□□□□□□□方式導入→地下水の減少

　　　　　　　　　　　　　　　例）サウジアラビア（オイルマネー利用）

　　②⓯□□　アラビア半島のラクダ飼育

　　　＜生活文化＞　⓰□□□□□□の住居（壁・厚＆窓・小）

　　　　　　　　　　長袖で裾の長い衣服（←日射から肌を守る）

地中海沿岸…⓱□□□□気候⇒　⓲□□□□農業　ブドウ・オリーブ・柑橘類・小麦など

4 民族・宗教

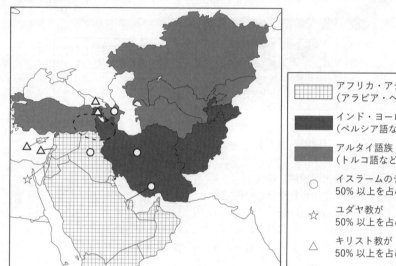

アフリカ・アジア語族
（アラビア・ヘブライ語など）

インド・ヨーロッパ語族
（ペルシア語など）

アルタイ語族
（トルコ語など）

○　イスラームのシーア派が
　　50％以上を占める国

☆　ユダヤ教が
　　50％以上を占める国

△　キリスト教が
　　50％以上を占める国

⬭　クルド人の居住地域

⓳＿＿＿＿＿＿＿
⓴＿＿＿＿＿＿＿
㉑＿＿＿＿＿＿＿
㉒＿＿＿＿＿＿＿
㉓＿＿＿＿＿＿＿
㉔＿＿＿＿＿＿＿
㉕＿＿＿＿＿＿＿
㉖＿＿＿＿＿＿＿
㉗＿＿＿＿＿＿＿

1　交易の歴史

　　　「文明の十字路」　例）イスタンブール（トルコ，人口最大）

　　　⓳□□□□に⓳□□□□都市が発達　例）バグダッド（イラク，ティグリス川沿い）

　　　→⓴□□□□□□で結ばれる＆交易の発展　例）サマルカンド（ウズベキスタン）

　　　市場…バザール（ペルシア語），スーク（アラビア語）

2　宗教　西アジア・中央アジアのほとんどの地域…イスラーム・㉑□□□派（多数派）

　　　　　　イラン　…イスラーム・㉒□□□派（少数派）→女性の社会進出が進まない地域も

　　　　　　イスラエル…多数派は㉓□□□教→ムスリム（パレスチナ人）との対立

　　　　　　レバノン　…キリスト教徒が多い

3　民族

　　　北アフリカ〜アラビア半島…アラブ民族（アラビア語＆アラビア文字）

　　　　　　　イラン　　　…イラン系（ペルシア語＆アラビア文字）

　　　　　　　トルコ　　　…トルコ系（トルコ語＆ラテン文字）

　　　　　　　中央アジア　…トルコ系（トルコ系諸語＆ロシア語＆キリル文字）

　　　　　　　　※中央アジア諸国は1991年に㉔□□が解体→独立

4　民族問題・紛争

　　　㉕□□□□□紛争…ユダヤ人とムスリムの対立

　　　㉖□□□人　　　…イラン，イラク，シリア，トルコの山岳地帯に居住。自治権拡大＆独立運動

　　　「㉗□□□の春」…アラブ諸国の民主化運動（2010年末〜11年）

　　　　　　　　　　　→シリアやイエメンで内戦→多くの難民

　　　　　　　　　　　→隣国のトルコなどに流入

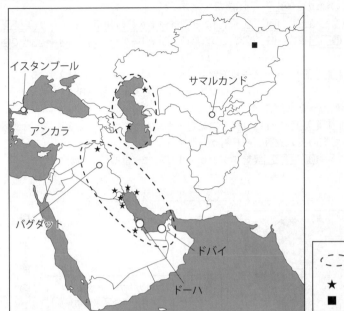

イスタンブール

アンカラ

サマルカンド

バグダッド

ドバイ

ドーハ

㉘ _____

㉙ _____

㉚ _____

㉛ _____

㉜ _____

⌒‿⌒	原油・天然ガスの主な産出地
★	原油
■	石炭

原油＆天然ガス …ペルシア湾岸（世界の埋蔵量の約半分）

 第二次世界大戦後 ㉘□□□□□□〔国際石油資本〕（＝欧米資本）が独占

 1960年代 資源㉙□□□□□□□

    →㉚□□□□〔石油輸出国機構〕結成

 1970年代 ㉛□□危機→産油国に生産量や価格の決定権

    ㉜□□□マネーによる経済成長

   →出稼ぎ労働者の流入（主に建設業に従事，貧富の差）

  例）アラブ首長国連邦…インド系（ヒンドゥー教徒）の流入

 近年 <u>多角化の進行</u>

  例）ドバイ（アラブ首長国連邦）・ドーハ（カタール）

   …金融センター，物流拠点，観光開発

 ※依然として多くの国が石油収入に依存

  カタールはOPECを脱退して天然ガスに注力

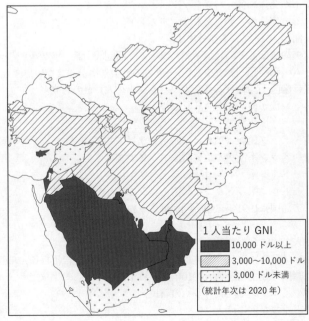

1人当たりGNI	
■	10,000ドル以上
▨	3,000〜10,000ドル
⋰	3,000ドル未満

（統計年次は2020年）

国連の資料より

6 中央アジアの産業

原油・天然ガス …カスピ海周辺（←社会主義体制崩壊後に開発進む）

レアメタル＆ウラン鉱…カザフスタン

近年　中国の影響力が増大（一帯一路構想）
　　　→ロシアやEUも含めた争奪戦

7 図表演習

問1．A～Dに当てはまる国名を選択肢から選びなさい。

＜貿易統計（輸出額・2020年，輸出上位5品目（2021年））＞
　　※下線部が重要な特徴

国名	A	B	C	D
輸出額 （億ドル）	<u>3,894</u>	1,698	1,753	515
1位	<u>原油（31%）</u>	機械類	<u>原油と石油製品 （67%）</u>	<u>液化天然ガス</u>
2位	石油製品	<u>自動車</u>	プラスチック	原油
3位	機械類	<u>鉄鋼</u>	有機化合物	石油製品
4位	金	衣類	機械類と輸送機器	プラスチック
5位	液化石油ガス	繊維と織物	基礎工業品	化学薬品

UN Comtrade より

〔選択肢〕
　　アラブ首長国連邦　　　カタール　　　サウジアラビア　　　トルコ

問2．A～Cに当てはまる国名を選択肢から選びなさい。

国名	A	B	C
輸出額 （億ドル）	573	131	<u>20</u>
1位	<u>原油（51%）</u>	<u>金</u>	<u>金</u>
2位	鉄鋼	<u>繊維と織物</u>	ガラス
3位	銅	銅	野菜と果実
4位	化学薬品	野菜と果実	機械類
5位	穀物	天然ガス	貴金属鉱

UN Comtrade より

〔選択肢〕
　　ウズベキスタン　　　カザフスタン　　　キルギス

第5章 ロシア

1 ロシアの地形

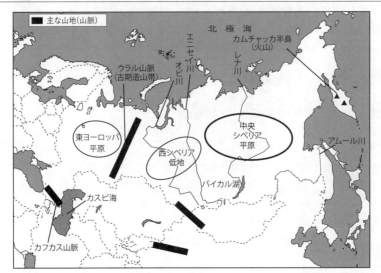

❶ _____

❷ _____

❸ _____

1 面積世界第1位（日本の約45倍）→11の等時帯，8連邦管区（さらに連邦構成主体に分かれる）

　　❶□□帯　　　例）カムチャッカ半島（極東ロシア），カフカス山脈

　　❷□□□□帯　例）ウラル山脈

　　❸□□□□　　ウラル山脈の東側と西側←卓状地

　　　　　　　　西・ヨーロッパロシア　例）東ヨーロッパ平原

　　　　　　　　東・シベリア　　　　　例）西シベリア低地，中央シベリア高原

　　　　　　　　　　↑サハ共和国アムール州以東…極東ロシア

2 河川　南北方向に流れる川が多い

　　　　ウラル山脈以東の3本の河川…春・洪水の発生（←低緯度側の上流で解氷）

　　　　　　　　　　　　　　　　例）オビ川，エニセイ川，レナ川

　　河川国境　例）アムール川（ロシアと中国）

3 湖沼

　　断層湖（細長＆深）　例）バイカル湖（水深世界第1位）

　　塩湖　　　　　　　　例）カスピ海（面積世界第1位）

2 気候・第一次産業・生活文化

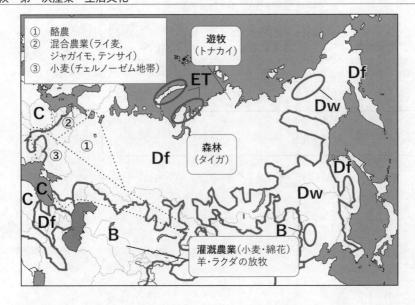

1 北極海沿岸

　❹□帯（❺□□□□気候）⇒　❻□□（トナカイ）

2 国土の大部分

　❼□□帯（大陸性気候→気温の年較差，日較差が大きい）

　→灰白色の土壌❽□□□□□と❾□□□（針葉樹林）の分布→農業には不向き

　　※極東ロシア…❿□□□□□□□気候

　　　冬・厳寒「北半球の寒極」→永久凍土

　　　　　　　　　　　　→高床式住居（室内の熱による凍土の融解を防ぐ）

3 西部（東ヨーロッパ平原）＞⓫□□農業

　　　　　　　　　　ライ麦・じゃがいも・てんさい（冷涼な気候で栽培可能）

4 東部　森林→林業

5 南部

　⓬□□帯（⓭□□□□気候）→⓮□□□□□□□（肥沃な黒土）

　　　　　　　　　⇒　⓯□□□□□農業　　小麦，ひまわりの栽培も盛ん

6 黒海沿岸　温帯→世界的な保養地

　★その他の重要事項★

　　ソ連時代（社会主義）　国営農場（ソフホーズ）・集団農場（コルホーズ）

　　ソ連解体後　　　　　　住民経営の拡大

　　　　　　　　　野菜…⓰□□□□（菜園付き別荘）で栽培

　　　　　　　　　穀物…黒土地帯で企業による大規模栽培

---

3 歴史

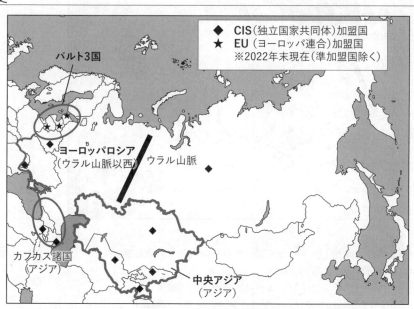

凡例：
◆ CIS(独立国家共同体)加盟国
★ EU（ヨーロッパ連合）加盟国
※2022年末現在(準加盟国除く)

バルト3国
ヨーロッパロシア（ウラル山脈以西）
ウラル山脈
カフカス諸国（アジア）
中央アジア（アジア）

1922年　　　⓱□□□□連邦（ソ連）の成立（＝世界初の⓲□□主義国）

　　　　　　→⓳□□経済の実施

第二次世界大戦後　⓴□□（アメリカ合衆国を中心とする資本主義諸国との対立）

1991年　　　㉑□□□3国独立（←2004年　EU加盟　エストニア，ラトビア，リトアニア）

　　　　　　→ソ連解体（冷戦終結）

　　　　　　→さらに12か国が独立

　　　　　　→㉒□□□〔独立国家共同体〕結成…ロシアを中心に政治経済で協力

　　　　　　＜ソ連解体後の変化＞

　　　　　　　　→市場経済の導入→社会的混乱（失業率上昇，人口減少）

　　　　　　　　→民営化の進行　→富裕層の出現（＝経済格差）

❹
❺
❻
❼
❽
❾
❿
⓫
⓬
⓭
⓮
⓯
⓰
⓱
⓲
⓳
⓴
㉑
㉒

基礎ー地誌

4 民族・宗教

1 民族・宗教

　　　ロシア人が多数派…ロシア語（㉓□□□系言語）・㉔□□□□□（正教会）

　　　　　主にヨーロッパロシアに居住→東に拡大（シベリア鉄道）

　　　多くの少数民族が居住（㉕□□□国家）

　　　　例）タタール人（トルコ系，ムスリム）

　　　　　　ブリヤート人（モンゴル系），ヤクート人（トルコ系）

2 民族問題・領土問題

　　　チェチェン紛争…㉖□□□□□共和国（㉗□□□□が多数派）の独立運動

　　　　　　　　　　　→ロシア軍との間の武力衝突

3 周辺国との領土問題・国境問題

　　　㉘□□□□問題　…日本の領土を不法占拠

　　　<u>クリミア問題</u>　…2014年にウクライナ領のクリム半島を併合

　　　<u>ウクライナ侵攻</u>…2022年にウクライナ東部に侵攻

㉓ _____

㉔ _____

㉕ _____

㉖ _____

㉗ _____

㉘ _____

5 鉱工業

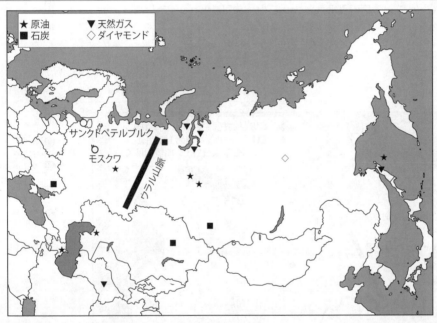

★ 原油　　▼ 天然ガス
■ 石炭　　◇ ダイヤモンド

サンクトペテルブルク

モスクワ

ウラル山脈

1 鉱産資源

　　　㉙□□　…西シベリア低地，カスピ海周辺，サハリン（日本企業も参画）

　　　㉚□□□□…カスピ海周辺，北極海沿岸

　　　　　　　　<u>→パイプライン</u>でヨーロッパや中国に輸出

　　　　　　　　　（日本にはパイプライン→タンカーで輸出）

　　　　　1990年代　ソ連解体→産出量が減少する

　　　　　2000年代　価格高騰→経済成長→BRICS の一角

　　　　　2022年　　ロシアによる<u>ウクライナ侵攻</u>

　　　　　　　　　　<u>→ヨーロッパ諸国でエネルギー不足の懸念</u>

　　　　　　　　　　<u>→再生可能エネルギーの拡大</u>

　　　★その他の鉱産資源★

　　　ダイヤモンド（世界第1位），レアメタル，金鉱，銅鉱など

㉙ _____

㉚ _____

2 工業

　　　1990年代　ソ連解体→低迷

　　　2000年代　経済特区の設置→外国資本の進出（自動車など）

問1．A～Dに当てはまる国名や語句を選択肢から選びなさい

＜貿易統計（輸出上位5品目）＞　※下線部が重要な特徴

国名	A	B	C	D
輸出額	3,245億ドル （2020年）	492億ドル （2020年）	8,624億円 （2021年）	15,849億円 （2021年）
1位	<u>原油</u>	鉄鋼	乗用車	<u>液化天然ガス</u>
2位	<u>石油製品</u>	穀物	一般機械	<u>石炭</u>
3位	<u>天然ガス</u>	<u>鉄鉱石</u>	自動車部品	<u>原油</u>
4位	金	<u>ひまわり油</u>	電気機器	パラジウム
5位	鉄鋼	機械類	バスとトラック	<u>魚介類</u>

UN Comtrade より

〔選択肢〕
　ウクライナ　　　　　　　　　　　ロシア
　日本からロシアへの輸出品　　　　ロシアから日本への輸出品

---

7 時事：ウクライナ侵攻とNATO拡大

　ロシアは，2014年3月，ウクライナ領のクリム半島を併合し，さらに2022年2月，ウクライナ東部や首都キエフに侵攻，一時は北部に位置するチェルノブイリ原子力発電所を占拠した（なお，キエフやチェルノブイリはロシア語由来の呼称であるため，2022年3月以降，日本政府はウクライナ語に基づく呼称を用いることを決定し，キエフをキーウ，チェルノブイリをチョルノービリとよんでいる）。

　ウクライナ東部に分布する肥沃な黒土（チェルノーゼム）にはロケット砲が撃ち込まれ，さらには，地雷も埋められていることから，侵攻終結後も農業分野には大きな傷跡が残されることになる。

　そのようななか，2023年4月，フィンランドが北アメリカやヨーロッパ諸国の軍事同盟であるNATO（北大西洋条約機構）に加盟した。これまでは，1300km以上の国境を接する隣国ロシアとの関係を配慮して加盟していなかったが，ウクライナ侵攻を受けて加盟に至った。一方，NATO加盟国であるトルコの反対により加盟が見送られてきたスウェーデンも加盟する見込みである（2023年8月時点）。トルコがスウェーデンの加盟に反対してきた理由に，トルコからスウェーデンに逃れた少数民族クルド人の処遇をめぐる対立があった。スウェーデンのNATO加盟が実現すると，それと引き換えにトルコのEU加盟の議論が進むことが考えられる。

1 地形

1 北部〜中央部　※このページの解答欄は右ページです。

地殻変動・緩（＝平原やなだらかな山脈）

例）スカンディナヴィア山脈

❶□□□　例）パリ盆地，モレーン　例）北ドイツ平原

アイスランドにプレートの❷□□□境界（→**火山が発達**）

河口に❸□□□□□□□が多い

例）テムズ川，エルベ川

注）ライン川には三角州（アルプス山脈から流入）

<u>大陸棚＆バンク</u>　例）北海（プランクトン繁殖→好漁場）

2 南部

❹□□帯（＝起伏が大きい）

例）アルプス山脈，ピレネー山脈，アペニン山脈

イタリア南部に❺□□□境界（→**火山が発達**）

河口に三角州が多い（←侵食量＆運搬量が多い）

例）ドナウ川

3 その他の重要地形

❻□□海岸　例）エーゲ海

高緯度地域に❼□□□□□

例）スカンディナヴィア半島西岸

国際河川（←勾配・緩，水量が安定）

例）ライン川，ドナウ川

❽□□□□〔干拓地〕（オランダ）

❾□□□□地形（スロベニア）

氷河地形…U字谷が沈水した❿□□□□□□，

氷河末端の堆積地形⓫□□□□・⓬□□□（尖峰）・⓭□□□（圏谷）

例）アルプス山脈

⓮□□湖　例）フィンランド，アルプス山脈

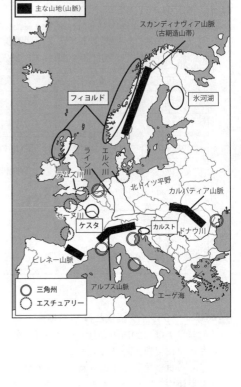

主な山地(山脈)

スカンディナヴィア山脈
（古期造山帯）

フィヨルド

氷河湖

ライン川　エルベ川

テムズ川

北ドイツ平野

カルパティア山脈

セーヌ川　ケスタ　カルスト　ドナウ川

ピレネー山脈　アルプス山脈　エーゲ海

○ 三角州

◌ エスチュアリー

2 気候・第一次産業・観光

1 南部　⓯□□□□気候（Cs）

夏・乾燥＆晴天（←**亜熱帯高圧帯が北上**）

冬・降雨　（←**亜寒帯低圧帯が南下**）

⇒⓰□□□□農業

┌夏：⓱□□□□，柑橘類，⓲□□□

└冬：小麦　羊・ヤギ

※国際観光客数が多い（⓳□□□□期間）

2 中央部　⓴□□□□□気候（Cfb）

北部…スカンディナヴィア半島西岸やアイスランド南部
まで

↑㉑□流の㉒□□□□海流と㉓□□風の影響下
（⇒㉔□□港）

※高緯度の割に比較的温暖（夏・涼，気温の年較差が小さい）
＆低平な地形　→　人口が多い，人口密度が高い

⇒㉕□□農業　小麦＋肉牛

北東部（冷涼・やせ地）…**ライ麦・ジャガイモ**＋豚

※パリ盆地，イギリス南東部…専業化（小麦），大規模化

酪農　例）デンマーク，オランダ，北ヨーロッパ，
アルプス山脈（移牧）

3 北部〜東部

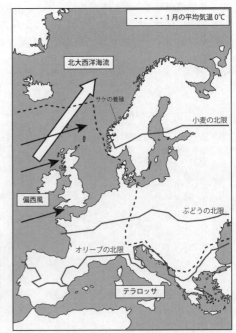

- - - - - 1月の平均気温 0℃

北大西洋海流

サケの養殖

小麦の北限

偏西風

ぶどうの北限

オリーブの北限

テラロッサ

㉖□□□□□気候（Df）

　東部…大陸性気候，気温の年較差が大きい

　北部…針葉樹林（㉗□□□）⇒林業

　　　　例）スウェーデン，フィンランド

　北極圏㉘□□□□気候　⇒㉙□□□□の遊牧

④　その他の重要事項

　㉚□□農業　大都市近郊（㉛□□農業）　例）オランダ

　水産業

　例）スカンディナヴィア半島西岸（フィヨルドでのサケ養殖，大西洋の潮境＝好漁場）

　　　北海（大陸棚＆バンク＝好漁場）

③ 工業・都市

第二次世界大戦後

　重工業三角地帯

　　…鉄鋼業（炭田や鉄山の近く＝

　　　原料立地）

　　→資源の減少，㉜□□□□□

　　　革命（石油中心に）→地位

　　　の低下

現在

　㉝□□□□□に産業＆人口集中

　　特に2000年代

　　　製造業の東欧諸国（＝EU加

　　　盟，低賃金）への進出

　　※第㉞□のイタリア

　　　中小企業，職人が集積

　　　→多品種少量生産

　　　　北部（＝重工業）と南部

　　　　（＝農業中心）に対する呼称

機械工業，先端技術産業

　例）ロンドン周辺，パリ周辺，ミュ

　　ンヘン（ドイツ南部）

　㉟□□□産業

　　例）トゥールーズ　←国際分業により周辺国で製造された部品の最終組み立て

　㊱□□□□工業

　　例）ロッテルダム（EU最大の貿易港，ユーロポートの整備）

都市の再開発

　┌ロンドン…産業革命後　　　住環境の悪化

　│　　　　　　第二次世界大戦後　大ロンドン計画

　│　　　　　　グリーンベルト設置

　│　　　　　　ニュータウン建設（＝職住近接）

　│パリ　　…郊外　副都心の建設（ラ・デファンス地区）

　└　　　　　旧市街　歴史的景観の保全

❶
❷
❸
❹
❺
❻
❼
❽
❾
❿
⓫
⓬
⓭
⓮
⓯
⓰
⓱
⓲
⓳
⓴
㉑
㉒
㉓
㉔
㉕
㉖
㉗
㉘
㉙
㉚
㉛
㉜
㉝
㉞
㉟
㊱

4 交通

㊲□□□□□□　ロンドンとパリを結ぶ高速鉄道

ハブ空港　例）フランクフルト空港

内陸水運が発達（国際河川や運河←勾配が緩い，水量が安定）

㊲ ____

5 資源

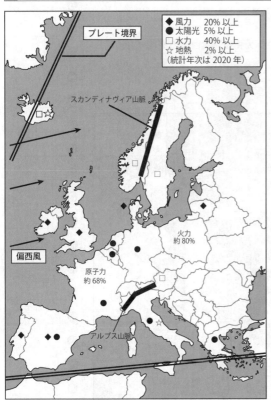

```
◆ 風力    20% 以上
● 太陽光   5% 以上
□ 水力    40% 以上
☆ 地熱    2% 以上
（統計年次は 2020 年）
```

プレート境界

スカンディナヴィア山脈

偏西風

火力　約80%

原子力　約68%

原子力　約68%

アルプス山脈

IEA "Key World Energy Statistics"

石油・天然ガス…**㊳**□□油田

石炭…ポーランド（古期造山帯）

　※再生可能エネルギーの拡大

　　→**㊴**□□□社会を目指す

　　　㊵□□発電…西部（**㊶**□□風の利用）

　　　　例）デンマーク（国内の総発電量の50%以上）

　　　㊷□□□発電…南部〜中央部

　　　　（日射量が多い南部，低平な地形の利用）

　　　㊸□□発電…山がちな地形　例）ノルウェー

　　　　　　　　　　　　　（国内の総発電量の90%）

　　　㊹□□発電…変動帯

　　　　例）アイスランド＆イタリア

その他の重要国

　フランス…**原子力**発電中心（化石燃料に乏しい）

　オランダ・デンマーク…水力発電の

　　　　　　　　　　割合が低い（低平⇒ダム

　　　　　　　　　　建設に不利）

㊲ ____

㊳ ____

㊴ ____

㊵ ____

㊶ ____

㊷ ____

㊸ ____

㊹ ____

6 EU

❶ 拡大の過程

　1967年　EC〔ヨーロッパ共同体〕　市場統合を目指す

　1993年　**㊺**□□□□□□□条約発効

　　　　→**㊻**□□〔ヨーロッパ連合〕　市場統合の強化と政治統合を目指す

　　　　　域内関税の撤廃

　　　　　統一通貨**㊼**□□□導入

　　　　　共通農業政策　…食料の安定供給と域内農家の保護

　　　　　㊽□□□□□協定…国境管理の廃止（EU加盟国以外も締結）

　2000年代　東欧諸国が加盟　→　最大28か国

　2020年　**㊾**□□□□離脱　→　27か国（2023年末）

❷ 課題

　経済格差　東欧諸国　農業生産性が低い，1人当たりGNIが低い

　移民　　　東欧から西欧へ　→　東欧　若年層や技術者の流出

　　　　　　　　　　　　　　　　　西欧　文化的摩擦，失業問題　→　排斥運動

　難民　　　西アジア・北アフリカからの難民の割り当てにおける対立

　不公平感　負担国（西欧）と受益国（東欧）の間の対立

　独自性　　EU基準を満たす必要性　→　イギリスの離脱

㊺ ____

㊻ ____

㊼ ____

㊽ ____

㊾ ____

㊿ ____

51 ____

52 ____

53 ____

54 ____

55 ____

56 ____

57 ____

7 民族・宗教

※**インド＝ヨーロッパ語族**と**キリスト教**が広く分布

1 北部 ❺⓪□□□□語派と❺①□□□□□□□

2 南部 ❺②□□□語派と❺③□□□□□

3 東部 ❺④□□□語派と❺⑤□□□（東方正教）

※境界線付近では一国の中に併存

例）ベルギー…＜北部＞ゲルマン語派＆

＜南部＞ラテン語派　→対立

ドイツ　…＜北部＞プロテスタント＆

＜南部＞カトリック

4 例外　スラブ語派＆カトリック

例）ポーランド，チェコ，クロアチア（カトリック分布

域が北部まで広がる）

ケルト語派　例）アイルランド，イギリス北部（ス

コットランド）→独立運動

ラテン語派＆正教会　例）<u>ルーマニア</u>

❺⑥□□□語族（語族が異なる）

例）<u>フィンランド</u>，エストニア，<u>ハンガリー</u>

※キリスト教徒に次いで多いのはムスリム

オスマン帝国の影響（バルカン半島）

例）アルバニア，ボスニア＝ヘルツェゴビナ

西アジア・北アフリカからの難民・移民→<u>文化的摩擦</u>

凡例：
● ゲルマン語派＆プロテスタント中心
◆ ラテン語派＆カトリック中心
▲ スラブ語派＆正教会（東方正教）中心
□ ラテン語派以外の言語＆カトリック中心
★ イスラム中心

（地図中ラベル）フィンランド，エストニア，（スコットランド），アイルランド，ドイツ，ポーランド，ハンガリー，ベルギー，ルーマニア，（カタルーニャ地方）

8 民族問題

- ボスニア・ヘルツェゴビナ…カトリック，正教会，イスラームの対立
- ❺⑦□□□□□□地方の独立運動（スペイン）
- スコットランドの独立運動（イギリス）

9 図表演習

問１．A～Dに当てはまる国名を選択肢から選びなさい。

＜貿易統計（輸出額・2020年，輸出上位５品目・2021年）＞　※<u>下線部</u>が重要なヒント

国名	A	B	C	D
輸出額（億ドル）	<u>13,804</u>	4,783	4,949	3,068
1位	機械類	機械類	機械類	自動車
2位	自動車	自動車	自動車	機械類
3位	医薬品	医薬品	医薬品	野菜と果実
4位	精密機械	航空機	<u>衣類</u>	医薬品
5位	金属製品	<u>アルコール飲料</u>	鉄鋼	衣類

UN Comtrade より

〔選択肢〕
イタリア
（第３のイタリア）
スペイン
（温暖な気候，
　　　　低賃金労働力）
ドイツ
（EU最大の工業国）
フランス
（トゥールーズ）

問２．A～Dに当てはまる国名を選択肢から選びなさい。

国名	A	B	C	D
輸出額（億ドル）	<u>5,513</u>	827	1,542	<u>46</u>
1位	機械類	<u>天然ガス</u>	機械類	<u>魚介類</u>
2位	<u>石油製品</u>	<u>原油</u>	自動車	<u>アルミニウム</u>
3位	医薬品	魚介類	医薬品	鉄鋼
4位	化学薬品	機械類	石油製品	機械類
5位	精密機械	石油製品	<u>紙・板紙</u>	魚粉

UN Comtrade より

〔選択肢〕
アイスランド
（発電コスト・低）
オランダ
（ロッテルダム）
スウェーデン
（針葉樹林）
ノルウェー
（北海，フィヨルド）

1 地形

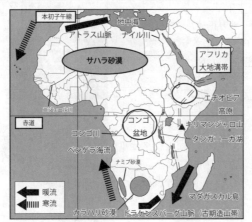

❶ _____

❷ _____

❸ _____

❹ _____

❺ _____

❻ _____

❼ _____

❽ _____

※大部分が❶□□□□（高原＆台地状）

1 北部　　❷□□□□帯　例）アトラス山脈

　　　　　　❸□□□砂漠（←亜熱帯高圧帯）…オアシスとワジ　例）サハラ砂漠

　　　　　　※**サヘル**の砂漠化，湖の縮小　例）チャド湖

2 東部　　❹□□□□□□□帯（←❺□□□境界が紅海から続く）

　　　　　　→①火山，高原が多い　例）キリマンジャロ山（アフリカ最高峰，山頂に氷河→縮小）

　　　　　　　②断層湖（＝細長く＆深い）　例）タンガニーカ湖（深さ世界第２位）

3 南部　　❻□□砂漠　例）ナミブ砂漠（←寒流のベンゲラ海流の影響）

　　　　　　回帰線砂漠　例）カラハリ砂漠

　　　　　　❼□□□□帯（→一帯で石炭が産出される）　例）ドラケンスバーグ山脈

4 河川　　下流に急流・多（高原のへり）　例）コンゴ川（赤道直下→流量・年中多い）

　　　　　　❽□□河川　例）ナイル川（上流でダムの建設→水利権争い），

　　　　　　　　　　　　　　　ニジェール川（ナイジェリア，ギニア湾へ注ぐ）

2 気候・第一次産業

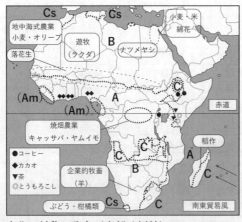

❾ _____

❿ _____

⓫ _____

⓬ _____

⓭ _____

※気候…赤道を軸に南北に対称に分布（東部は例外）

1 中部

　　❾□帯　西部の赤道直下…❿□□□□気候

　　　　　　その周辺　　　…⓫□□□気候

　　　　　⇒⓬□□農業　キャッサバ・ヤムイモ・タロイモ

　　　　　　　　　例）ナイジェリア（いずれも生産量世界第１位）

　　　　　⓭□□□□□□□□農業（商品作物）　カカオ豆，アブラヤシ

　　　　　　　　　例）ギニア湾岸（コートジボワール，ガーナのカカオ豆）

2 北部（北アフリカ）

⓮□□帯

⇒①⓯□□農業（ナイル川流域），⓰□□□□農業

→小麦，米，野菜，綿花，柑橘類，⓱□□□□□など

※地下水路の利用（アルジェリアのフォガラ）

②⓲□□　ラクダ，羊，ヤギ

アトラス山脈以北　…⓳□□□□気候

⇒⓴□□□□農業　オリーブ・柑橘類・小麦など

※南アフリカ共和国南西部…㉑□□□□気候　⇒㉒□□□□農業　ぶどう・柑橘類など

3 東部

高原地帯（→緯度のわりに穏やかな気候）

⇒㉓□□□□□□□□農業

コーヒー豆　例）エチオピア（エチオピア高原＝コーヒー豆の原産地）

茶　　　　例）ケニア（イギリス人の入植）

※近年は㉔□□□□の生産が盛ん→航空機でヨーロッパやアジアへ

⓮＿＿＿＿＿＿
⓯＿＿＿＿＿＿
⓰＿＿＿＿＿＿
⓱＿＿＿＿＿＿
⓲＿＿＿＿＿＿
⓳＿＿＿＿＿＿
⓴＿＿＿＿＿＿
㉑＿＿＿＿＿＿
㉒＿＿＿＿＿＿
㉓＿＿＿＿＿＿
㉔＿＿＿＿＿＿

基礎ー地誌

③ 鉱工業・経済

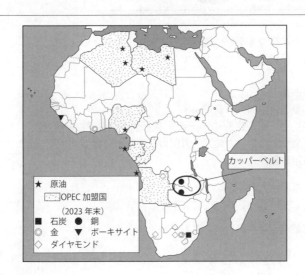

㉕＿＿＿＿＿＿
㉖＿＿＿＿＿＿
㉗＿＿＿＿＿＿
㉘＿＿＿＿＿＿
㉙＿＿＿＿＿＿

カッパーベルト

★　原油
□　OPEC加盟国
　　（2023年末）
■　石炭　　●　銅
◎　金　　　▼　ボーキサイト
◇　ダイヤモンド

1 経済・工業

植民地時代　　鉱産資源を旧宗主国が独占

旧宗主国の工業製品の市場→アフリカ諸国の工業化を抑制

独立後　　　　生活水準上がらず（内戦・政情不安定が要因）

→工業化の遅れ→㉕□□□□□□□経済の国が多い（特定の**一次産品**に依存）

→国家財政が不安定

少数の人々が利益を独占→経済格差

→多角化を目指す

2 鉱産資源

㉖□□（OPEC加盟国は4か国）

①北アフリカ　　　　例）アルジェリア（天然ガスも多い），リビア

エジプト（OPEC非加盟，石油製品の輸出）

※天然ガス…パイプラインでヨーロッパへ

②中部の大西洋岸　　例）ナイジェリア（産出量はアフリカ随一），アンゴラ

㉗□□□□□…南アフリカ共和国（プラチナ・クロム・マンガン）

↑金鉱，鉄鉱石，石炭（古期造山帯）なども多い

⇒1人当たりGNIが比較的大きい国が多い

㉘□□…「カッパーベルト」　例）コンゴ民主共和国（コバルトも多い），ザンビア

㉙□□□□□□…中南アフリカ　例）コンゴ民主共和国，ボツワナ

ボーキサイト…ギニア

4 他地域との結びつき

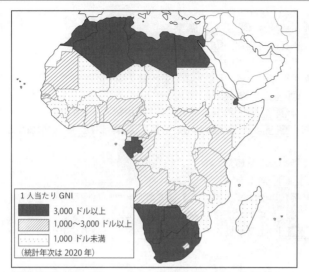

1人当たり GNI
- 3,000 ドル以上
- 1,000～3,000 ドル以上
- 1,000 ドル未満
- （統計年次は 2020 年）

国連の資料より

30 _____

1 北アフリカ　ヨーロッパとの結びつきが強い（＝地中海を挟んだ交流）
　　　　　　　企業の進出（低賃金労働力を求めて）例）モロッコ（自動車・電気機械）
　　　　　　　観光客の来訪
2 サハラ以南　近年，中国の進出
　　　　　　　30□□□□整備→中国への資源輸出
　　　　　　　　　例）タンザン鉄道（「カッパーベルト」から銅鉱の輸送）
　　　　　　　中国から安価な工業製品の輸入→自国の工業化を阻害
　　　　　　　中国人に雇用が奪われる

5 生活の変化

　経済成長（←北アフリカ・中部の大西洋岸・南アフリカ共和国など）
　　　→都市部の開発，携帯電話の普及　例）ケニアのモバイル送金サービス
　さらに，人口増加
　　　→有望な市場
　しかし，累積債務問題，工業化の遅れ，経済格差
　　　→インフラ整備の遅れ→都市問題（**31**□□□の形成）
　32□□□　例）マラリア，HIV，エボラ出血熱

31 _____

32 _____

6 民族・宗教

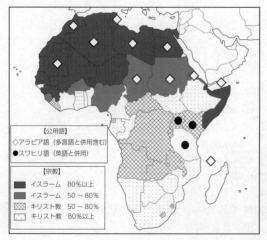

【公用語】
- ◇アラビア語（多言語と併用含む）
- ●スワヒリ語（英語と併用）

【宗教】
- イスラーム　80％以上
- イスラーム　50～80％
- キリスト教　50～80％
- キリスト教　80％以上

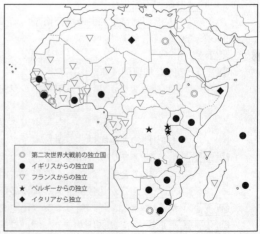

- ◎　第二次世界大戦前の独立国
- ●　イギリスからの独立国
- ▽　フランスからの独立
- ★　ベルギーからの独立
- ◆　イタリアから独立

1 歴史

15〜19世紀 ㉝□□貿易→サハラ以南で労働力激減，ほぼ全域がヨーロッパ諸国の植民地

1960年代 17の国が独立（1960年＝「アフリカの年」）

　　　　　　※㉞□□□国境が残存（←ヨーロッパ諸国によって引かれた）

　　　　　　　　　　　　　　→民族分布を無視→内戦・紛争の原因

2 宗教・民族

北アフリカ…㉟□□□□□（スンナ派）・㊱□□□□語（＝アラブ民族）が多数を占める

　　　　　　　　　　　　　　　　　　　　　　＋ベルベル人（先住民，遊牧）

サハラ以南…㊲□□□□教（＋伝統宗教）・旧宗主国の言語

　　　　　　　　　　　（特定の民族の言語を公用語→対立が生じる）

東部（エチオピア）…エチオピア教会（キリスト教）

東部（ケニア，タンザニア，ウガンダ）…㊳□□□□語

　　　　　　　　　　アフリカ系＋アラビア語（ムスリム商人進出）

3 人種問題

南アフリカ共和国…㊴□□□□□□□〔人種隔離政策〕

　　　　　　　　→1990年代に廃止→依然として白人と黒人間の経済格差

4 民族問題・紛争

㊵□□□□内戦…旧ベルギー領→少数派・ツチ族によって多数派・フツ族を支配

　　　　　　　　　→ベルギーの撤収後に対立激化

　　　　　　　　　→1990年代に内戦　→近年は高い経済成長率（ICT産業）

ソマリア内戦　…一時期は無政府状態　　　　　　　]

南スーダン内戦…スーダンから独立後に内戦　　　] →難民

7 図表演習

問1．A〜Eに当てはまる国名を選択肢から選びなさい。

＜貿易統計（輸出額・2020年，輸出上位5品目・2021年）＞※下線部が重要な特徴

国名	A	B	C	D	E
輸出額（億ドル）	406	270	251	60	30
1位	原油	機械類	石油製品	紅茶	コーヒー豆
2位	天然ガス	自動車	液化天然ガス	切り花	野菜
3位	石油製品	肥料	野菜と果実	野菜と果実	ごま
4位	液化天然ガス	野菜と果実	原油	衣類	切り花
5位	液化石油ガス	衣類	機械類	石油製品	衣類

UN Comtrade より

〔選択肢〕　アルジェリア　　エジプト　　エチオピア　　ケニア　　モロッコ

問2．A〜Dに当てはまる国名を選択肢から選びなさい

国名	A	B	C	D
輸出額（億ドル）	899	605	167	78
1位	白金	原油	金	銅
2位	自動車	液化天然ガス	原油	銅鉱
3位	金	船舶	カカオ豆	セメント
4位	機械類	ガス状炭化水素	カカオペースト	機械類
5位	鉄鉱石	カカオ豆	野菜と切り花	葉たばこ

UN Comtrade より

〔選択肢〕　ガーナ　　ザンビア　　ナイジェリア　　南アフリカ共和国

1 地形

主な山地(山脈)

フィヨルド
ロッキー山脈
エスチュアリー
氷河湖
グレートプレーンズ
プレーリー
サンアンドレアス断層
海岸平野
メサ・ビュート
ミシシッピ川
鳥趾状三角州
コロラド川
リオグランデ川
アパラチア山脈
（古期造山帯）

❶ 西部　❶□□帯（＝起伏が大きい）
　　　例）ロッキー山脈
　　グランドキャニオン（←コロラド川の侵食）
　　サンアンドレアス断層
　　（＝プレートの❷□□□境界，地震の被害）
　　アリューシャン列島
　　（弧状列島，❸□□が並行）
❷ 中央部　❹□□□□□
　　　グレートプレーンズ…台地状の大平原，乾燥帯
　　　プレーリー…温帯草原，プレーリー土（黒土）
　　　中央平原…ミシシッピ川（←❺□□□三角州）
❸ 東部　❻□□□□帯
　　　例）アパラチア山脈（石炭の産出）
　　　❼□□□□
　　　例）ラブラドル半島（鉄鉱石の産出）
　　　セントローレンス川（←❽□□□□□□□）

❹ その他の重要地形
　　氷河地形…❾□□湖
　　　例）五大湖（貨物船の航路），カナダに多く分布
　　　❿□□□□□（北西岸）
　　河川国境　例）リオグランデ川（アメリカ合衆国とメキシコとの自然国境を形成）

2 カナダの気候・第一次産業

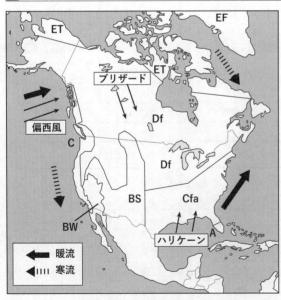

EF
ET
ET
ブリザード
Df
偏西風
C
Df
BS
Cfa
BW
ハリケーン
A

← 暖流
◀|||| 寒流

❶ 北極海沿岸
　　ツンドラ気候
　　⇒⓫□□（トナカイ）・狩猟
　　（アザラシ）
　　⓬□□□□□（先住民）が
　　居住
❷ 国土の大部分
　　⓭□□□□□気候
　　→灰白色の土壌⓮□□□□□と
　　⓯□□□（針葉樹林）の分
　　布
　　⇒林業，五大湖周辺で酪
　　農・混合農業・園芸農業
　　⓰□□□□□（暴風雪）
❸ 西岸
　　⓱□□□□□気候
　　（←暖流と偏西風の影響下）

❶ _____
❷ _____
❸ _____
❹ _____
❺ _____
❻ _____
❼ _____
❽ _____
❾ _____
❿ _____
⓫ _____
⓬ _____
⓭ _____
⓮ _____
⓯ _____
⓰ _____
⓱ _____

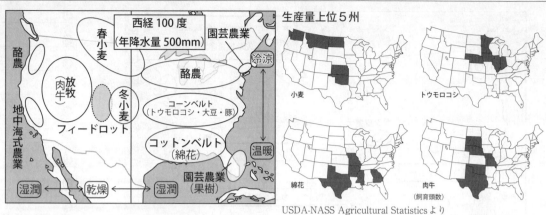

生産量上位５州

小麦　　トウモロコシ

綿花　　肉牛
（飼育頭数）

USDA-NASS Agricultural Statistics より

※国土の中央部を年降水量500mm線（≒西経100度線）が縦断

⇒　北・⓲□□小麦，南・⓳□小麦（⓴□□□□□□□□）

１ 東側　→湿潤

北から順に

㉑□□□□□気候（五大湖周辺）

⇒酪農（冷涼＆氷食のやせ地＆大都市の近郊）

㉒□□□□気候

⇒㉓□□□ベルト（商業的混合農業）　とうもろこし，大豆，豚，肉牛

↑㉔□□□□□…肥沃なプレーリー土

㉕□□□□ベルト（綿花地帯）→近年は多角化

※アフリカ系住民の割合が高い（←農園の奴隷として従事していた）

２ 西側　→乾燥

㉖□□帯　⇒肉牛の放牧

→㉗□□□□□□□で肥育（㉘□□□牧畜）

↑㉙□□□□□□□□による小麦・とうもろこし栽培

→地下水減少　例）オガララ帯水層

３ フロリダ半島

㉚□帯（ハリケーンの襲来）

⇒㉛□□農業　野菜・果樹　※退職者の移住先（←温暖な気候）

４ 太平洋岸

㉜□□□□気候

⇒㉝□□□□農業　野菜，果樹（柑橘類・ぶどう），米など

↑低賃金労働力の移民（㉞□□□□□□）を雇用

５ その他の重要事項

※企業的農業中心…適地適作・大規模・機械化・効率化→穀物や肉類を輸出

→土壌汚染（化学肥料），地下水の減少，土壌侵食

㉟□□□ビジネスの進出→㊱□□□□□□□作物の普及　安全性を懸念する声も

㊲□□メジャー　　　　→世界の穀物需給に影響，新規参入が難しい

４ アメリカ合衆国の農業

㊳□□□□…地形や気候などの条件に合わせた農業

㊴□□農業　大都市近郊（㊵□□農業）　例）北東部の大西洋岸

⓲ _____
⓳ _____
⓴ _____

㉑ _____
㉒ _____
㉓ _____
㉔ _____
㉕ _____
㉖ _____
㉗ _____
㉘ _____
㉙ _____

㉚ _____
㉛ _____
㉜ _____
㉝ _____
㉞ _____

㉟ _____
㊱ _____

㊲ _____
㊳ _____
㊴ _____
㊵ _____

★ 原油　■ 石炭　▲ 鉄鉱石　□ 銅
◯ 先端技術産業の集積地

シアトル
サンフランシスコ
サンノゼ
シリコンヴァレー
ロサンゼルス
フェニックス
シリコンプレーン
デンヴァー
ダラス
ヒューストン
ボストン
シカゴ
ニューヨーク
ピッツバーグ
スノーベルト
サンベルト
ニューオーリンズ

㊶	
㊷	
㊸	
㊹	
㊺	
㊻	
㊼	
㊽	
㊾	
㊿	
(51)	
(52)	
(53)	
(54)	
(55)	
(56)	
(57)	
(58)	

19世紀後半　世界有数の工業国に成長
　　　　　主に北東部（五大湖周辺～大西洋岸）の重工業
　　　　　　　　＜理由＞アパラチア炭田とメサビ鉄山
　　　　　　　　　　　　五大湖の水運，大市場に近接
　　　　　　　　　　　例）ピッツバーグ（鉄鋼業→近年は先端技術産業）
　　　　　　　　　　　　　デトロイト（自動車）
20世紀半ば以降　衰退｜＜理由＞資源の減少，設備の老朽化，労働者の賃金の高騰
　　　　　　　　　　　　国際競争力の低下（新興国の台頭）
　　　　　　　　⇒㊶□□ベルト（㊷□□□□ベルト，㊸□□□ベルト）
1970年代　㊹□□ベルト（北緯37度以南）の台頭
　　　　　　　　＜理由＞温暖な気候，豊富な資源（原油・天然ガス）
　　　　　　　　　　　　安価な工業用地と労働力，州の誘致政策，低い労働組合組織率
　　　　　　　　→先端技術産業・ICT産業の集積
　　　　　　　　　　例）シリコンヴァレー（産学連携→研究開発を重視）
　　　　　　　　　　　　→技術貿易収支は大幅な黒字
1990年代　㊺□□□□□〔北米自由貿易協定〕発効
　　　　　　　　→製造業がメキシコに流出
　　　　　　　　→スノーベルトのさらなる衰退
2020年　㊻□□□□□〔米国・メキシコ・カナダ協定〕発効
　　　　　　　　→自由貿易の一部制限，製造業の加盟国への回帰

重要都市
　　ヒューストン…石油化学，ICT産業
　　ダラス　　　…ICT産業
　　ロサンゼルス…航空機，映画
　　シアトル　　…航空機

6 アメリカ合衆国の経済
　　世界最大の貿易赤字国　※サービス収支は大幅な黒字
　　世界金融の中心　例）ニューヨーク金融市場

7 アメリカ合衆国の歴史・民族・宗教

1 アメリカ合衆国の歴史

先住民（❹☐☐☐☐☐アメリカン）の居住

17世紀　ヨーロッパ系の移住（イギリス人が中心）

18世紀　イギリスより独立（東部の13州）

※❹☐☐☐☐…白人＆アングロサクソン系＆プロテスタント　社会の主流派（近年は割合が低下）

❹☐☐☐☐☐☐〔開拓前線〕が西に進む（＝先住民の迫害）

※❺☐☐☐☐☐制（土地区画制度）の導入→散村の成立

19世紀　ホームステッド法…入植地の無償提供

20世紀　❺☐☐☐運動…アフリカ系の権利の保障を求める社会運動

❺☐☐☐☐☐☐の流入…スペイン語圏（メキシコ中心）からの移民

カトリック（＝出生率が高い）

2 アメリカ合衆国の民族・宗教

※ほとんどの地域…ヨーロッパ系が多数派

地域により特定の人種・民族の割合が比較的高い

＜南東部＞

❺☐☐☐☐系（←北東部の都市部でも割合が高い）

＜南西部（メキシコと近接）・フロリダ半島＞

❺☐☐☐☐☐☐（←出生率が高い）

＜大西洋岸＞アジア系

＜内陸部（居住に不利）＞❺☐☐☐☐☐アメリカン

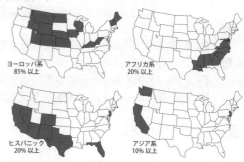

U.S. Census Bureau より

8 都市

❺☐☐☐☐☐☐☐☐　…人種・民族や所得階層による住み分け

例）ニューヨークのチャイナタウン

❺☐☐☐☐☐☐問題…都心部と周辺地域の衰退

→❺☐☐☐☐☐☐☐☐☐☐☐（再高級化）→地価の高騰→旧住民の立ち退き

9 課題

経済格差・アフリカ系に対する差別

10 図表統計

問1．A〜Dに当てはまる語句を選択肢から選びなさい。

＜貿易統計（輸出額，輸出上位5品目・2021年）＞　※下線部が重要なヒント

	A	B	C	D
輸出額（億円）	<u>148,314</u>	89,031	9,169	14,988
1位	一般機械	一般機械	<u>乗用車</u>	なたね
2位	乗用車	電気機器	一般機械	<u>鉄鉱石</u>
3位	電気機械	<u>医薬品</u>	自動車部品	<u>豚肉</u>
4位	自動車部品	液化石油ガス	電気機器	銅鉱
5位	科学光学機器	<u>液化天然ガス</u>	鉄鋼	<u>木材</u>

UN Comtrade より

〔選択肢〕

日本からアメリカ合衆国への輸出　　　　日本からカナダへの輸出

アメリカ合衆国から日本への輸出　　　　カナダから日本への輸出

基礎―地誌

第9章 ラテンアメリカ

▶▶ 要 点 整 理

1 中央アメリカの地形／カリブ海の地形

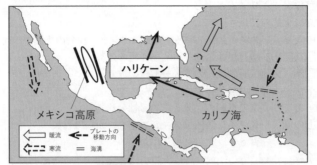

❶ _____

❷ _____

❸ _____

❹ _____

1 中央アメリカの地形
　　❶□□帯（山脈が並行）　例）メキシコ高原

2 カリブ海の地形
　　❷□□帯（火山＆地震の被害）　例）西インド諸島（弧状列島）
　　❸□□□礁（海水温が高い→❹□□□□□の被害）

2 南アメリカ大陸の地形

❺ _____

❻ _____

❼ _____

❽ _____

❾ _____

❿ _____

1 西側　❺□□帯（海溝が並行，南端部に氷河）
　　　例）アンデス山脈，チリ海溝

2 東側　❻□□□□（高原状）　例）ギアナ高地，ブラジル高原
　　　アマゾン盆地（低平）←アマゾン川（アンデス山脈水源）
　　　　※南アメリカ大陸の河川の大半は東（大西洋に向けて）に流れる

3 その他の重要地形
　　砂漠…＜西＞❼□□砂漠　例）アタカマ砂漠（←寒流のペルー海流と亜熱帯高圧帯の影響）
　　　　　　＜東＞❽□□砂漠　例）パタゴニア（←年中偏西風がアンデス山脈にぶつかる風下側）
　　❾□□□□□（←サケの養殖）　例）チリ南部
　　❿□□□□□□□　例）ラプラタ川
　　ウユニ塩原（海底が隆起→海水が蒸発）

先住民の言語を
公用語に制定

ムラート
約40%

| スペイン語 |
| ポルトガル語 |
| 英語 |
| フランス語 |

【最も割合の高い人種（主な国）】
□　ヨーロッパ系
●　アフリカ系
▼　先住民
☆　メスチーソ
◇　ムラート

⑪＿＿＿＿＿＿
⑫＿＿＿＿＿＿
⑬＿＿＿＿＿＿
⑭＿＿＿＿＿＿
⑮＿＿＿＿＿＿
⑯＿＿＿＿＿＿

基礎ー地誌

1 歴史

先住民（⑪□□□□□）が居住

例）アステカ文明（メキシコ高原），マヤ文明（ユカタン半島），インカ文明（アンデス山脈）

16世紀　　　スペインによる征服

　　　　　　その後，ヨーロッパ諸国による植民地化

19世紀以降　独立

2 民族・宗教

＜宗教＞⑫□□□□□を広く信仰（スペインとポルトガルが旧宗主国⇒ラテン系の影響）

　　　　→カーニバル（＝カトリックの宗教行事）

　　　　　例）リオデジャネイロ（ブラジル）

＜言語＞多くの国　…⑬□□□□語　（←旧⑬□□□□領）

　　　　ブラジル　…⑭□□□□□語（←旧⑭□□□□□領）

　　　　ジャマイカ…英語

　　　　ハイチ　　…フランス語

＜人種・民族＞…混血が進む

　　インディオ，ヨーロッパ系，アフリカ系（大農場の労働力）の混血化

　　　┌ ⑮□□□□□…ヨーロッパ系とインディオの混血（多くの国で多数派）

　　　└ ⑯□□□□　…ヨーロッパ系とアフリカ系の混血

　　　　　　　　　　（ブラジル・多／※近年この呼称は使用されなくなっている。）

```
アルゼンチン・ウルグアイ…ヨーロッパ系が多数派
ボリビア・ペルー　　　　　…インディオが多数派
カリブ海諸国　　　　　　　…アフリカ系が多い　例）ジャマイカ，ハイチ
サンパウロ（ブラジル）　…日系人社会
```

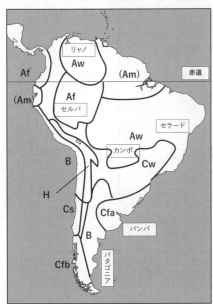
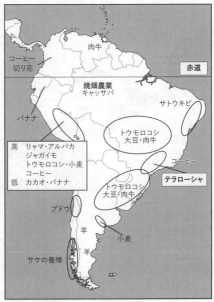

❶ アマゾン盆地　⓱□□□□気候…⓲□□□□（熱帯雨林，天然ゴムの原産地）→**熱帯林の伐採**
　　　　　　　　　　　　　　　　　　　　　　　　　⇒⓳□□農業　キャッサバ

❷ ブラジル高原　⓴□□□気候…カンポ，セラード⇒㉑□□的牧畜（肉牛）→**大豆畑の拡大**
　　　　　　　　　　　　　　　　　　　　（中国などに輸出→熱帯林伐採の懸念）
　　　沿岸部　⇒㉒□□□□□□□□農業　さとうきび　→㉓□□□□□□□□の原料
　　　　　　　　　　　　　　㉔□□□□□　南東部の㉕□□□□□□が分布する地域

❸ ラプラタ川周辺　㉖□□□□気候…パンパ（温帯草原）
　　　　　　　　　　　　　　　⇒混合農業（肉牛＋とうもろこし・大豆）
　　　　　　　　※年降水量550mm以上…小麦（550mm以下になると牧羊）

❹ チリ中部～南部　㉗□□□□気候　⇒㉘□□□の栽培
　　　　　　　西岸海洋性気候（年中㉙□□□の影響）
　　　＜アンデス山脈・メキシコ高原＞
　　　　　㉚□□気候（気温の年較差が小さい，常春の気候）
　　　　　⇒伝統的農業（高度によって異なる作物）アンデス山脈…ジャガイモの原産地
　　　　　　　　　㉛□□□・㉜□□□□の飼育（耕作限界を超えた地域）
　　　　　　　メキシコ高原…とうもろこしの原産地
　　　　　　　　　（→メキシコでは主食　例）トルティーヤ）
　　　　　※アンデス山脈…㉝□□□□（民族衣装，気温の変化が大きい→着脱が容易）
　　　　　　　　つばの広い帽子（紫外線対策）

❺ その他の重要事項
　　　　㉞□□□□□制の影響・大　㉟□□作物（＝輸出用）の栽培
　　　　　　┌ 経済格差が大きい（←農場の所有者と労働者との貧富の差）
　　　　　　│ 都市人口率が高い
　　　　　　└（農場を追われた農民の流入→㊱□□□の拡大
　　　　　　　　　　　　　　　　　　例）ファベーラ（ブラジル））

　　　　㊲□□□ビジネスの進出
　　　　　→大規模農園，大型機械＆農薬＆化学肥料＆遺伝子組み換え作物の導入
　　　　　→伝統的農業の衰退（持続可能性の喪失）
　　┌コロンビア…高原地帯でコーヒー豆，㊳□□□（日射量が多く，穏やかな気候）
　　│エクアドル…バナナ（アメリカ資本）
　　└ペルー　　…アンチョビの漁獲量・多　→　㊴□□□□□□現象
　　　　　　　　　　　　　　　　　　　　→　漁獲量が減少する
　　　　　　　　　　　　　　　　　　　　⇒　年ごとの漁獲量の変化が大きい

⓱ _____
⓲ _____
⓳ _____
⓴ _____
㉑ _____
㉒ _____
㉓ _____
㉔ _____
㉕ _____
㉖ _____
㉗ _____
㉘ _____
㉙ _____
㉚ _____
㉛ _____
㉜ _____
㉝ _____
㉞ _____
㉟ _____
㊱ _____
㊲ _____
㊳ _____
㊴ _____
㊵ _____
㊶ _____
㊷ _____
㊸ _____
㊹ _____
㊺ _____
㊻ _____
㊼ _____
㊽ _____
㊾ _____
㊿ _____
51 _____

UN Comtrade より

5 鉱工業

1 鉱産資源

原油＆天然ガス	…メキシコ湾岸,
	ベネズエラ（OPEC 加盟国）
㊵□□石	…ブラジル（安定陸塊）
㊶□鉱	…チリ＆ペルー（変動帯）
銀鉱	…メキシコ＆ペルー（スペインによる採掘）

2 工業

20世紀半ば	㊷□□代替型の工業化（←政府主導）
1960年代	㊸□□指向型の工業化（メキシコ）
1980年代	**累積債務**問題
1990年代	経済自由化, 民営化
2000年代	ブラジルが㊹□□□□□の一角に成長
	例）小型・中型航空機の製造

6 貿易

※㊺□□□□□□経済→多角化を目指す

1960年代	マナウス（アマゾン川沿岸）に㊻□□□□地区
	→工業化
1990年代	㊼□□□□□〔北米自由貿易協定〕発効
	→メキシコで自動車産業
	締結国）アメリカ合衆国, カナダ, メキシコ
	㊽□□□□□□□〔南米南部共同市場〕発足

7 都市

㊾□□□□□□…メキシコの首都, 高山都市,

人口が最大の㊿□□□□□□シティ, 大気

汚染が深刻

㊿□□□□□…ブラジルの首都, 計画都市, ブラジル高原に建設

リオデジャネイロ…旧首都・（カーニバル）

サンパウロ…人口国内第１位・（コーヒー豆の集散地, 日系人社会）

8 図表演習

問１．A～Dに当てはまる国名を選択肢から選びなさい。

＜貿易統計（輸出額・2020年, 輸出上位５品目・2021年）＞ ※下線部が重要な特徴

国名	A	B	C	D
輸出額（億ドル）	4,162	699	549	202
1位	機械類	銅鉱	とうもろこし	原油
2位	自動車	銅	大豆油かす	魚介類
3位	原油	野菜と果実	大豆油	バナナ
4位	野菜と果実	魚介類	自動車	石油製品
5位	精密機械	化学薬品	牛肉	切り花

〔選択肢〕
アルゼンチン
エクアドル
チリ
メキシコ

UN Comtrade より

問２．A・Bに当てはまる国名と年次の組合せを選択肢から選びなさい。

国名	A	B
輸出額（億ドル）	201	2,099
1位	コーヒー豆	鉄鉱石
2位	飼料	大豆
3位	鉄鉱石	原油
4位	カカオ豆	肉類
5位	植物性油脂	機械類

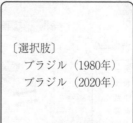

〔選択肢〕
ブラジル（1980年）
ブラジル（2020年）

UN Comtrade より

1 オセアニアの地形

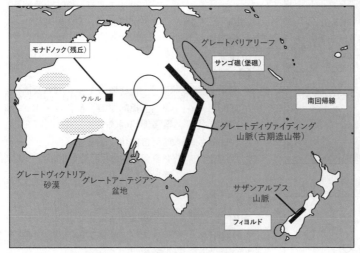

❶ _____
❷ _____
❸ _____
❹ _____
❺ _____
❻ _____
❼ _____

オセアニアの範囲

ミクロネシア（小さい島々）…東半球（経度180度以西）・北半球

例）パラオ，マリアナ諸島（グアム島・サイパン島）

メラネシア（黒い島々）　…東半球（経度180度以西）・南半球

例）パプアニューギニア，フィジー，ニューカレドニア

ポリネシア（多くの島々）　…西半球（経度180度以東）

例）キリバス，ハワイ諸島　※ニュージーランドも含まれる

1 オーストラリアの地形

大部分が❶□□□□（なだらかな平原）→鉄鉱石が分布（北西部）

<東部>　❷□□□□帯（なだらかな山脈）→石炭が分布　例）グレートディヴァイディング山脈

<内陸部>　❸□□□□□□〔残丘〕　例）ウルル〔エアーズロック〕，南北方向に流れる川が多い

グレートアーテジアン〔大鑽井〕盆地

…❹□□□井戸→❺□□□水の利用→牧畜（牛，羊）

<海洋>　**サンゴ礁**　例）グレートバリアリーフ（＝堡礁，観光業，海水温の上昇→白化の進行）

2 ニュージーランドの地形

本土の全域が❻□□帯（→北側に**海溝**，地震＆火山が多い→地熱発電がみられる）

<南島南西部>　氷河地形の❼□□□□□が発達

2 オーストラリアの気候・第一次産業

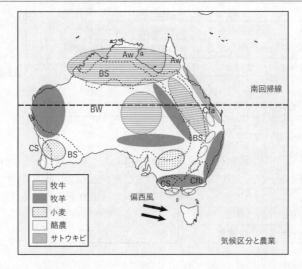

気候区分と農業

1 内陸部

　　8□□帯　⇒**9**□□□牧畜（大規模な**肉牛・羊の飼育**）

　　　※羊は採毛用のメリノ種が中心　→　肉用の羊も増加

2 北部

　　10□帯（ほとんどが**11**□□□気候）

　　　⇒**プランテーション**（北東部でさとうきび）

3 南部～東部

　　12□帯　南西部…**13**□□□□気候

　　　　　　　　　　⇒野菜，果樹（**14**□□□）

　　　東部　…温暖湿潤気候・西岸海洋性気候（→**大都市が立地**）

　　　　　　　⇒近郊農業（野菜＆果樹），酪農

　　　※年降水量500mm線…**小麦**，集約的牧羊業，牛の放牧

4 その他の重要事項

　　東部（降水量が多い）に**15**□□□□□□（＝肉牛の肥育場）

　　北半球の**16**□□期に野菜・果実の出荷（←南半球に位置）

3 ニュージーランドの気候・第一次産業

　　本土の全域が**17**□□□□□気候（夏・涼，冬・緯度の割に穏やか）

　　　年中**18**□□風の影響

　　　　東部（降水量が少ない）→羊（肉用），小麦

　　　　西部（降水量が多い）　→林業が盛ん→木材は重要な輸出品

　　＜北島の西部＞酪農

　　　　※人口当たりの家畜飼育頭数が多い

4 その他の島嶼国の気候・第一次産業

　　大部分が熱帯

　　水産業が行われるが農業は盛んではない

5 オーストラリアとニュージーランドの歴史，民族・文化

　　18世紀　　オーストラリアにイギリスが植民地建設

　　19世紀　　ニュージーランドにイギリスが植民地建設

　　　　　　　オーストラリアでゴールドラッシュ（→中国人などアジア系移民の流入）

　　1901年　　オーストラリア連邦成立

　　　　　　　→移民制限法（**19**□□主義，白人以外の移民を制限）

　　1947年　　ニュージーランド独立

　　1970年代　**19**□□主義撤廃（←労働力不足＆イギリスのEC加盟）

　　　　　　　→アジア・太平洋諸国との関係強化

　　　　　　　→**20**□□□主義

```
＜先住民＞
　オーストラリア　…㉑□□□□□　　1960年代　市民権獲得
　ニュージーランド…㉒□□□　　　　㉒□□□語と英語が公用語
```

8

9

10

11

12

13

14

15

16

17

18

19

20

21

22

6 鉱工業・経済

1 オーストラリアの鉱産資源

⑓□□□□□〔LNG〕←産出量・増（<u>大気汚染物質の排出量が少ない</u>）

⑔□□石　　　…北西部（安定陸塊）　例）ピルバラ地区

⑕□□　　　　…東部（古期造山帯）

　　　　　　　　　→<u>日本・中国などに輸出（日本の輸入先第１位）</u>

⑖□□□□□□…北部（＝熱帯）

　　　その他の鉱産資源

　　　　　　⑗□□□□□，ウラン，金鉱，銅鉱など

2 オーストラリアとニュージーランドの工業

国内の市場規模・小→製造業は国内向け中心

　　　　　　　　　　→大半は輸入

※貿易＆投資で中国の影響力・大

3 他地域との結びつき

1960年代まで　イギリス（＝旧宗主国）の影響力・大

1970年代〜　　日本との貿易が拡大

2000年代〜　　中国の影響力・大

4 国際組織・協定

1980年代　日本とワーキングホリデー制度が結ばれる

　　　　　　⑘□□□□〔**アジア太平洋経済協力会議**〕結成

2018年　　⑙□□□**11協定**発効

　　　　　　→<u>アジア・太平洋諸国との関係強化</u>

※観光客＆留学生・増（温暖＆英語圏）

7 都市

⑚□□□□□…オーストラリアの首都，計画都市

　　　　　人口国内第１位・⑛□□□□

　　　　　人口国内第２位・⑜□□□□□

8 南極と北極

1 北極

地形…⑝□□海（←<u>海氷</u>に覆われる）

　　　　→地球温暖化→海氷の減少

　　　　→大陸棚の資源開発＆北極海航路の開設へ

　　　　　※領有権争いの懸念

気候…沿岸の大部分が⑞□□□□気候

　　　グリーンランド内陸は⑟□□気候

2 南極

地形…①□□大陸（←氷床で覆われる）

　　　※②□□条約…領有権の凍結，平和的利用（科学的調査）に限定

気候…大陸のほぼ全域が③□□気候

⑓

⑔

⑕

⑖

⑗

⑘

⑙

⑚

⑛

⑜

⑝

⑞

⑟

①

②

③

問1．A〜Dに当てはまる国名や語句を選択肢から選びなさい。

＜貿易統計（輸出額，輸出上位5品目）＞ ※下線部が重要な特徴

	A	B	C	D
輸出額	2,504億ドル（2020年）	389億ドル（2020年）	57,337億円（2021年）	16,745億円（2021年）
1位	鉄鉱石	酪農品	石炭	乗用車
2位	石炭	肉類	液化天然ガス	バスとトラック
3位	液化天然ガス	木材	鉄鉱石	一般機械
4位	金	野菜と果実	銅鉱	軽油
5位	肉類	食用調製品	牛肉	タイヤ類

UN Comtrade より

〔選択肢〕
　　　オーストラリア　　　　　　　　　　ニュージーランド
　　　日本からオーストラリアへの輸出　　オーストラリアから日本への輸出

10 コラム：ユーカリ

　オーストラリアの代表的な動物，コアラの餌であるユーカリは，硬葉樹に分類されている。オーストラリアでは，毎年のように自然発火による森林火災が発生するが，その要因に引火性の物質を多く含むユーカリがあげられる。一方，ユーカリは製紙用の原料として利用されており，日本には原料用チップとして大量に輸出されている。現在では，原産地のオーストラリアのほか，ブラジルや中国などで製紙用原料として植林されている。ユーカリには毒が含まれているため，ほかの動物は餌とすることができず，コアラによる独占が可能である。しかし，ユーカリは栄養価が低く，食物繊維を多く含む葉の消化や毒の分解に時間を要するため，コアラは餌を食べるとき以外はずっと寝ている。

第11章 日本　▶▶要点整理

1 地形

4枚のプレートが集まる（地震が多い）　→❶□□列島の形成

海洋プレート…太平洋プレート，フィリピン海プレート

　　　　　→沈み込み（**海溝・トラフの形成**）→火山の発達

大陸プレート…北アメリカプレート，ユーラシアプレート

国土の約7割が山地，平野の大半が沖積平野（河川による土砂の運搬→堆積）

❷□□□□□□□…東北日本と西南日本の地質の境界，❸□□□・❹□□構造線（西縁）

❺□□構造線（メディアンライン）…主に西南日本を南北に分ける境界線

　　　　　　　　内帯と外帯（急峻な山地　例）四国山地，紀伊山地）に分けられる

❶

❷

❸

❹

❺

2 気候・災害

ユーラシア大陸東岸＆❻□□□〔モンスーン〕の影響→四季が明瞭

1 季節変化

冬　…シベリア高気圧→北西季節風

　　　＜日本海側＞多量の雪（←季節風＆暖流の対馬海流からの水蒸気）

　　　＜太平洋側＞晴天＆乾燥

春　…移動性高気圧と温帯低気圧→天気の周期的変化

初夏…オホーツク海高気圧＆太平洋高気圧→❼□□前線

　　　沖縄・5～6月，九州＆四国＆本州・6～7月

夏　…太平洋高気圧→南東季節風（高温・多湿）

秋　…秋雨，❽□□の襲来

2 地域別特徴

瀬戸内…降水量が比較的少ない

内陸　…降水量が比較的少ない＆気温の年較差が大きい

❻

❼

❽

3 第一次産業

1 農業

第二次世界大戦後　政府による米の買い支え（戦中からの食糧管理制度）

高度経済成長期　食生活の多様化→米の消費量の減少→余剰米の発生

　　　　　　　　→❾□□政策（生産調整）

1990年代　　　　牛肉・オレンジ輸入自由化

　　　　　　　　→その後も農産物の輸入量増加

近年　　　　　　大規模経営を目指す

　　　　　　　　高付加価値の農産物の生産→アジア諸国へ輸出

　　　　　　　　スマートアグリの技術開発　例）ドローンやICTの活用

★特徴★

山がちな国土→耕地面積の割合は約10%

集約的農業→土地生産性は高い（農民1人当たり耕地面積は小さい）

農業従事者の減少＆高齢化

❿□□自給率が低い→⓫□□□マイレージは大きい→環境への負荷

地産地消や⓬□次産業化の促進→農村の活性化，食料の安定供給

2 林業

高度経済成長期　木材自給率の低下（←安価な外材の輸入）

2000年代　　　　自給率の改善（←植林した森林の生長）

3 水産業

1970年代　⓭□□漁業の発達→衰退（排他的経済水域の設定，燃料費の高騰）

1980年代　⓮□□漁業の隆盛→減少（水産資源の減少，水産物の輸入量増加）

漁獲量の減少，養殖業や栽培漁業の重要度が高まる

えびの輸入→主に東南アジアでマングローブ林の伐採が進む

❾

❿

⓫

⓬

⓭

⓮

4 資源・工業

1 資源
大半を輸入に依存
1970年代　⑮□□危機→社会的混乱→⑯□□備蓄，省エネルギー，**代替エネルギーの開発**
近年，⑰□□□□エネルギーの拡大（太陽光・風力）

2 工業
1960年代　高度経済成長　→素材型工業（鉄鋼・石油化学）
　　　　　　　　　　　　　＋機械工業（電気機械・自動車）※⑱□□□ベルトに集中
1970年代　⑲□□危機→素材型工業の停滞→機械工業が基幹産業に
1980年代　円⑳□（＝輸出不振）＆人件費高騰→アジア諸国に進出→**産業の㉑□□化**
1990年代　㉒□□□経済崩壊→不況→合理化＆海外進出
※研究開発機能は国内の大都市周辺に立地

⑮ _____
⑯ _____
⑰ _____
⑱ _____
⑲ _____
⑳ _____
㉑ _____
㉒ _____

5 交通

国内の貨物輸送…自動車中心，船舶の割合が高い（山がち→内陸水運は発達せず）
　　　　　　　　　→㉓□□□□シフト（自動車から鉄道＆船舶への転換）の模索
国内の旅客輸送…自動車中心，鉄道の割合が高い（㉔□□□の整備）
地方…公共交通の衰退→交通弱者の存在

㉓ _____
㉔ _____

6 観光

日本人の海外旅行…1980年代　円高　→急増→その後は停滞
訪日外国人数　…2000年代　増加　→2011年　減少（東日本大震災）
　　　　　　　　→2010年代　急増
　　　　　　　　　＜理由＞アジア諸国の経済成長・日本政府によるビザ発給の緩和
　　　　　　　　　㉕□□□（格安航空会社）の路線拡大
　　　　　　　　→2020年　激減（新型コロナウイルス感染症）

㉕ _____

7 貿易

※長期にわたり加工貿易中心
戦前　　　繊維製品の輸出
戦後　　　重工業製品の輸出　例）鉄鋼，家電製品など→自動車，集積回路に変化
1980年代　**日米貿易㉖□□**　例）自動車　→生産拠点の移転
2011年　　東日本大震災→貿易赤字（燃料の輸入）
近年　　　アジア諸国から機械類の輸入が増加　　㉗□□□〔経済連携協定〕の締結拡大

㉖ _____
㉗ _____

8 人口

戦後　　　　　　　　第一次㉘□□□ブーム
高度経済成長期　　　太平洋ベルトに地方から流入
1970年代　　　　　　第二次㉙□□□ブーム（第一次㉘ブーム世代が結婚）
それ以後　　　　　　㉚□□□□□率の低下→急速な㉛□□□□化
近年　　　　人口減少　農村部…生産年齢人口の流出，**過疎**，㉜□□集落の発生
　　　　　　　　　　　大都市…出生率が低い（生産年齢人口は多い→子どもの数は維持）
　　　　　　　待機児童問題
　　　　　　　㉝□□□□□□バランスの追求，外国人労働者の受け入れ

㉘ _____
㉙ _____
㉚ _____
㉛ _____
㉜ _____
㉝ _____

9 村落・都市

三大都市圏…人口の約5割が集中
東京　　　…**中枢管理機能の集積**（＝**一極集中**）
　　　　　1970年代以降　人口の流出（←地価高騰，住環境の悪化）
　　　　　　　　　　＝㉞□□□□化現象（郊外では㉟□□□□□現象）
　　　　　1990年代　　バブル経済崩壊→地価下落→再開発→人口の**都心回帰**
近年　　　㊱□□□□□シティを目指す動き（←**LRT**などの公共交通の利用）

㉞ _____
㉟ _____
㊱ _____

実践編

1 ハイサーグラフの読み取り

次の図2中の①～④は，図1中のオークランド，グアム，サンフランシスコ，ラパスのいずれかの地点における月平均気温と月降水量をハイサーグラフで示したものである。オークランドに該当するものを，図2中の①～④のうちから一つ選べ。

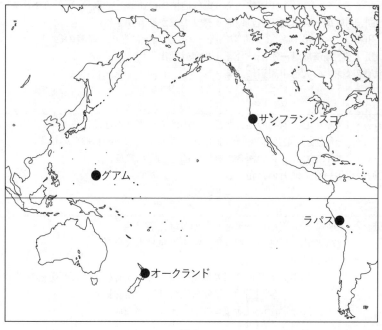

図1

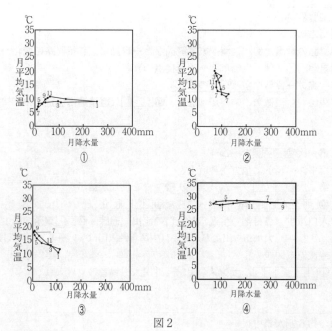

図2

【センター試験（地理B） 2014年・追試】

◢ Step 1 最暖月は何月？ ⇒ 北半球 or 南半球 の判別

　Q.（オークランドが位置する）南半球に該当するグラフは？

　　　A.〔　　〕と〔　　〕

■Step 2① 最暖月と最寒月の気温 ⇒ 年較差の大 or 小 の判別

> **Point**
>
> 【年較差が大きい】地域 … 高緯度，内陸部，中緯度の大陸東岸
>   まずは，低緯度地方と高緯度地方を比較する。この時点で正解を導ける
> ことが多い。
>   その後，同じ緯度帯の内陸部⇔沿岸部，中緯度地方の大陸東岸⇔西岸，
> を比較する。

Q.（Step 1 で選んだ〔　　〕と〔　　〕のうち）年較差が大きいのは？　理由は？？
A.〔　　〕（正解）　理由：（選ばなかった〔　　〕より）〔　　〕緯度に位置する。

⇒　オークランド

■Step 2② 最暖月と最寒月の気温 ⇒ 気候帯（・高山気候）の判別。

Q. Step 2①で選んだグラフ〔　　〕の気候帯は？　理由は？？
A.〔　　〕帯　　理由：最寒月〔　　〕℃以上〔　　〕℃未満（最暖月10℃以上）
　　・Step 2①で選ばなかった〔　　〕は，年較差が小さい（低緯度）のわりに最暖月の気温が低い。

理由：〔　　　　〕気候
⇒　（アンデス山脈に位置する）ラパス

参考
■Step 3 最多雨月と最少雨月の降水量 ⇒ 降雨パターンの判別を行うこともある。

Q. オークランドの降雨パターンは？　理由は？？
A. 平均的降雨　　　理由：〔　　　〕風の影響

⇒　オークランドは西岸海洋性気候

参考
③のハイサーグラフを読み取る。
■Step 2② 最暖月と最寒月の気温 ⇒ 気候帯の判別

Q. ③の気候帯は？　　　　　　　　　　　　　A.〔　　〕帯
■Step 3 最多雨月と最少雨月の降水量 ⇒ 降雨パターンの判別

Q. ③の降雨パターンは？　　　　　　　　　A.〔　　〕季乾燥・〔　　〕季降雨
　⇒　〔　　　　　　　〕気候 ⇒ 中緯度西岸に位置するサンフランシスコ

【気候判別の手順】「※厳密には」は共通テストレベルでは不要

①最暖月平均気温・10℃未満 ＝ 寒帯（E気候）⇒ それ以外は②へ
②降水量・少 ＝ 乾燥帯（B気候）⇒ それ以外は③へ
　　※目安は500mm未満（年平均気温20℃以上の時は，700mm未満）
③最寒月平均気温・18℃以上　　　　　　　 ＝ 熱帯（A気候）　⇒　④へ
　　　　　　　　－3℃以上18℃未満 ＝ 温帯（C気候）　⇒　⑤へ
　　　　　　　　－3℃未満 ＝ 亜寒帯（D気候）　⇒　⑥へ
④年中降雨 ＝ Af ⇒ それ以外はAw
　　※厳密には，最少雨月降水量60mm以上
　　共通テストレベルでは，Amの判別は考慮しない。
⑤夏季乾燥・冬季降雨 ＝ Cs
　　※厳密には，冬季の最多雨月降水量＞夏季の最少雨月降水量×3
　　冬季乾燥・夏季降雨 ＝ Cw
　　※厳密には，夏季の最多雨月降水量＞冬季の最少雨月降水量×10
　　残りのうち，夏季高温（最暖月22℃以上）＝ Cfa
　　夏季冷涼（最暖月22℃未満）＝ Cfb
⑥冬季乾燥 ＝ Dw
　　※ユーラシア大陸東部のみ（シベリア～中国東北部・北朝鮮）
　　平均的降雨 ＝ Df

次に，コハルさんの班は，ある地点DとEの二つの雨温図が描かれた次の資料1を先生から渡されて，雨温図に示された気候の特徴とその原因となる大気大循環について話し合った。下の会話文中の空欄サとシに当てはまる語の正しい組合せを，下の①～④のうちから一つ選べ。

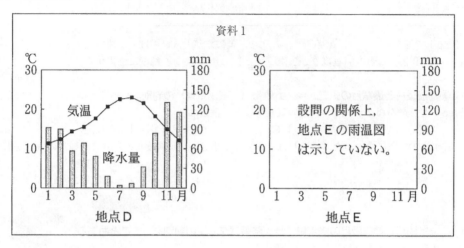

気象庁の資料により作成。

コハル 「地図帳で調べてみると，地点DとEはどちらも沿岸にあり，地点Eは地点Dからほぼ真南に約800km離れているようだね」

イズミ 「最暖月や最多雨月は，それぞれ両地点で現れる時期がほぼ同じだね」

ミツハ 「地点DとEが位置する緯度帯では，降水量が多い時期の雨は，主に（　サ　）という気圧帯の影響を強く受けていることを授業で習ったよ」

コ　ウ 「月降水量30mm以上の月が続く期間に注目すると，地点Eの方が地点Dよりも（　シ　）のは，この気圧帯の移動を反映していると考えられるね」

	①	②	③	④
サ	亜寒帯低圧帯 （高緯度低圧帯）	亜寒帯低圧帯 （高緯度低圧帯）	熱帯収束帯 （赤道低圧帯）	熱帯収束帯 （赤道低圧帯）
シ	長い	短い	長い	短い

【共通テスト（地理B）　2021年・第1日程】

◾️Step 1　最暖月は何月？　⇒　北半球　or　南半球　の判別
　　Q．地点Dは北半球　or　南半球？　　　　　　　　　　　A.〔　　〕半球

◾️Step 2　最暖月と最寒月の気温　⇒　気候帯（・高山気候）の判別
　　Q．地点Dの気候帯は？　　理由は？？
　　A.〔　　〕帯　　理由：最寒月〔　　〕℃以上〔　　〕℃未満（最暖月10℃以上）
　　　⇒　地点Dは中緯度に位置する。
　・また，地点Eは，地点Dからほぼ真南に約800km離れた地点に位置する
　　　⇒　地点Eは，地点Dから緯度約7～8度離れている。
　　　　（緯度1度分の距離　40000×1/360≒111km）
　　　⇒　地点Eも中緯度に位置していると考えてよい。

Point ───────────────────────────────

北半球では，夏季…気圧帯が北上，冬季…気圧帯が南下

Q. 地点Dの降雨パターンは？　　　　　　　　　A.〔　　〕季乾燥・〔　　〕季降雨
　　⇒〔　　　　　　　　〕気候
　　　　　夏季…〔　　　　　　　　　〕帯の北上により乾燥
　　　　　冬季…〔　　　　　　　　　〕帯（寒帯前線）の南下により降雨
　　さらに，
　　地点Eは地点Dより〔　　〕緯度に位置する。
　　　⇒〔　　〕緯度側から移動する〔　　　　　　　　　〕帯の影響による降雨の期間が〔　　〕い。

正解：〔　　〕

┌───┐

【特に気をつけたい気候区分】

①Cs（地中海性気候）　　　大陸の中緯度西岸に分布
　　　　　　　　　　　　　夏季乾燥（亜熱帯高圧帯）・冬季降雨（亜寒帯低圧帯）
　　　　　　　　　　　　　　⇒　ハイサーグラフが「右下がり」
②Aw（サバナ気候）　　　　赤道付近（Af・熱帯雨林気候）のやや高緯度側に分布
　　　　　　　　　　　　　年中高温，夏季多雨（熱帯収束帯）・冬季降雨（亜熱帯高圧帯）
　　　　　　　　　　　　　　⇒　ハイサーグラフが「上で横長」
③BW（砂漠気候）　　　　　・亜熱帯高圧帯の影響下　・寒流の影響（中〜低緯度の大陸西岸）
　　　　　　　　　　　　　・内陸　　　　　　　　・恒常風の風下側　　　に分布
　　　　　　　　　　　　　年中乾燥　⇒　ハイサーグラフが「左側で縦長」

　※特徴をつかむことも大切だが，「理由」を考えることが大切！！

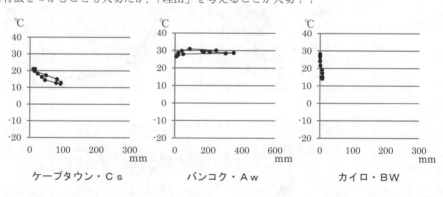

ケープタウン・Cs　　　　バンコク・Aw　　　　カイロ・BW

└───┘

自然・防災・地図

人々の生活に影響を及ぼす自然の力は，世界の中に偏在している。次の図1中のA〜Cは火山噴火や地震などが多い地域を示している。また図2中のカ〜クは，火山噴火や地震などが多い地域を示している。また図2中のカ〜クは，図1中のA〜Cのいずれかの範囲を示しており，jとkは火山または地震の震央のいずれかである。図1中のAの範囲に当てはまる図と，図2中のjがあらわすものとの正しい組み合わせを下の①〜⑥のうちから一つ選べ。

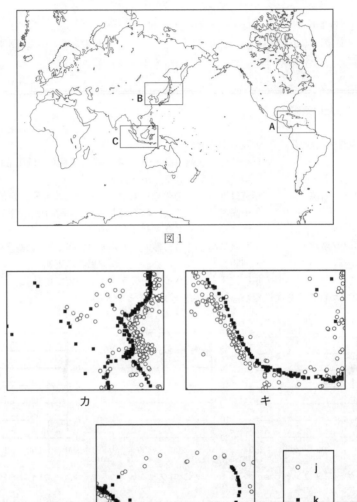

図1

カ　キ

ク

USGSの資料などにより作成。

図2

	①	②	③	④	⑤	⑥
A	カ	カ	キ	キ	ク	ク
j	火山	地震の震央	火山	地震の震央	火山	地震の震央

【共通テスト試行調査　2018年】

◾Step 1　プレート境界の位置と種類

・A～Cとカ～クの組合せを考える

Q．Aにおけるプレート境界と位置は？　　　A．西インド諸島の北東側＆狭まる境界…A′
　　　　　　　　　　　　　　　　　　　　　　中央アメリカの南西側＆狭まる境界…A″
　　Bにおけるプレート境界と位置は？　　　東北地方の東側　　＆狭まる境界…B′
　　　　　　　　　　　　　　　　　　　　　（小笠原諸島の東側，南西諸島の南東側にも狭まる境界）
　　Cにおけるプレート境界と位置は？　　　スマトラ島・ジャワ島の南西側＆狭まる境界…C′
　　　　　　⇒　Aが〔　　〕，Bが〔　　〕，Cが〔　　〕に該当する。

◾Step 2　狭まる境界における沈み込み方向

Point

火山の分布　　　　…　プレートの「狭まる境界」のうち，
　　　　　　　　　　　一方のプレートが沈み込む「沈み込み帯（海溝）」に沿って
　　　　　　　　　　　海溝からやや離れた他方のプレート側に列をなして分布
　　　　　　　　　　　　↑マグマの発生地点の真上
地震の震源の分布　…　海溝付近から他方のプレート側に広範囲に分布
　　　　　　　　　　　　↑2枚のプレートが接する面に多い
　　　　　　　　　　　※「海溝型地震」では，海溝から離れるにつれて震源が深くなる。

Q．Step 1 で判定したB′（判定が容易な範囲で確認する）
　　　プレートが沈み込む方向は？　　　　　　　　A．東から西
Q．Step 1 で判定したC′（念のため，B′以外の判定が容易な範囲でも確認）
　　　プレートが沈み込む方向は？　　　　　　　　A．南西から北東
・jとkを比較する。
Q．より広範囲に分布するのは？　　　　　　　　　A．〔　　〕
Q．列をなして分布するのは？　　　　　　　　　　A．〔　　〕
　　　⇒　jがあらわすのは〔　　　　　　　　　〕

正解：〔　　〕

【地震の震源と火山の分布】

①地震の震源　　　　・プレート境界付近（広がる境界，狭まる境界，ずれる境界）
　　　　　　　　　　※狭まる境界の沈み込み帯…海溝から大陸プレート側に離れると深くなる
　　　　　　　　　　・プレート境界からやや離れた活断層　☜　震源・浅
②火山　　　　　　　・プレートの狭まる境界（沈み込み帯）…海溝に沿って分布　例）日本列島
　　　　　　　　　　・プレートの広がる境界・地溝帯　例）アイスランド，アフリカ大地溝帯
　　　　　　　　　　・ホットスポット　　　　　　　例）ハワイ諸島

【参考】日本周辺のプレートの動き

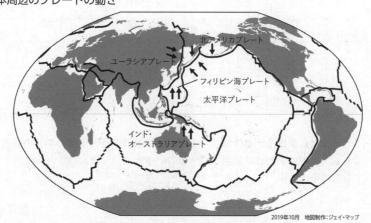

2019年10月　地図制作：ジェイ・マップ

❶ 土砂供給や海面変動などの影響を受けて，河口には特徴的な地形がつくられることがある。次の図中のAとBは，ヨーロッパの二つの河川の主な河道を示したものであり，後の表1中のカとキは，河川AとBのいずれかにおける年平均流量と河道の標高の割合*を示したものである。また，後の文xとyは，図中の河川AとBのいずれかにおける河口にみられる地形の特徴について述べたものである。河川Bに該当する記号と文との正しい組合せを，後の①〜④のうちから一つ選べ。
*それぞれの河川の主な河道の長さを100％とした場合の値。

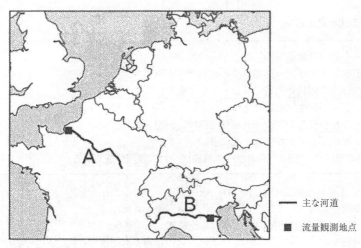

Natural Earthなどにより作成。

図

表1

	年平均流量（m³/秒）	河道の標高の割合（％）			
		100m未満	100〜500m	500〜1,000m	1,000m以上
カ	1,539	70.5	26.3	1.7	1.5
キ	467	79.8	20.2	0.0	0.0

NOAAの資料などにより作成。

x　過去に形成された谷に海水が侵入してできたラッパ状の地形

y　河川によって運搬された砂や泥などが堆積してできた低平な地形

	①	②	③	④
記　号	カ	カ	キ	キ
文	x	y	x	y

（2022年度　本試験）

❷ 次の図は，オーストラリアにおける1月の気温，1月の降水量，7月の気温，7月の降水量のいずれかを等値線で示したものである。図中のPとQは気温と降水量のいずれか，サとシは1月と7月のいずれかである。1月の気温に該当するものを，図中の①〜④のうちから一つ選べ。

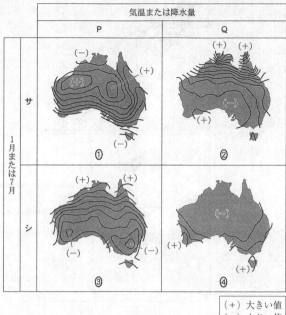

気温または降水量

		気温または降水量	
		P	Q
1月または7月	サ	①	②
	シ	③	④

(+) 大きい値
(−) 小さい値

気温は月平均気温，降水量は月平均の日降水量。等値線の間隔は気温
が2℃，降水量が1mm/日。NOAAの資料により作成。

図

（2022年度　本試験）

3 次の図は，アフリカを5地域に区分*して示したものである。また，表は，この5地域について，1990年から2019年の期間における地震，火山噴火，熱帯低気圧による自然災害の発生数**を集計したものであり，タ～ツは，北部，西部，東部のいずれかである。地域とタ～ツとの正しい組合せを，後の①～⑥のうちから一つ選べ。

*マダガスカル以外の島嶼国を除く。

**死者10名以上，被災者100名以上，非常事態宣言の発令，国際援助の要請のいずれかの状況をもたらした自然災害の報告数の合計。

図

表

	地震	火山噴火	熱帯低気圧
タ	13	0	0
チ	12	2	53
中部	4	2	1
南部	3	0	1
ツ	0	0	1

EM-DATにより作成。

	①	②	③	④	⑤	⑥
北　部	タ	タ	チ	チ	ツ	ツ
西　部	チ	ツ	タ	ツ	タ	チ
東　部	ツ	チ	ツ	タ	チ	タ

（2022年度　本試験）

4 次の図に示したチリとニュージーランドには，自然条件において共通する点と異なる点がある。後の①～④の文は，両国の自然条件の特徴を述べたものである。これらのうち，チリのみに当てはまるものと，ニュージーランドのみに当てはまるものを，①～④のうちから一つずつ選べ。

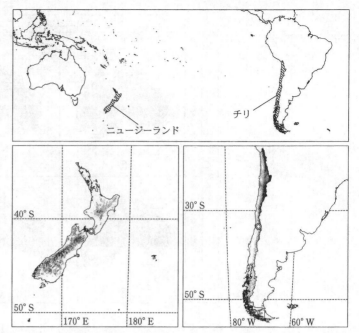

色の濃い部分ほど標高の高い地域を示している。◎は首都の位置を示している。

図

① 寒流の影響で，1年を通して降雨のほとんどない地域がある。
② 首都は，偏西風の影響を受けて年中湿潤な地域に位置している。
③ フィヨルドなどの氷河地形や，山岳氷河がみられる地域がある。
④ 変動帯に位置しているため，国内に火山があり，地震が頻発する。　　　　(2022年度　本試験)

5 次の図1は，ある地域の火山防災マップであり，図2は，図1と衛星画像を地形の3Dモデルに重ね合わせたものである。また，後の文サ～スは，図1中のJ～Lのいずれかの地点における火山災害の危険性について述べたものである。J～Lとサ～スとの組合せとして最も適当なものを，後の①～⑥のうちから一つ選べ。

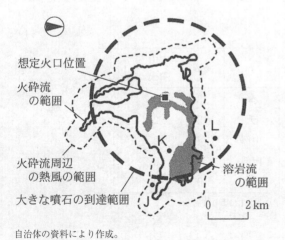

自治体の資料により作成。

図1

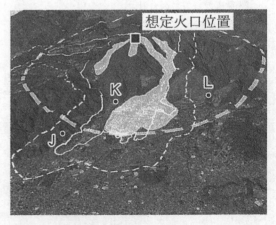

地理院地図などにより作成。

図2

サ　小高い場所のため，溶岩流や火砕流の到達は免（まぬが）れるが，火砕流周辺の熱風は到達する可能性がある。

シ　山麓部のため，火砕流が流れ込む危険があるほか，谷に沿って流れてくる溶岩流の一部が見えない可能性がある。

ス　想定火口位置との間に尾根があるため，溶岩流や火砕流が流れ込む危険は小さいが，火口付近の状況が確認しにくい可能性がある。

	①	②	③	④	⑤	⑥
J	サ	サ	シ	シ	ス	ス
K	シ	ス	サ	ス	サ	シ
L	ス	シ	ス	サ	シ	サ

（2022年度　本試験）

6 造成された住宅地の中には，地震による被害に差異がみられる場合がある。次の図は，住宅地造成前後の地形断面を模式的に示したものであり，①〜④は，造成後の宅地の場所である。他の宅地よりも地盤が固く，地震発生時には揺れにくいと考えられるが，周辺の盛り土からの崖崩れの可能性がある宅地として最も適当なものを，図中の①〜④のうちから一つ選べ。

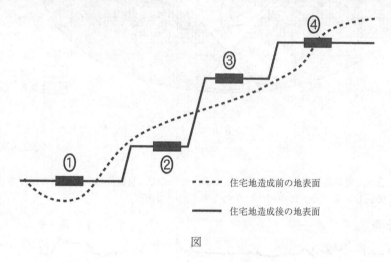

- ······· 住宅地造成前の地表面
- ——— 住宅地造成後の地表面

図

（2022年度　本試験）

7 次のX〜Zの文は，GIS（地理情報システム），GPS（全地球測位システム），リモートセンシング（遠隔探査）のいずれかの技術について，災害時における活用例を示したものである。技術の名称とX〜Zとの正しい組合せを，下の①〜⑥のうちから一つ選べ。

X　救助が必要な被災者の現在位置を特定するために，人工衛星からの信号を利用して緯度・経度情報を取得した。

Y　広域にわたる被災状況を把握するために，人工衛星に搭載されたカメラで撮影した被災地の画像を取得した。

Z　災害復興計画を立てるために，数値地図や被災状況などのデータをコンピュータ上で分析して，その結果を地図上に表示した。

	①	②	③	④	⑤	⑥
GIS	X	X	Y	Y	Z	Z
GPS	Y	Z	X	Z	X	Y
リモートセンシング	Z	Y	Z	X	Y	X

（2015年度　追試験）

8 地理の授業で世界の気候と自然災害について学んだコハルさんのクラスは，気候の成り立ちやその変動の影響について各班で探究することにした。世界の気候と自然災害に関する次の問い（問1～2）に答えよ。

問　各地の雨温図の特徴に影響を与える気候因子を確認するために，コハルさんの班は，仮想的な大陸と等高線および地点ア～カが描かれた次の資料1を先生から渡された。これらの地点から2地点を選択して雨温図を比較するとき，海からの距離による影響の違いが強く現れ，それ以外の気候因子の影響ができるだけ現れない組合せとして最も適当なものを，下の①～④のうちから一つ選べ。

資料1

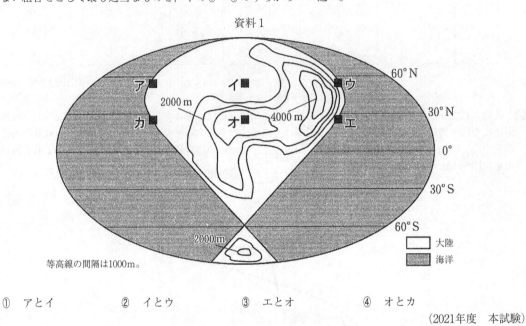

等高線の間隔は1000m。

①　アとイ　　　　　②　イとウ　　　　　③　エとオ　　　　　④　オとカ

(2021年度　本試験)

9　次の図は，赤道に沿った地形断面を海水面を省略して示したもので，目盛りは20度間隔の経度を表している。経度0度の位置として正しいものを，図中の①～④のうちから一つ選べ。

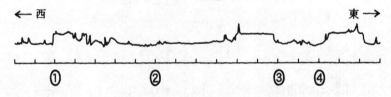

水平距離に対して垂直距離を約200倍に拡大してある。

図

(2004年度　追試験)

⑩ 地理の授業で，世界の代表的な山を教材に取りあげて，世界の自然環境やその変化を考えることにした。次の図1と下の図2を見て，下の問いに答えよ。

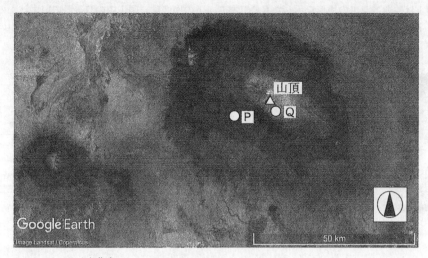

Google Earthにより作成。

図1

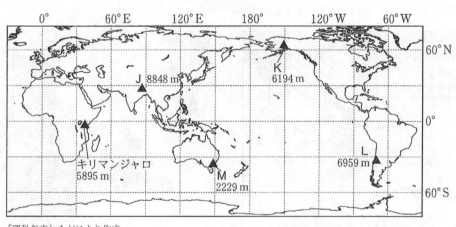

『理科年表』などにより作成。

図2

問　次の先生と生徒たちの会話文中の空欄マとミに当てはまる正しい数字を，下の①〜④のうちから一つずつ選べ。ただし，同じものを繰り返し選んでもよい。

先　生　「学校の休みを利用して，図1に示したアフリカ大陸最高峰のキリマンジャロに登ってきました。キリマンジャロは，標高が5895mで，山頂付近には小規模な氷河がある火山です。図2はキリマンジャロと，ユーラシア，北アメリカ，南アメリカ，オーストラリアの各大陸における最高峰の山J〜Mの位置と標高を示しています。図1や図2からどのようなことが考えられるでしょうか」

アズサ　「現在の変動帯に位置している山は，山J〜Mの中で（　マ　）つあります」

チヒロ　「氷河が分布している山は，山J〜Mの中で（　ミ　）つあります」

先　生　「なるほど。みなさん様々な視点から山をとらえることができていますね」

① 1　　　　　② 2　　　　　③ 3　　　　　④ 4

(2021年度　本試験)

11　西アジアの自然環境に関する次の問いに答えよ。

問　次の図1は，西アジアの地形を示したものであり，下の図2は，図1中のD〜Gのいずれかの地点における1月と7月の月平均気温および月降水量を示したものである。Fに該当するものを，図2中の①〜④のうちから一つ選べ。

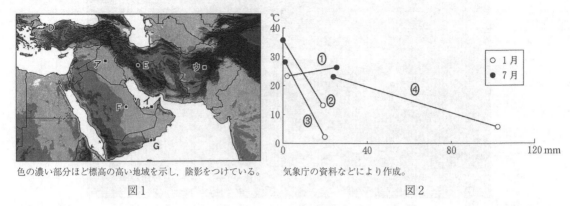

色の濃い部分ほど標高の高い地域を示し，陰影をつけている。
図1

気象庁の資料などにより作成。
図2

（2021年度　本試験　第二日程）

12　福岡市の高校に通うヨウジさんは，夏休みに関東地方から来た友人のユウタさんと一緒に福岡市とその周辺の地域調査を行った。この地域調査に関する次の問いに答えよ。

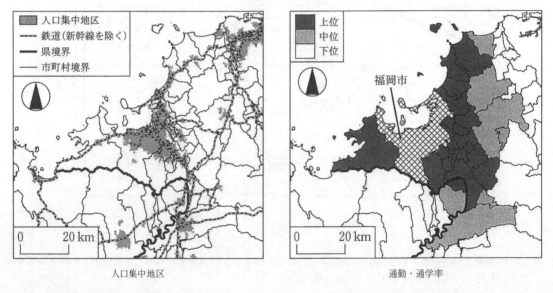

人口集中地区

通勤・通学率

統計年次は2015年。国勢調査などにより作成。

図

問　ヨウジさんは，ユウタさんに福岡市の都市圏を説明するために，GIS（地理情報システム）を用いて主題図を作成した。上の図は，人口集中地区*の分布と福岡市への通勤・通学率を示したものである。図に関連することがらを述べた文として最も適当なものを，後の①〜④のうちから一つ選べ。

*国勢調査において人口密度が4,000人/km²以上，かつ隣接した地域の人口が5,000人以上を有する地域を指す。

① 福岡市への通勤・通学率が上位の市町村には，学校や企業が福岡市よりも多く立地していると考えられる。
② 福岡市への通勤・通学率が上位の市町村は，福岡県外の福岡市に隣接した市町村にも広がっている。
③ 福岡市への通勤・通学率が中位の市町村には，人口集中地区はみられない。
④ 福岡市を含む人口集中地区の広がりから，鉄道沿線では住宅地などの開発が進んできたと考えられる。

（2021年度　本試験　第二日程）

⓭ 河川に沿う堤防として，次の図中のサのような形式のほか，シのような形式もみられる。堤防の機能や周辺への影響について説明した文として**適当でないもの**を，下の①〜④のうちから一つ選べ。

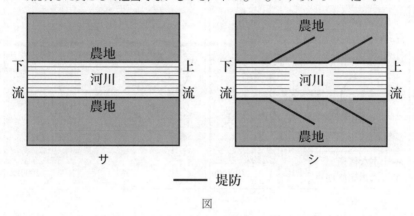

図

① サの形式の堤防には，河川が氾濫する回数を減らし，周辺の農地の浸水被害を軽減する機能がある。
② サの形式の堤防をつくると，農業用水の確保が困難となるため，河川付近の農地は，畑としての利用に限定されることになる。
③ シの形式の堤防では，大雨の際に堤防が不連続となっている付近で浸水し，農地に被害がもたらされることがある。
④ シの形式の堤防には，大雨の際に上流側であふれた水を下流側で河川に戻す機能がある。

（2021年度　本試験　第二日程）

⓮ 日本の自然環境と防災に関する次の問いに答えよ。

問　災害対策において必要な情報の多くは，GIS（地理情報システム）を利用して管理することができる。次のサ〜スの文は，災害が発生する前の予防期，発生直後の応急対策期，その後の復興期のいずれかの段階におけるGISの活用例について述べたものである。時期名とサ〜スとの正しい組合せを，下の①〜⑥のうちから一つ選べ。

サ　空中写真や衛星画像から被害箇所を把握して，被害状況マップを作成する。
シ　被害の分布や社会基盤（インフラ）の復旧状況を可視化し，より安全な都市計画を策定して地域住民と共有する。
ス　避難経路をGIS上で表示し，交通・人口・地形などの情報と重ね合わせて，経路や方法の妥当性を検討する。

	①	②	③	④	⑤	⑥
予防期	サ	サ	シ	シ	ス	ス
応急対策期	シ	ス	サ	ス	サ	シ
復興期	ス	シ	ス	サ	シ	サ

（2019年度　本試験）

　　中国とブラジルには，ともに@世界有数の大河が流れている。両国は，国土面積が広くかつ同程度で，農業が盛んであり，資源も豊富である。そして，両国は，インド，南アフリカ共和国，ロシアとともに経済成長が注目されており，これら5か国はBRICSとよばれている。一方，中国とブラジルの社会基盤（インフラ）の整備状況には違いがみられる。また，歴史的経緯や社会的条件などを背景に，両国では他国との結びつきが構築されてきた。

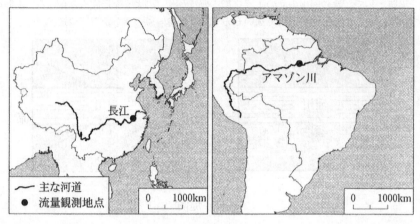

図1

　問　下線部@に関して，次の図2中のアとイは，図1中の長江とアマゾン川のいずれかの河川の勾配を示したものであり，以下の図3中のAとBは，いずれかの河川の流量観測地点における月平均流量を示したものである。図2中のアとイおよび図3中のAとBのうち，長江に該当する正しい組合せを，以下の①～④のうちから一つ選べ。

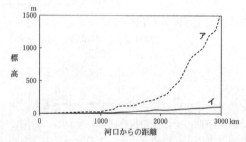

この図では，河口から3000kmまで，標高1500mまでの範囲が示されている。
USGSの資料などにより作成。

図2

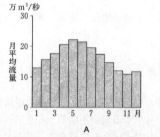

Global Runoff Data Centre, University of New Hampshire の資料により作成。

図3

	①	②	③	④
河川の勾配	ア	ア	イ	イ
月平均流量	A	B	A	B

（2020年度　本試験）

16 東京の高校に通うスミさんは，教科書で見た山梨県の扇状地に興味をもち，甲府盆地とその周辺地域の調査を行った。次の図1を見て，この地域調査に関する下の問いに答えよ。

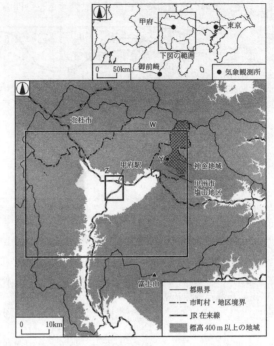

図1

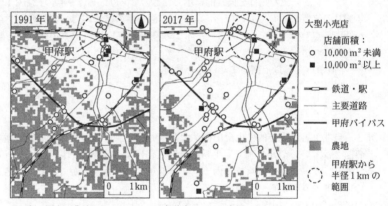

2017年の図中の農地については，2016年時点のデータを用いた。
国土数値情報などにより作成。

図2

問 スミさんは，甲府駅南側の中心市街地に向かう途中に多くの大型小売店があることに気づき，甲府市とその周辺地域の商業の変化について調べた。上の図2は，図1中のZの範囲における1991年と2017年の大型小売店*の分布を店舗面積別に示したものである。図2の範囲から読み取れることがらを説明した文として下線部が最も適当なものを，下の①〜④のうちから一つ選べ。

*店舗面積が1,000m²以上の店舗。

① 1991年時点での店舗面積10,000m²以上の大型小売店数は，<u>甲府駅から半径1kmの範囲内よりも範囲外の方が多い</u>。

② 1991年時点と2017年時点を比べると，2017年の方が甲府駅から半径1kmの範囲内において<u>店舗面積10,000m²未満の大型小売店数が多い</u>。

③ 2017年時点での甲府バイパスより南側にある店舗面積10,000m²以上の大型小売店は，<u>1991年時点に農地であった場所に立地している</u>。

④ 2017年時点での甲府バイパスより南側にある店舗面積10,000m²以上の大型小売店は，<u>それぞれの最寄りの駅から500m以内に立地している</u>。

(2020年度　本試験)

17 次の図1を見て，世界の自然環境と自然災害に関する下の問い（問1〜3）に答えよ。

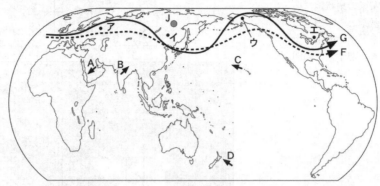

NOAAの資料などにより作成。

図1

問1　図1中のA〜Dは，いくつかの大陸と海洋のプレートの移動する方向*を示したものである。プレートの移動する方向として**適当でないもの**を，次の①〜④のうちから一つ選べ。

*国際的に定められた地球基準座標系にもとづく移動方向。

①　A　　　　　②　B　　　　　③　C　　　　　④　D

問2　上空の偏西風（ジェット気流）の蛇行（だこう）は，地上の気温変化に影響を与える。図1中のFとGは，北極周辺のジェット気流の蛇行を模式的に示したものであり，Fは平年の12月の位置を，Gは蛇行の大きかった2017年12月の位置を示したものである。また，図1中のア〜エは，2017年12月の月平均気温が平年より高い地点か低い地点*のいずれかである。平年より高い地点に該当する組合せとして正しいものを，次の①〜⑥のうちから一つ選べ。

*平年値から3℃以上高いまたは低い地点。

①　アとイ　　　　②　アとウ　　　　③　アとエ　　　　④　イとウ　　　　⑤　イとエ
⑥　ウとエ

問3　自然災害は直接的に生命を脅かすだけでなく，生活基盤となる居住環境にも大きな被害をもたらす。次の図2は，いくつかの国で発生した自然災害による建築物の被害*について，災害種別の割合で示したものであり，サ〜スは，スリランカ，チリ，ボリビアのいずれかである。国名とサ〜スとの正しい組合せを，下の①〜⑥のうちから一つ選べ。

*1970〜2014年に損壊した建築物の数の合計。

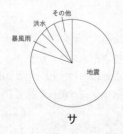

The United Nations Secretariat for International Strategy for Disaster Reduction の資料により作成。

図2

	①	②	③	④	⑤	⑥
スリランカ	サ	サ	シ	シ	ス	ス
チ　リ	シ	ス	サ	ス	サ	シ
ボリビア	ス	シ	ス	サ	シ	サ

（2020年度　追試験）

18 次の図1を見て，アフリカに関する下の問いに答えよ。

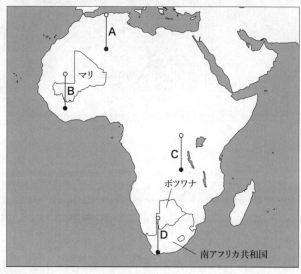

図1

問　次の図2中の①～④は，図1中のA～Dのいずれかの経線に沿った年降水量を示したものである。Dに該当するものを，図2中の①～④のうちから一つ選べ。

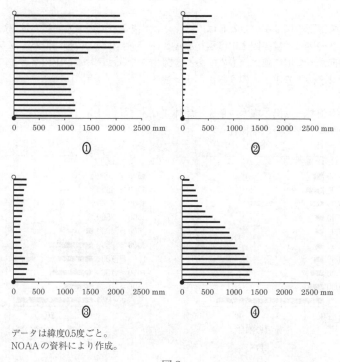

データは緯度0.5度ごと。
NOAAの資料により作成。

図2

(2020年度　追試験)

19　火山は自然災害を引き起こす一方で，人間生活を豊かにする側面もある。火山地域に関する事象について述べた文として**適当でないもの**を，次の①～④のうちから一つ選べ。

①　美しい風景や温泉などに恵まれているため，観光地化がみられる。

②　地熱エネルギーが豊富であるため，地熱発電による電力供給がみられる。

③　噴火直後の火山灰に有機物が多く含まれるため，穀物生産に適している。

④　豊富な地下水が存在するため，生活用水としての利用がみられる。

(2016年度　本試験)

⑳ ペルーとメキシコに関する次の文章を読み，下の図1を見て，後の問いに答えよ。

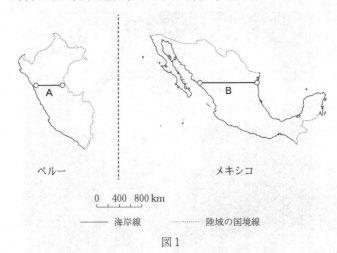

図1

　ペルーとメキシコは，国土に山岳地域をかかえ，⒜多様な自然環境を有する。両国はともに，スペインの植民地支配を受け，その影響は現在の両国の人種・民族構成にも表れている。一方で植民地化は，中央・南アメリカを原産地（栽培起源地）とする作物が，世界各地で生産・消費されるきっかけの一つとなった。また，両国の産業構造は，豊富な資源と諸外国からの資本や技術の導入などを背景に形成されてきた。その過程で両国は，それぞれ国際的な結びつきを構築してきた。

問　下線部⒜に関して，下の図2中のDとEは，ペルーとメキシコのいずれかにおける高度別面積の割合を示したものであり，次のアとイは，図1中に示したAとBのいずれかの緯線に沿ってみられる代表的な植生景観を，西から東に向かって順に並べたものである。図2中のDとEおよび下のアとイのうち，メキシコに該当する正しい組合せを，下の①〜④のうちから一つ選べ。

ア　広葉樹林・針葉樹林→砂漠・灌木→草原・疎林
イ　砂漠・灌木→草原・灌木→広葉樹林

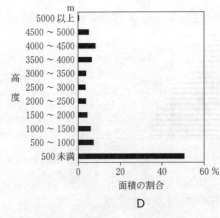

D

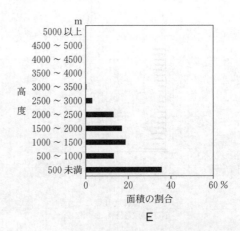

E

NASAの資料により作成。

図2

	①	②	③	④
高度別面積の割合	D	D	E	E
代表的な植生景観	ア	イ	ア	イ

（2020年度　追試験）

21 大阪市に住む高校生のレイさんは，家族旅行で訪れた志摩半島に興味をもち，地域調査を行った。志摩半島に位置する伊勢市，鳥羽市，志摩市を示した次の図を見て，下の問いに答えよ。

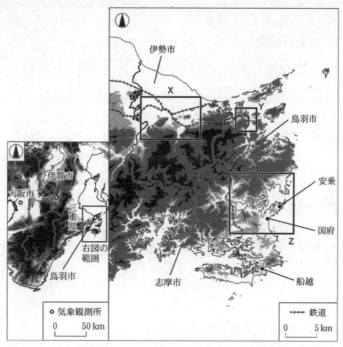

陸地については，色の濃い部分ほど標高の高い地域を示している。
国土基本情報などにより作成。

図

問　レイさんは地図帳を見て，志摩半島へ向かう鉄道が大阪平野から山地を越えて伊勢平野を経由することを知り，沿線の自然環境について調べた。次の表は，図中に示した鳥羽市を含む3都市について，1月の最低気温*，8月の最高気温**，年降水量を示したものであり，ア～ウは，大阪市，伊賀市，鳥羽市のいずれかである。都市名とア～ウとの正しい組合せを，下の①～⑥のうちから一つ選べ。
*日最低気温の月平均値。　　　　**日最高気温の月平均値。

表

	1月の最低気温 （℃）	8月の最高気温 （℃）	年降水量 （mm）
ア	2.8	33.4	1,279
イ	1.7	31.0	2,359
ウ	−1.0	31.9	1,364

気象庁の資料により作成。

	①	②	③	④	⑤	⑥
大阪市	ア	ア	イ	イ	ウ	ウ
伊賀市	イ	ウ	ア	ウ	ア	イ
鳥羽市	ウ	イ	ウ	ア	イ	ア

（2020年度　追試験）

22 近年の地球的課題の一つに，処理が適切にされずに環境を汚染するプラスチックごみの問題がある。次の図は，いくつかの国におけるプラスチックごみの人口1人当たり年間発生量について，未処理*の量と処理された量を示したものであり，①〜④は，ケニア，ドイツ，トルコ，ベトナムのいずれかである。ベトナムに該当するものを，図中の①〜④のうちから一つ選べ。
*処理が不十分なまま，適切に管理されていない場所に捨てられたもの。

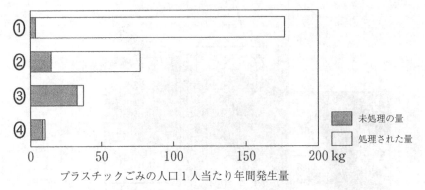

統計年次は2010年。
世界銀行の資料などにより作成。

図

23 地理の基礎的事項に関する次の問いに答えよ。

問　地球を平面に表現したものが地図であり，様々な投影法がある。次の図1はシアトルを中心とした正距方位図法で描かれた地図，図2はメルカトル図法で描かれた地図である。図1中のアと図2中のイ，ウについて説明した文として正しいものを，下の①〜④のうちから一つ選べ。

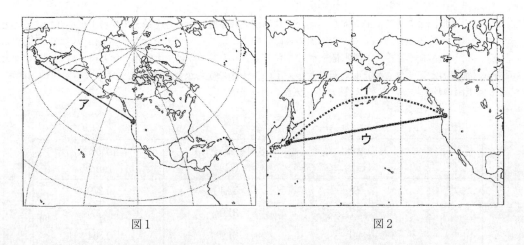

図1　　　　　　　　　図2

① 図1の中のアは2地点間の最短距離を示し，図2中のイが同じ軌跡になる。
② 図1の中のアは2地点間の最短距離を示し，図2中のウが同じ軌跡になる。
③ 図1の中のアは2地点間の等角航路を示し，図2中のイが同じ軌跡になる。
④ 図1の中のアは2地点間の等角航路を示し，図2中のウが同じ軌跡になる。

（2007年度　本試験）

24 次の図を見て，以下の問いに答えよ。

問1 次の図中に引かれたア～ウの太線のうち，地球上の距離が最長のものと，およその距離との正しい組合せを，以下の①～⑥のうちから一つ選べ。

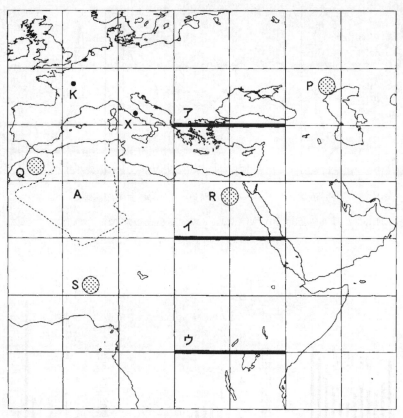

緯線・経線は10°間隔。正距円筒図法による。

図

	①	②	③	④	⑤	⑥
距離が最長のもの	ア	ア	イ	イ	ウ	ウ
およその距離［km］	1,100	2,200	1,100	2,200	1,100	2,200

問2 図中のKの対蹠点（地球の中心をはさんだ正反対の地点）に最も近い国を，次の①～④のうちから一つ選べ。
① キューバ　　　　② スリランカ
③ ニュージーランド　④ マダガスカル

問3 図中のP～Sの地域のうち，最も標高の高い地点を含むものを，次の①～④のうちから一つ選べ。
① P　　② Q　　③ R　　④ S

（2006年度　本試験）

25 河川流量の年変化は，流域の気候環境などを反映する。次の図1は，エニセイ川，コンゴ川，ミシシッピ川の流域と主な河道および流量観測地点を示したものであり，下の図2中のF〜Hは，図1中のいずれかの河川の流量観測地点における月平均流量を示したものである。

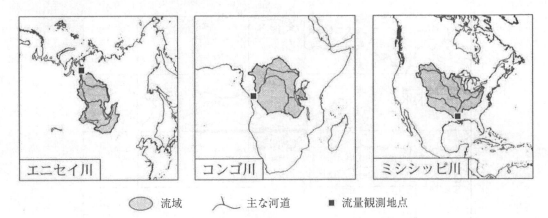

それぞれの地図は，同縮尺で，正積図法で描かれている。World Wildlife Fundの資料などにより作成。

図1

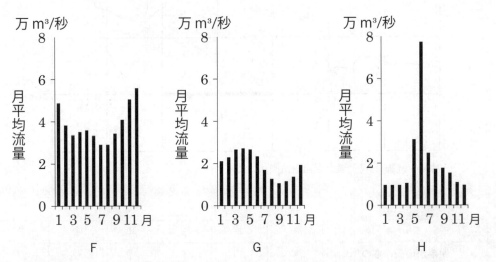

Global Runoff Data Centre, University of New Hampshireの資料により作成。

図2

問1 河川名とF〜Hとの正しい組合せを，以下の①〜⑥のうちから一つ選べ。

	①	②	③	④	⑤	⑥
エニセイ川	F	F	G	G	H	H
コンゴ川	G	H	F	H	F	G
ミシシッピ川	H	G	H	F	G	F

問2 北極海の海氷分布域は季節変動し，9月に最小となる。次の図は，北極海および周辺地域における海氷分布について，2012年9月の分布域と，1981〜2010年における9月の平均的な分布域の境界線*を示したものである。図に関して，北極海および周辺地域の環境変化やその影響について述べた文として下線部が**適当でないもの**を，後の①〜④のうちから一つ選べ。
*中央値を用いて推定したもの。

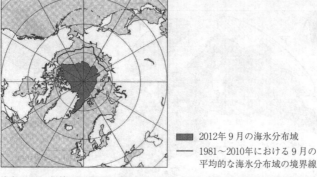

■ 2012年9月の海氷分布域
― 1981～2010年における9月の
平均的な海氷分布域の境界線

緯度は15°，経線は30°間隔。
地図は，正積図法で描かれている。
National Snow and Ice Data Centre, University of Colorado Boulder の資料により作成。

図

① 永久凍土の融解によって地盤が軟弱化することにより，道路などの社会基盤（インフラ）や建造物が被害を受ける。

② 海氷が融解することにより，北極海を経由する航路が形成されると，東アジアとヨーロッパを結ぶ船舶による航行距離が短縮される。

③ 海氷の分布域が縮小することにより，海氷上の移動をともなう伝統的な方法による狩猟が困難になりつつある。

④ 海氷に覆われる期間の短期化による北極海沿岸での海岸侵食の進行は，東シベリアよりもグリーンランド北部で著しくなる。

（2019年度　本試験）

26 次の図を見て，地理の基礎的事項に関する下の問いに答えよ。

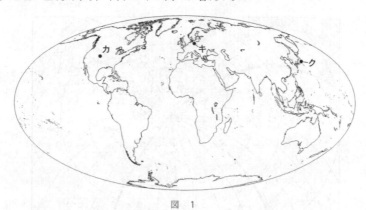

図　1

図

問　図中の地点カ～クの時刻は，それぞれ経度が120度ずつ異なる標準時子午線を基準としている。地点カ～クの時差について述べた次の文JとKの下線部の正誤の組合せとして正しいものを，下の①～④のうちから一つ選べ。なお，サマータイム制度は考慮しない。

J　カにある会社で2020年7月24日17時に仕事が終わるとき，キにあるその会社の支社では2020年7月24日9時である。

K　クでオリンピックの開会式が2020年7月24日20時に始まるとき，キの時刻は2020年7月25日4時である。

	①	②	③	④
J	正	正	誤	誤
K	正	誤	正	誤

（2019年度　追試験）

27 次の図を見て，地中海沿岸地域に関する下の問いに答えよ。

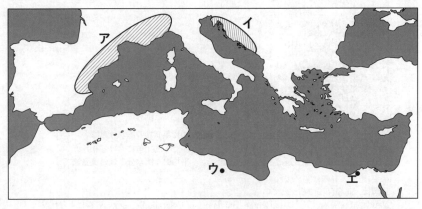

図

問　図中に示された地域・地点の自然環境について述べた文として下線部が**適当でないもの**を，次の①〜④のうちから一つ選べ。

① ア地域では，<u>赤色土壌のテラロッサが分布しており</u>，その土壌に適した作物の栽培が行われている。

② イ地域では，秋から冬にかけて，東ヨーロッパからディナルアルプス山脈を越えてアドリア海へ<u>冷涼なフェーンが吹きおろす</u>。

③ ウ地点は，<u>1年を通して亜熱帯高圧帯（中緯度高圧帯）の影響下にあり</u>，砂漠がひろがっている。

④ エ地点は，地中海に流入する外来河川の河口に位置し，<u>大きな三角州（デルタ）が形成されている</u>。

（2019年度　本試験）

28 次の図中のサ〜セはいくつかの経線を示している。図中のサ〜セに関して述べた文として**適当でないもの**を，下の①〜④のうちから一つ選べ。

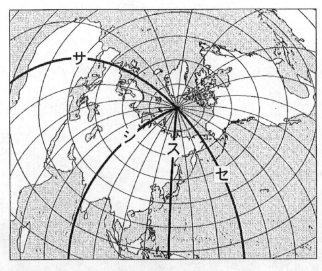

経線は15度間隔で，0度から引いてある。

図

① サの経度0度はグリニッジ天文台を基準に定められ，そこを通る本初子午線を基準にした時刻を世界標準時（GMT）という。

② シの経線上に位置する国の中には，異なる時刻（標準時）を設定している国がある。

③ スは兵庫県明石市（あかし）を通る経線で，世界標準時より9時間早い日本の標準時子午線に相当する。

④ セは東経および西経180度の経線で，その東側と西側とで日付が変わる日付変更線である。

（2018年度　本試験）

29 次の図1を見て，世界の自然環境と自然災害に関する下の問いに答えよ。

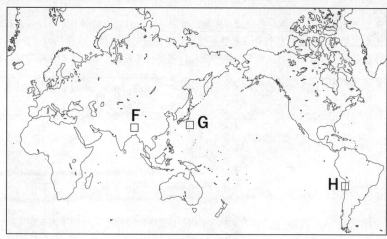

図1

問　右の図2中のア～ウは，プレート境界に位置する図1中のF～Hのいずれかの範囲*において発生した地震**の震源の東西方向の鉛直分布を示したものである。F～Hとア～ウとの正しい組合せを，以下の①～⑥のうちから一つ選べ。

　*緯度・経度方向ともに6°。
**2000～2015年に発生したマグニチュード3以上の地震。

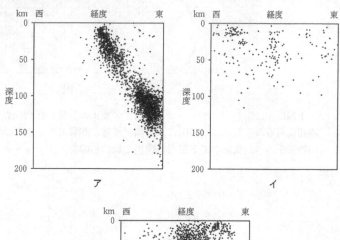

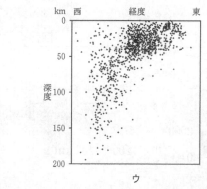

USGSの資料により作成。

図2

	①	②	③	④	⑤	⑥
F	ア	ア	イ	イ	ウ	ウ
G	イ	ウ	ア	ウ	ア	イ
H	ウ	イ	ウ	ア	イ	ア

（2019年度　追試験）

30 キューバとマダガスカルに関する次の文章を読み，下の図を見て，後の問いに答えよ。

キューバとマダガスカルは，@赤道からほぼ等距離に位置し，ともに東側が大洋にひらかれた島嶼国である。
両国とも水上交通が主要な時代より島外から影響を受け，植民地時代には一次産品のプランテーションが展開
した。独立後も外部からの影響を受け，世界情勢の変化に連動して両国を取りまく国際関係は再編されてきた。

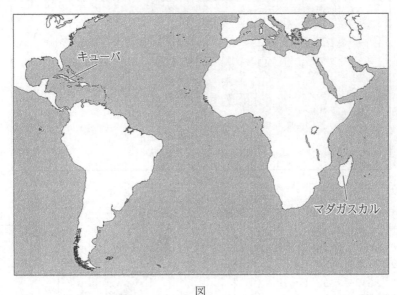

図

問　下線部@に関して，キューバとマダガスカルの気候には類似点がみられるが，島の大きさや地形に起因す
る相違点もみられる。次の図は，両国の地勢と回帰線の位置を示したものである。図に関して，両島の気候
の特徴を述べた文として下線部が**適当でないもの**を，下の①〜④のうちから一つ選べ。

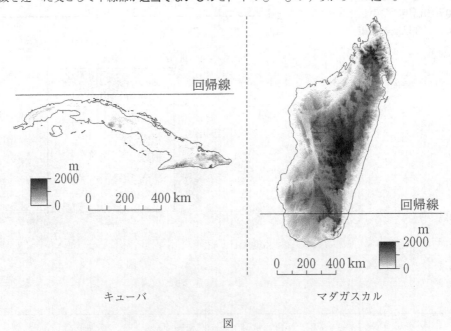

図

① キューバとマダガスカルは，貿易風の影響を受ける。
② キューバとマダガスカルは，発達した熱帯低気圧の襲来を 6 〜11月に受けることが多い。
③ キューバ島は，東西に長く比較的平坦な地形をなし，ほぼ全域が熱帯に属する。
④ マダガスカル島では，島を南北に貫く山地の東側の方が西側よりも年降水量が多い。

（2019年度　追試験）

31 次の図は，日本のある地域における2万5千分の1地形図（一部改変）であり，●，▲，★印のそれぞれは，針葉樹林，田，畑のいずれかの地図記号を置き換えたものである。●，▲，★印と地図記号名との正しい組合せを，下の①〜⑥のうちから一つ選べ。

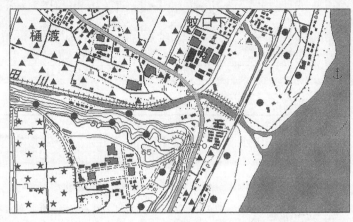

図

	●	▲	★
①	針葉樹林	田	畑
②	針葉樹林	畑	田
③	田	針葉樹林	畑
④	田	畑	針葉樹林
⑤	畑	針葉樹林	田
⑥	畑	田	針葉樹林

（2011年度　本試験）

32 次の図を見て，ロシアに関する下の問いに答えよ。

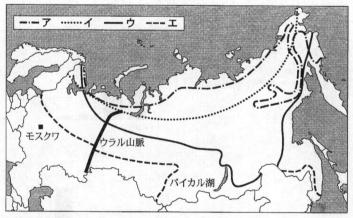

Diercke Weltatlas, 2008などにより作成。

図

問　図中の線ア〜エは，針葉樹林（タイガ）の分布域，ツンドラ気候の地域，北極圏，連続した永久凍土の分布域のいずれかの南限を示したものである。針葉樹林（タイガ）の分布域の南限に該当するものを，次の①〜④のうちから一つ選べ。
①　ア　　　　　②　イ　　　　　③　ウ　　　　　④　エ

（2017年度　追試験）

33 右の図1を見て, 世界の
自然環境に関する下の問い
(問1〜2) に答えよ。

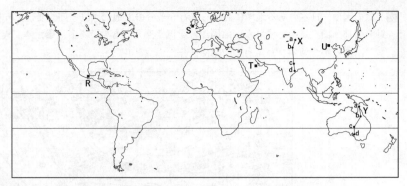

Atlas du 21ᵉ siècle などにより作成。
緯線は30度間隔。

図1

問1　次の図2中の①〜④は, 図1中のR〜Uのいずれかの地点における気温の年較差と年平均気温との関係
を示したものである。Uに該当するものを, 次の図2中の①〜④のうちから一つ選べ。

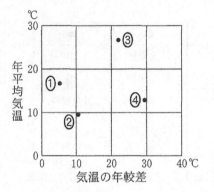

『理科年表』により作成。

図2

問2　右の図3は, 図1中のX, Yの線上の地点
a〜dにおける降水量を示したものであり, 図
3中の①〜④は, Xの1月, Xの7月, Yの1
月, Yの7月のいずれかである。Yの1月の降
水量に該当するものを, 図3中の①〜④のうち
から一つ選べ。

(2014年度　本試験)

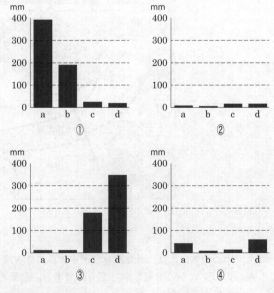

気象庁の資料により作成。

図3

34 アスカさんとヤマトさんは，橿原市の中心部である八木町とその周辺地域の開発が本格化する以前の土地利用の変化に興味をもったため，旧版地形図を使って調べた。次の図は，1925年と1969年に発行された2万5千分の1地形図（一部改変）である。1925年から1969年までの間に生じた変化について述べた文として最も適当なものを，下の①～④のうちから一つ選べ。

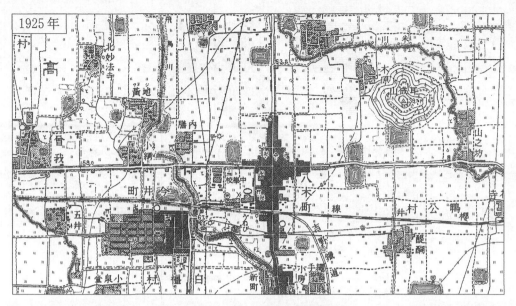

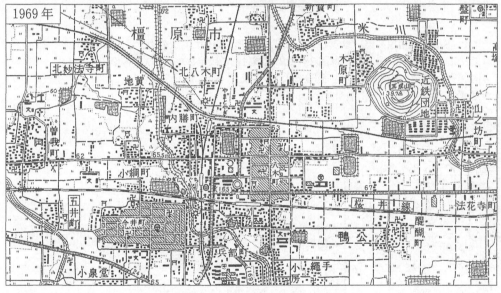

図

① 北妙法寺町の北東側にあった溜池は埋め立てられ，宅地化された。
② 五井町の南側に，有料道路用のインターチェンジが建設された。
③ 桜井線の北に，鉄道路線がほぼ東西方向に敷設された。
④ 耳成山の北側にあった水田や果樹園は，工業用地に転用された。

（2010年度　追試験）

35 山形県最上地域*に住むチエミさんは，先生の指導を受けながら夏休みの課題として身近な地域の調査を行った。山形県および最上地域を示す次の図１を見て，自然や人々の暮らしに関する下の問いに答えよ。

*新庄市，金山町，舟形町，真室川町，最上町，大蔵村，鮭川村，戸沢村の１市４町３村で構成される。

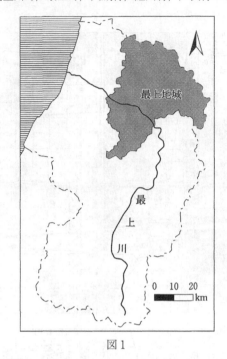

図１

問　チエミさんは，数値標高データを使って山形県の地形を調べた。次の図２は山形県の地形を200m間隔の等高線で表現したものであり，図３は図２の最上地域付近に設定した範囲アを図２中に示す①〜④のいずれかの方向から見た時の鳥瞰図である。図３のように見える方向に該当するものを，図２中の①〜④のうちから一つ選べ。

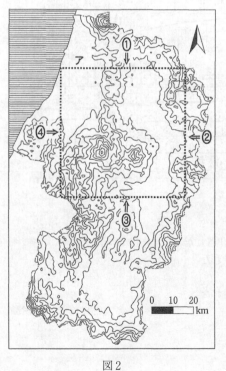

図２

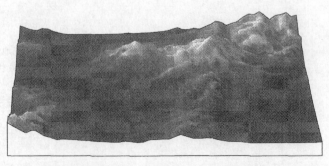

図３

（2010年度　本試験）

36 次の図は，南極観測拠点の一つである日本の昭和基地（地点P）を中心とした正距方位図法によって描かれている。図中の実線で描かれた直線は，昭和基地を通る経線を示し，破線dは，ある緯線を表している。図を見ながら以下の問い（問1～2）に答えよ。また，地図に関する問い（問3）に答えよ。

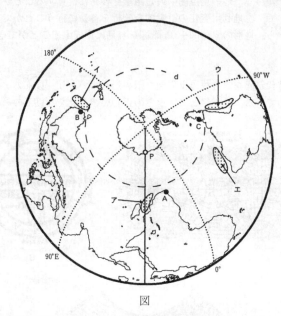

図

問1　図中の昭和基地（地点P）と他地点との位置関係について述べた文として最も適当なものを，次の①～④のうちから一つ選べ。

① 昭和基地から見て真西の方角には，南アメリカ大陸の東部が位置している。

② 昭和基地から真北の方角に進むと，太平洋を通過した後に日本列島に到達する。

③ 昭和基地からアフリカ大陸最北端や南アメリカ大陸最北端までの距離は，およそ2万kmである。

④ 図中のA～Cで示された各地点のうち，昭和基地までの距離が最も近いのは，C地点である。

問2　図中のア～エで示された海域のうち，寒流が流れている海域を，次の①～④のうちから一つ選べ。

① ア　　　　② イ　　　　③ ウ　　　　④ エ

(2004年度　本試験)

問3　地図とその性質について述べた文として最も適当なものを，次の①～④のうちから一つ選べ。

① 2万5千分の1地形図は，日本全国をカバーしており，5万分の1地形図よりも縮尺が小さい。

② 海図は，船舶の航行や停泊のために作成された地図で，一般に正距方位図法で描かれる。

③ 観光地図は，観光スポットなどをわかりやすく示した地図で，地図上で距離や方位を正しく測れない場合もある。

④ 土地利用図は，土地の利用状況について，色や記号などで強調して表現した一般図である。

(2016年度　本試験)

37 調査結果を発表するために，ケイタさんは交通網の発達にともなう地域への影響を統計地図で表現することにした。地図表現の方法について述べた文として下線部が**適当でない**ものを，次の①～④のうちから一つ選べ。

① 近隣の花巻空港発着の国際チャーター便就航の影響を表現するため，異なる年次における市内観光地を訪れる外国人客数を図形表現図で示す。

② 自家用車の普及にともなうバス交通への影響を表現するため，異なる年次における地区別バス利用者の割合を階級区分図で示す。

③ 東北自動車道の開通が地域経済に与える影響を表現するため，開通前後における地区別の小売店数をドットマップで示す。

④ 東北新幹線開業にともなう通勤行動への影響を表現するため，開業前後における鉄道各駅周辺の駐車場収容台数を流線図で示す。

(2016年度　本試験)

38 GIS（地理情報システム）の利用について述べた文として**適当でないもの**を，次の①～④のうちから一つ選べ。

① 地図の重ね合わせが可能なので，多種類の地理情報を同一の地図上で容易に関連づけることができる。

② 歩行者通行量のデータから，二つの地点間の最短距離を容易に計算することができる。

③ 面積の計算が可能なので，土地利用変化の計量的な分析を容易に行うことができる。

④ 地表面の標高データから，地形の立体図や鳥瞰図を容易に作成することができる。

（2005年度　本試験）

39 次の図中のA～Cは，時代が異なる3枚の世界図を示したものであり，以下のア～ウの文は，A～Cのいずれかについて説明したものである。A～Cとア～ウとの正しい組合せを，以下の①～⑥のうちから一つ選べ。

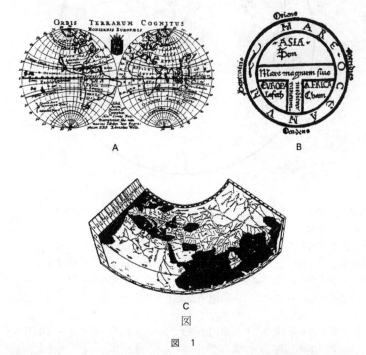

図　1

ア　古代の地理的知識を表現した世界図であり，南北に比べて東西の距離が過大に描かれている。

イ　中世の世界図であり，宗教に基づいた世界観が表現されている。

ウ　近世以降の世界図であり，大航海時代における地理的知識の拡大が反映されている。

	①	②	③	④	⑤	⑥
A	ア	ア	イ	イ	ウ	ウ
B	イ	ウ	ア	ウ	ア	イ
C	ウ	イ	ウ	ア	イ	ア

（2005年度　本試験）

40 正距方位図法とメルカトル図法の地図について述べた文として最も適当なものを，次の①～④のうちから一つ選べ。

① 正距方位図法の地図では，大圏航路が任意の2点間の直線で表される。

② 正距方位図法の地図では，等角航路が任意の2点間の直線で表される。

③ メルカトル図法の地図では，大圏航路が任意の2点間の直線で表される。

④ メルカトル図法の地図では，等角航路が任意の2点間の直線で表される。

（2005年度　本試験）

41 東北地方の高校に通うケイタさんは，山地にはさまれた岩手県北上市とその周辺の地域調査を行うことになった。次の図1の20万分の1地勢図（一部改変）を見て，ケイタさんの調査に関する次ページの問いに答えよ。

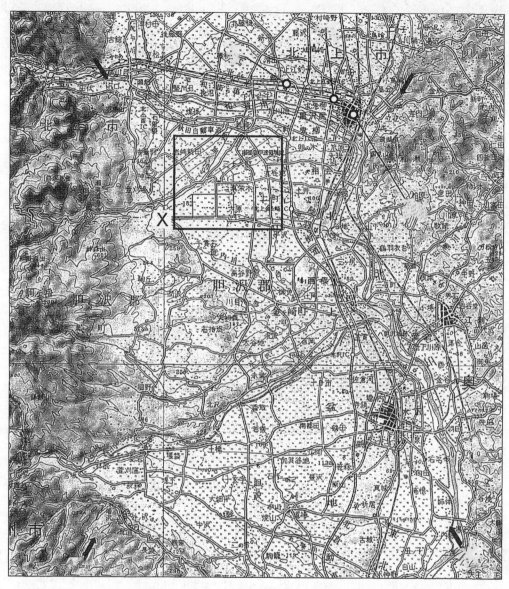

図1

問　ケイタさんが夏油川周辺を調査していると，境塚という史跡を見つけた。そこでその史跡を詳しく調べるため博物館を訪ねることにした。次の図2は前ページの図1中のXの範囲を示した2008年発行の5万分の1地形図（一部改変）である。図2に関する下のケイタさんと学芸員との会話文中の空欄カ～ケには，南部藩，伊達藩のいずれかが当てはまる。伊達藩に該当する空欄の正しい組合せを，下の①～④のうちから一つ選べ。

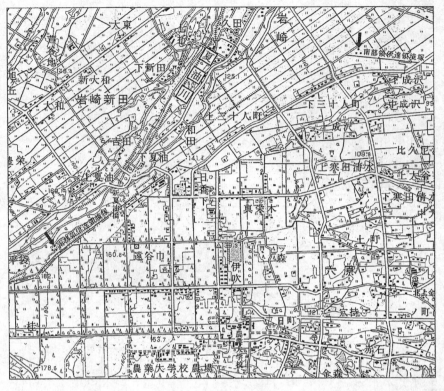

図2

ケイタ　「境塚という史跡を見つけたのですが，詳しく教えていただけないでしょうか」

学芸員　「図2を見てください。二つの矢印で示したところに史跡記号があり，『南部領伊達領境塚』という名称が記されています。このあたりは南部藩と伊達藩の領地が接していた地域です。その境界を示すために各所に塚が設けられていたのですが，その塚跡が現在でも残っているんですよ」

ケイタ　「この史跡記号の2か所を結んだ線より北西側がかつての南部藩領，南東側が伊達藩領ということですか」

学芸員　「そのとおりです。図をよく見ると，この線を境に土地区画が異なっていますよね。ここから，（　カ　）側では領内を流れる川を灌漑に利用して農業を営んでいたのに対して，（　キ　）側では主に溜池を利用した農業を営んでいたことが推測できますよ」

ケイタ　「なるほど。近世の土地利用は自然環境とのかかわりが大きいことがよくわかります」

学芸員　「そうですね。しかし，その後は灌漑設備の発達により，水が得にくい場所でも水田が開発できるようになりました」

ケイタ　「（　ク　）側には，方形の農地に沿って植樹がなされていますが，これは風を防ぐためでしょうか」

学芸員　「そのような役割も考えられます。しかし，（　ケ　）側にも方形の農地が広がっていますが，農地に沿った植樹はあまり見られませんね。なぜこのような違いがあるのか調べてみると新しい発見があるかもしれませんよ」

① カとク　　　　　② カとケ　　　　　③ キとク　　　　　④ キとケ

（2016年度　本試験）

42 次の図は，世界の大地形の分布をおおまかに示したものであり，A〜Dは安定陸塊の平野，海嶺，安定陸塊の山地，変動帯のいずれかである。安定陸塊の山地に該当するものを，以下の①〜④のうちから一つ選べ。

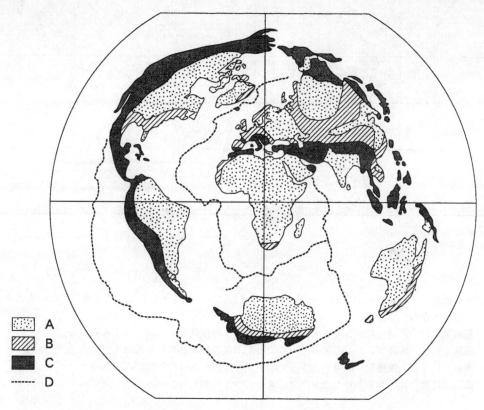

赤道上，東経20度の地点を中心とした正距方位図法。
貝塚爽平ほか編『日本の平野と海岸』などにより作成。

図

① A   ② B   ③ C   ④ D

（2005年度　本試験改題）

43 日本では，山地から多量の土砂が運搬され，山麓部に扇状地が形成されることが多い。扇状地の特徴やその利用について説明した文として**誤っているもの**を，次の①〜④のうちから一つ選べ。
① 扇状地を流れる河川では，氾濫から住居や耕地を守るために堤防を高くした結果，天井川が形成されることがある。
② 山間部を流れてきた河川は，山麓部において流速が小さくなるので，扇状地の堆積物は主に粘土で構成されている。
③ 桑畑や果樹園に利用されてきた扇央部には，灌漑用水路の整備により，水田が造成されたところもある。
④ 河川は扇央部において伏流することがあり，扇端では湧水がみられることが多い。

（2005年度　本試験）

44 次の図を見て，世界の自然環境に関する下の問いに答えよ。

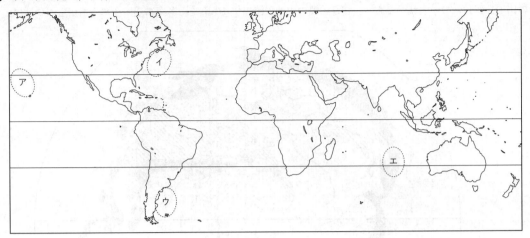

Atlas du 21ᵉ siècle などにより作成。
緯線は30度間隔。

図

問　図中の海域ア〜エにみられる地形の特徴とその成因について説明した文として**適当でないもの**を，次の
　　①〜④のうちから一つ選べ。
　　① 海域アには，水没したかつての火山島が，プレートの移動方向に連なってみられる。
　　② 海域イには，海洋プレートの沈み込みによって形成された海溝がみられる。
　　③ 海域ウには，大陸棚や，深海へ向かって緩やかな傾斜をもった斜面がみられる。
　　④ 海域エには，地下から上昇したマグマによってつくられた海嶺がみられる。

（2014年度　本試験）

45 地中海とその周辺地域の自然と人々の生活に関する次の問いに答えよ。
　問　次の図中のア〜エで示された地域にみられる地形や景観について述べた文として**誤っているもの**を，以下
　　の①〜④のうちから一つ選べ。

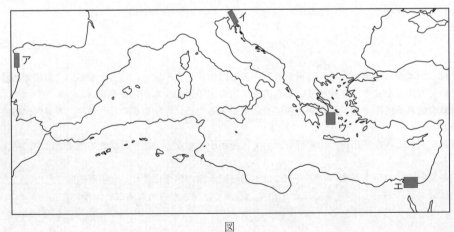

図

　　① アでは，河川の刻む谷が沈水して形成されたリアス式海岸がみられる。
　　② イでは，石灰岩の溶食によって形成されたカルスト地形がみられる。
　　③ ウでは，サンゴ礁に囲まれた島々の点在する多島海がみられる。
　　④ エでは，河川の運搬した土砂が堆積して形成された三角州（デルタ）がみられる。

（2004年度　本試験）

46 次の図は，赤道付近から北極付近における大気大循環の模式図である。図にかかわる内容について述べた文として最も適当なものを，下の①～④のうちから一つ選べ。

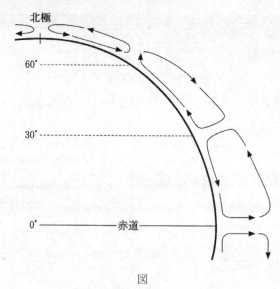

図

① 北極付近と赤道付近は，いずれも高圧帯となっている。
② 高圧帯や低圧帯の南北移動は，降水量の季節変化の一因となっている。
③ 北緯30度付近から高緯度側へ向かう大気の流れは，極東風とよばれる。
④ 北緯30度付近では下降気流が卓越し，湿潤な気候をもたらしている。

(2013年度　本試験)

47 次の図を見て，自然環境の地域性に関する下の問いに答えよ。

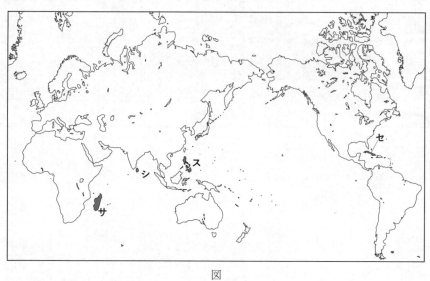

図

問　次の①～④の文は，図中のサ～セの島国について，いずれかの自然環境の特徴を述べたものである。シに該当するものを，次の①～④のうちから一つ選べ。

① 安定陸塊（安定大陸）に位置しており，西岸はステップ気候などに，東岸は熱帯雨林気候に属している。
② 安定陸塊（安定大陸）に位置しており，北部はサバナ気候に，中部から南部にかけては熱帯雨林気候に属している。
③ 変動帯に位置しており，サバナ気候に属している。
④ 変動帯に位置しており，大部分が熱帯雨林気候に属している。

(2011年度　本試験改題)

48 佐賀市内の高校に通うユカさんは，次の図1の20万分の1地勢図（一部改変）に示した佐賀県内の諸地域にかかわる地理的事象について，調査を行うことにした。ユカさんの調査に関する下の問いに答えよ。

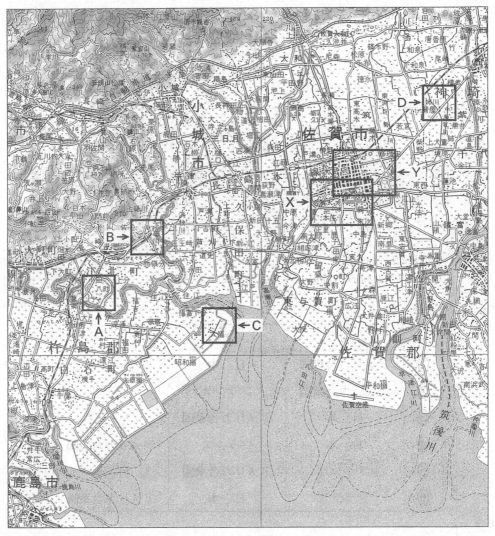

図1

問　ユカさんは，2万5千分の1地形図を使って，佐賀県内のいくつかの地域の特徴を読み取った。次の図から読み取れることがらとその背景について述べた文として下線部が**適当でないもの**を，下の①～④のうちから一つ選べ。

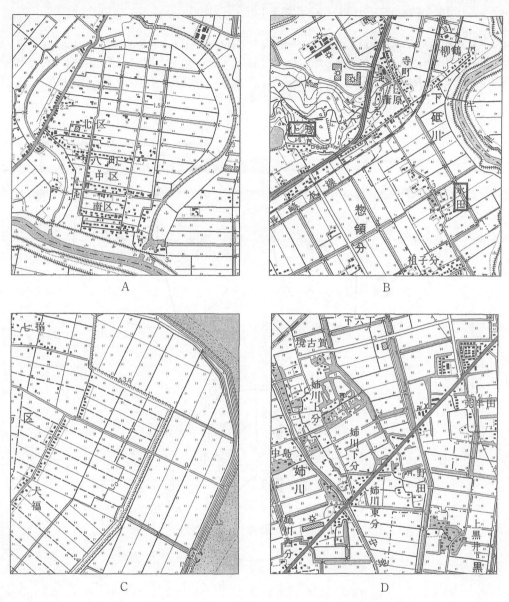

図2

① A中の市町村の境界線となっている河川は，<ruby>かつて蛇行<rt>だこう</rt></ruby>しており，<ruby>八町<rt>はっちょう</rt></ruby>はその古い河道に囲まれている。

② B中にみられる集落の中には，神社が<ruby>祀<rt>まつ</rt></ruby>られているところがあり，<ruby>上惣<rt>かみそう</rt></ruby>と<ruby>永田<rt>ながた</rt></ruby>の神社間の直線距離はおよそ2kmである。

③ C中の地域は，干拓によって造成された土地であり，標高が0m以下の低平地となっている部分がある。

④ D中の<ruby>姉川上分<rt>あねがわかみぶん</rt></ruby>や<ruby>姉川下分<rt>あねがわしもぶん</rt></ruby>，<ruby>上黒井<rt>かみくろい</rt></ruby>の集落の周りの水路は，農業用として使用されてきた。

（2011年度　本試験）

　ニュースをきっかけに自然災害に関心をもったユウキさんは，アジアの自然環境や自然災害について調べることにした。これに関する次の問い（問1～3）に答えよ。

問1　ユウキさんは，自然災害は人的被害だけでなく，居住環境にも大きな被害をもたらすことを学び，アジア諸国の自然災害に関する統計を調べた。次の図1は，いくつかの国で発生した自然災害による建築物の被害について，災害種別の割合で示したものであり，ア～ウは，イラン，インドネシア，ベトナムのいずれかである。国名とア～ウの正しい組合せを，後の①～⑥のうちから一つ選べ。

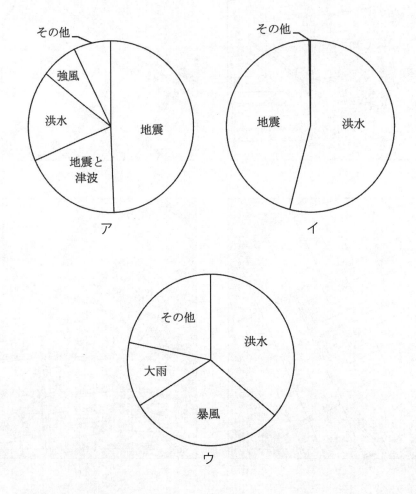

統計年次は，イランが1895～2011年，インドネシアが1815～2019年，
ベトナムが1989～2019年。
United Nations Office for Disaster Risk Reductionの資料により作成。

図1

	①	②	③	④	⑤	⑥
イラン	ア	ア	イ	イ	ウ	ウ
インドネシア	イ	ウ	ア	ウ	ア	イ
ベトナム	ウ	イ	ウ	ア	イ	ア

問2　ユウキさんは，自然災害について調べたイランとインドネシアの自然環境について比較することにした。次の図2は，イランの首都テヘランとインドネシアの首都ジャカルタの1月と7月の降水量の平年値を示したものであり，図2中のAとBは，ジャカルタとテヘラン，カとキは，1月と7月のいずれかである。Aに該当する都市名とカに該当する月の正しい組合せを，後の①～④のうちから一つ選べ。

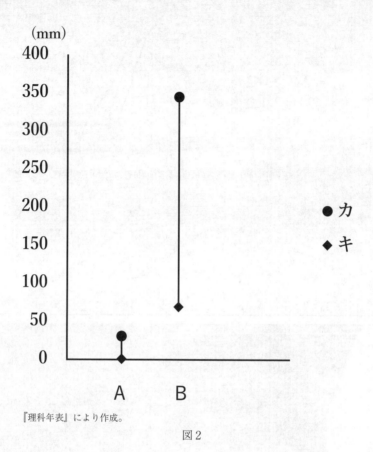

『理科年表』により作成。

図2

	A	カ
①	ジャカルタ	1月
②	ジャカルタ	7月
③	テヘラン	1月
④	テヘラン	7月

問3 アジアの自然災害について調べたユウキさんは，日本で広くみられる地形と災害との関係について興味をもち，次の図3を作成した。図3中に示した地域について，地形と災害リスクを述べた文章中の空欄サ〜スに当てはまる記号と語句の正しい組合せを，後の①〜⑧のうちから一つ選べ。

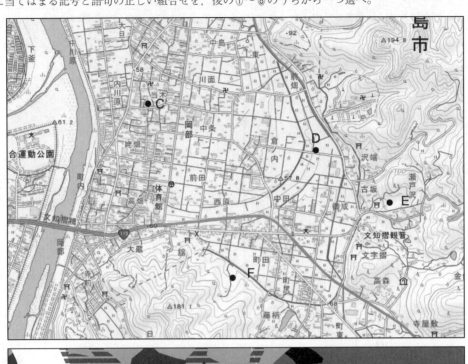

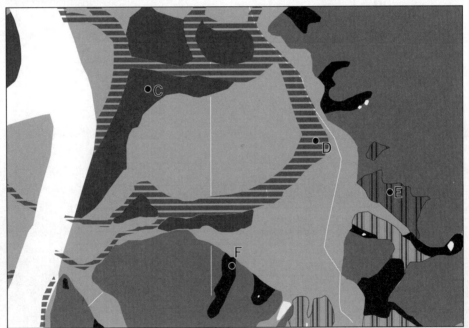

	河川・河川敷		段丘
	旧河道		山地
	後背湿地		山麓堆積地形
	自然堤防		

地理院地図により作成。

図3

地点（　サ　）は，他の地点よりも洪水と地震発生時における災害発生リスクが大きく，大雨時には河川の氾濫による浸水，地震発生時には（　シ　）が発生する可能性が高いと考えらえる。地点Eは，地盤が安定しており，地震の揺れや（　シ　）が発生するリスクは小さいが，縁辺部では地震発生時のがけ崩れに注意が必要である。地点Fは，過去のがけ崩れなどで土砂が堆積した地点であり，大雨による（　ス　）や地震によるがけ崩れに注意が必要である。

	サ	シ	ス
①	C	液状化現象	火砕流
②	C	液状化現象	土石流
③	C	地すべり	火砕流
④	C	地すべり	土石流
⑤	D	液状化現象	火砕流
⑥	D	液状化現象	土石流
⑦	D	地すべり	火砕流
⑧	D	地すべり	土石流

1 1次産品の統計

次の図中のア〜ウは，漁獲量*，水産物輸出額，水産物輸入額のいずれかについて，世界の上位10か国とそれらが世界に占める割合を示したものである。漁獲量，水産物輸出額，水産物輸入額とア〜ウとの正しい組合せを，以下の①〜⑥のうちから一つ選べ。
*養殖を含まない。

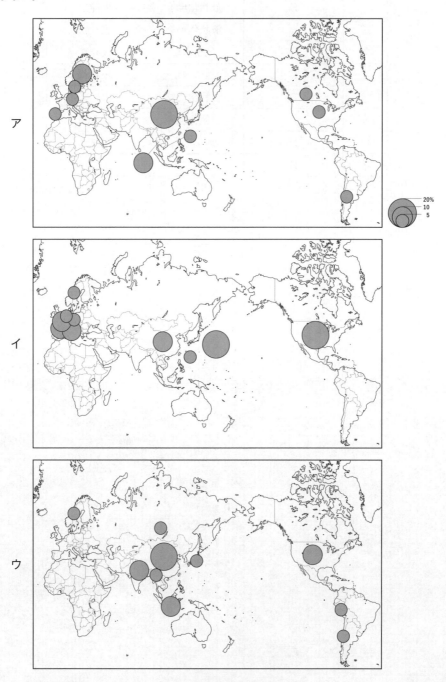

中国の数値には，台湾，ホンコン，マカオを含まない。
統計年次は2010年。
FAOSTATにより作成。

図

	①	②	③	④	⑤	⑥
漁獲量	ア	ア	イ	イ	ウ	ウ
水産物輸出額	イ	ウ	ア	ウ	ア	イ
水産物輸入額	ウ	イ	ウ	ア	イ	ア

【センター試験　2017年・追試】

◢ Step 1　特徴的な分布・値の確認

```
Point
統計問題では，他の図表と比較しつつ，
　　　　・特徴的な分布
　　　　・極端に大きい値（極端に小さい値）などに着目する。
```

Q. アで特徴的な国は？　　　　　　　　A. 東南アジアの〔　　　　　　　〕，タイの値が大きい
　　　　　　　　　　　　　　　　　　　　　カナダ，ノルウェー（今回は分からなくてよい）

Q. イで特徴的な国は？　　　　　　　　A. 韓国
　　　　　　　　　　　　　　　　　　　　〔　　　〕・アメリカ・西ヨーロッパ諸国の値が大きい

Q. ウで特徴的な国は？　　　　　　　　A. 南アメリカのペルー，インド・インドネシア

◢ Step 2　特徴的な分布・値の傾向と理由を考える

Q. Step 1 のアで選んだ国やタイの特徴は？
A.（日本などへ輸出する）〔　　　〕の養殖
　※人口が少ない（＝自国の消費量が少ない）カナダ・ノルウェーが上位に入ることも特徴的。

Q. Step 1 のイで選んだ国やアメリカ合衆国・西ヨーロッパ諸国の特徴は？
A.（経済発展により）消費量が多い

Q. Step 1 のウで選んだ南アメリカの国の特徴は？　　　　　A.〔　　　　　　　〕の漁獲量が多い
　※人口が多い（＝自国の消費量が多い）インド・インドネシア（＋日本）が上位に入ることも特徴的。
　　　　　　　　　　　　　　　　　　⇒（判定が容易なものから決めていく）
　　　　〔　　〕が水産物輸入額，〔　　　〕が漁獲量，〔　　　〕が水産物輸出額に該当する。
　　　　　　　　　　　　　　　　　　　　　　　　　　　　　　　　正解：〔　　　〕

```
【1次産品（農林水産業，鉱業）の統計】

①生産量が多い　…　人口が多い，国土面積が大きい　例）中国・インド・アメリカ合衆国
②輸出量が多い　…　「生産量＞消費量」
　　　　　　　　　　生産量が多いが，人口が少ない
　　　　　　　　　　　　　　例）カナダ，オーストラリア　※自給率が高い
③輸入量が多い　…　「生産量＜消費量」
　　　　　　　　　　消費量が膨大（人口大国・経済大国），生産量が少ないが，人口が多い
　　　　　　　　　　　　　　例）日本　※自給率が低い
　　　　　　　　　　　　　　注）中国…生産量が多い　しかし輸入量が多くなる傾向

自然条件などの様々な要因がかかわるので，例外もあるが，まずは，一般的な傾向をつかむこと
が大切。
```

2 1次エネルギー供給

　エネルギー消費の急速な増加にともない，地球温暖化の進行や資源の獲得競争の激化が危惧されている。次の表は，いくつかの国における1次エネルギーについて，2000年と2013年の1人当たり供給量*と，2013年の自給率を示したものであり，①～④は，アメリカ合衆国，シンガポール，中国**，ロシアのいずれかである。ロシアに該当するものを，表中の①～④のうちから一つ選べ。

*石油に換算したときの値。
**台湾，ホンコン，マカオを含まない。

表

	1次エネルギーの1人当たり供給量［トン］		1次エネルギーの自給率［％］
	2000年	2013年	2013年
①	8.05	6.92	86
②	4.63	4.83	2
③	4.21	5.11	183
④	0.92	2.21	85

IEAの資料により作成。

【センター試験（地理A）　2017年・本試】

◢ Step 1　特徴的な値の確認

┌─────────────────────────
Point ─
複数年の統計が示されている問題では，
・値の大小　　だけではなく，
・変化（増加率）　　にも着目する。
└─────────────────────────

Q．①の特徴は？
A．2000年と2013年における1次エネルギーの1人当たり供給量が最も大きい。…①′

Q．②の特徴は？
A．1次エネルギー自給率が最も低い。…②′

Q．③の特徴は？
A．1次エネルギー自給率が最も高い。…③′

Q．④の特徴は？
A．2000年と2013年における1次エネルギーの1人当たり供給量が最も小さい一方，…④′
　　2000年から2013年にかけての〔　　　　　　　〕が最も高い。…④″

■Step 2　特徴的な値の傾向と理由を考える

Q. ①の国名とStep 1 ①'理由は？

A. 国名：〔　　　　　　　　　　　〕　　　　理由：世界的な消費大国＆自動車の保有台数が多い

Q. ②の国名とStep 1 ②'理由は？

A. 国名：〔　　　　　　　　　　　〕　　　　理由：国土面積が小さい，エネルギー資源産出量が少ない

Q. ③の国名とStep 1 ③'理由は？

A. 国名：〔　　　　　　　　　　　〕　　　　理由：化石燃料（石炭・原油・天然ガス）の輸出量が多い

Q. ④の国名とStep 1 ④'④"理由は？

A. 国名：〔　　　　　　　　　　　〕

　　④'理由：人口が多い，発展途上国

　　④"理由：近年の急速な経済成長

正解：〔　　　〕

【1次エネルギー供給量】

①人口が多い，経済大国　　　　　…　合計が多い

②先進国，資源大国，高緯度（寒冷）　…　1人当たり供給量が多い

　※人口が少ない　　　　　　　　…　1人当たり供給量が特に多くなりやすい

③新興国，発展途上国　　　　　　…　増加率が高い

④資源輸入国　　　　　　　　　　…　自給率が低い

⑤発展途上国　　　　　　　　　　…　バイオマス（＝薪炭材）の割合が高い

⑥原子力or水力が盛ん　　　　　　…　電力の割合が高い

　　　　主要国の特徴を押さえる

　　　　中国・インド　　　　…　石炭が中心

　　　　ロシア　　　　　　　…　天然ガスが中心

　　　　アメリカ合衆国・日本　…　石油が中心（化石燃料バランス型）

①〜③は他の統計でも非常に重要！！

例）GNI（国民総所得），工業生産，二酸化炭素排出量など

練習問題

1 リナさんたちは，1995年と2015年における各国のデータを調べて，経済発展が環境へ及ぼす影響について考察した。次の図は，いくつかの国a～cと世界平均について，1人当たりGDPと1人当たり二酸化炭素排出量の変化を示したものである。また，後の文サ～スは，図中のa～cのいずれかにおける変化の背景をリナさんたちが整理したものである。a～cとサ～スとの組合せとして最も適当なものを，後の①～⑥のうちから一つ選べ。

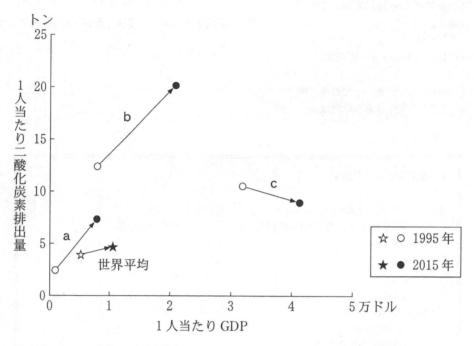

*World Development Indicators*により作成。

図

サ　産業構造の転換に伴い脱工業化が進み，再生可能エネルギーの普及も進んだ。
シ　資源が豊富にあるため，国内の燃料消費のコストが低いことや，世界的な資源需要の高まりを背景に経済成長が進んだ。
ス　農業や軽工業が中心であったが，その後は工業化が進み，重工業の比率が高まった。

	①	②	③	④	⑤	⑥
a	サ	サ	シ	シ	ス	ス
b	シ	ス	サ	ス	サ	シ
c	ス	シ	ス	サ	シ	サ

(2022年度　本試験)

2 リナさんたちは，経済発展が環境へ及ぼす影響についての考察をふまえ，化石燃料と再生可能エネルギーの発電量について調べた。次の表は，いくつかの国における化石燃料と再生可能エネルギーについて，発電量と総発電量*に占める割合を示したものである。表をもとに環境への負荷について話し合った，先生とリナさんたちとの会話文中の下線部 e ～ g について，正誤の組合せとして正しいものを，後の①～⑧のうちから一つ選べ。

*化石燃料と再生可能エネルギーのほか，原子力などを含む。

表

	化石燃料		再生可能エネルギー	
	発電量 （億kWh）	総発電量に 占める割合（％）	発電量 （億kWh）	総発電量に 占める割合（％）
中　国	46,783	70.5	16,624	25.1
アメリカ合衆国	26,915	62.8	7,182	16.8
日　本	8,199	76.7	1,682	15.7
ド イ ツ	3,461	52.9	2,163	33.1
カ ナ ダ	1,247	18.9	4,322	65.6
世界全体	165,880	64.5	62,695	24.4

再生可能エネルギーは，水力，太陽光，地熱，風力などの合計。中国の数値には台湾，ホンコン，マカオを含まない。
統計年次は2017年。『世界国勢図会』により作成。

先　生：「環境への負荷を，化石燃料と再生可能エネルギーの二つから考えてみましょう。化石燃料による発電は環境への負荷が大きく，再生可能エネルギーによる発電は環境への負荷がきわめて小さいとした場合，表から環境への負荷はどのように考えられますか」

リ　ナ：「e 国別でみた環境への負荷は，中国が最も大きくなるのではないでしょうか」

ナオキ：「人口を考慮して環境への負荷を考えると，f 1人当たりでみた環境への負荷は，アメリカ合衆国が最も大きくなると思います」

カオル：「近年は再生可能エネルギーも普及しているので，国ごとで評価するときには，発電量の大小ではなく構成比で考えるのが重要だと思います。g 発電量の構成比でみると，ドイツが環境への負荷が最も小さい構成比であると考えます」

エミコ：「持続可能な資源利用に向けて環境への負荷を軽減する方法を考えていくことが重要ですね」

	①	②	③	④	⑤	⑥	⑦	⑧
e	正	正	正	正	誤	誤	誤	誤
f	正	正	誤	誤	正	正	誤	誤
g	正	誤	正	誤	正	誤	正	誤

（2022年度　本試験）

3 リナさんたちは，環境への負荷の軽減に寄与する森林資源に注目し，資源とその利用についてまとめた。次の図は，いくつかの国における森林面積の減少率，木材輸出額，木材伐採量を示したものであり，K～Mはエチオピア，ブラジル，ロシアのいずれか，凡例タとチは薪炭材と用材*のいずれかである。ブラジルと薪炭材との正しい組合せを，後の①～⑥のうちから一つ選べ。

*製材・ベニヤ材やパルプ材などの産業用の木材。

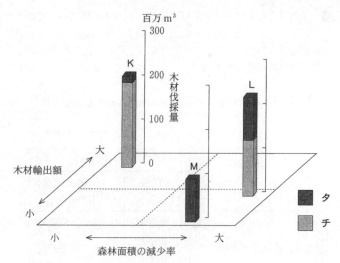

森林面積の減少率は1995年から2015年までの変化。森林面積の減少率と木材輸出額は相対的に示してある。統計年次は2017年。FAOSTATなどにより作成。

図

	①	②	③	④	⑤	⑥
ブラジル	K	K	L	L	M	M
薪炭材	タ	チ	タ	チ	タ	チ

（2022年度　本試験）

4 次の図中のカとキは，2000年と2017年のいずれかについて，漁獲量*と養殖業生産量の合計の上位8か国を示したものであり，凡例EとFは，漁獲量と養殖業生産量のいずれかである。2017年の図と養殖業生産量の凡例との正しい組合せを，下の①～④のうちから一つ選べ。

*養殖業生産量を含まない。

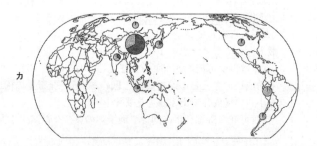

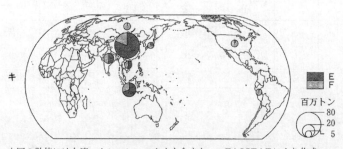

中国の数値には台湾，ホンコン，マカオを含まない。FAOSTATにより作成。

図

	①	②	③	④
2017年	カ	カ	キ	キ
養殖業生産量	E	F	E	F

（2021年度　本試験）

5 工場は，原料や製品の輸送費が小さくなる地点に理論上は立地するとされている。次の図は，原料産地から工場までの原料の輸送費と，市場で販売する製品の輸送費を示した仮想の地域であり，下の条件を満たす。また，図中の①～④の地点は，工場の建設候補地を示したものである。総輸送費が最小となる地点を，図中の①～④のうちから一つ選べ。

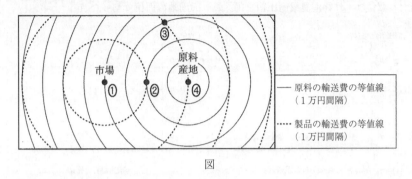

図

条　件
・使用する原料は1種類であり，原料産地から工場まで原料を輸送し，工場で生産した製品を市場まで輸送する。
・総輸送費は，製品1単位当たりの原料の輸送費と製品の輸送費の合計である。
・輸送費は距離に比例して増加し，距離当たり輸送費について，原料は製品の2倍の費用がかかる。
・市場や原料産地にも工場を建設できる。

(2021年度　本試験　第二日程)

6 日本の企業は，経済のグローバル化に伴い，海外への直接投資を積極的に増やしてきた。次の図は，日系海外現地法人の売上高のうち，製造業の売上高について主な国・地域別の構成比の推移を示したものであり，タ～ツは，ASEAN*，アメリカ合衆国，中国**のいずれかである。国・地域名とタ～ツとの正しい組合せを，下の①～⑥のうちから一つ選べ。

 *インドネシア，タイ，フィリピン，マレーシアの4か国の値。
 **台湾，ホンコン，マカオを含まない。

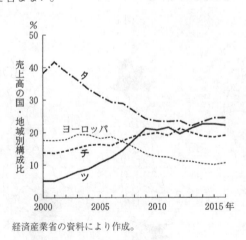

経済産業省の資料により作成。

図

	①	②	③	④	⑤	⑥
ASEAN	タ	タ	チ	チ	ツ	ツ
アメリカ合衆国	チ	ツ	タ	ツ	タ	チ
中　国	ツ	チ	ツ	タ	チ	タ

(2021年度　本試験　第二日程)

7 農業の立地には市場からの距離に加え様々な要因が作用する。次の図1中のサ～スは，米，野菜，果樹のいずれかについて，東日本の14都県における，東京からの距離と農地面積当たり収益の推計値*を示したものである。また，以下の図2中のD～Fは，田，畑，樹園地のいずれかについて，その14都県の農地面積の構成比を指数で示したものである。野菜と畑との正しい組合せを，後の①～⑨のうちから一つ選べ。

*農地面積当たり収益は，作物別農業産出額を田，畑，樹園地の面積で割った値。

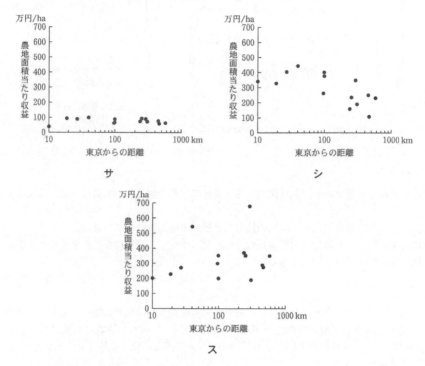

東京からの距離は各県庁所在地までの直線距離で，東京都は10kmとした。
野菜の産出額は野菜・豆・いもの合計。
統計年次は2017年。『生産農業所得統計』などにより作成。

図1

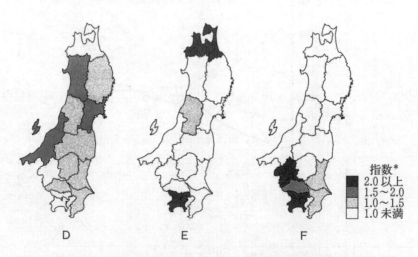

*各都県の農地面積に占める田，畑，樹園地の構成比を，それぞれ全国の構成比で割ったもの。
統計年次は2017年。『作物統計調査』により作成。

図2

	①	②	③	④	⑤	⑥	⑦	⑧	⑨
野菜	サ	サ	サ	シ	シ	シ	ス	ス	ス
畑	D	E	F	D	E	F	D	E	F

（2021年度　本試験）

8 次の図1は，1人当たりGNI（国民総所得）と1日当たり原油生産量によって西アジアの国々を a 〜 d の4つのグループに分けたものであり，下の図2は，各グループの分布を示したものである。図2中の凡例カ〜クは，図1中の a 〜 c のいずれかである。a 〜 c とカ〜クとの正しい組合せを，以下の①〜⑥のうちから一つ選べ。

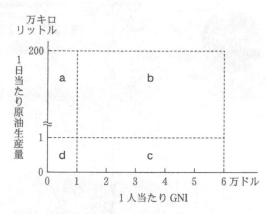

統計年次は2016年。『世界国勢図会』などにより作成。

図1

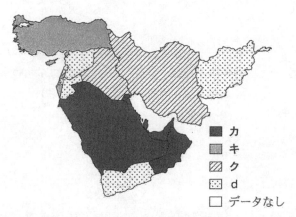

統計年次は2016年。『世界国勢図会』などにより作成。

図2

	①	②	③	④	⑤	⑥
a	カ	カ	キ	キ	ク	ク
b	キ	ク	カ	ク	カ	キ
c	ク	キ	ク	カ	キ	カ

（2021年度　本試験）

9 東南アジアとオセアニアで行われているプランテーション農業の作物やその加工品は，いくつかの国の特徴的な輸出産品となっている。次の図中のカ～クは，東南アジアとオセアニアにおけるコプラ油*，サトウキビ，茶のいずれかの生産量について，世界に占める割合を国・地域別に示したものである。品目名とカ～クとの正しい組合せを，以下の①～⑥のうちから一つ選べ。

*ココヤシの果実の胚乳を乾燥させたコプラから得られる油。

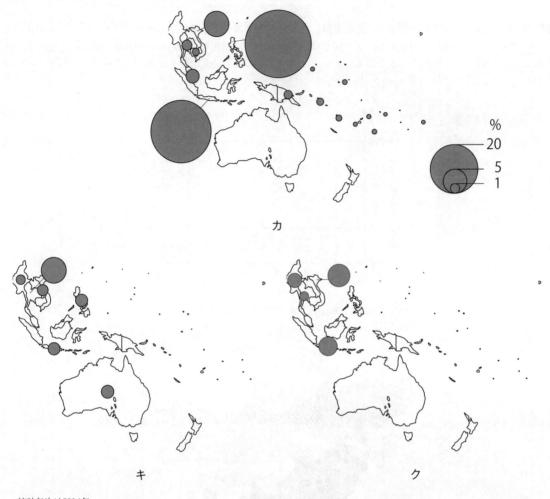

図

統計年次は2014年。
FAOSTATにより作成。

	①	②	③	④	⑤	⑥
コプラ油	カ	カ	キ	キ	ク	ク
サトウキビ	キ	ク	カ	ク	カ	キ
茶	ク	キ	ク	カ	キ	カ

（2020年度　本試験）

10 中国とブラジルに関する次の文章を読み，下の図1を見て，下の問い（問1～2）に答えよ。

　中国とブラジルには，ともに世界有数の大河が流れている。両国は，国土面積が広くかつ同程度で，ⓐ農業が盛んであり，資源も豊富である。そして，両国は，インド，南アフリカ共和国，ロシアとともに経済成長が注目されており，これら5か国はⓑBRICSとよばれている。一方，中国とブラジルの社会基盤（インフラ）の整備状況には違いがみられる。また，歴史的経緯や社会的条件などを背景に，両国では他国との結びつきが構築されてきた。

問1　下線部ⓐに関して，次の図1中のカ～クは，中国*とブラジルにおける牛乳，小麦，バナナのいずれかの生産量について，それぞれの国全体の生産量に占める省**または州***ごとの割合を示したものである。項目名とカ～クとの正しい組合せを，以下の①～⑥のうちから一つ選べ。

　　*台湾，ホンコン，マカオを含まない。　　　　　　**省に相当する市・自治区を含む。
　　***州に相当する連邦区を含む。

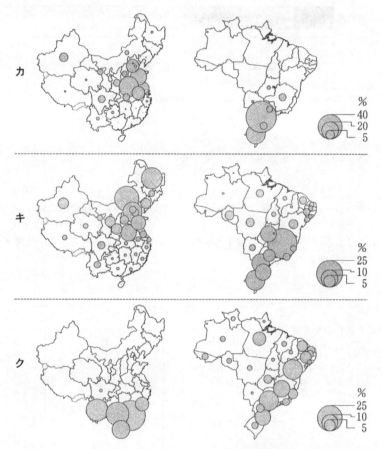

統計年次は，ブラジルの牛乳が2017年度，ブラジルのバナナが2016年度，それ以外は2014年度。
『中国統計年鑑2015年版』などにより作成。

図1

	①	②	③	④	⑤	⑥
牛　乳	カ	カ	キ	キ	ク	ク
小　麦	キ	ク	カ	ク	カ	キ
バナナ	ク	キ	ク	カ	キ	カ

問2　前ページの下線部ⓑに関して，BRICSの国々の中でも産業構造や工業の発展過程には違いがみられる。次の図2は，インド，中国*，ブラジル，ロシアにおける製造業生産額全体に占める品目別の割合を示したものであり，サ～セは，機械類，食料品・飲料，石油製品，繊維品のいずれかである。食料品・飲料に該当するものを，下の①～④のうちから一つ選べ。

*台湾，ホンコン，マカオを含まない。

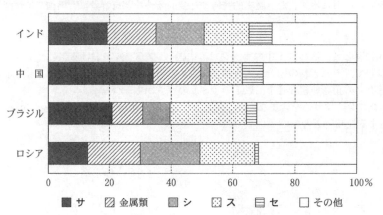

統計年次は2015年。
UNIDO, *International Yearbook of Industrial Statistics* により作成。

図2

①　サ　　　②　シ　　　③　ス　　　④　セ

（2020年度　本試験）

11　石油代替エネルギーの一つとしてバイオ燃料がある。次の表は，いくつかの国における，バイオ燃料の生産量，原油の生産量と消費量および自給率*を示したものであり，①～④は，アメリカ合衆国，カナダ，ドイツ，ブラジルのいずれかである。ブラジルに該当するものを，表中の①～④のうちから一つ選べ。

*各国の消費量に占める生産量の割合。

表

	バイオ燃料の生産量 （万バレル）	原　油		
		生産量 （万バレル）	消費量 （万バレル）	自給率 （％）
①	69	1,561	1,988	79
②	35	336	302	111
③	6	16	245	6
④	2	496	243	204

1バレルは約159リットル。
統計年次は2017年。
BP Statistical Review of World Energy などにより作成。

（2020年度　追試験）

12 次の図は，いくつかの国について，製造業の工業付加価値額*の総計に占める主要な工業の内訳を示したものであり，①～④は，オランダ，韓国，ニュージーランド，バングラデシュのいずれかである。韓国に該当するものを，図中の①～④のうちから一つ選べ。

*生産額から，賃金以外の生産に必要な諸費用を引いた，新たに作り出された価値の金額。

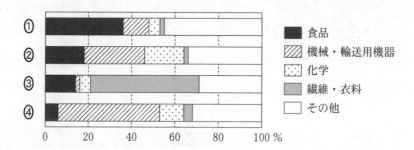

食品には飲料・たばこを含む。
統計年次は2011年または2012年。
World Development Indicators により作成。

図

（2020年度　追試験）

13 世界の諸地域は，資源を供給する社会基盤（インフラ）によって互いに結びついている。次の図中のA～Cは，ヨーロッパとその周辺地域におけるいくつかの原油および天然ガスパイプラインの経路の概略を示したものであり，下のア～ウの文は，A～Cのいずれかについて述べたものである。A～Cとア～ウとの正しい組合せを，以下の①～⑥のうちから一つ選べ。

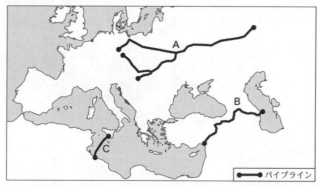

Diercke Weltatlas, 2015などにより作成。

図

ア　OPEC（石油輸出国機構）の加盟国から，かつてこの地域を植民地としていた国に向けて天然ガスが輸送されている。

イ　東西冷戦時代に友好国へ原油を送るために建設され，現在では，かつて対立していた国にも原油が輸送されている。

ウ　東西冷戦終結後，アメリカ合衆国の企業を含む多国籍企業によって建設され，20世紀初頭から開発がすすめられてきた産油地域の原油が，欧米諸国などに輸送されている。

	①	②	③	④	⑤	⑥
A	ア	ア	イ	イ	ウ	ウ
B	イ	ウ	ア	ウ	ア	イ
C	ウ	イ	ウ	ア	イ	ア

（2020年度　追試験）

14 次の図中のア〜ウは，いくつかの産業における事業所について，全国に占める各都道府県の事業所数の割合を示したものであり，ア〜ウは，喫茶店*，牛乳処理場・乳製品工場，水産食料品製造業のいずれかである。項目名とア〜ウとの正しい組合せを，下の①〜⑥のうちから一つ選べ。

*カフェを含む，飲料や簡単な食事などをその場で提供する飲食店。

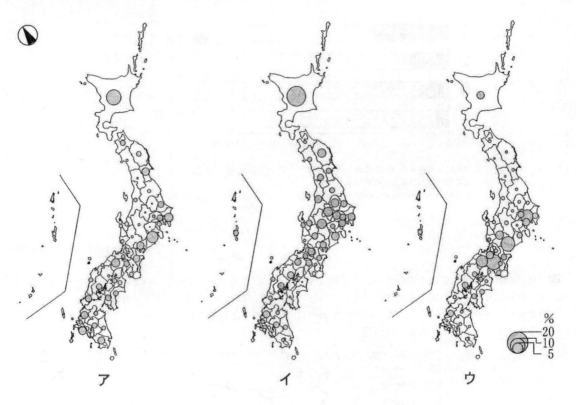

統計年次は2014年。
経済サンセスなどにより作成。

図

	①	②	③	④	⑤	⑥
喫茶店	ア	ア	イ	イ	ウ	ウ
牛乳処理場・乳製品工場	イ	ウ	ア	ウ	ア	イ
水産食料品製造業	ウ	イ	ウ	ア	イ	ア

（2019年度　本試験）

15 地中海沿岸地域では，各地の自然環境をいかして農作物が栽培されている。右の図中のカ～クは，コルクガシ，テンサイ，ナツメヤシのいずれかについて，それらの主な産地を示したものである。農作物名とカ～クとの正しい組合せを，下の①～⑥のうちから一つ選べ。

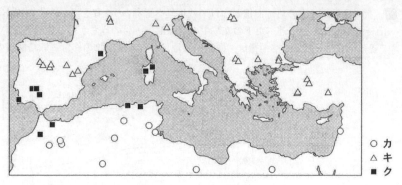

Diercke Weltatlas, 2015により作成。

図

	①	②	③	④	⑤	⑥
コルクガシ	カ	カ	キ	キ	ク	ク
テンサイ	キ	ク	カ	ク	カ	キ
ナツメヤシ	ク	キ	ク	カ	キ	カ

（2019年度　本試験）

16 次の表は，日本の工業における主要業種の従業者数を示したものであり，①～④は，繊維・衣服，電気・電子機器，木材・木製品，輸送用機器のいずれかである。電気・電子機器に該当するものを，表中の①～④のうちから一つ選べ。

表　　　　　　（単位：万人）

	従業者数		
	1970年	1990年	2010年
①	168	125	35
②	134	196	117
③	88	96	96
④	54	28	11

『工業統計表』により作成。

（2019年度　追試験）

資源・産業

17 次の図は，日本の耕地面積と作付・栽培延べ面積*の推移を示したものである。図から読み取れることがらとその背景について述べた下の文章中の下線部①～④のうちから，**適当でないもの**を一つ選べ。

*各年の作付・栽培延べ面積は，同一の農地における農作物の作付・栽培面積の合計。

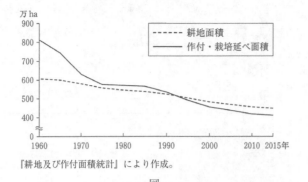

『耕地及び作付面積統計』により作成。

図

　1990年以前は作付・栽培延べ面積が耕地面積を上回っており，2015年時点よりも①1年の間に複数回利用される耕地面積が大きかったと考えられる。その後，耕地面積と作付・栽培延べ面積ともに減少しているが，その度合いから②耕作放棄地が増加していることが読み取れる。

　こうした傾向の背景には，都市化の進展における農地の転用や③農業人口の減少・高齢化があげられる。一方で，近年，効率的な農地の利用に関する取組みがすすめられている。例えば，④農地を分割することで，労働生産性を高めて収益をあげようとする農業生産法人が増加している。

（2019年度　追試験）

18 右の図中のサ～スは，ロシアにおける人口密度，人口1人当たりの農業生産額，人口1人当たりの鉱工業出荷額のいずれかを連邦管区別に示したものである。項目名とサ～スとの正しい組合せを，下の①～⑥のうちから一つ選べ。

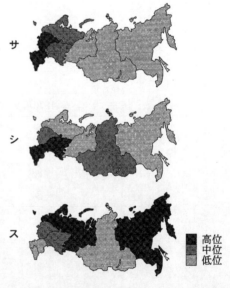

統計年次は2014年または2015年。
Federal State Statistics Service の資料により作成。

図

	①	②	③	④	⑤	⑥
人口密度	サ	サ	シ	シ	ス	ス
人口1人当たりの農業生産額	シ	ス	サ	ス	サ	シ
人口1人当たりの鉱工業出荷額	ス	シ	ス	サ	シ	サ

（2017年度　追試験）

19 次の表は，アメリカ合衆国とその近隣諸国および日本における，1人1日当たりの食料供給栄養量（熱量）の一部を示したものであり，①〜④は，小麦，米，大豆油*，トウモロコシのいずれかである。小麦に該当するものを，表中の①〜④のうちから一つ選べ。

*サラダ油，マヨネーズ，マーガリンなどの原料となる。

表　　　　　　　（単位：kcal）

	①	②	③	④
アメリカ合衆国	612	502	94	87
キューバ	368	156	306	635
日　本	361	113	79	607
メキシコ	260	118	1,043	64

統計年次は2007年。
FAOの資料により作成。

（2012年度　本試験）

20 1980年代以降における日本の産業の動向について述べた文として**適当でないもの**を，次の①〜④のうちから一つ選べ。

① 1980年代に入ると，貿易摩擦問題が顕在化したため，自動車関連の企業が北アメリカやヨーロッパにおいて現地生産を行うようになった。

② 1980年代半ば以降には，円高の影響もあり，電機・電子関連の工場が安価な労働力を求めてアジア諸国へ進出した。

③ 1990年代に入ると，IT技術の進展にともない，これに関連するベンチャー企業が大都市圏に立地するようになった。

④ 1990年代半ば以降には，原料輸送費の削減のため，鉄鋼関連の工場が南アメリカやオーストラリアに進出した。

（2011年度　本試験）

21 次の図は，漁業活動が行われている海域の区分を示したものであり，下のX〜Zの文は，図中のア〜ウのいずれかの海域でみられる水産資源や漁業活動にかかわることがらについて述べたものである。ア〜ウとX〜Zとの正しい組合せを，下の①〜⑥のうちから一つ選べ。

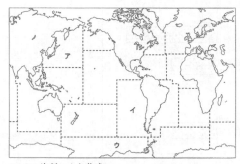

FAOの資料により作成。
図

X　飼料や肥料の原料としてアンチョビが大量に漁獲されてきたが，乱獲や気候変動などの影響を受けて漁獲量が不安定である。

Y　世界最大の漁獲規模を誇る好漁場であるが，沿岸諸国の漁業活動の拡大や海洋汚染などにともなう漁獲量の減少が懸念されている。

Z　特定国による大陸沿岸の海域の領有は認められておらず，この海域での漁業活動はほとんど行われていない。

	①	②	③	④	⑤	⑥
ア	X	X	Y	Y	Z	Z
イ	Y	Z	X	Z	X	Y
ウ	Z	Y	Z	X	Y	X

（2011年度　追試験）

22 次の表は，国土の面積*に占める耕地，牧場・牧草地，森林，その他の割合を国別に示したものであり，①〜④は，アラブ首長国連邦，カンボジア，日本，モンゴルのいずれかである。カンボジアに該当するものを，表中の①〜④のうちから一つ選べ。

*内水面面積を除く。

表　　　　　　　　　　　　　　　　　　（単位：％）

	耕　地	牧場・牧草地	森　林	その他
①	21.8	8.5	59.2	10.5
②	12.9	1.2	68.2	17.7
③	3.0	3.6	3.7	89.7
④	0.8	82.5	6.5	10.2

統計年次は2003〜2005年。
FAOの資料により作成。

（2010年度　本試験）

23 中国の工業化について述べた文として**誤っているもの**を，次の①〜④のうちから一つ選べ。

①　1960年代後半から，文化大革命の影響が全国各地に広がり，その間の社会の混乱にともなって，工業生産は伸び悩んだ。

②　1980年代に入り，経済特区が沿岸部に指定され，外国企業の誘致による輸出指向型工業への転換がはかられた。

③　1980年代後半には，余剰労働力を非農業部門で活用する郷鎮企業が急増し，農村部に普及していった。

④　2000年代に入り，政府は沿岸部との格差是正を目的に，西部大開発を推進した結果，内陸部では自国資本による先端技術産業の集積がすすんでいる。

（2007年度　本試験）

24 次の図は，1次エネルギー生産量の上位4か国における固体燃料，液体燃料，気体燃料の生産量と，1人当たりエネルギー消費量を示したものであり，①〜④はアメリカ合衆国，サウジアラビア，中国*，ロシアのいずれかである。ロシアに該当するものを，図中の①〜④のうちから一つ選べ。

*台湾を含まない。

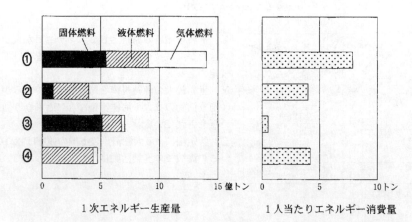

固体燃料は石炭，褐炭，泥炭，油頁岩を，液体燃料は原油と液化天然ガスを，気体燃料は天然ガスを石油換算して示している。
統計年次は1999年。
『国際連合世界統計年鑑』により作成。

図

（2006年度　本試験）

25 次の図は，アジア，アフリカ，ヨーロッパにおけるいくつかの農牧業地域を示したものである。図を見て，下の問いに答えよ。

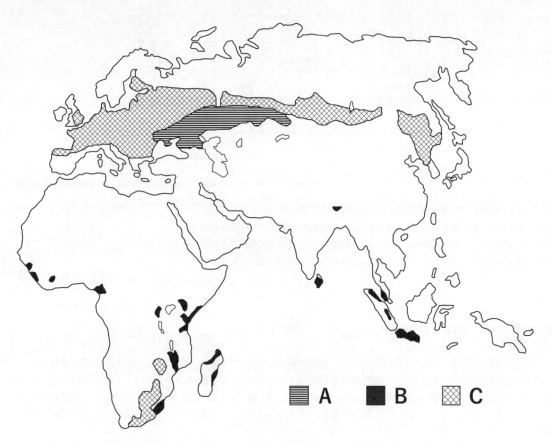

ホイットルセー，グリッグなどによる。

図

問　図中のA〜Cは，企業的穀物農業地域，混合農業地域，プランテーション農業地域のいずれかである。A〜Cと農業地域名との正しい組合せを，次の①〜⑥のうちから一つ選べ。

	A	B	C
①	企業的穀物農業	混合農業	プランテーション農業
②	企業的穀物農業	プランテーション農業	混合農業
③	混合農業	企業的穀物農業	プランテーション農業
④	混合農業	プランテーション農業	企業的穀物農業
⑤	プランテーション農業	企業的穀物農業	混合農業
⑥	プランテーション農業	混合農業	企業的穀物農業

（2008年度　追試験）

26 世界の農牧業は，地域の自然環境を反映した多様な形態を示す。次の図中のA～Dのいずれかの地域でみられる主要な農牧業について説明した文として**適当でないもの**を，下の①～④のうちから一つ選べ。

Goode's World Atlas などにより作成。

図

① A地域では，冷涼な気候のもとで酪農が広くみられる。
② B地域では，豊富な河川の水を利用した粗放的な稲作が広くみられる。
③ C地域では，乾燥に強いラクダなどを中心とした遊牧が広くみられる。
④ D地域では，温暖湿潤な気候のもとで米麦の二毛作が広くみられる。

（2012年度　本試験）

27 世界の資源と産業に関する次の文章を読み，下の問いに答えよ。

　農業には自然環境のほか，経済的条件や歴史的背景も影響し，各地で(a)特色ある農業地域が形成されている。また，農産物は貿易品目としても重要である。工業では，原料となる資源の分布や，労働力の得やすさ，消費地への近接性などが重要な立地要因となる。近年では，各国における工業化の進展とともに，産業構造や産業立地の変化が顕著である。また，世界的な資金の流れが活発化し，主要都市における金融取引量が増大している。

問　下線部(a)に関して，次の文ア～ウは農業地域の成立について述べたものであり，A～Cはその主な成立要因を示したものである。ア～ウとA～Cとの組合せとして最も適当なものを，下の①～⑥のうちから一つ選べ。

〔農業地域〕
ア　17世紀にカリブ海の島嶼部でサトウキビの栽培が行われるようになった。
イ　19世紀に南アメリカのパンパと呼ばれる地域で牛の牧畜が盛んになった。
ウ　20世紀にアフリカのナイル川流域でワタ（綿花）の生産地域が拡大した。

〔成立要因〕
A　生産物の保存技術や輸送手段の発達
B　奴隷貿易による労働力の導入
C　農業用水を確保する施設の開発

	①	②	③	④	⑤	⑥
ア	A	A	B	B	C	C
イ	B	C	A	C	A	B
ウ	C	B	C	A	B	A

（2014年度　本試験）

28 農産物流通と農業政策にかかわる特徴や課題について述べた文として**適当でないもの**を，次の①〜④のうちから一つ選べ。

① アメリカ合衆国には，穀物メジャーとよばれる大規模な多国籍企業の本拠地が存在しており，世界の穀物市場に強い影響を与えている。

② オーストラリアは，イギリスに重点を置いたかつての農産物輸出戦略を，アジアを中心とした輸出戦略に転換してきた。

③ 日本では，農産物市場の対外開放にともなって，小規模な農家を保護するために営農の大規模化を抑制する政策がとられるようになった。

④ ヨーロッパの共通農業政策は，主な農産物の域内共通価格を定め，安価な輸入農産物に課徴金をかけたため，域外の国々との貿易摩擦が発生した。

（2015年度　本試験）

29 技術の革新と移転は，自然条件の制約を強く受ける農業分野においても変化をもたらしている。科学技術の進展と農業の変化について述べた文として下線部が**適当でないもの**を，次の①〜④のうちから一つ選べ。

① 遺伝子組み換え作物は生産量が安定することから，<u>自給的農業が盛んな国で導入がすすんでいる</u>。

② 高収量品種による飼料生産や肉牛を集中的に肥育するフィードロットの導入など，<u>アグリビジネスの展開にともない生産の大規模化がすすんでいる</u>。

③ 日本の農業生産は機械化による省力化がすすみ，<u>経営耕地面積の小さい農家では農業以外の収入を主とする副業的な農家が多い</u>。

④ 冷凍船の就航は鮮度を保持しながらの遠距離輸送を可能とし，<u>南半球において酪農や肉牛生産を発展させる契機となった</u>。

（2018年度　本試験）

30 次の図は，いくつかの国における米の生産量と輸出量について，それぞれの世界に占める割合を示したものであり，①〜④は，アメリカ合衆国，インド，タイ，中国のいずれかである。アメリカ合衆国に該当するものを，図中の①〜④のうちから一つ選べ。

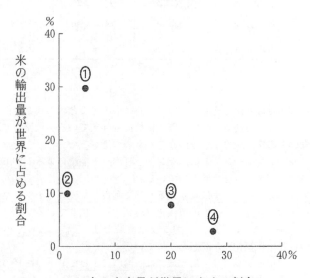

統計年次は，生産量が2010年，輸出量が2009年。
FAOSTATにより作成。

図

（2014年度　本試験）

31 次の表は，いくつかのプランテーション作物について，生産量の上位5か国と，それぞれの国の生産量が世界に占める割合を示したものであり，ア～ウは，茶，天然ゴム，パーム油の生産量のいずれかである。ア～ウと作物名との正しい組合せを，下の①～⑥のうちから一つ選べ。

表 （単位：%）

順　位	ア	イ	ウ
1位	インドネシア 45.0	中　国* 35.1	タ　イ 30.4
2位	マレーシア 39.6	インド 20.9	インドネシア 27.1
3位	タ　イ 3.2	ケニア 8.2	マレーシア 8.4
4位	コロンビア 2.0	スリランカ 7.1	インド 7.3
5位	ナイジェリア 1.9	トルコ 4.8	ベトナム 7.2

*台湾，ホンコン，マカオを含まない。
統計年次は2011年。
FAOSTATにより作成。

	①	②	③	④	⑤	⑥
ア	茶	茶	天然ゴム	天然ゴム	パーム油	パーム油
イ	天然ゴム	パーム油	茶	パーム油	茶	天然ゴム
ウ	パーム油	天然ゴム	パーム油	茶	天然ゴム	茶

（2015年度　本試験）

32 農業は，自然環境の影響を受けるが，その一方で，人間は水不足などの不利な条件を克服し，作物の栽培地域を広げてきた。ただし，こうした農業活動は，環境に負荷も与えている。世界の灌漑農業について述べた文として下線部が**適当でないもの**を，次の①～④のうちから一つ選べ。

① アメリカ合衆国のグレートプレーンズでは，センターピボット灌漑によるトウモロコシや小麦の栽培が行われてきたが，これによって地下水位が低下している。

② イランの乾燥地域では，カナートとよばれる地下水路を利用して麦類やナツメヤシの栽培が行われてきたが，近年では，動力揚水機が普及し，土壌の塩性化（塩類化）が生じている。

③ オーストラリアのマリー（マーレー）・ダーリング川流域では，灌漑によって小麦の栽培が盛んになったが，一方で，土壌の塩性化（塩類化）が問題となっている。

④ 中央アジアのアムダリア川とシルダリア川流域では，灌漑によってサトウキビの栽培が盛んになったが，一方で，アラル海に流入する水量が極端に減少している。

（2012年度　本試験）

33 東南アジアでは，時代の移り変わりとともに様々な農畜産物が生産されてきた。次の表は，東南アジアにおける生産額が上位7位までの農畜産物を示したものであり，EとFは，1965年または2005年のいずれか，カは，パーム油またはバナナのいずれかである。Eに該当する年とカに該当する農産物との正しい組合せを，下の①～④のうちから一つ選べ。

表

順　位	E	F
1位	米	米
2位	カ	ココナッツ
3位	豚　肉	野　菜
4位	鶏　肉	キャッサバ
5位	天然ゴム	天然ゴム
6位	ココナッツ	豚　肉
7位	キャッサバ	牛　肉

FAOの資料により作成。

	E	カ
①	1965年	パーム油
②	1965年	バナナ
③	2005年	パーム油
④	2005年	バナナ

(2012年度　追試験)

34 東南アジアの稲作と米食について述べた次の文章中の下線部①～④のうちから，**適当でないもの**を一つ選べ。
　東南アジアでは古くから稲作が行われ，米が食されてきた。1960年代から1970年代にかけて，①「緑の革命」とよばれる農業の技術革新が起こり，稲の生産性が向上した地域がある。チャオプラヤ川の三角州（デルタ）では，②灌漑によって二期作が行われるところもある。タイでは，③日本の稲に似た，穀粒の短い種類の稲の栽培が中心である。タイ北部やラオスでは，もち米を蒸した強飯（おこわ）が主食とされる。またベトナムでは，フォーのような④米からつくられる麺が食されている。

(2018年度　追試験)

35 次の図を見て，ヨーロッパに関する右の問いに答えよ。

図

問　次の①〜④の文は，図中のカ〜ケのいずれかでみられる農牧業の特徴と自然環境とのかかわりについて説明したものである。クに該当するものを，次の①〜④のうちから一つ選べ。

① この地域は，夏季に著しく乾燥するため，コルクガシやオレンジを栽培している。

② この地域は，夏季に氷雪が融けた地表面に生育するコケ類などを利用して，トナカイの遊牧が行われている。

③ この地域は，黒色土（チェルノーゼム）とよばれる肥沃な土壌が分布していることをいかして，企業的穀物農業が行われている。

④ この地域は，消費地への近接性のほか，氷河の侵食を受けた影響などで土地がやせていることから，酪農が行われている。

（2010年度　本試験）

36 次の図を見て，アフリカに関する後の問いに答えよ。

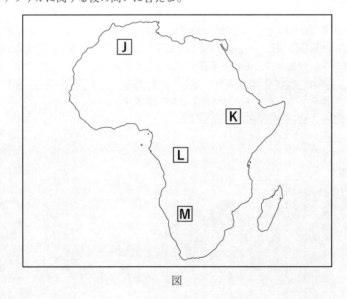

図

問 図中に示したJ～Mの地域でみられる自然環境と農業の特徴について述べた文として下線部が**適当でない**ものを，次の①～④のうちから一つ選べ。

① Jは山脈の内陸側に位置し，<u>山麓から地下水路を引いて灌漑農業が行われている。</u>

② Kは高原に位置し，<u>輸出用の商品作物が栽培されている。</u>

③ Lは盆地に位置し，<u>ヤムイモなどを栽培する焼畑農業が行われている。</u>

④ Mは砂漠に位置し，<u>ブドウなどの樹木作物が栽培されている。</u>

（2017年度 追試験）

37 アメリカ合衆国の農業は，自然環境などに応じて地域的に多様である。次の図中のK～Mは，地点aを起点に三つの鉄道ルートを示したものであり，下のカ～クの文は，それぞれのルート上の地点b～d付近の農業地域の特徴について述べたものである。K～Mとカ～クとの正しい組合せを，下の①～⑥のうちから一つ選べ。

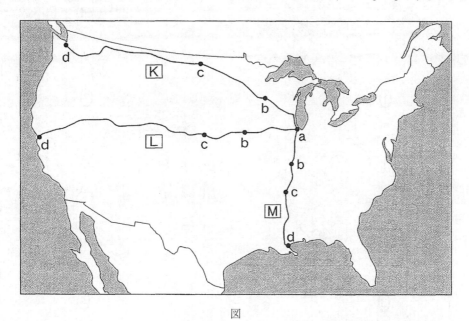

図

カ 地点b付近ではトウモロコシなどの大規模栽培が，地点c付近では肉牛肥育や灌漑設備を用いた小麦栽培が，地点d付近では果樹栽培が卓越する。

キ 地点b付近は耕作と畜産を組み合わせた農業，地点c付近は綿花栽培，地点d付近は大豆・イネ・サトウキビなどの栽培で特徴づけられる。

ク 地点b付近では酪農地帯が広がり，地点c付近では夏から秋に収穫する小麦の大規模な栽培が行われ，地点d付近では酪農や果樹栽培が盛んである。

	①	②	③	④	⑤	⑥
K	カ	カ	キ	キ	ク	ク
L	キ	ク	カ	ク	カ	キ
M	ク	キ	ク	カ	キ	カ

（2015年度 本試験）

38 次の図は，アメリカ合衆国における農産物の生産量を同国全体に占める州ごとの割合で示したものであり*，①〜④はジャガイモ，大豆，冬小麦，綿花のいずれかである。大豆に該当するものを，図中の①〜④のうちから一つ選べ。

　*割合が1％未満の州については省略した。アラスカ州とハワイ州はいずれの指標においても割合が1％未満であり，表記していない。

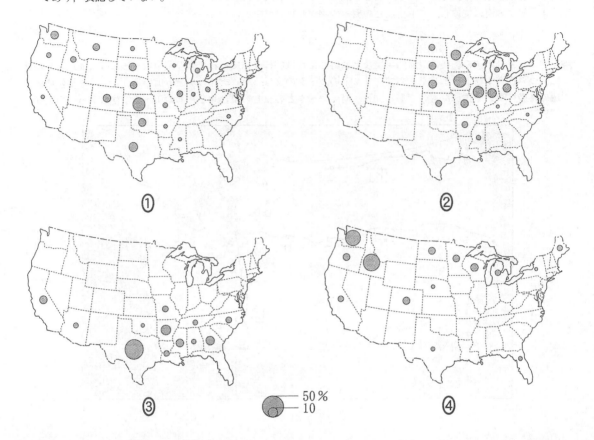

統計年次は2007年。
United States Department of Agricultureの資料により作成。

図

（2010年度　追試験）

39 オーストラリアとニュージーランドの牧畜業に関することがらについて述べた文として**適当でないもの**を，次の①〜④のうちから一つ選べ。

① オーストラリアの牧畜業が発達した背景として，冷凍船の普及によって長距離輸送が可能になったことがあげられる。

② オーストラリアの牧羊は，南西部と南東部で盛んであり，そこでは穀物栽培との組合せによる混合農業が行なわれている。

③ ニュージーランド北島では，酪農や牧羊が盛んであり，乳製品や羊毛は国外へ輸出されている。

④ ニュージーランド南島では，山脈の西側で羊の放牧が，東側で肉牛の飼育が盛んである。

（2011年度　追試験）

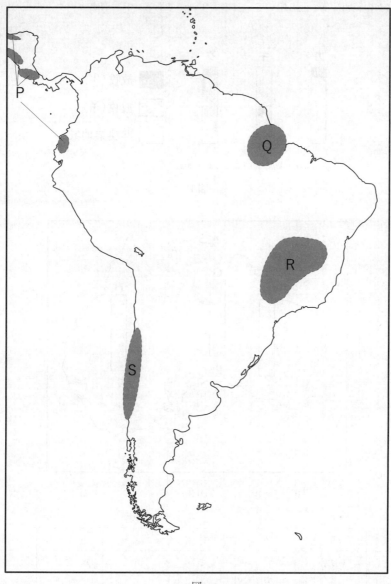

40 次の図を見て，中央・南アメリカに関する下の問いに答えよ。

図

問　図中のP～Sの地域でみられる農業について述べた文として**適当でないもの**を，次の①～④のうちから一つ選べ。

① P地域では，熱帯の気候に属する地域で輸出を目的としたバナナなどのプランテーション農業がみられる。

② Q地域では，豊富な降水を利用した集約的稲作農業が行われ，生産物の多くが輸出されている。

③ R地域では，カンポ（カンポセラード）とよばれる草原を開拓して農業が行われ，生産された大豆などが輸出されている。

④ S地域では，地中海性気候をいかしたブドウ生産がみられ，ワインの製造や輸出が行われている。

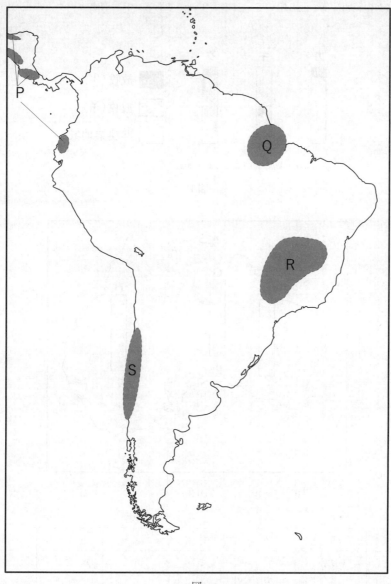（2010年度　追試験）

41 次の図1中のカ～クは，オーストラリアの農業地域の分布図から，異なる三つの範囲を切り取って示したものであり，カ～クの範囲は下の図2中のF～Hのいずれかである。F～Hとカ～クとの正しい組合せを，下の①～⑥のうちから一つ選べ。

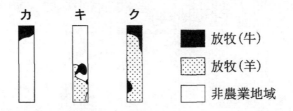

Jacaranda Atlas, 2007などにより作成。

図1

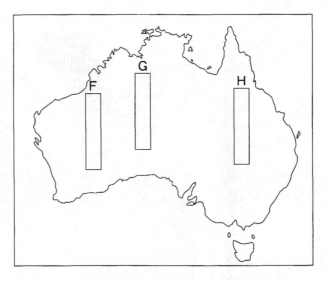

図2

	①	②	③	④	⑤	⑥
F	カ	カ	キ	キ	ク	ク
G	キ	ク	カ	ク	カ	キ
H	ク	キ	ク	カ	キ	カ

（2016年度　追試験）

42 日本の農業とそれに関連したことがらについて述べた文として下線部が**適当でないもの**を，次の①～④のうちから一つ選べ。

① 外国産の安価な農産物の輸入増加を受け，政府は農業経営の効率化を支援している。

② 消費者が食料品の生産地を知ることができるように，牛肉についてはトレーサビリティ（生産履歴追跡）制度が整備されている。

③ 世界的に遺伝子組み換え作物の生産量が増えており，それらを使用した加工食品が輸入されている。

④ 輸送技術の発達により冷凍野菜の輸入量は増加しているが，生鮮野菜は鮮度を保つことが困難であるため輸入量は伸びていない。

（2017年度　本試験）

43 次の図中のA〜Cは，木材の伐採量*，輸出量**，輸入量**のいずれかの指標について，世界全体に占める割合の上位10か国を示したものである。図中のA〜Cと指標との正しい組合せを，下の①〜⑥のうちから一つ選べ。

*用材のほかに燃料用を含む。
**丸太と製材を含み，合板，木質パルプを含まない。

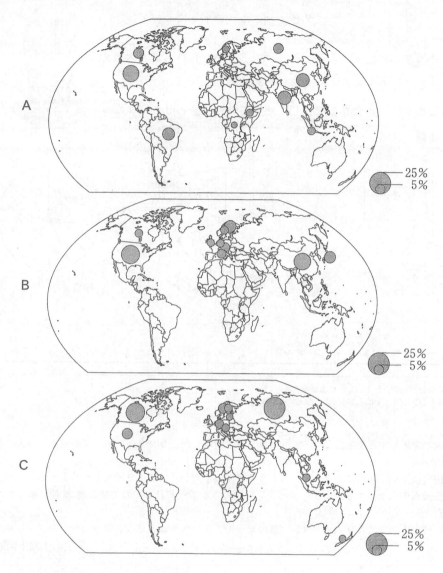

統計年次は2005年。
『世界国勢図会』により作成。

図

	①	②	③	④	⑤	⑥
A	伐採量	伐採量	輸出量	輸出量	輸入量	輸入量
B	輸出量	輸入量	伐採量	輸入量	伐採量	輸出量
C	輸入量	輸出量	輸入量	伐採量	輸出量	伐採量

(2009年度　本試験)

44 チサキさんたちは，資料中の下線部に関して，世界中の様々なものが日本で食べられるようになった理由について，輸入される食べ物の事例をあげて考えてみた。その理由と事例として**適当でないもの**を，次の①〜④のうちから一つ選べ。

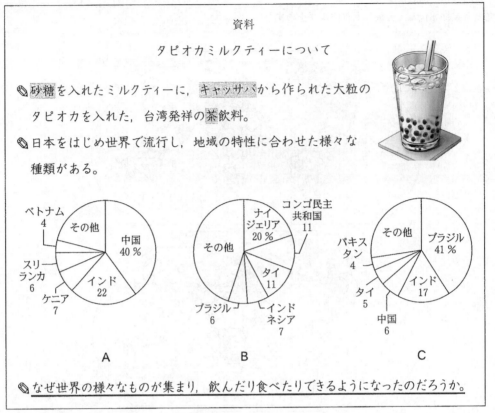

資料

タピオカミルクティーについて

✎ 砂糖を入れたミルクティーに，キャッサバから作られた大粒の
タピオカを入れた，台湾発祥の茶飲料。

✎ 日本をはじめ世界で流行し，地域の特性に合わせた様々な
種類がある。

A　B　C

✎ なぜ世界の様々なものが集まり，飲んだり食べたりできるようになったのだろうか。

中国の数値は台湾，ホンコン，マカオを含まない。
統計年次は2017年。『世界国勢図会』などにより作成。

① 原産地を表示する制度により，地域ブランドを明示したフランス産のチーズが安価に輸入されるようになった。
② 自由貿易協定の締結により，オーストラリア産の牛肉が低い関税で輸入されるようになった。
③ 輸送技術の向上により，ニュージーランド産のカボチャが日本での生産の端境期（はざかいき）に輸入されるようになった。
④ 養殖技術の確立により，ノルウェー産のサーモンを一年中輸入できるようになった。

(2021年度　本試験)

45 水産資源とそれにかかわることがらについて述べた文として**適当でないもの**を，次の①〜④のうちから一つ選べ。

① インドネシアでは，エビの養殖のためにマングローブ林が破壊されている。

② 北ヨーロッパでは，魚介類を卵から育てて放流する漁業が盛んに行われている。

③ ペルー沖は，湧昇流(ゆうしょうりゅう)によって，魚介類の餌となるプランクトンが発生しにくい海域となっている。

④ マグロの乱獲を背景として，その漁獲を規制する国際的な動きがみられる。

(2018年度　追試験)

46 次の図は，日本における食料品の生産量と輸入量の推移を示したものであり，A〜Cは魚介類，穀類，野菜のいずれかである。食料品名とA〜Cとの正しい組合せを，以下の①〜⑥のうちから一つ選べ。

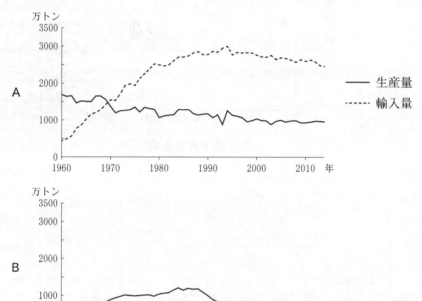

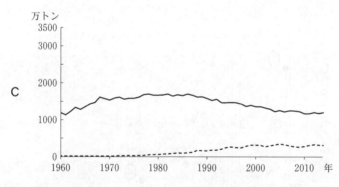

食料需給表により作成。

図

	①	②	③	④	⑤	⑥
魚介類	A	A	B	B	C	C
穀　類	B	C	A	C	A	B
野　菜	C	B	C	A	B	A

(2018年度　追試験)

47 次の図は，いくつかの国における農林漁業就業者率と製造業就業者率を示したものであり，①～④は，イタリア，オランダ，タイ，フィリピンのいずれかである。タイに該当するものを，図中の①～④のうちから一つ選べ。

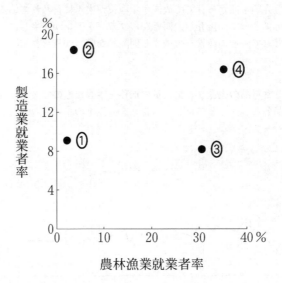

統計年次は2014年。
ILOSTATにより作成。

図

（2018年度　追試験）

48 次の図は，いくつかの地域について，農林水産業*従事者1人当たりの農地面積とGDP（域内総生産）に占める農林水産業の割合を示したものであり，①～④は，アジア，アフリカ，オセアニア，北アメリカのいずれかである。アジアに該当するものを，図中の①～④のうちから一つ選べ。
*狩猟業を含む。

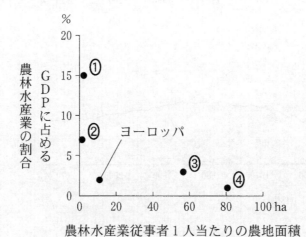

統計年次は2010年。
FAOSTATなどにより作成。

図

（2017年度　本試験）

49 次のア～ウの文は，図中のD～Fのいずれかの地域にみられる地形と産出する鉱産資源の特徴について述べたものである。ア～ウとD～Fとの正しい組合せを，下の①～⑥のうちから一つ選べ。

ア　現在でも続く活発な地殻変動により急峻（きゅうしゅん）な山脈が形成された地域であり，変形した地層の間にたまった石油や天然ガスを産出する。

イ　古・中生代に活発な造山運動を受けたが，現在は地殻変動がほとんどないなだらかな起伏の山地がみられる地域であり，石炭を豊富に産出する。

ウ　長期間の侵食を受けた構造平野とよばれる起伏の少ない地形が広がっており，ボーキサイトなどを産出する。

図

	①	②	③	④	⑤	⑥
ア	D	D	E	E	F	F
イ	E	F	D	F	D	E
ウ	F	E	F	D	E	D

(2014年度　本試験)

50 鉱産物の開発と利用に関連することがらについて述べた文として**適当でないもの**を，次の①～④のうちから一つ選べ。

①　北アメリカでは大規模な露天掘り炭鉱の開発によって，森林破壊や水質汚濁などの環境問題が生じている地域がある。

②　世界各地で鉄鉱山の開発をすすめている少数の大企業が，鉄鉱石価格を決定する主導権を握るようになってきた。

③　先端産業に用いられるニッケルやクロムなどのレアメタルは，埋蔵地域がかたよって分布し供給体制に不安があるため価格変動が大きい。

④　銅鉱価格の高騰によって財政が豊かになったため，アフリカの銅鉱の産出国では貧富の差が解消されてきている。

(2014年度　本試験)

51 日本のエネルギー資源について述べた文として**適当でないもの**を，次の①～④のうちから一つ選べ。

①　1970年代以降に国内の炭田が再開発され，石炭の自給率が高まっている。

②　太陽光発電の導入により，二酸化炭素排出量の削減が試みられている。

③　二度にわたる石油危機の経験から，石油の備蓄がすすめられている。

④　メタンハイドレートが，新たなエネルギー資源として注目されている。

(2017年度　追試験)

52 工業立地に関することがらについて述べた文として**適当でないもの**を，次の①〜④のうちから一つ選べ。

① アパレル（服飾）製品の企画やデザインを行う事業所は，消費市場の情報を求めて大都市に立地する傾向がある。

② アルミニウム工業は，大量の電力が安価に得られる地域に立地する傾向がある。

③ 電気機械工業は，安価で大量に生産される製品ほど，豊富な労働力を求めて先進国以外の地域に立地する傾向がある。

④ ビール工業は，原料の大麦やホップが豊富に得られる農山村地域に立地する傾向がある。

（2016年度　本試験）

53 産業地域の発展は，技術の革新や移転と関連している。次の①〜④の文は，アメリカ合衆国のシリコンヴァレー，イタリアのサードイタリー（第三のイタリア），シンガポール，ドイツのルールのいずれかの産業地域について，その特徴を述べたものである。ルールに該当するものを，次の①〜④のうちから一つ選べ。

① 技能をもつ職人や中小企業の集積をいかして，繊維や機械などの業種で市場に対応した多品種少量生産が盛んである。

② 大学や研究所から独立したベンチャー企業が多く，半導体やインターネット関連の新しい技術やサービスを生み出す世界的拠点である。

③ 炭田と結びついて鉄鋼業が発展したが，大気汚染や水質汚濁が深刻化し，環境問題に対処する技術を生み出す企業が集積している。

④ 輸出加工区を設けて外国資本を導入し工業化をすすめ，さらに金融センターや知識産業の拠点として成長している。

（2018年度　本試験）

54 次の図は，いくつかの鉱産資源の産出量について，世界の6地域（アジア，アフリカ，ヨーロッパ，北・中央アメリカ，南アメリカ，オセアニア）別の割合を示したものであり，A〜Cは，すず鉱，銅鉱，ボーキサイトのいずれかである。資源名とA〜Cとの正しい組合せを，下の①〜⑥のうちから一つ選べ。

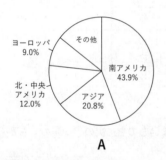
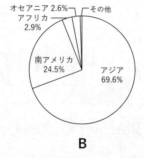
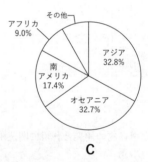

統計年次は2010年。
USGSの資料などにより作成。

図

	①	②	③	④	⑤	⑥
すず鉱	A	A	B	B	C	C
銅　鉱	B	C	A	C	A	B
ボーキサイト	C	B	C	A	B	A

（2015年度　追試験）

138

55 次の図中のア～ウは，石炭の生産量，輸出量，消費量のいずれかについて，上位8か国・地域とそれらが世界に占める割合を示したものである。指標名とア～ウとの正しい組合せを，下の①～⑥のうちから一つ選べ。

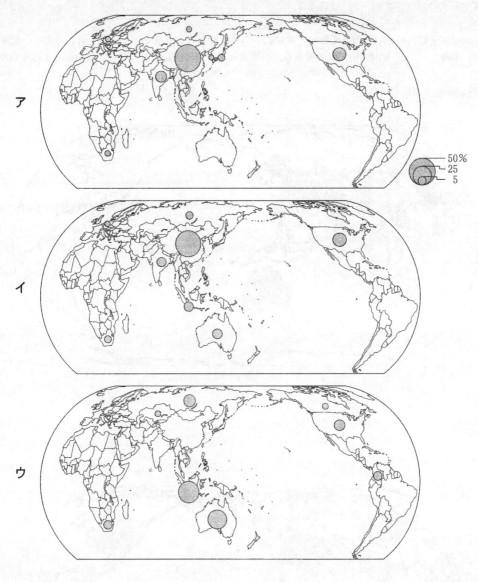

中国の数値には台湾，ホンコン，マカオを含まない。
統計年次は2013年。
IEA, *Coal Information* により作成。

図

	①	②	③	④	⑤	⑥
生産量	ア	ア	イ	イ	ウ	ウ
輸出量	イ	ウ	ア	ウ	ア	イ
消費量	ウ	イ	ウ	ア	イ	ア

（2017年度　本試験）

産業に関する次の問い（問1～3）に答えよ。

　問1　次の図1は，いくつかの畜産物の生産量について，世界の上位8か国を示したものである。図中のA～
　　　Cは，牛肉*，牛乳，羊肉のいずれかである。品目名とA～Cの正しい組合せを，後の①～⑥のうちから一つ
　　　選べ。
　　　*牛肉には水牛肉は含まれない。

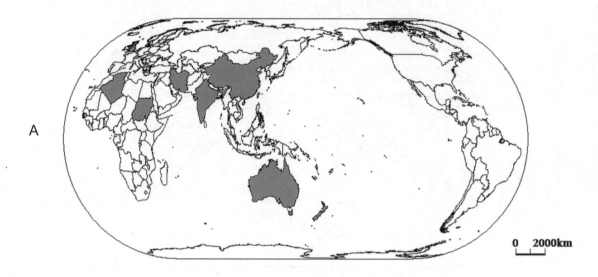

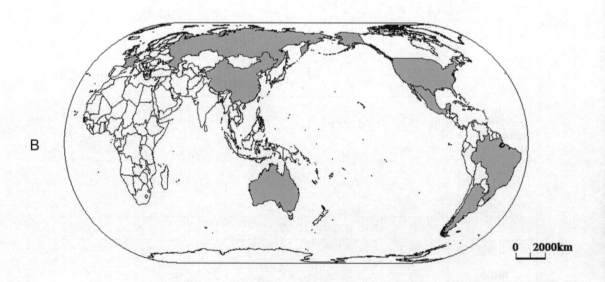

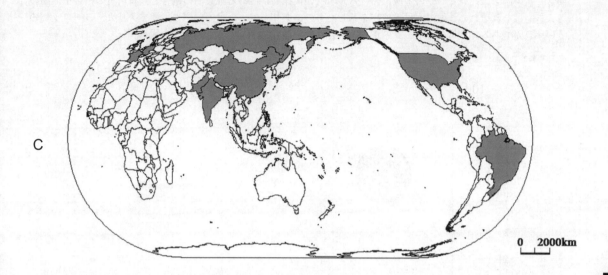

C

統計年次は，2020年。
FAOSTATにより作成。

図1

	①	②	③	④	⑤	⑥
牛　肉	A	A	B	B	C	C
牛　乳	B	C	A	C	A	B
羊　肉	C	B	C	A	B	A

問2　次の図2は，いくつかの地域における，木材の伐採高に占める針葉樹の割合と，薪炭材の割合を，円の
　　　大きさはそれぞれの地域の木材伐採高を示したものであり，ア～ウは，アジア，南アメリカ，ヨーロッパの
　　　いずれかである。地域名とア～ウの正しい組合せを，後の①～⑥のうちから一つ選べ。

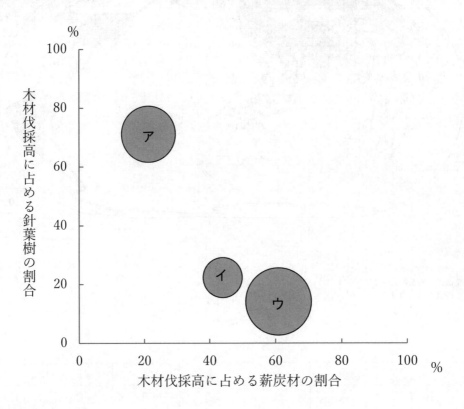

統計年次は，2020年。
FAOSTATにより作成。

図2

	①	②	③	④	⑤	⑥
アジア	ア	ア	イ	イ	ウ	ウ
南アメリカ	イ	ウ	ア	ウ	ア	イ
ヨーロッパ	ウ	イ	ウ	ア	イ	ア

問3　次の図3は，いくつかの国における製造業生産額全体に占める品目別の割合を示したものであり，Dと
　　Eは，オーストラリアとバングラデシュ，カ〜クは，金属，食料品，繊維のいずれかである。Eに該当する
　　国名と，キに該当する品目名との正しい組合せを，後の①〜⑥のうちから一つ選べ

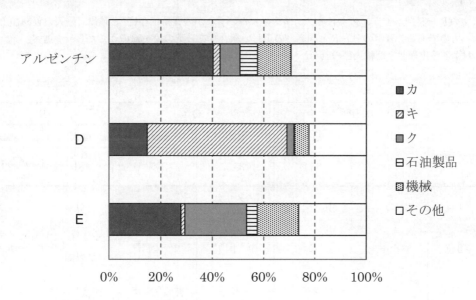

統計年次は，2020年。
UNIDO Statistics Data Portal より作成。

図3

	E	キ
①	オーストラリア	金　属
②	オーストラリア	食料品
③	オーストラリア	繊　維
④	バングラデシュ	金　属
⑤	バングラデシュ	食料品
⑥	バングラデシュ	繊　維

1 貿易統計

次の表中のP～Rは，オランダ，ドイツ，フランスのいずれかの貿易依存度*と輸出・輸入の貿易額上位5か国を示したものである。表中のP～Rと国名との正しい組合せを，下の①～⑥のうちから一つ選べ。
*GDPに対する輸出額および輸入額の割合。

表

		P		Q		R	
		輸出	輸入	輸出	輸入	輸出	輸入
貿易依存度 [%]		73.8	65.1	35.9	30.5	18.6	22.1
順位	1位	Q	中　国**	アメリカ合衆国	P	Q	Q
	2位	ベルギー	Q	中　国**	中　国**	アメリカ合衆国	ベルギー
	3位	R	ベルギー	R	ポーランド	イタリア	P
	4位	イギリス	アメリカ合衆国	P	R	ベルギー	イタリア
	5位	アメリカ合衆国	イギリス	イギリス	ベルギー	スペイン	スペイン

**台湾，ホンコンを含まない。
統計年次は2020年。
WTOの資料などにより作成。

	P	Q	R
①	オランダ	ドイツ	フランス
②	オランダ	フランス	ドイツ
③	ドイツ	オランダ	フランス
④	ドイツ	フランス	オランダ
⑤	フランス	オランダ	ドイツ
⑥	フランス	ドイツ	オランダ

【センター試験（地理B）　2010年・本試（改題）】

■Step 1　特徴的な値の確認
　Q．貿易依存度について読み取れることは？
　A．P国が特に高い　　　　　⇒　P国は国内市場・小（人口・少）　⇒　オランダ

■Step 2　輸出相手国・輸入相手国の確認
　・P国・R国において，Q国が上位に入る。
　　⇒　Q国は当該地域（EU）の中心的な国
　　⇒　EU最大の人口＆工業国の〔　　　　　　　〕
　　⇒　残りのR国が〔　　　　　　〕

　　　　　　　　　　　　　　　　　　　　　　　　　　　　　　　　正解：〔　　〕

＜解法・その2（Step 1 に気が付かなかった場合）＞
　先にQ国を判定
　　→　P国とR国の相手国を比較する。
　　→　R国の相手国にベルギー・スペイン・イタリア
　　　　※距離が近い国と貿易が盛んに行われる傾向にある。
　　　　　⇒　R国は上記の国々に隣接する〔　　　　　　　〕
　　　　　⇒　残りのP国が〔　　　　　　〕

交通・通信・観光・貿易

【貿易統計】

①品目
　特徴的な品目，世界生産上位に入る品目
　※「機械類」以外に着目することが多い
②相手国
　近距離，地域の大国，旧宗主国
　例）東・東南アジア　…中国（特に輸入先で上位）
　　　EU　　　　　　　…ドイツ
　　　北・中央アメリカ…アメリカ合衆国
③収支
　・黒字…中国（「世界の工場」），ドイツ（EU最大の工業国）
　　　　　　サウジアラビア・ロシア（資源大国）
　・赤字…アメリカ合衆国　　※日本は2011年に赤字に転落（2016〜19年と2021年は黒字）
④変化
　・輸出品目の変化…発展途上国・新興国では工業製品の割合が高くなる
　・相手国の変化　…近年，中国の割合が上昇（特に，アフリカ・南アメリカ）

【貿易依存度】
　GDP（国内総生産）に対する貿易額の比率
　高　…　国内市場が小さい
　　　　例）欧州の小国（オランダ・ベルギー）
　　　　　　NIEs・ASEANなどの新興国（シンガポール・韓国・マレーシア）
　低　…　国内市場が大きい（人口大国・経済大国）
　　　　　例）中国・アメリカ合衆国・日本　　※ドイツは比較的高い（EU域内貿易）
　　　　　　国内消費が盛んでない発展途上国でも低い　例）アフリカ諸国

世界の様々な地域は，旅行客の移動によって結びついている。次の図は，いくつかの国について，2017年における国家間の旅行客の移動を示したものであり，カ～クは，イギリス，イタリア，オーストラリアのいずれかである。カ～クと国名との正しい組合せを，下の①～⑥のうちから一つ選べ。

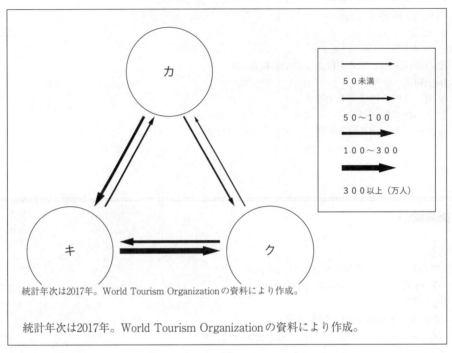

統計年次は2017年。World Tourism Organization の資料により作成。

図

	カ	キ	ク
①	イギリス	イタリア	オーストラリア
②	イギリス	オーストラリア	イタリア
③	イタリア	イギリス	オーストラリア
④	イタリア	オーストラリア	イギリス
⑤	オーストラリア	イギリス	イタリア
⑥	オーストラリア	イタリア	イギリス

【共通テスト（地理A）　2021年・第1日程】

■Step 1　特徴的な値の確認

Ｑ．３か国の中で，双方向の移動が多い２か国は？

Ａ．〔　　　〕国と〔　　　〕国

　　⇒　上記の２か国は，近距離に位置する

　　　　〔　　　　　　　　　〕か〔　　　　　　　　　　　　〕のどちらか。

　　⇒　上記の２か国に該当しない〔　　　〕国は，遠距離に位置する〔　　　　　　　　　　　　　　　〕。

■Step 2　収支の確認（ある国から出ていく矢印と，その国に入る矢印，どちらの値が大きいか）

Ｑ．移動の多い２か国について，より移動が多いのは？

Ａ．〔　　　〕国から〔　　　〕国への移動

Ｑ．理由は？

Ａ．〔　　　〕国の方が温暖な気候（低緯度）

　　⇒　〔　　　　　　　　　　〕に該当する。

　　⇒　残りの国は〔　　　　　　　　　〕に該当する。

　※Step 2 の考え方は，貿易統計や交通の分野でも用いられるので，常に意識したい。

正解：〔　　　〕

＜解法・その２＞

　Step 1 で，２か国を選んだ後→　残りのカ国（オーストラリア）との間で，より移動が多いのは〔　　　〕国

　　⇒　カ国の旧宗主国で歴史的・言語的につながりが深い〔　　　　　　　　　　〕。

【観光】

①海外旅行者数

　近距離の国 or 同じ文化圏どうしが多い

　　※特にヨーロッパ諸国どうしが多い（シェンゲン協定）

②国際観光収入・支出

　・黒字…温暖

　　例）地中海沿岸諸国（フランス・スペイン・トルコ・ギリシャ）

　　　　メキシコ，タイ・マレーシア

　・赤字…欧州の高緯度国

　　例）ドイツ・イギリス・スウェーデン・ロシア

　　※中国…世界最大の赤字国（←経済成長）

練習問題

1 次の図は，ヨーロッパの主要な都市の空港*における，ヨーロッパ以外から到着する航空便の旅客数の内訳を，出発地域別に示したものである。図中のカ～クはパリ，フランクフルト，マドリードのいずれか，凡例AとBはアフリカと北アメリカ**のいずれかである。パリと北アメリカとの正しい組合せを，後の①～⑥のうちから一つ選べ。

*一つの都市に複数の空港が存在する場合は合計値。
**北アメリカにはメキシコを含まない。

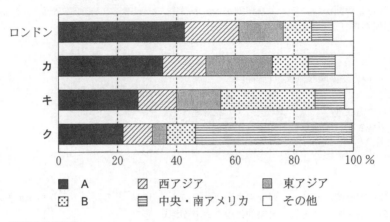

統計年次は2018年。
Eurostat により作成。

図

	①	②	③	④	⑤	⑥
パ リ	カ	カ	キ	キ	ク	ク
北アメリカ	A	B	A	B	A	B

(2022年度　本試験)

2 チリとニュージーランドでは，貿易を通じた他地域との結びつきが変化している。次の表は，チリとニュージーランドの輸出総額に占める鉱産物の割合と，1985年と2018年における輸出総額の地域別割合を示したものである。表中のサとシはチリとニュージーランドのいずれか，XとYは北アメリカ*と西ヨーロッパ**のいずれかである。チリと西ヨーロッパとの正しい組合せを，後の①～④のうちから一つ選べ。

*メキシコを含まない。
**アイルランド，イギリス，イタリア，オーストリア，オランダ，スイス，スペイン，ドイツ（1985年は西ドイツと東ドイツとする），フランス，ベルギー，ポルトガル，ルクセンブルク。

表　　　　　　　　　　　　　　　　　　　　　　　　　　　　（単位：％）

	鉱産物の割合 (2018年)	輸出総額の地域別割合					
		1985年			2018年		
		東アジア	X	Y	東アジア	X	Y
サ	30.4	17.3	23.8	35.5	50.5	15.2	10.8
シ	2.2	21.3	16.2	19.5	37.4	10.9	8.1

東アジアの数値は，日本，韓国，台湾，中国，ホンコン，マカオの合計。
UN Comtrade により作成。

	①	②	③	④
チ リ	サ	サ	シ	シ
西ヨーロッパ	X	Y	X	Y

（2022年度　本試験）

3 急速に経済発展した台湾のタイペイ（台北）では，交通網の再編成が政策上の課題になっている。次の図1は，タイペイのバス専用レーンの分布を設置時期別に示したものであり，図2は，地下鉄路線とバス路線の長さの推移について，1998年の値を100とした指数で示したものである。図1と図2に関連することがらについて述べた下の文章中の下線部xとyの正誤の組合せとして正しいものを，下の①〜④のうちから一つ選べ。

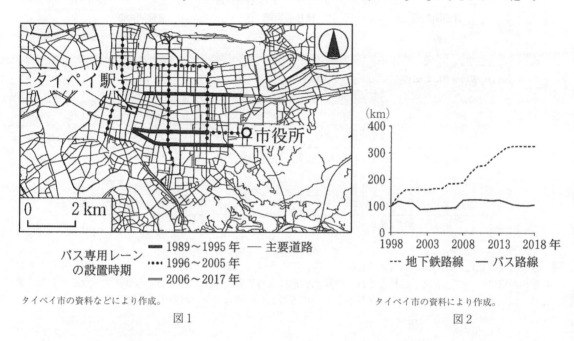

タイペイ市の資料などにより作成。　　　　　　　　　タイペイ市の資料により作成。

図1　　　　　　　　　　　　　　　　　　　　図2

交通・通信・観光・貿易

　タイペイの従来の都心部はタイペイ駅周辺であり，市役所周辺にも副都心が計画的に整備された。都心部・副都心の周辺におけるバス専用レーンは，主に_x都心部・副都心と郊外を結ぶ道路から順に整備されてきた。
　市民の移動にかかる環境負荷が小さい都市交通体系への再編が求められるようになり，2000年代半ば以降，_y大量輸送の可能な地下鉄路線が拡充してきた。

	①	②	③	④
x	正	正	誤	誤
y	正	誤	正	誤

（2021年度　本試験）

4 次の図中のカ〜クは，アメリカ合衆国，ドイツ，日本のいずれかの国について，それらの国からの渡航者数上位10か国との首都間距離と渡航者数とを示したものである。国名とカ〜クとの正しい組合せを，下の①〜⑥のうちから一つ選べ。

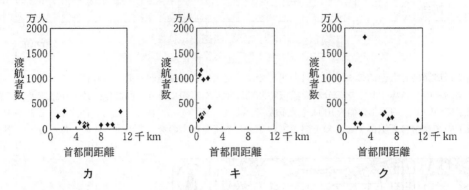

統計年次は2008年。
JNTOの資料などにより作成。

図

	①	②	③	④	⑤	⑥
アメリカ合衆国	カ	カ	キ	キ	ク	ク
ドイツ	キ	ク	カ	ク	カ	キ
日　本	ク	キ	ク	カ	キ	カ

（2016年度　本試験）

5 産業構造の変化は輸出品目の内訳に反映される。次の表は，1990年と2015年におけるシンガポールとトルコの輸出品目について，上位5品目とそれらが輸出総額に占める割合を示したものであり，ア〜ウは，衣類，果実類，電気機械のいずれかである。品目名とア〜ウとの正しい組合せを，後の①〜⑥のうちから一つ選べ。

表　　　　　　　　　　　　　　　　　（単位：％）

順　位	シンガポール				トルコ			
	1990年		2015年		1990年		2015年	
1　位	ア	24.4	ア	34.1	イ	20.3	輸送機械	12.1
2　位	一般機械	23.4	一般機械	14.7	鉄　鋼	10.3	イ	10.3
3　位	石油製品	17.5	石油製品	12.1	ウ	7.7	一般機械	8.6
4　位	イ	3.0	有機化合物	4.5	革製品	5.2	ア	5.8
5　位	プラスチック製品	2.3	精密機械	4.5	綿	4.5	金	5.1

UN Comtrade により作成。

	①	②	③	④	⑤	⑥
衣 類	ア	ア	イ	イ	ウ	ウ
果実類	イ	ウ	ア	ウ	ア	イ
電気機械	ウ	イ	ウ	ア	イ	ア

（2020年度　本試験）

6 ペルーとメキシコは，国土に山岳地域をかかえ，多様な自然環境を有する。両国はともに，スペインの植民地支配を受け，その影響は現在の両国の人種・民族構成にも表れている。一方で植民地化は，中央・南アメリカを原産地（栽培起源地）とする作物が，世界各地で生産・消費されるきっかけの一つとなった。また，両国の産業構造は，豊富な資源と諸外国からの資本や技術の導入などを背景に形成されてきた。その過程で両国は，それぞれ国際的な結びつきを構築してきた。

　下線部に関して，次の図は，ペルーとメキシコについて，総輸出額に占める上位5品目の割合を示したものであり，PとQは，ペルーとメキシコのいずれか，サとシは，1986年と2016年のいずれかである。ペルーと2016年に該当する正しい組合せを，下の①～④のうちから一つ選べ。

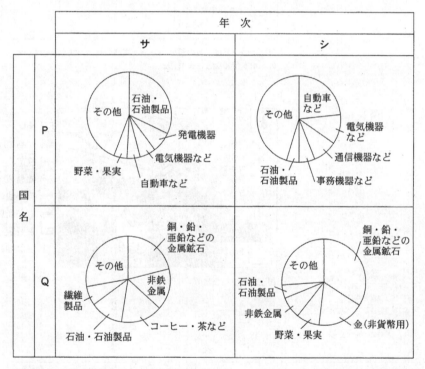

UN Comtradeにより作成。

図

	①	②	③	④
ペルー	P	P	Q	Q
2016年	サ	シ	サ	シ

（2020年度　追試験）

7 レイさんは鉄道で訪れた伊勢市の図書館で，市内にある2か所の主な神社に，年間合計800万人以上の参拝客が訪れる一方，主要駅の駅前にあったデパートが2001年に閉店したことを知った。次の図2は，図1中のXの範囲を模式的に示したものである。また，下の表は，伊勢市内のいくつかの地区における，大型小売店*数，土産品店数，バス路線数**を示したものであり，①〜④は，図2中のA〜Dのいずれかの地区である。Cに該当するものを，表中の①〜④のうちから一つ選べ。

*店舗面積が1,000m²以上のもの。
**高速バスとコミュニティバスを除く，地区内にバス停があるバス路線の数。

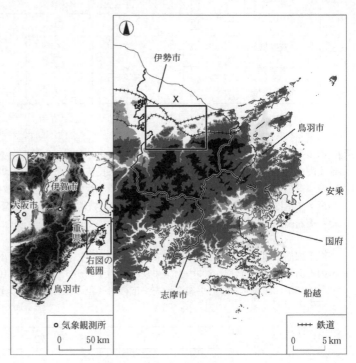

陸地については，色の濃い部分ほど標高の高い地域を示している。
国土基本情報などにより作成。

図1

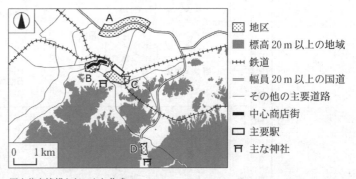

国土基本情報などにより作成。

図2

表

	大型小売店数	土産品店数	バス路線数
①	7	0	2
②	1	0	11
③	0	13	2
④	0	8	17

統計年次は，大型小売店数と土産品店数が2017年，バス路線数が2016年。
伊勢市の資料などにより作成。

(2020年度　追試験)

8 航空交通の発達により，国境を越える人々の移動が増え，世界の諸都市は結びつきを強めるようになった。次の表は，いくつかの都市およびその近隣にある主な空港について，国際線の就航都市数と国内線の就航都市数を示したものであり，①～④は，アトランタ（アメリカ合衆国），ソウル*，東京**，パリ***のいずれかである。ソウルに該当するものを，表中の①～④のうちから一つ選べ。

　*インチョン（仁川）空港とキムポ（金浦）空港との合計。

　**成田空港と羽田空港との合計。

***シャルル・ド・ゴール空港とオルリー空港とボーヴェ空港との合計。

表

	国際線の就航都市数	国内線の就航都市数
①	260	37
②	144	8
③	109	48
④	75	155

国際線・国内線ともに就航都市数は直行便のみ。
統計年次は2017年。
OAG Flight Guide Worldwide により作成。

（2020年度　本試験）

9　次の図は，オーストラリアの輸出額の総計に占める主要な輸出相手国の割合の推移を示したものであり，①～④は，アメリカ合衆国，イギリス，中国*，日本のいずれかである。イギリスに該当するものを，図中の①～④のうちから一つ選べ。

*台湾，ホンコン，マカオを含まない。

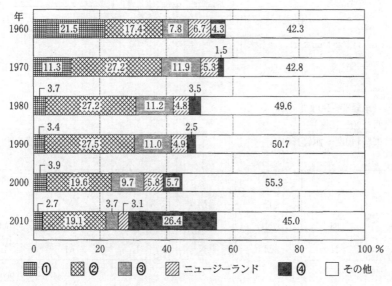

Year Book Australia により作成。

図

（2016年度　追試験）

10 情報通信技術は，国や地域の境を越えた様々なビジネスの場面で活用されている。情報通信技術の活用と効果について述べた文として**適当でないもの**を，次の①～④のうちから一つ選べ。

① 携帯電話の普及によって，発展途上国の農村部でも商品取引に携帯電話が使用できるようになった。

② 穀物メジャーは，人工衛星を活用して世界の収穫予測を行い，穀物流通の効率化を図っている。

③ 電子商取引が普及したことで，国や地域，社会階層による所得格差が解消した。

④ 光ファイバーケーブルが整備されたことで，企業ではインターネットを利用したより円滑な遠隔会議が可能となった。

（2016年度　本試験）

11 次の図は，インド洋，大西洋，太平洋における主な海底ケーブル網を，経度幅60度の範囲でそれぞれ切り取って示したものであり，サ～スは下のL～Nの経度帯のいずれかである。サ～スとL～Nとの正しい組合せを，下の①～⑥のうちから一つ選べ。

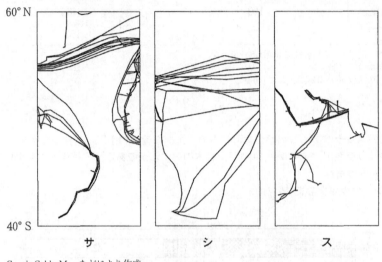

Greg's Cable Map などにより作成。

図

L　インド洋（東経30～90度）
M　大西洋（西経70～10度）
N　太平洋（東経140度～西経160度）

	①	②	③	④	⑤	⑥
サ	L	L	M	M	N	N
シ	M	N	L	N	L	M
ス	N	M	N	L	M	L

（2015年度　本試験）

12 世界の結びつきと交通手段について説明した次の文章中の下線部①〜④のうちから，**適当でないもの**を一つ選べ。

交通手段の発達は，①地球上の時間距離を大幅に縮めた。人の長距離の移動では②航空機が主要な交通機関となっている。一方，物資輸送に関しては，航空機に比べて速度の遅い船舶は，③重量当たりの輸送費用が大きい。比較的近い距離を頻繁に輸送するには自動車の役割が大きい。④鉄道は自動車よりも大気汚染など環境に与える負荷が小さく，長距離の物資輸送における役割が見直されている。

(2018年度　追試験)

13 インターネットは世界の結びつきを変えている。次の図はインターネットの利用者数*と利用率を示したものである。図に関することがらについて述べた文章として，下線部が最も適当なものを，下の①〜④のうちから一つ選べ。

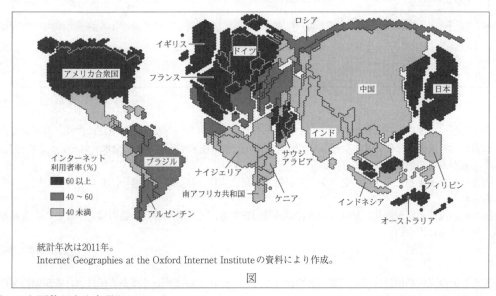

統計年次は2011年。
Internet Geographies at the Oxford Internet Institute の資料により作成。

図

*多いほど面積が広く表現されている。

情報通信技術（ICT）の発展は世界の結びつきを変化させる。インターネットは，①高速で大量の情報を送受信できる人工衛星を用いて世界中をつないでおり，遠隔地と瞬時に連絡をとることを可能にした。図を見ると，利用者数では，人口が世界第1位（2022年時点）の中国より②アメリカ合衆国の方が多い。また，固定電話の普及率が低い③サハラ以南のアフリカ諸国ではインターネット利用者率が西ヨーロッパに対して高くなっている。一方，ブロードバンドの導入にかかる費用負担が必要なことから，世界的にはインターネット利用者率は差が大きく，④情報へのアクセスがかたよるデジタルデバイドが生じている。

(2018年度　追試験)

14 国境を越える交通機関や輸送手段に関する近年の状況について述べた文として**適当でないもの**を，次の①〜④のうちから一つ選べ。

① 航空貨物輸送では，生産拠点の移転や大規模な国際空港の整備などにより，アメリカ合衆国に続いてアジアの国々が輸送量の上位国となっている。

② 航空旅客輸送では，韓国や中国におけるハブ空港の建設・整備を受けて，日本の地方空港でも国際路線が開設されている。

③ 船舶貨物輸送では，内陸水路網が発達するヨーロッパの港がコンテナ貨物取扱量の上位を占め，世界の船舶貨物輸送の中心となっている。

④ 鉄道旅客輸送では，ヨーロッパにおいて，EU（欧州連合）の発足やユーロトンネルの開通にともなって，国際路線網の整備・拡充がすすんでいる。

(2012年度　本試験)

⓯ 人々の生活と交通の関係には，自然環境や経済発展の程度，さらには交通網の整備などの影響を受けて地域差がみられる。次の①～④の文は，図中のアムステルダム，デリー，バンコク，ロサンゼルスのいずれかの都市でみられる特徴的な移動の様子について述べたものである。バンコクに該当するものを，次の①～④のうちから一つ選べ。

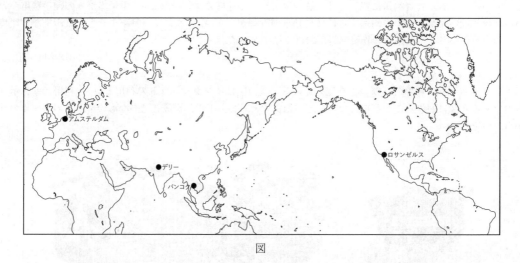

図

① 環境問題への配慮から自転車の利用が推奨され，自転車専用レーンが多くの道路に併設されている。
② 三角州（デルタ）地帯を流れる河川や水路が発達し，年中往来する小さな船や水上マーケットの存在など，水上交通が人々の生活を支えてきた。
③ 自動車・オートバイや三輪のタクシーで混雑する路上には，露店が並ぶほか，しばしば放し飼いの牛の姿もみられる。
④ 幅の広い高速道路が網状に整備され，幹線道路の密度も高く，通勤や買い物の移動手段として自動車への依存度が非常に大きい。

(2018年度　本試験)

⓰ 外国からの観光客の増加は観光産業の活性化につながる。次の表は，いくつかの国における国際観光収入について，1990年と2013年の世界全体に占める割合，および1990年の値を100とした場合の2013年の値を示したものであり，①～④は，中国*，フランス，ポーランド，メキシコのいずれかである。メキシコに該当するものを，表中の①～④のうちから一つ選べ。
*台湾，ホンコン，マカオを含まない。

表

	世界全体に占める割合〔％〕		1990年の値を100とした場合の2013年の値
	1990年	2013年	
①	7.6	4.7	281
②	2.1	1.2	255
③	0.8	4.3	2,329
④	0.1	0.9	3,156

UNWTOの資料により作成。

(2017年度　追試験)

17 空港の旅客数は，所在する都市の特性やその国の都市システムによって異なる。右の図は，いくつかの都市の空港における国内線と国際線の旅客数*を示したものであり，①～④はアトランタ，アムステルダム，東京**，マニラのいずれかである。東京に該当するものを，図中の①～④のうちから一つ選べ。

*出発客と到着客の合計。

**東京は羽田空港，成田空港の合算値。

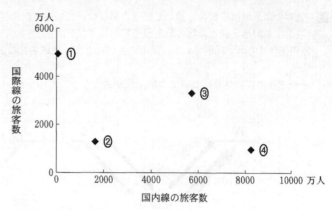

統計年次は2011年。
『航空統計要覧』により作成。

図

（2016年度　追試験）

18 右の図は，輸出入品目の第1位が機械類である，いくつかの国・地域間における貿易額を示したものであり，P～Rは，ASEAN（東南アジア諸国連合），アメリカ合衆国，中国*のいずれかである。P～Rと国・地域名との正しい組合せを，下の①～⑥のうちから一つ選べ。

*台湾，ホンコン，マカオを含まない。

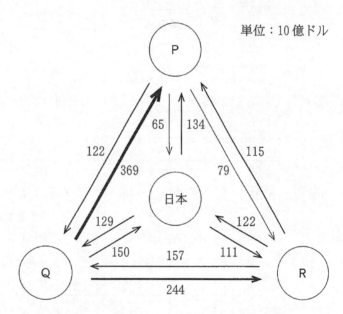

統計年次は2013年。
ジェトロの資料により作成。

図

	P	Q	R
①	ASEAN	アメリカ合衆国	中　国
②	ASEAN	中　国	アメリカ合衆国
③	アメリカ合衆国	ASEAN	中　国
④	アメリカ合衆国	中　国	ASEAN
⑤	中　国	ASEAN	アメリカ合衆国
⑥	中　国	アメリカ合衆国	ASEAN

（2016年度　本試験）

19 世界の諸地域は，貿易を通じて相互に結びついている。次の図は，中国と，いくつかの国・地域との間における，工業製品と農水産物の輸出額を相対比率*で示したものであり，A～Cは，アメリカ合衆国，日本，EU（欧州連合）のいずれかである。図中のA～Cと国・地域名との正しい組合せを，下の①～⑥のうちから一つ選べ。

*それぞれの貿易品目について，輸出額が最大となるものを100とした値。

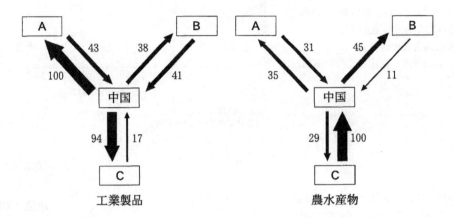

中国には，台湾，ホンコン，マカオを含まない。
統計年次は2009年。
WTO, *International Trade Statistics* により作成。

図

	A	B	C
①	アメリカ合衆国	日 本	E U
②	アメリカ合衆国	E U	日 本
③	日 本	アメリカ合衆国	E U
④	日 本	E U	アメリカ合衆国
⑤	E U	アメリカ合衆国	日 本
⑥	E U	日 本	アメリカ合衆国

(2013年度　追試験)

20 現在の世界では国境を越えたサービスのやり取りが増加し，モノだけでなくサービスも輸出入の対象となっている。右の図は，いくつかの国における金融・保険サービス，輸送サービス，旅行サービスに関する貿易収支を示したものであり，①～④はオランダ，カナダ，シンガポール，スイスのいずれかである。スイスに該当するものを，図中の①～④のうちから一つ選べ。

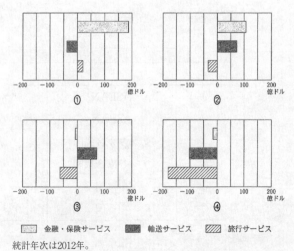

金融・保険サービス　　輸送サービス　　旅行サービス

統計年次は2012年。
World Development Indicators により作成。

図

(2016年度　本試験)

21 次の表は，船舶によるコンテナ貨物取扱量上位の国・地域のうちのいくつかの国について，国・地域別順位，コンテナ貨物取扱量，首位港湾の国際順位，首位港湾がその国のコンテナ貨物取扱量に占める割合を示したものであり，①〜④はアラブ首長国連邦，シンガポール，中国*，日本のいずれかである。日本に該当するものを，表中の①〜④のうちから一つ選べ。

*台湾，ホンコン，マカオを含まない。

表

	国・地域別順位	コンテナ貨物取扱量 ［千TEU**］	首位港湾の国際 順位	首位港湾がその国のコンテナ 貨物取扱量に占める割合［％］
①	1位	114,959	2位	24
②	3位	29,918	1位	100
③	5位	18,944	24位	22
④	9位	14,756	6位	80

**TEUはコンテナ貨物の容量を示す単位。
統計年次は2008年。
*Containerisation International Yearbook*により作成。

（2014年度　本試験）

22 右の図は，日本の貿易相手国について，日本の総輸出額および総輸入額に占める割合を示したものであり，F〜Hはアラブ首長国連邦・サウジアラビア，イギリス・フランス，韓国・タイの国群のいずれかである。国群とF〜Hとの正しい組合せを，下の①〜⑥のうちから一つ選べ。

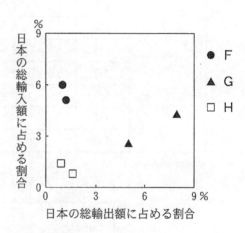

統計年次は2013年。
財務省貿易統計により作成。

図

	①	②	③	④	⑤	⑥
アラブ首長国連邦・ サウジアラビア	F	F	G	G	H	H
イギリス・フランス	G	H	F	H	F	G
韓国・タイ	H	G	H	F	G	F

（2016年度　本試験）

近年は，グローバル化の進行により，国境を越えた人や物の移動が活発になっているが，社会状況の変化にも大きな影響を及ぼしている。人や物の国境を越えた移動に関する次の問い（問1～3）に答えよ。

問1　次の表1は，ともに1991年にソビエト連邦から独立したが，現在は独立国家共同体（CIS）に加盟国しているカザフスタンと，ヨーロッパ連合（EU）に加盟国しているリトアニアについて，総輸入額に占める輸入先上位5か国を示したものであり，AとBは，カザフスタンとリトアニアのいずれか，アとイは，2000年と2020年のいずれかである。リトアニアと2020年に該当する正しい組合せを，後の①～④のうちから一つ選べ。

表1

（単位：％）

			年次			
			ア		イ	
国名	A	1位	ロシア	34.9	ロシア	48.4
		2位	中国	16.7	ドイツ	6.7
		3位	韓国	12.8	アメリカ合衆国	5.5
		4位	ドイツ	4.7	イギリス	4.4
		5位	アメリカ合衆国	3.0	中国	3.1
	B	1位	ドイツ	12.8	ロシア	26.7
		2位	ポーランド	12.1	ドイツ	17.0
		3位	ロシア	11.9	ポーランド	6.3
		4位	ラトビア	7.7	イギリス	4.3
		5位	オランダ	5.3	デンマーク	4.2

UN Comtrade により作成。

	①	②	③	④
リトアニア	A	A	B	B
2020年	ア	イ	ア	イ

問2 港湾の利用状況やその移り変わりは，各国の経済発展の程度や地理的条件などの影響を受ける。次の表2は，2000年，2010年，2020年における，船舶によるコンテナ貨物取扱量の上位10か国を示したものであり，C〜Eは，アラブ首長国連邦，シンガポール，日本のいずれかである。国名とC〜Eとの正しい組合せを，後の①〜⑥のうちから一つ選べ。

表2 （単位：％）

	2000年		2010年		2020年	
1位	中国	18.2	中国	23.8	中国	30.1
2位	アメリカ合衆国	12.6	アメリカ合衆国	7.6	アメリカ合衆国	6.7
3位	C	7.6	C	5.3	C	4.5
4位	D	5.8	ホンコン	4.3	韓国	3.5
5位	台湾	4.7	D	3.4	マレーシア	3.3
6位	韓国	4.0	韓国	3.3	D	2.6
7位	ドイツ	3.4	マレーシア	3.0	E	2.4
8位	イタリア	3.1	E	2.7	トルコ	2.3
9位	イギリス	2.9	ドイツ	2.7	ドイツ	2.2
10位	オランダ	2.9	スペイン	2.3	ホンコン	2.2

UNCTADの資料により作成。

	①	②	③	④	⑤	⑥
アラブ首長国連邦	C	C	D	D	E	E
シンガポール	D	E	C	E	C	D
日本	E	D	E	C	D	C

問3 外国からの観光客は，2020年に新型コロナウイルス感染症が拡大するまで増加を続け，地域の観光産業の活性化につながってきた。次の表3は，いくつかの国における国際観光支出，国際観光収入，訪日外国人観光客数を示したものであり，カ〜クは，カナダ，タイ，ドイツのいずれかである。国名とサ〜スとの正しい組合せを，下の①〜⑥のうちから一つ選べ。

表3

	カ	キ	ク
国際観光支出（百万ドル）	91,731	35,314	14,238
国際観光収入（百万ドル）	61,608	26,977	60,521
訪日外国人観光客数（千人）	237	375	1,319

統計年次は，2019年。
UNWTOの資料などにより作成。

	①	②	③	④	⑤	⑥
カナダ	カ	カ	キ	キ	ク	ク
タイ	キ	ク	カ	ク	カ	キ
ドイツ	ク	キ	ク	カ	キ	カ

右の図中のカ～クは，オーストラリア，韓国，ケニアの
いずれかの国における，国全体の人口および人口第1位の
都市の人口に占める，0～14歳，15～64歳，65歳以上の人
口の割合を示したものであり，aとbは，国全体あるいは
人口第1位の都市のいずれかである。オーストラリアの人
口第1位の都市に該当する正しい組合せを，下の①～⑥の
うちから一つ選べ。

【共通テスト（地理B）2021年・第1日程】

① カ－a   ② カ－b   ③ キ－a
④ キ－b   ⑤ ク－a   ⑥ ク－b

統計年次は，オーストラリアが2016年，韓国が2018年，
ケニアが2019年。
Australian Bureau of Statistics の資料などにより作成。

図

■Step 1　特徴的な値の確認

Q．3か国の中で，0～14歳の割合が最も高い国（①）は？
A．〔　　　〕国…①'

Q．残りの2か国のうち，0～14歳の割合がより低い国（②）は？
A．〔　　　〕国…②'

■Step 2　特徴的な値の傾向と理由を考える

Q．①の国名とStep 1 ①' 理由は？
A．国名：〔　　　　　　　　〕　　　理由：発展途上国…出生率＆死亡率・高　⇒　0～14歳の割合が高い

Q．②の国名とStep 2 ②' 理由は？
A．国名：〔　　　　　　　　〕　　　理由：急速な少子化・合計特殊出生率の低下
　　　　　　　　　　　　　　　　　　　　　⇒　0～14歳の割合が低い

　　※②で挙げなかった〔　　〕国（〔　　　　　　　　　〕）… 移民の流入　⇒　比較的出生率が高いと
　　　　　　　　　　　　　　　　　　　　　　　　　　　　　　　　　　　　考えても良い。

■Step 3　各国に共通する特徴を考える

・カ～ク国のa・bを比較する（特に判別しやすいキ国に絞って考えても良い）
Q．15～64歳の割合が高いのは（＝他の年齢の割合が低いのは）？
A．〔　　〕⇒　人口第1位の都市に該当するのは〔　　〕
　　　　　　理由：雇用・多　⇒　地方や農村部から生産年齢人口の流入

正解：〔　　　〕

【国別人口統計】
①人口動態　　経済発展に伴い出生率・死亡率が低下　→　死亡率・再び上昇（高齢化）
　　　　　　　・合計特殊出生率　発展途上国＞先進国
　　　　　　　注）先進国で比較的高い国…フランス・スウェーデン（少子化対策，福祉政策）
　　　　　　　　　　　　　　　　　　　アメリカ合衆国・オーストラリア（移民の流入）
　　　　　　　　　　　　　　　　　→人口ピラミッド・釣鐘型に近い
②年齢構成　　老年人口割合　　　　発展途上国＜先進国
③産業　　　　第3次産業就業者割合　発展途上国＜先進国
　　　　　　　※大都市ほど第3次産業就業者割合が高い
④その他　　　・ペルシア湾岸の産油国…男性＆生産年齢人口割合が高い

② 都市

次の図は，いくつかの国における総人口に占める首位都市の人口割合と都市人口率を示したものであり，①〜④は，イタリア，インド，カナダ，バングラデシュのいずれかである。バングラデシュに該当するものを，図中の①〜④のうちから一つ選べ。

【センター試験（地理B）　2018年・本試】

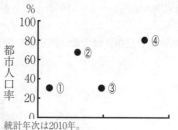

統計年次は2010年。
World Urbanization Prospects などにより作成。

統計年次は2010年。
World Urbanization Prospects などにより作成。

図

■ Step 1　散布図の点をグループに分ける
Q．都市人口率が低い国（ア）は？　　A．①と③…ア'

■ Step 2　グループの傾向と特徴・理由を考える
Q．Step 1 ア'に該当する2か国と特徴は？
A．国名：〔　　　　　　　　〕と〔　　　　　　　　〕　　特徴：〔先進国／発展途上国〕

■ Step 3　特定のグループの中での比較
Q．Step 1 ア'の2か国のうち，①に該当する国と理由は？
A．国名：〔　　　　　　　〕　　理由：国土面積が大きい＆人口が多い（都市が多い）
　　　　　　　　　　　　　　　　　　　⇒　人口が各都市に分散
　　　　　　　　　　　　　　　　　　　⇒　首位都市の人口割合が低い
　　　　一方の，③が〔　　　　　　　　〕に該当する。

参考
■ Step 2　グループの傾向と特徴・理由を考える
Q．Step 1 ア'に該当しなかった2か国（イ）と特徴は？
A．国名：〔　　　　　　　〕と〔　　　　　　　　〕…イ'　特徴：〔先進国／発展途上国〕

■ Step 3　特定のグループの中での比較
Q．Step 2 イ'の2か国のうち，④に該当する国と理由は？
A．国名：〔　　　　　　　〕　　理由：人口が少ない（都市が少ない）＆居住環境・厳しい
　　　　　　⇒　人口が特定の都市に集中
　　　　　　⇒　首位都市の人口割合が高い
　　　一方の，②が〔　　　　　　　〕に該当する。

正解：〔　　　〕

【都市】
①都市人口率が高い　　先進国，「新大陸」，ペルシア湾岸
　　　　　　　　　　　※ラテンアメリカ…発展途上国だが比較的高い
②首位都市（プライメートシティ）
　　　　　　　　　　　発展途上国に多い　※スラムの割合が高い
　　　　　　　　　　　注）発展途上国でも面積が大きい＆人口が多い（都市が多い）
　　　　　　　　　　　　　⇒　首位都市が発生しにくい（人口が分散）
③地域の中心都市　　　昼間人口が多い，卸売業の集積
　　　　　　　　　　　例）日本…三大都市圏（東京・大阪・名古屋）
　　　　　　　　　　　　　広域中心都市（札幌・仙台・広島・福岡）

1 現代の都市では，生活を支える様々な公共サービスが提供されている。次の図は，日本のある地域における人口分布といくつかの公共施設の立地を示したものであり，凡例ア～ウは，交番・駐在所，ごみ処理施設*，500席以上の市民ホールのいずれかである。公共施設名とア～ウとの正しい組合せを，後の①～⑥のうちから一つ選べ。

*ごみ処理施設には，最終処分場を含み，し尿処理施設は含まない。

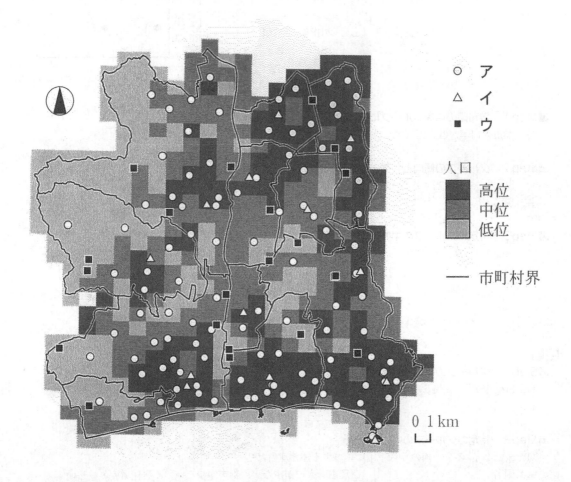

国土数値情報などにより作成。

図

	①	②	③	④	⑤	⑥
交番・駐在所	ア	ア	イ	イ	ウ	ウ
ごみ処理施設	イ	ウ	ア	ウ	ア	イ
市民ホール	ウ	イ	ウ	ア	イ	ア

(2022年度　本試験)

2 先進国の大都市内部の衰退した地区において，専門的職業従事者などの経済的に豊かな人々の流入と地区の再生が進む現象は，ジェントリフィケーションという概念で説明される。次の図は，ある先進国の大都市の中心業務地区付近の概要といくつかの指標を示したものである。ジェントリフィケーションがみられる地区として最も適当なものを，図中の①～④のうちから一つ選べ。

中心業務地区付近の概要

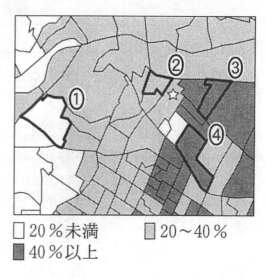

2000年の居住者の貧困率

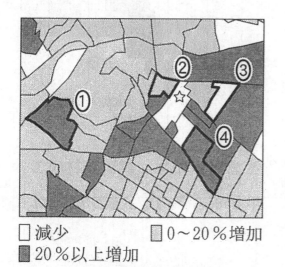

大学を卒業している居住者の増減
（2000～2015年）

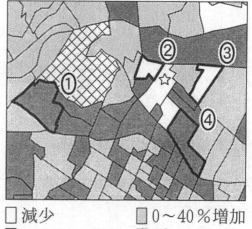

賃料の増減
（2000～2015年）

UCLA Lewis center の資料などにより作成。

図

（2022年度　本試験）

3 次の図は，人口ピラミッドを示したものであり，サとシはシンガポールとドイツのいずれか，DとEは国全体と外国生まれのいずれかである。シンガポールの外国生まれに該当するものを，図中の①〜④のうちから一つ選べ。

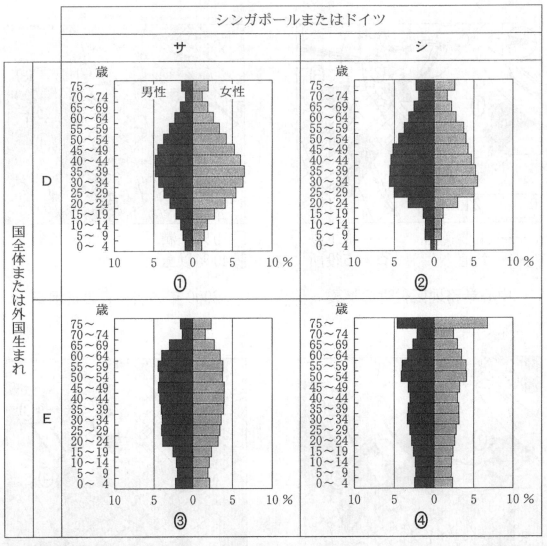

統計年次は2019年。
*International migrant stock 2019*により作成。

図

（2022年度　本試験）

4 都市は，社会・経済的条件だけでなく，様々な自然条件のもとで立地している。下の図２中の①～④は，図１中のア～エのいずれかの範囲における人口100万人以上の都市の分布を示したものである。イに該当するものを，図２中の①～④のうちから一つ選べ。

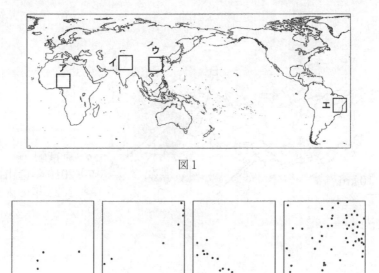

図１

・人口100万人以上の都市

① ② ③ ④

統計年次は2015年。
World Urbanization Prospects により作成。

図２

（2021年度　本試験）

5 いくつかの先進国では，都市と農村の新しい関係が模索されている。日本における都市と農村との間の交流に関して述べた文として**適当でないもの**を，次の①～④のうちから一つ選べ。
① 都市住民が休暇を利用して農家民宿に滞在し，地域の自然や文化に親しむ，グリーンツーリズムが行われている。
② 都市住民が農村の環境や文化に配慮した活動などを行うことを目的に，パークアンドライドが全国で導入されている。
③ 都市住民と農村住民が協働し，生態系の保全や木材などの新たな用途開発などをすすめる，里山の保全・活用運動が始まっている。
④ 都市住民のオーナーやボランティアを募ることで，農業活動を維持する試みが行われている。

（2014年度　追試験）

6 大都市圏の内部では，人口分布の時系列変化に一定のパターンがみられる。次の図は，島嶼部を除く東京都における2010年の市区町村と1925年の人口密集地*を示したものである。また，下の表中のサ〜スは，図中のA〜Cのいずれかの市区町村における1925〜1930年，1965〜1970年，2005〜2010年の人口増加率を示したものである。A〜Cとサ〜スとの正しい組合せを，下の①〜⑥のうちから一つ選べ。

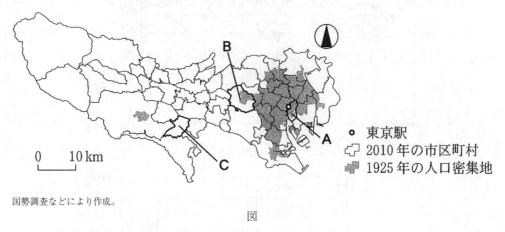

国勢調査などにより作成。

図

*1925年時点の市区町村のうち，人口密度が4,000人/km²以上のもの。

表 （単位：％）

	1925〜1930年	1965〜1970年	2005〜2010年
サ	103.9	3.0	4.0
シ	6.3	−18.9	24.8
ス	2.6	65.3	1.2

国勢調査により作成。

	①	②	③	④	⑤	⑥
A	サ	サ	シ	シ	ス	ス
B	シ	ス	サ	ス	サ	シ
C	ス	シ	ス	サ	シ	サ

（2021年度　本試験）

7 次の図を見て，アメリカ合衆国に関する下の問いに答えよ。

U.S. Census Bureau の資料などにより作成。

図

(1)　図中のア〜エの地点と矢印のうち，1950年の人口分布の重心と2010年の重心への移動方向を示したものとして最も適当なものを，次の①〜④のうちから一つ選べ。
　　① ア　　　② イ　　　③ ウ　　　④ エ

(2)　(1)で示された，1950年から2010年にかけての重心の移動が生じた要因として最も適当なものを，次の①〜④のうちから一つ選べ。
　　①　安価な労働力を指向した工場の進出と先端技術産業の成長
　　②　製鉄業や自動車産業の成長と雇用の増加
　　③　大陸横断鉄道の開通と開拓の進展
　　④　農村部から大都市圏への大規模な人口の移動

（2021年度　本試験）

8　次の図は，ミシガン州とワシントン州の州全体，およびミシガン州とワシントン州の人口最大都市であるデトロイト市とシアトル市における，人種・民族別人口割合を示したものである。図中のタとチは，ミシガン州とワシントン州のいずれか，JとKは，州全体と人口最大都市のいずれかである。ミシガン州の州全体に該当するものを，図中の①〜④のうちから一つ選べ（上の設問**7**の図を参照すること）。

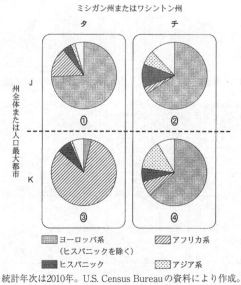

統計年次は2010年。U.S. Census Bureau の資料により作成。

図

（2021年度　本試験）

9 次の図は，いくつかの国について，老年人口率が7％，14％，21％に達した年，または達すると予測されている年を示したものであり，①〜④は，カナダ，中国*，日本，フランスのいずれかである。カナダに該当するものを，図中の①〜④のうちから一つ選べ。
*台湾，ホンコン，マカオを含まない。

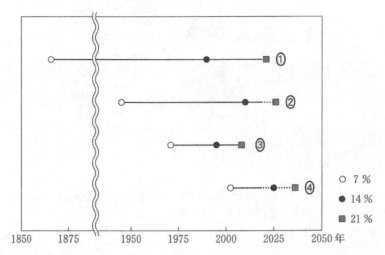

図中の点線は予測を示す。*World Population Prospects* などにより作成。

図

（2021年度　追試験）

10 次の図は，いくつかの国における女性の労働力率を年齢階級別に示したものであり，凡例ア〜ウは，アメリカ合衆国，韓国，フィンランドのいずれかである。国名とア〜ウとの正しい組合せを，下の①〜⑥のうちから一つ選べ。

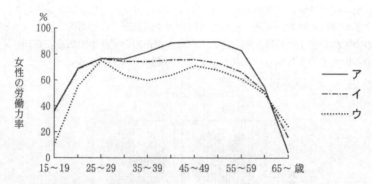

アメリカ合衆国の15〜19歳は16〜19歳の値。
統計年次は2017年。『世界の統計』により作成。

図

	①	②	③	④	⑤	⑥
アメリカ合衆国	ア	ア	イ	イ	ウ	ウ
韓　国	イ	ウ	ア	ウ	ア	イ
フィンランド	ウ	イ	ウ	ア	イ	ア

（2021年度　追試験）

11 次の写真は，ある集落の景観を撮影したものである。下の文カとキのいずれかは，写真のような形態の集落が分布する地域について述べたものであり，文aとbのいずれかは，このような形態の利点を説明したものである。写真のような形態の集落に該当する文の組合せとして最も適当なものを，下の①〜④のうちから一つ選べ。

分布する地域
カ　開発の歴史が新しく，村落が計画的につくられた地域
キ　平野部で農業生産性が高く，外敵への備えが必要であった地域

形態の利点
a　各農家の近くに耕地が集まっており，耕作や収穫の利便性が高い。
b　教会や広場があり，農業や社会生活などで共同作業を行いやすい。

Googleマップにより作成。

写真

	①	②	③	④
分布する地域	カ	カ	キ	キ
形態の利点	a	b	a	b

(2021年度　本試験　第二日程)

12 次の図1は，アラブ首長国連邦のドバイにおける人口の推移を示したものであり，図2は，2015年のドバイにおける人口ピラミッドを示したものである。図1と図2をもとに考えられる，2000年以降のドバイの人口増加に寄与している要因として最も適当なものを，下の①〜④のうちから一つ選べ。

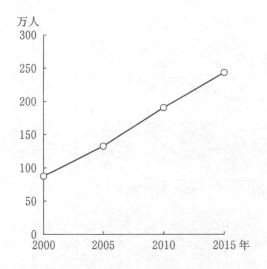

Dubai Statistics Centerの資料により作成。

図1

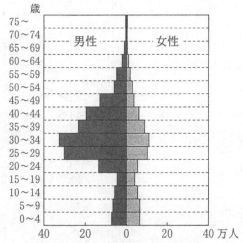

Dubai Statistics Centerの資料により作成。

図2

① イスラーム（イスラム教）の聖地への外国からの巡礼
② 外国出身者における高い出生率
③ 建設工事の増加に伴う外国からの労働者の流入
④ 都市と農村の所得格差に伴う国内の人口移動

(2021年度　本試験　第二日程)

13 人口の国際移動には，教育・雇用機会の獲得や紛争からの逃避など，様々な背景がある。次の図1中の凡例SとTは，ヨーロッパ各国に居住するトルコ人とモロッコ人の数のいずれかを示したものである。また，以下の図2中のタとチは，トルコとモロッコのいずれかが受け入れている難民数の推移を示したものである。モロッコに該当する正しい組合せを，以下の①～④のうちから一つ選べ。

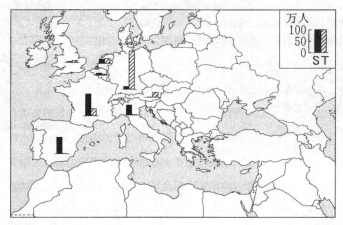

ヨーロッパ各国のうち，居住するトルコ人とモロッコ人の合計が10万人以上の国を示した。
統計年次は2017年。
UN Population Division の資料により作成。

図1

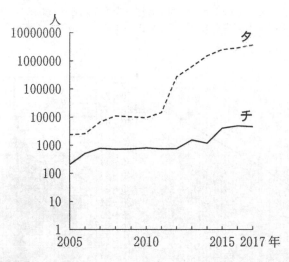

UNHCRの資料により作成。

図2

	①	②	③	④
ヨーロッパ各国に居住するモロッコ人の数	S	S	T	T
モロッコが受け入れている難民数	タ	チ	タ	チ

（2021年度　追試験）

14 国境を越えた労働力の移動は，世界の地域間の結びつきを強めている。次の図1中のJとKは，日本に在留するブラジル国籍とベトナム国籍の居住者のいずれかについて，全国の居住者数の推移を示したものである。また，下の図2中のMとNは，日本に在留するブラジル国籍とベトナム国籍の居住者のいずれかについて，2018年の全国の居住者数に占める都道府県別の割合を示したものである。ベトナム国籍の居住者に該当する正しい組合せを，以下の①～④のうちから一つ選べ。

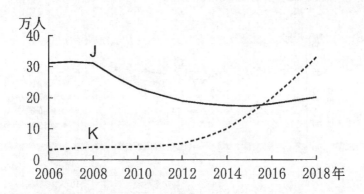

『在留外国人統計』により作成。

図1

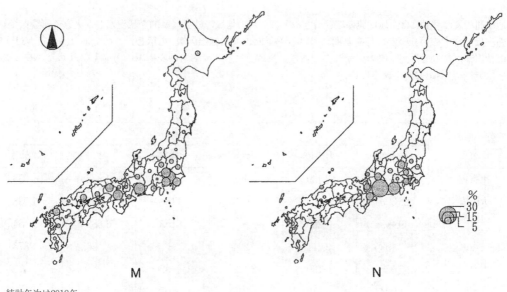

統計年次は2018年。
『在留外国人統計』により作成。

図2

	①	②	③	④
全国の居住者数の推移	J	J	K	K
都道府県別の割合	M	N	M	N

(2021年度　本試験)

15 産業化や都市化の進展に伴うエネルギー消費の急速な増加は，地球的課題の一つとなっている。次の図は，いくつかの国における1965年，1990年，2015年の1人当たり1次エネルギー消費量*と都市人口率を示したものであり，①～④は，アメリカ合衆国，サウジアラビア，中国**，ドイツ***のいずれかである。ドイツに該当するものを，図中の①～④のうちから一つ選べ。

  *石油に換算したときの値。   **台湾，ホンコン，マカオを含まない。
 ***1965年は旧西ドイツと旧東ドイツを合わせた値。

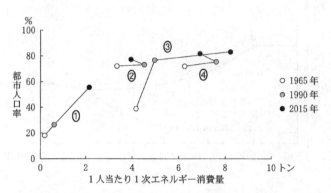

BP Statistical Review of World Energy などにより作成。

図

(2021年度　本試験)

16 地域間の人口移動には，地域間の結びつきやそれぞれの地域の社会経済的な状況などが大きく影響している。次の表は，日本のいくつかの都府県間における1年間の人口転出入数*を示したものであり，カ～ケは，宮城県，秋田県，鳥取県，岡山県のいずれかである。鳥取県に該当するものを，下の①～④のうちから一つ選べ。
*同一の都府県内の移動を含まない。

表   （単位：人）

転出前の住所地	転入後の住所地					
	東京都	大阪府	カ	キ	ク	ケ
東京都	–	17,439	6,483	2,163	1,872	655
大阪府	25,390	–	1,073	3,158	140	1,038
カ	9,499	1,269	–	155	1,683	54
キ	3,453	3,611	204	–	36	873
ク	3,035	190	2,482	32	–	13
ケ	1,034	1,218	38	908	4	–

統計年次は2017年。
総務省の資料により作成。

① カ ② キ ③ ク ④ ケ

(2020年度　本試験)

17 北杜市が，近年，積極的に移住促進の取組みをすすめていることを知ったスミさんは，移住の実態を調べてみた。次の図1は，北杜市における人口の自然増加率と社会増加率の推移を示したものであり，図2は，北杜市への転入者数*が上位の4都県からの転入者の年齢別割合を示したものである。図1と図2から読み取れることがらについて説明した文として下線部が**適当でないもの**を，下の①〜④のうちから一つ選べ。
*2015年の北杜市の居住者のうち，2010年に北杜市以外に居住していた者の数。

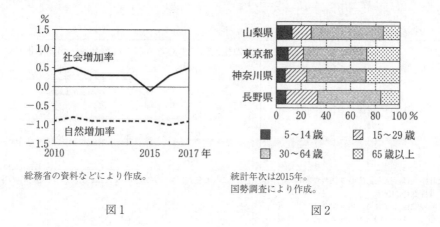

総務省の資料などにより作成。

図1

統計年次は2015年。
国勢調査により作成。

図2

① 自然増加率と社会増加率との関係からみて，2010年から2017年にかけて<u>北杜市の総人口は増加している</u>。
② 北杜市では，2015年を除いて<u>転入者の数が転出者の数を上回っている</u>。
③ 東京都と神奈川県からは，2015年時点における<u>転入者に占める高齢者の割合が他の2県に比べて高い</u>。
④ 山梨県内からは，2015年時点における<u>中学生以下の子どもと同居する世帯単位の転入の割合</u>が他都県より高いことがうかがえる。

(2020年度　本試験)

18 都市と村落では人口構成や世帯構成の特徴が異なる。次の図中のサ〜スは，近畿地方の3市区町村について，1990年と2015年の老年人口率*と総世帯数に占める1人世帯割合を示したものであり，下のA〜Cの文は，いずれかの市区町村の特徴を説明したものである。サ〜スとA〜Cとの正しい組合せを，下の①〜⑥のうちから一つ選べ。
*総人口に占める65歳以上の人口割合。

A 京阪神大都市圏の中心部に位置する区で，中心業務地区がある。
B 京阪神大都市圏の郊外に位置する市で，1960年代から1980年代にかけて開発されたニュータウンがある。
C 京阪神大都市圏外の山間部に位置する村で，集落が点在している。

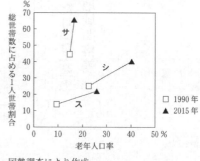

国勢調査により作成。

図

	①	②	③	④	⑤	⑥
サ	A	A	B	B	C	C
シ	B	C	A	C	A	B
ス	C	B	C	A	B	A

(2020年度　追試験)

19 首都が有する政治・経済的機能やその集積の度合いには，都市によって異なる特徴がみられる。次の表は，いくつかの首都における，巨大企業*の本社数，国の総人口に占める人口割合，国際会議**の年間開催件数を示したものであり，①～④は，キャンベラ，クアラルンプール，ソウル，ペキンのいずれかである。クアラルンプールに該当するものを，表中の①～④のうちから一つ選べ。

*総利益が世界上位500位以内の企業。

**国際機関が主催した会議のうち，一定規模以上で定期的に開催されたもの。

表

	巨大企業の本社数 （社）	国の総人口に占める人口 割合（％）	国際会議の年間開催件数 （件）
①	51	1.5	113
②	13	19.5	137
③	1	5.5	68
④	0	1.8	8

統計年次は，巨大企業の本社数が2014年，国の総人口に占める人口割合が2010年または2015年，国際会議の年間開催件数が2016年。
中国の数値には台湾，ホンコン，マカオを含まない。
UN, *Demographic Yearbook* などにより作成。

(2019年度　本試験)

20 次の図は，いくつかの国における人口の偏在の度合い*と1人当たり総生産の国内地域間格差を示したものであり，①～④は，オーストラリア，オランダ，南アフリカ共和国，メキシコのいずれかである。オーストラリアに該当するものを，図中の①～④のうちから一つ選べ。

*総人口のうち，人口密度の高い上位10％の地域に住む人口の比率。

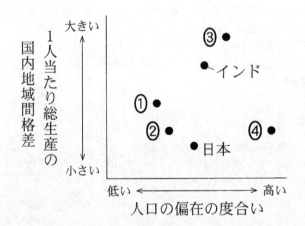

統計年次は，人口の偏在の度合いが2012年，1人当たり総生産の
国内地域間格差が2010年。
OECD, *Regions at a Glance 2013* により作成。

図

(2017年度　本試験)

21 次の図は，奈良盆地における1997年発行の2万5千分の1地形図（一部改変）であり，カ～クは，それぞれ異なる時期に形成された集落や街区，建造物などの特徴をよく表す区域を示したものである。カ～クの区域の特徴が形成された時代を古いものから順に並べたものとして正しいものを，下の①～⑥のうちから一つ選べ。

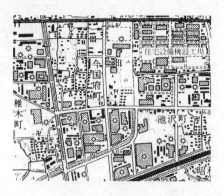

カ　中央分離帯のある幅の広い道路や大規模な工場がみられる。

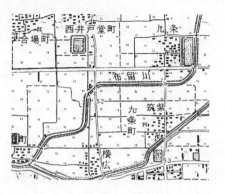

キ　直交する格子状の道路や四角形のため池がみられる。

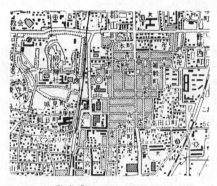

ク　堀や丁字路，寺社の立地が集中している場所がみられる。

図

① カ→キ→ク　　② カ→ク→キ　　③ キ→カ→ク　　④ キ→ク→カ
⑤ ク→カ→キ　　⑥ ク→キ→カ

（2019年度　本試験）

22 地中海沿岸地域の都市の成り立ちや社会経済状況について述べた文として下線部が**適当でないもの**を，次の①～④のうちから一つ選べ。

① 北アフリカの中心都市の一つであるカイロでは，19世紀後半から開発された新市街に迷路型の道路網が発達している。

② 古代都市国家として発展したアテネは，近代にギリシャの首都として再出発したが，近年，国の債務危機に端を発する経済の混乱に見舞われた。

③ 長らくフランスの保護国であったモナコでは，19世紀半ばに高級リゾート地として開発がすすめられ，観光収入が国の主要な財源となっている。

④ 貿易中継地として栄えたジェノヴァは，トリノやミラノとともにイタリアの主要な工業地帯を形成し，鉄鋼や造船などの工業の発展で知られる。

（2019年度　本試験）

23 次の表中の①〜④は，イタリア，ギリシャ，スペイン，フランスのいずれかの国について，それらの国の国籍を新たに取得した人の，取得前の国籍の上位３か国とその人数を示したものである。イタリアに該当するものを，表中の①〜④のうちから一つ選べ。

表 （単位：人）

	1 位	2 位	3 位
①	アルバニア (54,904)	ジョージア（グルジア） (774)	ウクライナ (665)
②	モロッコ (86,894)	アルバニア (69,953)	ルーマニア (25,231)
③	モロッコ (86,181)	エクアドル (60,686)	コロンビア (57,367)
④	モロッコ (53,823)	アルジェリア (45,927)	チュニジア (18,861)

統計年次は2013〜2015年の合計。
OECD, *International Migration Outlook* により作成。

(2019年度　本試験)

24 商業や人口動態のあり方は，都市のもつ機能や産業構造，交通状況によって特徴づけられる。次の表中のE〜Gは，日本のある県内のいくつかの市における，人口10万人当たり大型小売店数，人口１人当たり卸売販売額，人口増減率を示したものであり，下のカ〜クの文は，いずれかの市の特徴を説明したものである。E〜Gとカ〜クとの正しい組合せを，下の①〜⑥のうちから一つ選べ。

表

	人口10万人当たり 大型小売店数（店）	人口１人当たり 卸売販売額（万円）	人口増減率（%）
E	16.4	212.7	1.05
F	12.8	32.8	6.34
G	10.7	99.9	− 8.25

統計年次は，人口10万人当たり大型小売店数が2014年，人口１人当たり卸売販売額が2012年，人口増減率が2010〜2015年。
総務省の資料などにより作成。

カ　県庁が所在する中心都市であり，県内で最も多い人口をかかえる。
キ　大都市圏の都心から遠い位置にあり，地場産業で栄えてきた。
ク　大都市圏の都心にアクセスしやすくなり，住宅地が急速に拡大している。

	①	②	③	④	⑤	⑥
E	カ	カ	キ	キ	ク	ク
F	キ	ク	カ	ク	カ	キ
G	ク	キ	ク	カ	キ	カ

(2019年度　追試験)

25 次の図中のア〜ウは，シカゴ，パリ，モスクワのいずれかの都市の中心部から郊外にかけての都市景観を模式的に示したものである。ア〜ウと都市名との正しい組合せを，下の①〜⑥のうちから一つ選べ。

ア 中心部には城壁で囲まれた政府機関を核として中・低層の建造物が広がる。郊外に向かって高層化していく住宅団地が特徴である。

イ 中心部には中心業務地区をなす高層ビルの集積がみられる。郊外には一戸建ての住宅地域が広がる。

ウ 中心部には土地利用や景観の観点から中・低層の歴史的建造物が保全されている。周辺部には高層ビルからなる副都心が形成されている。

Claval, *La Logique des Villes* などにより作成。

図

	ア	イ	ウ
①	シカゴ	パリ	モスクワ
②	シカゴ	モスクワ	パリ
③	パリ	シカゴ	モスクワ
④	パリ	モスクワ	シカゴ
⑤	モスクワ	シカゴ	パリ
⑥	モスクワ	パリ	シカゴ

（2012年度　本試験）

26 女性の社会進出は各国の経済状況や宗教，文化などの影響を受ける。次の図中のカ～クは，カンボジア，パキスタン，メキシコのいずれかの国における女性の識字率，女性の労働力率*，女性労働人口に占める第3次産業の割合を示したものである。図中のカ～クと国名との正しい組合せを，下の①～⑥のうちから一つ選べ。

*労働力率は，15歳以上人口に対する労働力人口の割合。

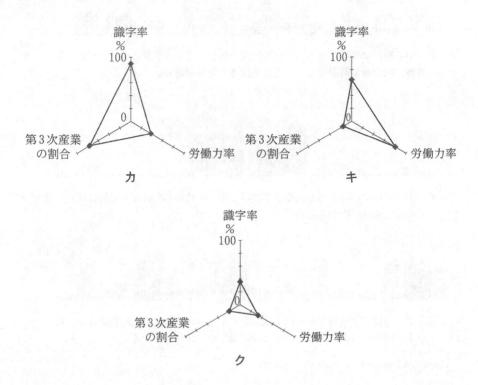

統計年次は，女性の識字率と女性労働人口に占める第3次産業の割合が2000年～2004年のいずれか，女性の労働力率が2004年。
World Development Indicatorなどにより作成。

図

	カ	キ	ク
①	カンボジア	パキスタン	メキシコ
②	カンボジア	メキシコ	パキスタン
③	パキスタン	カンボジア	メキシコ
④	パキスタン	メキシコ	カンボジア
⑤	メキシコ	カンボジア	パキスタン
⑥	メキシコ	パキスタン	カンボジア

（2009年度　本試験）

27 次の図中のA～Cは，タイ，タンザニア，ドイツのいずれかの国における人口ピラミッドを示したものである。A～Cの人口ピラミッドを説明した下の文章中の空欄ア～ウに当てはまる国名の正しい組合せを，下の①～⑥のうちから一つ選べ。

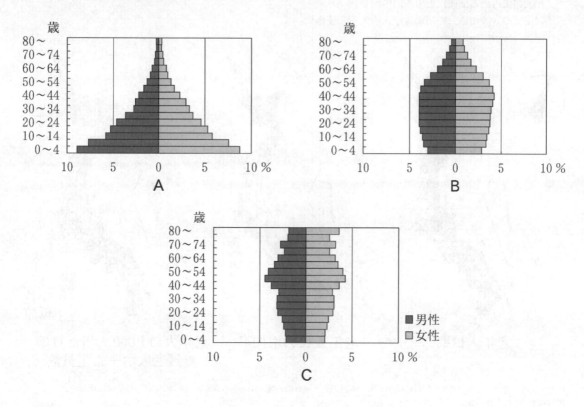

統計年次は2012年または2013年。
UN, *Demographic Yearbook* により作成。

図

　人口ピラミッドは，その国の社会状況を反映している。多産多死型を示しているAは（　ア　）の人口ピラミッドであり，同国は乳児死亡率が高い。多産多死型から少産少死型に移行しているBは（　イ　）である。また，人口ピラミッドから将来の人口構成を予測できる。例えばCは（　ウ　）であり，人口の自然増減に着目すると，今後，人口の減少と高齢化がすすむと考えられる。

	①	②	③	④	⑤	⑥
ア	タ イ	タ イ	タンザニア	タンザニア	ドイツ	ドイツ
イ	タンザニア	ドイツ	タ イ	ドイツ	タ イ	タンザニア
ウ	ドイツ	タンザニア	ドイツ	タ イ	タンザニア	タ イ

（2018年度　追試験）

28 次の図は，老年人口率*，老年人口の増加率，老年人口1,000人当たりの養護老人ホーム**定員数を都道府県別に示したものである。図に関することがらについて述べた下の文章中の下線部①〜④のうちから，**適当でないもの**を一つ選べ。

　*総人口に占める65歳以上の人口の割合。
　**自宅での介護が難しい高齢者が入所する介護施設。

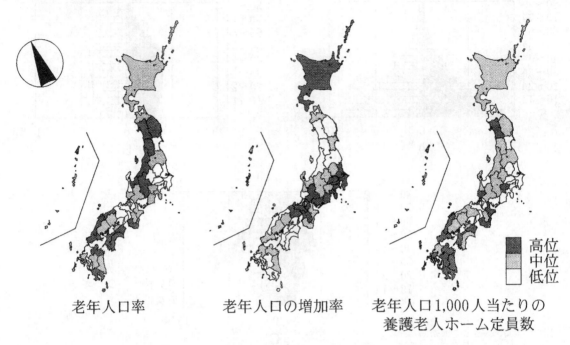

老年人口率　　　　　老年人口の増加率　　　老年人口1,000人当たりの
　　　　　　　　　　　　　　　　　　　　　養護老人ホーム定員数

統計年次は，老年人口率，老年人口1,000人当たりの養護老人ホーム定員数が2010年，老年人口の増加率が2000〜2010年。
国勢調査などにより作成。

図

　日本では高齢化が進んでいるが，高齢化の進展には地域差がある。①老年人口率は，三大都市圏よりも非大都市圏で高い。また，非大都市圏に比べ，②老年人口の増加率が高い地域は三大都市圏に多く，③老年人口1,000人当たりの養護老人ホーム定員数も三大都市圏で多い傾向がある。三大都市圏では④高度経済成長期に流入した当時の若年層が高齢期に入り，さらなる老年人口の増加が見込まれる。

(2017年度　本試験)

29 世界各国における人口にかかわる課題について述べた文として**適当でないもの**を，次の①〜⑥のうちから二つ選べ。ただし，解答の順序は問わない。

① アメリカ合衆国では，同時多発テロ以降に入国審査が強化され，外国生まれの住民の人口が減少した。
② インドでは，家族計画が農村部まで浸透して若い世代の人口が減少し，労働力不足が生じている。
③ スウェーデンでは，出産や育児に対する支援が進み，合計特殊出生率が2000年以降回復傾向にある。
④ 中国では，人口増加を抑制する一人っ子政策がとられ，近い将来の急激な高齢化が懸念されている。
⑤ 日本では，高齢化が進行しつつあり，高齢者福祉を支えるため若い世代の人々の負担が大きくなりつつある。
⑥ ブラジルでは，経済発展にともない大都市への人口集中がみられ，劣悪な居住環境などの都市問題が深刻化した。

(2015年度　追試験)

30 次の図は，いくつかの国におけるGDP（国内総生産）に対する保育・幼児教育への公的支出の比率と合計特殊出生率*とを示したものであり，A～Cは，アメリカ合衆国・オーストラリア，スウェーデン・デンマーク，ドイツ・日本のいずれかの国群である。国群とA～Cとの正しい組合せを，下の①～⑥のうちから一つ選べ。
*女性1人が生涯に産む子どもの数に相当する。

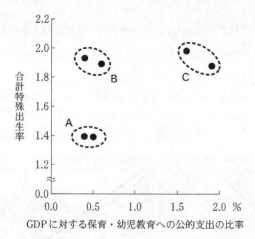

統計年次は2010年。
OECD, *Family Database* などにより作成。

図

	①	②	③	④	⑤	⑥
アメリカ合衆国・オーストラリア	A	A	B	B	C	C
スウェーデン・デンマーク	B	C	A	C	A	B
ドイツ・日本	C	B	C	A	B	A

31 次の表は，いくつかの都市について，売上高が世界の上位500位以内の企業本社数，国の総人口に占める市域人口の割合を示したものであり，①～④は，シャンハイ（上海），ソウル，ニューヨーク，プラハのいずれかである。ソウルに該当するものを，表中の①～④のうちから一つ選べ。

表

	売上高が世界の上位500位以内の企業本社数	国の総人口に占める市域人口の割合［%］
①	20	2.9
②	13	21.0
③	2	1.1
④	0	11.5

統計年次は，企業本社数が2008年，市域人口の割合が2000年または2001年。
中国の総人口には，台湾，ホンコン，マカオを含まない。
FORTUNE などにより作成。

（2011年度　本試験）

32 世界の都市の特徴について述べた文として最も適当なものを，次の①〜④のうちから一つ選べ。

① シドニーでは，白人に次いで黒人の居住割合が高く，中心市街地に黒人居住区が形成されている。

② パリでは，伝統的な建物が取り壊された都心の旧市街地に，高層ビルの林立する大規模なオフィス地区が新たに形成されている。

③ メキシコシティでは，所得による住み分けがみられ，市街地を取りまく山地の斜面には高級住宅地が広範囲に形成されている。

④ リオデジャネイロでは，農村部から流入する人々が多く，十分な収入を得ることができない人もおり，不良住宅地区が形成されている。

(2011年度　本試験)

33 次の図は，城下町としての歴史をもつ日本のある都市の概略を示したものであり，下の①〜④の文は，図中のA〜Dのいずれかの地点の状況について述べたものである。地点Cに該当するものを，下の①〜④のうちから一つ選べ。

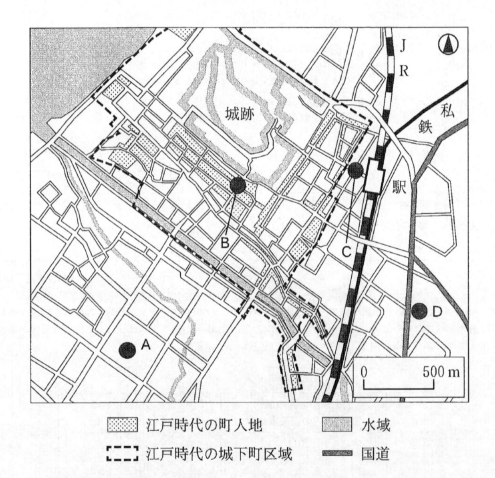

『日本図誌体系』などにより作成。

図

① 1970年代以降に開発された地区であり，住宅が建ち並んでいる。

② 江戸時代から続く商業中心地が衰退したことにより再開発がなされ，城下町の雰囲気を醸し出す景観整備が行われている。

③ 近代以降に発展した地区であり，商業施設や銀行などが建ち並ぶ一方，閉店している店舗もある。

④ 自動車交通が便利なため，ロードサイド型の店舗が建ち並んでいる。

(2018年度　本試験)

34 次の図は，人口約40万人の日本のある都市を対象に，小地域*を単位として人口特性を示すいくつかの指標を地図で表現したものであり，ア〜ウは，人口密度，農業・林業就業者割合，老年人口割合**のいずれかである。指標名とア〜ウとの正しい組合せを，下の①〜⑥のうちから一つ選べ。

　*おおむね市区町村内の「△△町」「○○２丁目」「字□□」などに対応する区域。

　**総人口に占める65歳以上人口の割合。

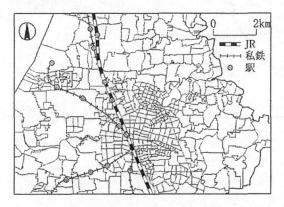

小地域の境界と鉄道路線

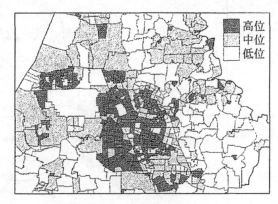

ア

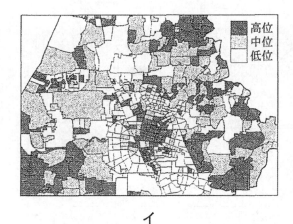

イ

ウ

統計年次は2010年。
国勢調査により作成。

図

	①	②	③	④	⑤	⑥
人口密度	ア	ア	イ	イ	ウ	ウ
農業・林業就業者割合	イ	ウ	ア	ウ	ア	イ
老年人口割合	ウ	イ	ウ	ア	イ	ア

（2016年度　本試験）

35 次の図は，人口約40万人の日本のある市における施設の立地を示したものであり，サ～スは大型小売店，銀行*，小学校のいずれかである。サ～スと施設名との正しい組合せを，下の①～⑥のうちから一つ選べ。
*信用金庫，信用組合，郵便局などは含まない。

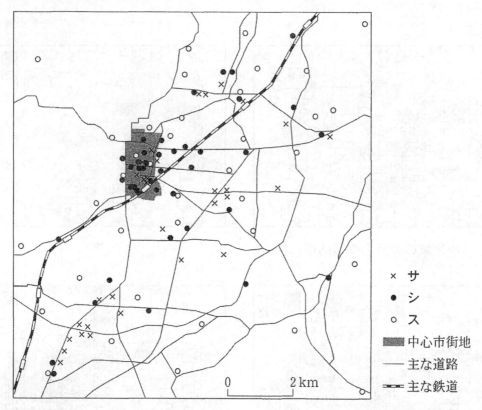

NTTの資料などにより作成。

図

	サ	シ	ス
①	大型小売店	銀　行	小学校
②	大型小売店	小学校	銀　行
③	銀　行	大型小売店	小学校
④	銀　行	小学校	大型小売店
⑤	小学校	大型小売店	銀　行
⑥	小学校	銀　行	大型小売店

（2014年度　本試験）

36 次の図は，ある囲郭都市における1804年と2007年の地図である。この囲郭都市の景観の変化について，図から読み取れることがらを述べた文として**適当でないもの**を，下の①〜④のうちから一つ選べ。

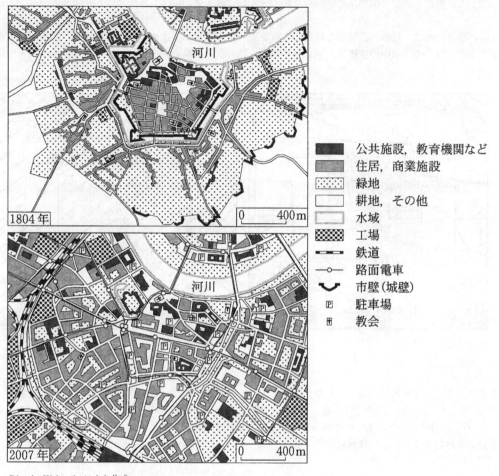

凡例

■	公共施設，教育機関など
	住居，商業施設
	緑地
	耕地，その他
	水域
	工場
—	鉄道
○	路面電車
∪	市壁(城壁)
P	駐車場
田	教会

Diercke Weltatalas により作成。

図

① かつて連続した市壁に囲まれていた旧市街では，古い街路網が保持されており，自動車の乗り入れは禁止されている。
② 架橋工事がすすんだため，河川両岸を結ぶ交通の利便性が向上した。
③ 市壁は撤去され，跡地の一部には路面電車の路線が設けられている。
④ 旧市街の外部では都市化がすすんでおり，耕地が住居や商業施設，工場などに転用されている。

(2013年度　追試験)

人々のさまざまな活動がみられる村落と都市について興味をもったユウコさんは，日本の村落や世界の都市について調べた。村落と都市に関する次の問い（問1～4）に答えよ。

問1　ユウコさんは，日本の典型的な村落の特徴を把握するために，次の図1を作成した。図1中の集落について説明した後の文章中の空欄ア～ウに当てはまる語の正しい組合せを，後の①～⑧のうちから一つ選べ。

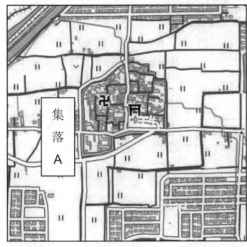

地理院地図により作成。

図1

　村落は，家屋の分布形態や成立した時代背景などにより分類することができる。中世に成立した集落Aの外周には，（　ア　）に適した構造物を有しており，また，家屋の分布形態から（　イ　）に分類される。集落Bは，（　ウ　）時代に，それまで居住がみられなかった地域が新たに開拓されて成立した集落であり，家屋の分布形態から路村とよばれる列状村に分類される。

	ア	イ	ウ
①	交易	円村	江戸
②	交易	円村	明治
③	交易	塊村	江戸
④	交易	塊村	明治
⑤	防御	円村	江戸
⑥	防御	円村	明治
⑦	防御	塊村	江戸
⑧	防御	塊村	明治

問2　ユウコさんは，日本の一部の農村において人口の流入や企業の進出がみられることを知り，関東地方に位置するいくつかの町について，人口ピラミッドと，昼夜間人口比率*について調べ，次の図2を作成した。また，後の文C～Eは，図2中のサ～スのいずれかの町の特徴について述べた文である。C～Eとサ～スとの正しい組合せを，下の①～⑥のうちから一つ選べ。

*昼間人口÷夜間人口×100

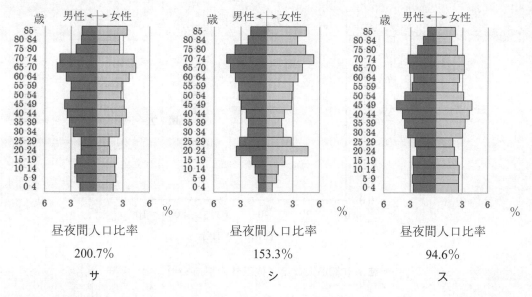

昼夜間人口比率　　　　　　昼夜間人口比率　　　　　　昼夜間人口比率
　　200.7%　　　　　　　　　153.3%　　　　　　　　　94.6%
　　　サ　　　　　　　　　　　シ　　　　　　　　　　　ス

国勢調査により作成。

図2

C　東京都の都心部からは最も離れているが，自動車工場の進出がみられた。
D　東京都の都心部への通勤圏に位置し，新興住宅地が建設された。
E　山間部に位置し，火山・温泉・湖などを活用した観光地となっている。

	①	②	③	④	⑤	⑥
C	サ	サ	シ	シ	ス	ス
D	シ	ス	サ	ス	サ	シ
E	ス	シ	ス	サ	シ	サ

問3　ユウコさんは，いくつかの国について，都市人口割合と，人口第1位・第2位の都市人口比率*を調べ，次の図3を作成した。図3中のカ〜ケは，カナダ，ドイツ，ナイジェリア，バングラデシュのいずれかである。ドイツとナイジェリアとの正しい組合せを，後の①〜⑧のうちから一つ選べ。

*人口第1位の都市の人口を，人口第2位の都市の人口で除した値。

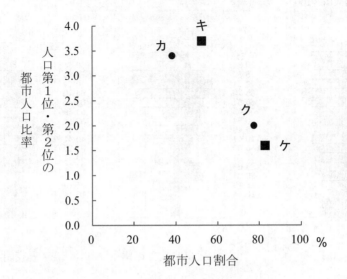

■ : 首都が人口第1位以外の都市

都市人口割合の統計年次は，2020年。
人口第1位・第2位の都市人口比率の統計年次は，カナダとドイツは2016年，
ナイジェリアは2015年，バングラデシュは2011年。
『世界国勢図会』などにより作成。

図3

	①	②	③	④	⑤	⑥	⑦	⑧
ドイツ	カ	カ	キ	キ	ク	ク	ケ	ケ
ナイジェリア	ク	ケ	ク	ケ	カ	キ	カ	キ

問4 ユウコさんは，ヨーロッパ諸国においても人口動態に違いがみられることを知り，次の図4中の国について，自然増加率と社会増加率を調べ，後の図5を作成した。図5中のタ〜ツは，図4中のF〜Hのいずれかである。F〜Hとタ〜ツとの正しい組合せを，後の①〜⑥のうちから一つ選べ。

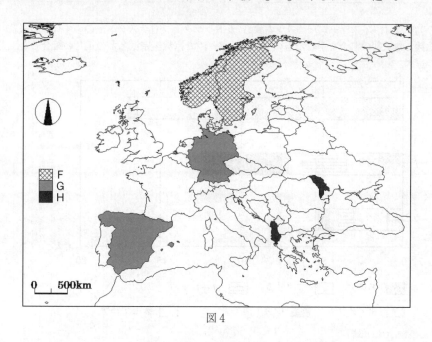

図4

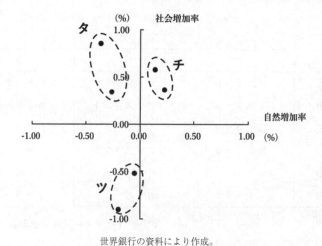

世界銀行の資料により作成。

図5　ヨーロッパのいくつかの国における自然増加率と社会増加率

	①	②	③	④	⑤	⑥
F	タ	タ	チ	チ	ツ	ツ
G	チ	ツ	タ	ツ	タ	チ
H	ツ	チ	ツ	タ	チ	タ

1 宗教の分布

　次の図中のア〜ウは，イスラーム（イスラム教），カトリック，プロテスタントのいずれかの宗教・宗派別人口について，総数と地域別の割合を示したものである。ア〜ウと宗教・宗派名との正しい組合せを，下の①〜⑥のうちから一つ選べ。

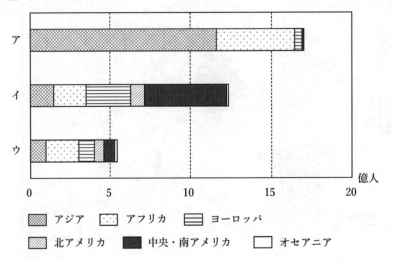

統計年次は2015年。
The World Almanac and Book of Facts により作成。

図

	ア	イ	ウ
①	イスラーム	カトリック	プロテスタント
②	イスラーム	プロテスタント	カトリック
③	カトリック	イスラーム	プロテスタント
④	カトリック	プロテスタント	イスラーム
⑤	プロテスタント	イスラーム	カトリック
⑥	プロテスタント	カトリック	イスラーム

【センター試験（地理B）　2011年・本試（改題）】

Point
統計問題では，他の図表と比較しつつ，
・特徴的な分布
・極端に大きい値（極端に小さい値）などに着目する。
　※「絶対値」（人数，金額，重量など）と
　　「相対値」（％，1人当たり・1km²当たり，指数など）の
　　両方に着目すべき。

Q．アの特徴は？
A．宗教・宗派別人口が最多〔　　　　　　　　〕と〔　　　　　　　　　　〕中心に分布…ア'

Q．イの特徴は？
A．〔　　　　　　　　　　〕の割合がア～ウの中で最高…イ'

Q．ウの特徴は？
A．宗教・宗派別人口が最少
　　アフリカの割合がア～ウの中で最高…ウ'

Step 2　特徴的な分布・値の傾向と理由を考える
Q．アの宗教・宗派名とStep 1 ア'理由は？
A．宗教・宗派名：〔　　　　　　　　〕
　　理由：西アジア～中央・南・東南アジア，北アフリカに分布

Q．イの宗教・宗派名とStep 1 イ'理由は？
A．宗教・宗派名：〔　　　　　　　　〕
　　理由：大航海時代以降のスペイン人の入植

Q．ウの宗教・宗派名とStep 1 ウ'理由は？
A．宗教・宗派名：〔　　　　　　　　〕
　　理由：ヨーロッパ人による植民地化の過程でサハラ以南のアフリカに拡大
　　（消去法で決定しても良い）
　　※宗教別人口では，キリスト教＞イスラーム（次ページの表を参照）であるが，
　　　キリスト教をカトリックとプロテスタントに分けている点に注意が必要。

正解：〔　　　〕

【宗教の分布】
　※マクロでとらえることが重要！
　※中心地域からの広がり（伝播）をイメージ！！

①キリスト教　　ヨーロッパ中心　→　南北アメリカ，サハラ以南のアフリカ，オセアニア，
　　　　　　　　　　　　　　　　　　　フィリピンなど
　　【宗派】　1.　プロテスタント…北西ヨーロッパ→アングロアメリカ，オーストラリア
　　　　　　　2.　カトリック　　…南ヨーロッパ　→ラテンアメリカ，フィリピン
　　　　　　　3.　正教会　　　　…東ヨーロッパ　→シベリア

②イスラーム　　西アジア　→　北アフリカ，中央アジア・南アジア・東南アジア（島嶼部）
　　【宗派】　1.　スンナ派（多数派）
　　　　　　　2.　シーア派（少数派）…イラン中心

③仏教　　　　　南・東南・東アジア
　　【宗派】　1.　上座仏教（上座部仏教）…スリランカ，東南アジアの大陸部（タイなど）
　　　　　　　2.　大乗仏教　　　　　　　…中国　→朝鮮半島・日本，ベトナム
　　　　　　　3.　チベット仏教　　　　　…チベット自治区（中国）→モンゴル

④ヒンドゥー教　インド　→　インド系の移住とともに拡散　例）アラブ首長国連邦

★宗教人口（2015年）

	人口（百万人）	%						
		アジア	アフリカ	ヨーロッパ	北アメリカ	中南アメリカ	オセアニア	計
キリスト教	2,447							
カトリック	1,242	12.1	17.1	22.0	7.1	40.9	0.8	100.0
プロテスタント	552	17.6	40.3	16.8	11.0	11.9	2.4	100.0
正教	281	6.6	17.9	71.9	2.8	0.4	0.4	100.0
イスラム教	1,701	68.4	28.5	2.7	0.3	0.1	0.0	100.0
スンナ派	1,486							
シーア派	200							
ヒンドゥー教	985	99.2	0.3	0.1	0.2	0.1	0.1	100.0
仏教	520	98.4	0.1	0.4	0.8	0.2	0.1	100.0

2 民族問題

　民族の文化的・歴史的背景の違いが，時として紛争に結びつくことがある。下のカ～クの文は，次の図中のA～Cのいずれかにおける地域紛争を説明したものである。A～Cとカ～クとの正しい組合せを，下の①～⑥のうちから一つ選べ。

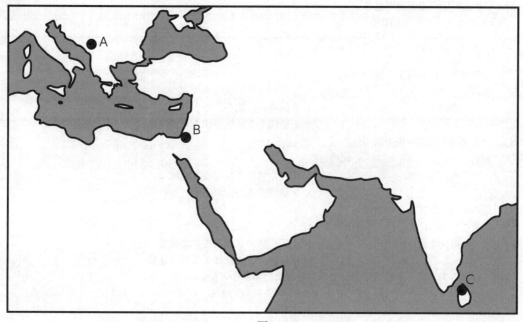

図

カ　1948年に建国を宣言した民族と，これに反対する周辺諸国との間で，紛争が起きている。
キ　ヒンドゥー教徒であるタミル人と，仏教徒であるシンハリ（シンハラ）人との間で，紛争が起きた。
ク　ムスリム（イスラム教徒）を中心とした民族が独立運動を起こし，紛争を経て独立に至った。

	①	②	③	④	⑤	⑥
A	カ	カ	キ	キ	ク	ク
B	キ	ク	カ	ク	カ	キ
C	ク	キ	ク	カ	キ	カ

【センター試験（地理B）　2017年・追試】

Point ─────────

・周辺地域の分布を大きくつかむ
　※該当地域の民族問題の構図を覚えていれば即答可能であるが，
　　難しい時は，周辺地域で広範囲に分布する宗教（・言語）を考える。
　　（これだけで，ある程度は判定できることも多い）
・細かい民族問題の構図を考える
（与えられた図・文も活用する）

Q．Aの国名・民族紛争の構図は？
A．国名：コソボ
　　　構図：〔　　　　　　　　　〕の信者が多数を占めるセルビアから，
　　　　　　〔　　　　　　　　　〕を信仰する民族が独立（2008年）。
Q．Bの国名・民族紛争の構図は？
A．国名：〔　　　　　　　　　〕
　　　構図：〔　　　　　　　　　〕が広く信仰されている地域で，
　　　　　　〔　　　　　　　　　〕を信仰する民族が建国（1948年）。
Q．Cの国名・民族紛争の構図は？
A．国名：〔　　　　　　　　　〕
　　　構図：〔　　　　　　　　　〕が広く信仰される国の北部で，
　　　　　　〔　　　　　　　　　〕を信仰する民族による独立運動。
※A〜Cのうち，2つの地域について判定できれば解答が可能。
　　⇒　Aが〔　　〕，Bが〔　　〕，Cが〔　　〕に該当する。

正解：〔　　〕

┌───┐
【民族問題の分布】

※マクロで宗教・言語分布の理解　→　ミクロでつかむ
　①位置の理解（どこ？）
　②対立軸の理解（だれ？）
　　　○○教vs◆◆教，△△語vs★★語，多数派・少数派は？
　　　　例・その1）ベルギーの言語問題　　北部・オランダ語（ゲルマン語派）
　　　　　　　　　　　　　　　　　　　　⇔　南部・フランス語（ラテン系）
　　　　例・その2）カシミール紛争　　　　イスラーム教徒主体（＝パキスタン）
　　　　　　　　　　　　　　　　　　　　⇔　ヒンドゥー教徒主体（＝インド）
└───┘

1 次の図を見て，アフリカに関する下の問いに答えよ。

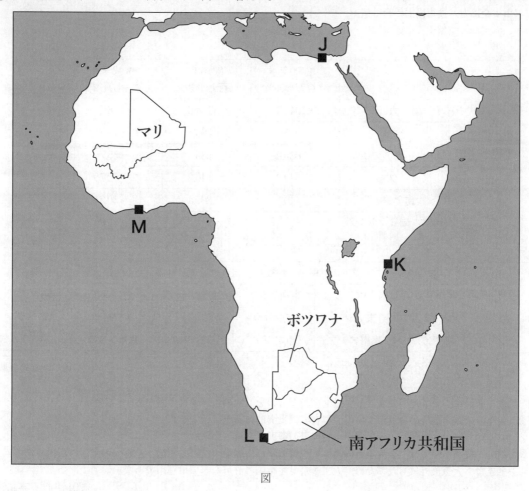

図

港は海路と陸路をつなぐ文化の結節点として機能し，アフリカの言語や宗教の地理的分布に影響を与えてきた。次の①～④の文は，図中のJ～Mのいずれかの港湾都市とその周辺地域に関連することがらについて述べたものである。Kに該当するものを，次の①～④のうちから一つ選べ。

① 植民地開発における交易の拠点として発展し，旧宗主国の影響からフランス語が広く使われている。

② スエズ運河が開通するまでヨーロッパ・アジア間の交易の主要な中継拠点として栄え，キリスト教徒が多く居住している。

③ 大河川の河口に位置した交易の拠点として発展し，アラビア語を話すムスリム（イスラム教徒）が多く居住している。

④ モンスーン（季節風）を利用した交易の拠点として栄え，アラビア語と現地語が混じりあって形成されたスワヒリ語が広く使われている。

（2020年度 追試験）

2 次の表は，日本による2国間ODA（政府開発援助）について，2000年と2016年における地域別実績*を示したものであり，表中のカ～クは，アフリカ，東南アジア，東アジアのいずれかである。カ～クと地域名との正しい組合せを，下の①～⑥のうちから一つ選べ。

*無償資金協力と技術協力の合計値。

表

	2000年 （百万ドル）	2016年 （百万ドル）	増減率 （％）
カ	1043.5	1134.2	8.7
キ	951.1	799.1	−16.0
中央・南アメリカ	639.9	283.6	−55.7
ク	549.3	40.2	−92.7
南アジア	440.1	307.4	−30.2

外務省の資料により作成。

	①	②	③	④	⑤	⑥
カ	アフリカ	アフリカ	東南アジア	東南アジア	東アジア	東アジア
キ	東南アジア	東アジア	アフリカ	東アジア	アフリカ	東南アジア
ク	東アジア	東南アジア	東アジア	アフリカ	東南アジア	アフリカ

（2019年度　追試験）

3 国家や領域について述べた文として最も適当なものを，次の①～④のうちから一つ選べ。
① 近年，未確定国境の解消がすすみ，現在では世界的に領土は確定されている。
② 日本の領海は，高潮時の海岸線から12海里の範囲とされている。
③ 排他的経済水域では，公海上と同様に航空機の飛行，船舶の航行，海底ケーブルの敷設は自由である。
④ 領空は，大気圏外にも及ぶため，人工衛星は主権国の許可なしでは運用できない。

（2014年度　本試験）

4 国家間の結びつきに関して述べた文として下線部が**適当でないもの**を，次の①～⑥のうちから二つ選べ。ただし，解答の順序は問わない。
① アフリカ諸国の連帯を強化するために設立されたAU（アフリカ連合）は，紛争や貧困問題の解決に取り組んでいる。
② UNCTAD（国連貿易開発会議）や世界銀行は，発展途上国の貿易・投資・開発を支援することを目的として活動している。
③ 経済・貿易関係の強化を主目的として発足したAPEC（アジア太平洋経済協力会議）は，アメリカ合衆国が未加盟のため機能していない。
④ 産油国により設立されたOPEC（石油輸出国機構）は，原油の生産量や価格の決定をメジャー（国際石油資本）にゆだねている。
⑤ JICA（国際協力機構）は，発展途上国の経済成長や環境保護の支援を目的として，青年海外協力隊の派遣や研修生の受け入れを行っている。
⑥ 地域紛争への対処を目的の一つとして発足したASEAN（東南アジア諸国連合）は，東西冷戦終結後，経済的な結びつきとしての側面が強まった。

（2014年度　本試験）

5 UNESCOの世界文化遺産は，各国の生活文化や産業史の特徴をよく表している。次の①～④の文は，ウズベキスタン，スウェーデン，スリランカ，フィリピンのいずれかの国に存在する世界文化遺産について述べたものである。スリランカに該当するものを，次の①～④のうちから一つ選べ。

① 国民の多くが信仰する仏教の寺院や仏像，植民地時代につくられたヨーロッパ風の街並みが，代表的な文化遺産である。

② 彩色タイルで飾られたモスクや神学校，市場や隊商宿といった交易にかかわる歴史的建造物が，代表的な文化遺産である。

③ 山間部の少数民族が耕作する棚田群，植民地時代の街並みや教会が，代表的な文化遺産である。

④ 中世の都市間同盟にもとづく交易都市の遺跡や，高品位の鉄鉱石を原料とした製鉄の産業遺産が，代表的な文化遺産である。

(2012年度 本試験)

6 世界では国家間の経済的統合をすすめる動きがある一方，統合された地域内では経済格差がある。次の表は，いくつかの国家群における1人当たり総所得*と，それぞれの国家群で1人当たりGNI（国民総所得）が最上位の国の値と最下位の国の値を示したものであり，カ～クはASEAN（東南アジア諸国連合），CIS，NAFTA（北米自由貿易協定）**のいずれかである。表中のカ～クと国家群名との正しい組合せを，下の①～⑥のうちから一つ選べ。

　*加盟国のGNIを合計したものを総人口で割った値。

　**NAFTAはUSMCAとなっている（2023年現在）。

表　　　　　　　　　　　　　　（単位：ドル）

	1人当たり総所得	1人当たりGNI	
		最上位の国の値	最下位の国の値
カ	34,525	43,424	7,755
EU*	29,371	71,336	4,002
MERCOSUR**	4,885	7,679	1,087
キ	4,441	6,679	516
ク	1,773	30,058	281

*欧州連合。
**南米南部共同市場。準加盟国も含む。
統計年次は2006年。
国際連合の資料により作成。

	①	②	③	④	⑤	⑥
ASEAN	カ	カ	キ	キ	ク	ク
CIS	キ	ク	カ	ク	カ	キ
NAFTA	ク	キ	ク	カ	キ	カ

(2010年度 本試験)

7 太平洋を中心とした地域における生活や文化について述べた文として**適当でないもの**を，次の①～④のうちから一つ選べ。

① オーストラリアでは，かつての白豪主義が撤廃され，現在では多くの国からの移民を受け入れる多文化主義がとられている。

② ツバルでは，標高が低いため，地球温暖化にともなう海水面の上昇による島民の生活への影響が懸念されている。

③ ニュージーランドでは，アジアや南太平洋の国・地域からの移民が増加し，英語のほかに中国語が公用語とされている。

④ 南太平洋の島々では，タロイモやヤムイモなどのイモ類を主食として，風通しのよい家屋に居住する伝統的な生活様式もみられる。

(2010年度 本試験)

8 下の①〜④の文は，次の図中のA〜Dの地域のいずれかに分布する伝統的な住居について述べたものである。Dの地域に該当するものを，下の①〜④のうちから一つ選べ。

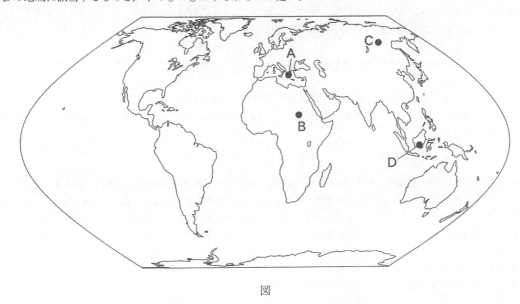

図

① 厳しい寒さを防ぐため，半地下式住居（イズバ）がみられる。
② 樹木が少ないため，土と日干しレンガを建材に用いた住居がみられる。
③ 通気性をよくするため，木と草を用いた高床式の住居がみられる。
④ 強い日ざしを避けるため，窓の小さい白壁の石造り住居がみられる。

（2011年度　本試験）

9 民族や言語について述べた次の文章中の下線部①〜④のうちから，**適当でないもの**を一つ選べ。

　民族とは，①文化などに共通性がみられ，帰属意識を共有する集団をさす。また，ある言語から分化した諸言語のまとまりを語族とよび，②ドイツ語やフランス語はインド・ヨーロッパ語族に属する。他方，一つの言語であっても，その話され方は多様であり，中国語のように③地域によって方言があり，日常的に使用される言葉も異なる場合がある。また，多民族国家の④インドネシアやスイスでは英語を公用語とし，民族の共存がはかられている。

（2017年度　本試験）

10 生活と宗教とのかかわりについて述べた文として**適当でないもの**を，次の①〜④のうちから一つ選べ。

① 東ヨーロッパやロシアおよびその周辺のかつて社会主義体制にあった地域の多くでは，宗教が復興し，日常生活上の宗教活動も活発化している。
② 西アジアやアフリカなどのイスラム教徒が多く住む地域では，太陰暦が用いられることが多く，休日の設定にも宗教の影響がみられる。
③ 南アジアなどヒンドゥー教徒が多く住む地域では，かつての身分制がまだ完全に払拭されず，自由な結婚や職業選択の障害になることが多い。
④ 東南アジアの一部など上座部仏教が広く浸透した地域では，経典を通じて漢字が普及し，今日でも日常的な文書に漢字を用いる人が多い。

（2011年度　追試験）

11 衣服は地域の気候・風土と密接な関係がある。次のア～ウの文は，東南アジアの熱帯地域，西アジアの乾燥地域，南アメリカの高山地域のいずれかの地域にみられる伝統的な衣服の主な特徴について述べたものである。地域名とア～ウとの正しい組合せを，以下の①～⑥のうちから一つ選べ。

ア　この地域には，四角形の布の中央に頭の通る穴をあけた外衣があり，撥水性（はっすいせい）・断熱性に優れた毛織物でつくられている。

イ　この地域には，横にスリットのある上衣とズボンとの組合せを基本とした衣服があり，放熱性や吸水性に優れた麻や綿でつくられている。

ウ　この地域には，綿でつくられた袖（そで）と裾（すそ）の長い外衣と，頭部を覆う布があり，全身をこれらで覆うことで強い日差しから身を守る役割を果たしている。

	①	②	③	④	⑤	⑥
東南アジアの熱帯地域	ア	ア	イ	イ	ウ	ウ
西アジアの乾燥地域	イ	ウ	ア	ウ	ア	イ
南アメリカの高山地域	ウ	イ	ウ	ア	イ	ア

（2018年度　本試験）

12 食文化は地域の自然環境や歴史を反映している。各地の飲食の文化について述べた文として下線部が**適当でないもの**を，次の①～④のうちから一つ選べ。
① インドでは，紅茶を煮出し，香辛料や砂糖，ミルクを加えて飲む習慣があり，<u>イギリスの植民地であった歴史</u>との関連がみられる。
② タイでは，<u>熱帯地域で盛んに栽培されるキャッサバを主原料とするタピオカ</u>にココナッツミルクを加えた冷菓が食される。
③ 中国では，<u>米と比べて温暖・湿潤な地域での栽培に適した小麦を主原料とした饅頭（まんとう）</u>を食す文化が華北平原一帯でみられる。
④ ベトナムでは，濃厚なコーヒーとコンデンスミルクを混ぜて飲む習慣があり，<u>フランスの植民地であった歴史</u>との関連がみられる。

（2018年度　追試験）

13 多文化主義について述べた文として下線部が最も適当なものを，次の①～④のうちから一つ選べ。
① インドネシアでは，複数の言語を公用語としているため，<u>多言語の普及を図る教育を推進しながら，国民の融和をめざしている。</u>
② オランダでは，子どもたちが特定の宗教観にかたよらないようにするため，<u>学校で宗教にかかわる教育は行われていない。</u>
③ カナダでは，<u>公用語に英語とフランス語を採用して英仏両系住民の融和を図った</u>経験をいかし，現在では公用語以外の言語教育も支援している。
④ フランスでは，<u>公立学校で移民の子どもたちの宗教色の強い服装を認め，</u>文化的融和を図っている。

（2010年度　追試験）

14 次の文は，いくつかの国における主要な宗教の習慣やそれと結びついた社会構造について述べたものであり，①～④はイスラエル，インド，サウジアラビア，タイのいずれかである。サウジアラビアに該当するものを，次の①～④のうちから一つ選べ。
① 生まれや職業による厳しい身分制度が設けられているが，近年では少しずつ緩和されている。
② 海や川・湖にすむ生き物のうち，タコ・イカのようなヒレやウロコがないものは食べられない。
③ 男性は生涯に一度は僧侶となることになっているが，世俗復帰は容易である。
④ 1日5回の礼拝や断食月などの戒律が定められ，生涯に一度は聖地を巡礼することが望ましいとされる。

（2013年度　追試験）

15 宗教は社会や人々の生活と大きくかかわるとともに，国家の成立にも影響を及ぼすことがある。次の表はインドとその周辺諸国における宗教別人口割合を示したものであり，①〜④は，スリランカ，ネパール，パキスタン，バングラデシュのいずれかである。スリランカに該当するものを，表中の①〜④のうちから一つ選べ。

表　　　　　　　　　　　　　　　　　　　　　　　　　　（単位：%）

	イスラーム（イスラム教）	ヒンドゥー教	仏　教	その他
①	96.4	1.9	0.0	1.7
②	89.8	9.1	0.5	0.6
インド	14.4	79.5	0.8	5.3
③	9.8	13.6	69.3	7.3
④	4.6	80.6	10.3	4.5

統計年次は2010年。
Pew Research Center, *The Global Religious Landscape* により作成。

（2016年度　本試験）

16　下の①〜④の文は，次の図中のA〜Dのいずれかの地域にみられる食文化について述べたものである。Bに該当するものを，下の①〜④のうちから一つ選べ。

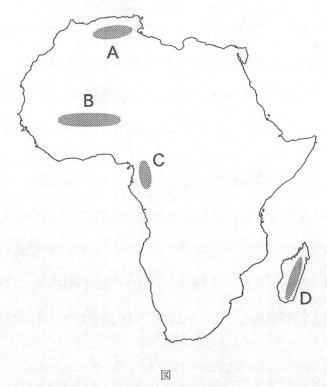

図

① 　小麦粉を粒状にして蒸したものなどを主食とし，オリーブやナツメヤシを使った様々な料理がみられる。
② 　雑穀などを主食とし，ラッカセイのペーストやトマトソースを使った肉や野菜のスープ料理などがみられる。
③ 　米飯を主食とし，肉・魚やキャッサバの葉などの煮込み料理を副食とするほか，ココナッツミルクを使った料理などもみられる。
④ 　ヤムイモなどのイモ類やバナナを餅状にして主食とするほか，豊富な森林産物を利用した料理がみられる。

（2011年度　本試験）

17 次の表中のカ〜クは，キューバ，ペルー，メキシコのいずれかの国について，総人口に占める割合が上位3位までの人種・民族とその割合，現地日系人*の概数を示したものである。表中のカ〜クと国名との正しい組合せを，下の①〜⑥のうちから一つ選べ。

*日本から海外に本拠地を移し，永住の目的をもって生活している日本人ならびにその子孫で，国籍は問わない。

表

	総人口に占める割合が上位3位までの人種・民族とその割合［％］						現地日系人の概数［人］
カ	先住民	45,	混　血	37,	白　人	15	80,000
キ	混　血	60,	先住民	30,	白　人	9	17,000
ク	混　血	50,	白　人	25,	黒　人	25	800

統計年次は，総人口に占める割合が上位3位までの人種・民族とその割合が2008年または2009年，現地日系人の概数が2006年。外務省の資料などにより作成。

	カ	キ	ク
①	キューバ	ペルー	メキシコ
②	キューバ	メキシコ	ペルー
③	ペルー	キューバ	メキシコ
④	ペルー	メキシコ	キューバ
⑤	メキシコ	キューバ	ペルー
⑥	メキシコ	ペルー	キューバ

（2010年度　追試験）

18 オセアニアの国・地域の民族・文化に関することがらについて述べた文として最も適当なものを，次の①〜④のうちから一つ選べ。

① オーストラリアとニュージーランドの先住民は，政府の政策などを背景に，近年では人口が増加している。

② オセアニアでは，スペインやポルトガルから独立した国が多く，現在でも公用語としてスペイン語とポルトガル語を使用している国が多い。

③ オセアニアでは，東南アジアの文化的な影響を受けた国が多く，イスラーム（イスラム教）を信仰している人が大半を占めている。

④ オセアニアの島々は，人種・民族などの違いによってポリネシア，ミクロネシア，メラネシアの三つの地域に分けられ，ニュージーランドは，メラネシアに属する。

（2011年度　追試験）

19 民族と国家をめぐる紛争には，いくつかのパターンがある。次の図は，そのパターンを模式的に示したものである。クルド人にかかわる紛争に最も近いパターンを，図中の①～④のうちから一つ選べ。

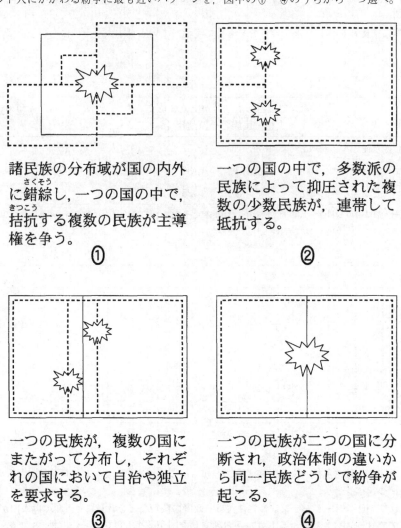

① 諸民族の分布域が国の内外に錯綜し，一つの国の中で，拮抗する複数の民族が主導権を争う。

② 一つの国の中で，多数派の民族によって抑圧された複数の少数民族が，連帯して抵抗する。

③ 一つの民族が，複数の国にまたがって分布し，それぞれの国において自治や独立を要求する。

④ 一つの民族が二つの国に分断され，政治体制の違いから同一民族どうしで紛争が起こる。

| 国の領域 | 民族の分布域 | 紛争の発生地 |

図

（2013年度　本試験）

20 次の図中の①～④は，アラブ首長国連邦，イスラエル，イラン，レバノンのいずれかにおける宗教別人口割合*を示したものである。アラブ首長国連邦に該当するものを，図中の①～④のうちから一つ選べ。

*外国籍の住民を含む。

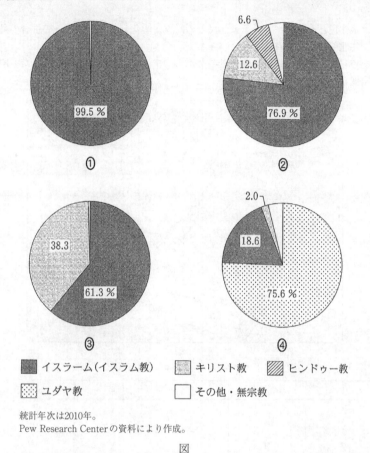

統計年次は2010年。
Pew Research Centerの資料により作成。

図

（2018年度　本試験）

21 次のサ〜スの文は，図中のX〜Zのいずれかの国で第二次世界大戦後に発生した紛争（戦争）について述べたものである。サ〜スとX〜Zとの正しい組合せを，下の①〜⑥のうちから一つ選べ。

サ　アメリカ合衆国で発生した同時多発テロ事件をきっかけに，イスラム原理主義組織が支配する地域での戦闘が開始された。

シ　北部のトルコ系住民と南部のギリシャ系住民との対立が激化し，ギリシャへの併合の動きに対するトルコ軍の介入によって北部が独立を宣言した。

ス　領土と資源をめぐって隣国の侵攻を受けたことから，アメリカ合衆国を中心とした多国籍軍が介入する大規模な戦争に発展した。

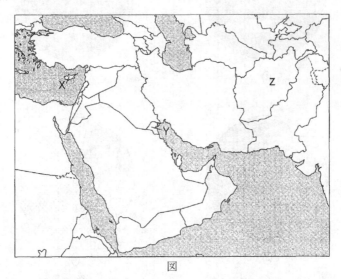

図

	①	②	③	④	⑤	⑥
サ	X	X	Y	Y	Z	Z
シ	Y	Z	X	Z	X	Y
ス	Z	Y	Z	X	Y	X

（2018年度　本試験）

22 EU（欧州連合）発足後のヨーロッパの地域経済について述べた文として**適当でないもの**を，次の①〜④のうちから一つ選べ。

① EU域内の人々の移動が自由化され，国境を越えた通勤や買物行動が活発になった。

② EUの東欧への拡大によってEU域内の経済関係が強化され，ヨーロッパ域外からの直接投資が減少した。

③ 農業生産性が低い山間部の農業地域では，農業生産以外にも観光などの多面的機能が評価され，地域の活性化が図られている。

④ 古くからの重工業地域に残る産業遺産の文化的価値が認められて，これが地域経済の再生にも活用されている。

（2016年度　本試験）

23 北アメリカの国々は多様な人種・民族で構成されている。アメリカ合衆国の人種・民族について説明した文として下線部が**適当でないもの**を，次の①〜④のうちから一つ選べ。

① 1960年代に移民法が改正された後，アジア系移民の流入人口がヨーロッパ系移民の流入人口を下回る傾向がみられる。

② 19世紀中ごろまで，アフリカ系の人々は，その多くがプランテーション農園で労働に従事していたため，南部に比較的集中している。

③ エスキモーは，ヨーロッパ人の入植以前から，主に北極海沿岸域で狩猟や漁労に従事して暮らしてきた。

④ ヒスパニックは，農業の季節労働やサービス業・建設業などの低賃金の単純労働に従事してきたが，最近では所得の高い専門職につく人々も増えている。

（2018年度　追試験）

24 次の図中のX～Zは，日本の最西端，最南端，最東端の島の位置を表している。X～Zとサ～スとの正しい組合せを，下の①～⑥のうちから一つ選べ。

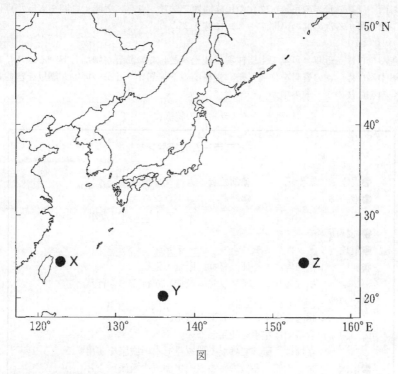

図

（著作権処理の都合により写真省略）

サ　海岸侵食を防ぐ工事が，領域保全の目的で行われている。
シ　気象観測などを仕事とする公務員が主な常駐者である。
ス　複数の集落があり，飛行機やフェリーの定期便などで観光客も訪れる。

	①	②	③	④	⑤	⑥
X	サ	サ	シ	シ	ス	ス
Y	シ	ス	サ	ス	サ	シ
Z	ス	シ	ス	サ	シ	サ

（2016年度　追試験）

実戦問題

タロウさんたちは，授業で世界の民族・文化や民族問題を学び，さらに興味や疑問をもった点について追究することにした。これに関する次の問い（問1～3）に答えよ。

問1　タロウさんたちは，近年，日本でも居住者や観光客としての訪日が増加しているムスリム（イスラーム教徒）を理解するため，次の資料を作成した。資料中の下線部a～dについて，**誤りを含むもの**の組合せとして正しいものを，後の①～⑥の中から一つ選べ。

資料　イスラームの特徴について

<イスラームの特徴>

●成立：7世紀　　　●創始者：ムハンマド（預言者）
●唯一神：アッラー　●経典：コーラン（クルアーン）
　　　　　　　　　　　※_aアラビア語で書かれている。
●礼拝所：モスク
●聖地：メッカ，メディナ，_bヴァラナシ
●五行：信仰告白，礼拝，喜捨，断食，巡礼
　　　　※ムスリム（イスラーム教徒）が行うべき行為。
●その他：_c偶像崇拝の禁止。
　　　　：豚肉を食すことや飲酒の禁止。
　　　　：食事では左手を使用しない。
　　　　：女性は，屋外では髪や肌を見せない衣服を着用する。
●宗派：スンナ派（多数派）やシーア派（少数派）など
●分布：アジア（西アジア，中央アジア，南アジア，東南アジア）
　　　　北アフリカ
　　　　※シーア派は，_dサウジアラビアで広く信仰されている。

① aとb　　② aとc　　③ aとd
④ bとc　　⑤ bとd　　⑥ cとd

問2　タロウさんたちは，民族問題について追究するため，地理の授業で様々な民族問題について話し合った。次の会話文中の下線部e～gについて正誤の組合せとして正しいものを，後の①～⑧のうちから一つ選べ。

タロウ　「世界では，宗教の複雑な分布により紛争が生じている地域がみられるね。」
ハナコ　「南アジアでは，カシミール地方の領有をめぐって，_e仏教徒が多数を占めるパキスタンと，ヒンドゥー教徒が多数を占めるインドの対立が続いているね。」
ジロウ　「地中海に位置する国でも，宗教が異なる人々による対立が生じていると聞いたことがあるよ。」
タロウ　「地中海東部に位置し，EU（ヨーロッパ連合）の加盟国であるキプロスでは，_fユダヤ教徒が多数を占める北部が，ムスリム（イスラーム教徒）が多数を占める南部からの独立を宣言しており，対立が続いているよ。」
ハナコ　「黒海とカスピ海の間に位置するカフカス地方では，イスラームを信仰するチェチェン人がロシアからの独立を求める一方，反対するロシアが軍隊を投入して独立を阻止しているようだよ。_gカフカス地方は石炭の輸送路にあたり，軍事的に重要な地域であることから，事態が複雑になっているようだね。」
ジロウ　「世界中の民族紛争が早く解決されるといいね。」

	①	②	③	④	⑤	⑥	⑦	⑧
e	正	正	正	正	誤	誤	誤	誤
f	正	正	誤	誤	正	正	誤	誤
g	正	誤	正	誤	正	誤	正	誤

問3　タロウさんたちは，2022年に開催されたサッカーのワールドカップの出場国における民族構成について興味をもち，同大会で1～3位となった国について，宗教の割合と多数を占める言語の語派を調べ，図を作成した。図中のア～ウは，アルゼンチン，クロアチア，フランスのいずれかである。国名とア～ウとの正しい組合せを，後の①～⑥のうちから一つ選べ。

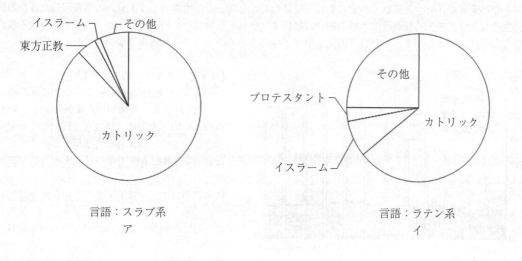

言語：スラブ系
ア

言語：ラテン系
イ

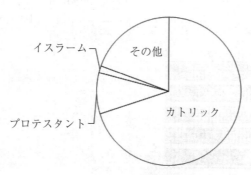

言語：ラテン系
ウ

『データブック　オブ・ザ・ワールド　2023年版』により作成。

図

	①	②	③	④	⑤	⑥
アルゼンチン	ア	ア	イ	イ	ウ	ウ
クロアチア	イ	ウ	ア	ウ	ア	イ
フランス	ウ	イ	ウ	ア	イ	ア

1 地域調査①

　臨海部の工業地帯を地図でみたリョウさんは，大分市の産業変化に関する論文や統計データをインターネットで調べ，市の発展が「新産業都市」指定の影響を受けたことを知った。次の図1は大分市の産業別就業者数の推移を，図2は大分市の工業種別従業者数の割合の推移を，それぞれ示したものである。図1と図2から読み取れることがらをリョウさんがまとめた右下の文章中の下線部①〜④のうちから，**適当でないものを一つ選べ。**

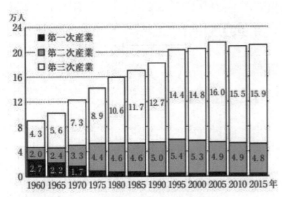

「分類不能」を除く。国勢調査などにより作成。

図1

【リョウさんがまとめた文章】

　1963年には当時の地方工業として典型的であった①軽工業と地場資源型素材工業が全業種の約3分の2を占めていたが，1964年に新産業都市に指定され臨海部の大規模な埋め立てが進むと，②臨海型素材工業の拡大とともに第二次産業人口は増加した。その後，1980年から90年代末にかけて，③機械工業の大幅な伸びに支えられ，第二次産業人口割合も拡大した。工業都市としての成長を背景に大分市の人口も伸び，④1960年に全体の5割に満たなかった第三次産業人口は2015年には7割を超えるようになった。

【共通テスト試行調査　2018】

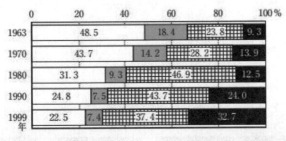

「地場資源型素材工業」はパルプ・紙，土石などを，「臨海型素材工業」は鉄鋼や金属，化学工業を示す。
宮町（2004）により作成。

図2

■Step　下線部の内容の正誤確認

Point

地域調査（統計）

・「絶対値」（人数，金額，重量など）と
　「相対値」（％，1人当たり・1km²当たり，指数など）を混同しないこと
　　※ほとんどの場合，最初の1〜2桁を求める　or　グラフを丁寧に読み取れば判定可能。
　　　時間に追われることも考えられるので，落ち着いて計算する（読み取る）こと。

・①の判定
　図2より　1963年の軽工業と地場資源型素材工業の従業者数割合の合計は，〔　　　〕％
　　　　　　⇒　①は〔適当／適当でない〕

・②の判定
　図2より　1963年から1980年代にかけて臨海型素材工業の従業者数の割合は，23.8％から46.9％へと上昇。
　図1より　1960年から1980年にかけて，第二次産業従業者数も上昇。　⇒　②は適当

- ③の判定

  図2より　1980年から1999年にかけて，機械工業の従業者数の割合は，12.5％から32.7％へと上昇。

  図1より　1980年から1995年にかけて，全産業の従業者数は約16万人から約20万人に増加。

  　　　　　一方，第二次産業従業者数は4.6万人から5.4万人に増加。

  　　　　　→全産業の従業者数に占める割合は，約〔　　　〕％から約〔　　　〕％へと変化。

  　　　　　⇒　③は〔適当／適当でない〕

- ④の判定

  図1より　1960年は，全産業の従業者数約9万人に対して，第三次産業従業数は4.3万人。→　約48％

  　　　　　2015年は，全産業の従業者数約20万人に対して，第三次産業従業者数が15.9万人。→　約80％

  　　　　　⇒　④は〔適当／適当でない〕

正解：〔　　　〕

② 地域調査②

　ユキさんたちは，さらに考察を深めるために，先生のアドバイスを参考にして新たに課題を探究することにした。次の表は，新たな探究課題に関する調査方法を，ユキさんたちがまとめたものである。探究課題の調査方法としては**適当でない**ものを，表中の①～④のうちから一つ選べ。

表

新たな探究課題	調査方法
地域の都市化により，農地の分布はどのように変化したか？	①　撮影年代の異なる空中写真を入手し，年代別の土地利用図を作成する。
橋の開通により，住民の生活行動はどのように変化したか？	②　聞き取り調査により，周辺住民に生活行動の変化を尋ねる。
防災施設の整備により，住民の防災意識はどのように変化したか？	③　GISを用いて，防災施設から一定距離内に住む人口の変化を調べる。
環境の変化により，利根川流域の漁獲量はどのように変化したか？	④　図書館やインターネットで資料を入手し，漁獲量の推移を調べる。

【共通テスト（地理B）　2023年・本試】

■Step　地域調査の調査方法の確認

> **Point**
>
> 地域調査（調査方法・地図の利用）
> 目的に応じた適切な方法を用いる
>
> 例・その1）地形図・住宅地図　…人口，作物の種類，移動方向などは読み取れない
> 例・その2）階級区分図　　　…絶対分布図を表現することはできない
> 例・その3）GIS　　　　　　 …地上の位置を正確に特定する手段ではない

- ③の判定

  GIS（正式名称〔　　　　　　　　　　　　　　　　　　　〕）を用いることにより，

  防災施設から一定距離内に住む人口の変化を調べることは可能。

  しかし，探究課題"住民の防災意識はどのように変化したか"を調べることはできない。

  （現地での聞き取り調査やアンケート調査などが適している）

  ⇒　③が適当でない。

正解：③

1 タロウさんは，宮津市北部の山間部にある集落で調査を行った。次の資料は，ある集落の住民に対してタロウさんが実施した聞き取り調査の結果を整理したものと，その内容から考察したことをまとめたものである。タロウさんの考察をまとめた文として**適当でないもの**を，資料中の①〜④のうちから一つ選べ。

資料

〔聞き取り調査の結果〕
●小学校（分校）の廃校
　・かつては集落に子どもが多かったため，分校が設置されていた。
　・廃校に伴い，集落の小学生は，遠くの学校に通うことになる。
●伝統的な文化や技術の継承
　・春祭りで行われていた太刀振り神事が途絶えてしまった。
　・集落にある植物を用いた織物や和紙がつくられてきた。
●都市と農村の交流
　・NPOや地元企業などにより，棚田の保全が進められている。
　・集落の周辺で，ブナ林や湿地などをめぐるツアーが行われている。
●移住者の増加
　・米作りや狩猟を行うことを目的として移住してきた人がいる。
　・移住者の中には，古民家を改修して居住する人がいる。

〔考察〕
　①　小学校の廃校は，若年層の継続的な流出や少子化が背景にある。
　②　住民の高齢化により，伝統的な文化や技術の担い手が減少している。
　③　自然環境への関心の高まりにより，都市と農村の交流が進められている。
　④　移住者の増加は，宮津市における人口の郊外化が背景にある。

(2021年度　本試験)

2 次の図は，4か所の高速道路インターチェンジ（IC）における1日当たり交通量の推移を示したものである。図の交通量の推移と各IC周辺地域との関係を知るためにカズさんが考えた調査方法について述べた文として下線部が**適当でないもの**を，下の①〜④のうちから一つ選べ。

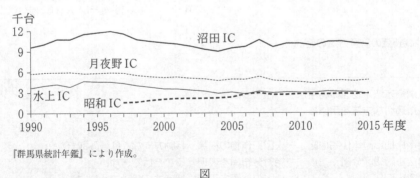

千台

『群馬県統計年鑑』により作成。

図

　①　沼田ICに近い川場村にある道の駅の利用圏を推定するために，駐車する自動車のナンバープレートの地名を調べる。
　②　月夜野ICの交通量が変化した要因を知るために，交通量の推移を利根沼田地域の将来人口推計値と照らし合わせる。
　③　水上ICの交通量が1994年度以降減少している要因を知るために，近接する水上温泉の宿泊客数の推移と照らし合わせる。
　④　昭和ICが1997年度に新設されたことによる地域への影響を調べるために，同年度前後の農業や工業に関する統計を分析する。

(2019年度　追試験)

3 高山市内をめぐり，観光についての興味を深めたイズミさんは，高山市の観光統計*を整理した。次の図は高山市の旅行者数の推移を示したものであり，表は2015年の高山市と全国の外国人旅行者の地域別割合を示したものである。図と表から読み取れることがらとその背景について述べた下の文章中の下線部①～④のうちから，**適当でないもの**を一つ選べ。

*高山市は，旧高山市の値。

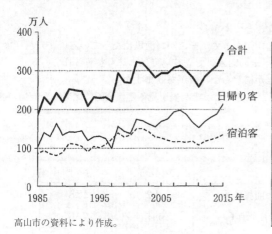

高山市の資料により作成。

図

	高山市	全　国
外国人旅行者数 （万人）	26.8	1,973.7
地域別割合（％）　アジア	58.7	84.3
ヨーロッパ	25.1	6.3
南北アメリカ	9.2	7.0
オセアニア	6.6	2.2
その他	0.4	0.2

表

高山市の値は，宿泊客のみの数値。
統計年次は2015年。
高山市の資料などにより作成。

　高山市の旅行者数は全体的に増加傾向にあり，その背景には，鉄道の高速化やトンネル・高速道路の開通などが考えられる。ただし，①交通条件の改善は旅行者数の維持を保証するものではない。

　2015年の高山市を含む岐阜県全体の日帰り客数は3,731万人，宿泊客数は629万人となっており，高山市は②県内市町村の中でも相対的に宿泊をともなわない通過型の観光地としての性格が強い。

　日本では国をあげて外国人の誘客に努めており，③2015年の高山市の宿泊客数の約2割を外国人旅行者が占めている。外国人旅行者の地域別割合をみると，高山市は全国に比べて，④ヨーロッパやオセアニアの割合が高い。

（2018年度　本試験）

4 ユカさんは，佐賀市内のいくつかの商業地区や企業のオフィスが立地する業務地区の特徴について知るため，土地利用に関する現地調査を行うことにした。この調査における事前準備について述べた文として**適当でない**ものを，次の①～④のうちから一つ選べ。

① 各種統計資料を用いて，佐賀市内における店舗や企業のオフィスの業種構成を調べる。

② 空中写真から，佐賀市内における店舗や企業のオフィスに勤める従業員の通勤流動を読み取る。

③ 市役所や商工会議所で，佐賀市内において新規に進出した店舗や企業のオフィスの立地傾向に関する聞き取り調査を行う。

④ 図書館で市史などの文献資料を閲覧し，佐賀市内における商業地区や業務地区の過去の状況を把握する。

（2011年度　本試験）

5 芦辺港に戻って漁港を見学したノゾミさんは，漁業協同組合で話を聞くことにした。次のノゾミさんと漁業協同組合職員との会話文中の空欄カとキに当てはまる語の正しい組合せを，下の①～④のうちから一つ選べ。

ノゾミ 「壱岐島では漁業が盛んなのですね。どんなものがとれるのですか」

職 員 「ウニやマグロ，ブリも有名だけど，最も多いのはやっぱりイカだね。イカ釣り漁船がたくさん見えるだろう」

ノゾミ 「壱岐島の周りは好漁場になっているということですか」

職 員 「島の北西に七里ヶ曽根というバンク（浅堆）があって，そこが好漁場になっている。また（ カ ）が流れ込んでいるのも要因として大きいね。そのおかげで壱岐島では真珠も養殖されている」

ノゾミ 「なるほど。では，壱岐島の漁業経営にはほかにどんな特徴がありますか」

職 員 「全国的な問題だけど，漁獲減や後継者不足が深刻だね。また表を見ると，全国に比べて壱岐島の漁家の経営規模は（ キ ）といえるね」

表 （単位：％）

		壱岐市	全 国
経営体*の漁業種区分	海面養殖業	1.2	15.8
	沿岸漁業	93.5	78.5
	沖合・遠洋漁業	5.3	5.7
1経営体*当たり漁船数**	1隻	93.6	85.4
	2～4隻	5.8	13.3
	5隻～	0.6	1.3

*企業なども含まれるが大半は個人経営の漁家。ただし，過去1年間における漁業の海上作業従事日数が
　30日未満の個人経営の漁家を除く。
**無動力漁船，船外機（取り外し可能なエンジン）付漁船を除く。
統計年次は2013年。
漁業センサスにより作成。

	①	②	③	④
カ	寒 流	寒 流	暖 流	暖 流
キ	大きい	小さい	大きい	小さい

（2017年度　本試験）

6 図書館で資料収集をしている際に群馬県最北の利根沼田地域の産業構造変化に興味をもったカズさんは，統計から図表を作成した。次の表は，利根沼田地域における経営耕地面積の変化を示したものであり，図は，同地域における産業別就業者数と同地域内の主な製造業の事業所*数の推移を示したものである。表と図から読み取れることがらとその背景について述べた下の文章中の下線部①～④のうちから，**適当でないもの**を一つ選べ。

*従業者4人以上の事業所。公表されている1990～2010年のみ。

表　　（単位：ha）

	1960年	1990年
田	2,035	1,730
畑	6,803	4,364
桑　園	2,174	997
果樹園	204	276
その他	23	18

『群馬県統計年鑑』により作成。

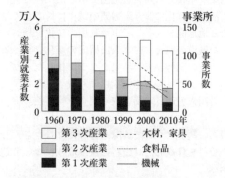

機械には，輸送・電気機械，電子機器等も含む。
国勢調査などにより作成。

図

利根沼田地域では，高度経済成長期に農業を中心とした第1次産業が衰退する一方で，第2次・第3次産業の就業者数が増加した。農業就業者数の減少の要因の一つには，①養蚕業の衰退があげられる。また，②経営耕地面積の減少率は畑よりも田が高いことが特徴的である。1980年代以降に生じた第2次産業就業者数の減少には，建設業と製造業の就業者数の変化が影響していると考えられる。製造業においては，③木材，家具製造業事業所数の減少が最も大きい。近年の就業者数全体の減少には，産業の衰退のほか④大都市圏への転出や高齢化も影響している。

（2019年度　追試験）

問1　地域の探究課題について調査する方法に関することがらについて述べた文として最も適当なものを，次の①～④のうちから一つ選べ。

① 郊外に開業した大型量販店が中心市街地の商店に及ぼした影響を調べるため，GNSSを用いて，年代ごとに開業・閉業した商店を地図で示した。
② 食生活の多様化に伴う米需要の減少に対応して米農家が転作後に栽培した作物を調べるため，発行年代の異なる地形図を入手して土地利用の変化を調べた。
③ 新たな鉄道の開業に伴う人口構成の変化を調べるため，インターネットやパソコンのソフトを用いて，異なる年代の国勢調査の結果をグラフ化した。
④ 新型コロナウイルス感染症により減少した外国人観光客数の回復状況を調べるため，地域の自動車工場で働く外国人労働者に聞き取り調査を行った。

問2　長野県の観光について興味をもったタロウさんたちは，長野県を訪問する観光客に関する統計を入手して，次の資料を作成した。資料の読み取りについて述べた文として最も適当なものを，下の①～④のうちから一つ選べ。

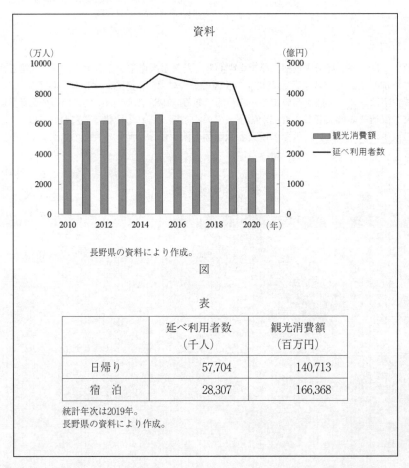

資料

長野県の資料により作成。

図

表

	延べ利用者数 （千人）	観光消費額 （百万円）
日帰り	57,704	140,713
宿　泊	28,307	166,368

統計年次は2019年。
長野県の資料により作成。

① 2010年以降の延べ利用者数と観光消費額の変化について，両者の相関関係はほとんどみられない。
② 2019年から2020年にかけて，新型コロナウイルス感染症の影響により，延べ利用者数は7割以上減少した。
③ 2019年の延べ利用者数のうち，日帰り客が約4分の3を占めていることから，長野県は，日帰り客中心の観光地であると言える。
④ 2019年の延べ利用者数1人当たりの観光消費額は，宿泊客が日帰り客の2倍以上大きい。

問3　次の図は，地域調査の手順についてまとめたものである。地域調査の手順について述べた図中の下線部①〜④のうちから，**適当でないもの**を一つ選べ。

①地域調査のテーマと調査対象地域の設定
　・書籍，新聞，ニュースなどで取り上げられている課題の整理
　・各自が整理した課題の提示　⇒　調査する課題の選定
　・課題をもとに地域調査のテーマと調査対象地域の設定

②事前調査（デスクワーク）
　・図書館やウェブサイトによる資料や統計データの入手
　　※①インターネット上の信頼性の低い情報に注意を払う
　・入手した資料や統計データの整理　⇒　調査地域の全体像の把握
　　※表計算ソフトやGISソフトを利用する
　・地理院地図や新旧の地形図，空中写真による土地利用の把握
　・地域の課題について仮説の設定　⇒　調査項目や調査方法の決定

③現地調査
　・聞き取り調査やアンケート調査，資料収集
　　※②事前に取材相手と連絡を取る
　・野外観察（地形や景観などの情報を写真や映像の撮影などで入手する）
　　※撮影対象者のプライバシーに配慮する
　・フィールドノートの持参，記録

④調査結果の整理・分析，仮説の検証
　・データの分析，図表や地図の作成
　・③現地調査ではなくデスクワークによる再調査を行う

⑤調査結果のまとめ・発表
　・報告書の作成
　・ポスターやプレゼンテーションソフトによる発表
　・情報の発信
　・④関係者へ報告書や礼状を送付する

図　地域調査の手順

2025年度大学入学共通テスト試作問題「地理総合，地理探究」

第1問　ニュースをきっかけに難民問題に関心をもったレイさんたちは，それぞれの疑問を整理し，次の資料1のような過程で追究した。難民問題に関する次の問い（問1～4）に答えよ。

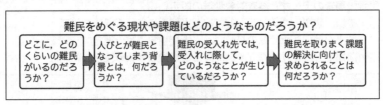

資料1　難民問題に関するレイさんたちの疑問

問1　レイさんたちは，難民が発生している地域や難民の数を把握するために，後の図1を作成した。図1に関するレイさんたちと先生との会話文中の下線部①～④のうちから，**誤りを含むもの**を一つ選べ。

先　生：「2000年には約1200万人であった世界の難民は，2020年には約2070万人となりました。図1からは，どのようなことが読み取れますか」

レ　イ：「難民は，両年ともアフリカや①西アジアの国々で多く発生していることが分かります」

シノブ：「2000年と2020年の図を見比べると，この間に，②新たな内戦・紛争や政治的迫害が生じていることが推測できます。また，紛争や政情不安が長期化している国もありそうです」

カエデ：「受入れについてみると，両年とも受入れ数上位の多くが，③難民の出身国周辺の国であることが分かります」

先　生：「受入れ先の地域差について考えてみましょう。各国の経済規模との関係をみる指標として，GDP1ドル当たりの難民受入れ数があります」

レ　イ：「例えば，2020年に同程度の難民を受け入れているドイツとアフリカのウガンダを比べると，④ドイツの値の方が大きくなると考えられます」

先　生：「難民の出身国と受入れ先の両方を調べていく必要がありますね」

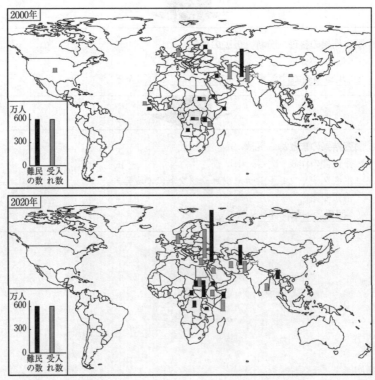

パレスチナ難民および国外に逃れたベネズエラ人は含まない。UNHCRの資料により作成。

図1　難民の数と受入れ数の上位10か国

問2　シノブさんは，難民が生まれる背景について，アフリカ中央部のコンゴ民主共和国（コンゴ）における紛争鉱物*を事例として調べ，次の資料2にまとめた。資料2について述べた文として**適当でないもの**を，後の①～④のうちから一つ選べ。

*内戦・紛争にかかわる武装勢力の資金源となるおそれのある鉱物。

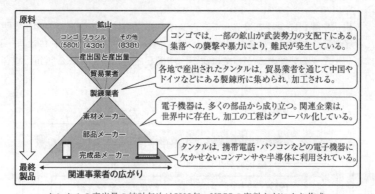

タンタルの産出量の統計年次は2019年。USGSの資料などにより作成。

資料2　紛争鉱物であるタンタルのサプライチェーンの概念図

①　タンタルの産出量は，上位2か国で世界全体の半分以上を占めていることから，特定の地域に偏って分布しているといえる。

②　紛争鉱物をなくすためにコンゴ産のタンタルを禁輸することは，コンゴで正規に取引している企業や労働者の生活を圧迫することになる。

③　完成品メーカーは，紛争鉱物が含まれているかを最も特定しやすいため，完成品メーカーに対して紛争鉱物の利用を規制することが効果的である。

④　タンタルをリサイクルして使用する仕組みを構築することは，取引価格を引き下げ，違法な取引を減らすために有効である。

問3　カエデさんは，難民の受入れ先に興味をもち，受入れに関する動向を調べた。次の文章**ア**～**ウ**は，イタリア，オーストラリア，アフリカのザンビアのいずれかにおける難民の受入れ状況について述べたものであり，後の図2中の**A**～**C**は，それぞれの難民の受入れ数を示したものである。オーストラリアに該当する文章と凡例との正しい組合せを，後の①～⑨のうちから一つ選べ。

ア　2002年まで内戦が続いた隣国から多くの難民を受け入れてきた。難民の自立や社会への統合を進めるため，滞在許可や土地を与える取組みがある。

イ　移民国家であり，1970年代のベトナム戦争で発生した難民を多く受け入れた。2001年以降は保護を求めて流入する難民への対応を厳しくした。

ウ　北アフリカなどから多くの難民が流入している。2010年以降，難民数や負担が増大し，国内では受入れに否定的な意見もある。

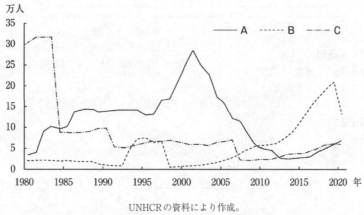

UNHCRの資料により作成。

図2　難民の受入れ数の推移

実戦演習

	①	②	③	④	⑤	⑥	⑦	⑧	⑨
文章	ア	ア	ア	イ	イ	イ	ウ	ウ	ウ
凡例	A	B	C	A	B	C	A	B	C

問4　難民をめぐる現状や課題について追究してきたレイさんたちは，これまでの学習で明らかにしてきた課題と，考えられる解決策について次の資料3にまとめた。資料3中の空欄EとFには語句aとbのいずれか，空欄カとキには語句xとyのいずれかが当てはまる。空欄Eとカに当てはまる語句の組合せとして最も適当なものを，後の①〜④のうちから一つ選べ。

資料3　レイさんたちがまとめたポスター

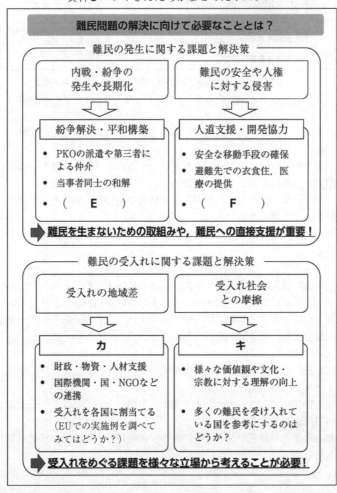

EとFに当てはまる語句

 a 教育・職業訓練の提供

 b 選挙・民主化に対する支援

カとキに当てはまる語句

 x 責任の分担

 y 多文化共生

	①	②	③	④
E	a	a	b	b
カ	x	y	x	y

第2問　自然環境と防災に関する次の問い（**問1～4**）に答えよ。

問1　次の図1と地震に関することがらについて述べた文として最も適当なものを，後の①～④のうちから一つ選べ。

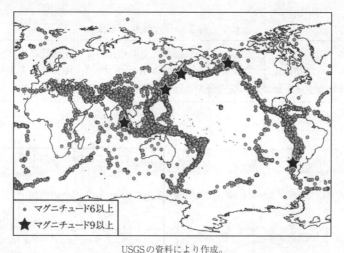

USGSの資料により作成。

図1　1900年以降に発生した地震の震央

①　巨大津波を伴う地震は，1900年より前にも繰り返し発生していたことが，地層に残された痕跡や古文書の記録などから知られている。

②　東京における地震の発生頻度は，ニューヨーク，パリ，ロンドンと同程度と考えられる。

③　マグニチュード9程度の地震は，広がるプレート境界で発生しやすい。

④　陸域の活断層による地震では，せばまるプレート境界で起こる海溝型地震よりも，広域で強い揺れが発生しやすい。

問2　次の図2に示した地域について，地形と災害リスクを述べた文章中の下線部①～④のうちから，**適当でないもの**を一つ選べ。

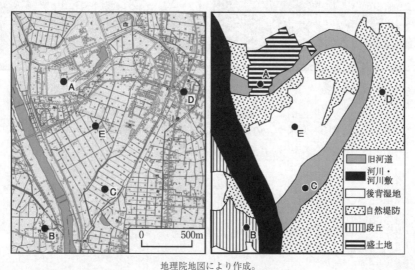

地理院地図により作成。

図2　ある地域の地形図と地形分類図

　この地域では，河川の蛇行部をショートカットする人工的な流路をつくることで，①増水時にも河川の水を流れやすくして洪水発生リスクの低減が図られた。旧河道の一部は盛土造成が行われ，この盛土造成地にある②地点Aは，地点Bよりも地震発生時に液状化が発生する可能性が高いと考えられる。河川氾濫時のリスクとしては③地点Cは，浸水しやすく，浸水した状態が長時間継続しやすい。また，④地点Dは，地点Eよりも浸水深が大きくなり，浸水した状態が継続する時間も長くなる可能性が高いと考えられる。

実戦演習

問3　次の資料１は，後の図３中の①〜④のいずれかに位置する自然災害伝承碑について，その碑文の一部を現代語に訳したものである。資料１の内容が記された自然災害伝承碑に該当するものを，図３中の①〜④のうちから一つ選べ。

資料１　碑文の現代語訳（一部）

…突如として，山が鳴り，大地が大いに揺れ動き，立派な建物や民家が数多く倒壊しました。大地はひだのように割れ裂けて，水がしきりに噴き出し…(中略)…海潮はわきあがって，田畑をおおいつくします。田畑が水に沈み海のようである…

自治体の資料により作成。

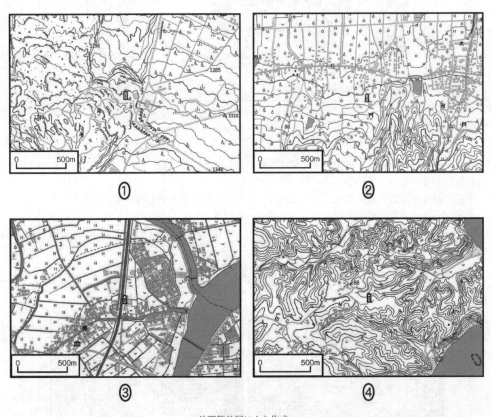

地理院地図により作成。
図３　いくつかの地域における自然災害伝承碑の位置

問4　次の図4中の天気図**ア**と**イ**は，異なる季節の典型的な気圧配置を示したものである。また，後の写真1中の**J〜L**のうち二つは，**ア**と**イ**のいずれかの気圧配置時に日本で発生しやすい気象現象や，それによる被害を軽減するための構造物を撮影したものである。**ア**，**イ**と**J〜L**との組み合わせとして最も適当なものを，後の①〜⑥のうちから一つ選べ。

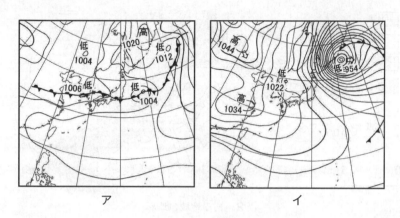

気象庁の資料により作成。

図4　異なる季節の天気図

写真1　構造物

	①	②	③	④	⑤	⑥
ア	J	J	K	K	L	L
イ	K	L	J	L	J	K

第3問　世界と日本の自然環境に関する次の問い（**問1〜5**）に答えよ。

問1　ハイサーグラフは，縦軸に月平均気温を，横軸に月平均降水量を示した折れ線グラフである。ハイサーグラフを描いた際に，その形が縦軸にほぼ平行になる地点を，次の図1中の①〜④のうちから一つ選べ。

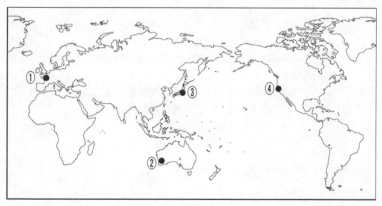

図1

問2　次の図2は，太平洋に面したある地域の地形を分類して示したものであり，後の図3は，図2中の実線XYに沿った地形断面の模式図である。また，後の図4中のア～エは，A～Dのいずれかの地形が形成された時期を示している。Bが海岸段丘であり，ウの時期に形成されたものであるとした場合，Cの地形とそれが形成された時期との組合せとして最も適当なものを，後の①～⑥のうちから一つ選べ。

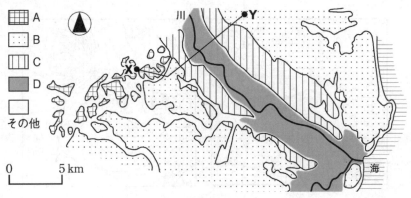

図2　ある地域の地形

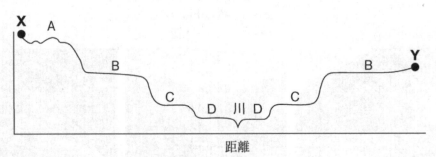

図3　図2中の実線XYに沿った地形断面の模式図

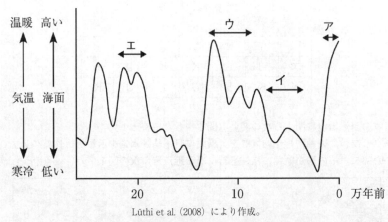

Lüthi et al. (2008) により作成。

図4　過去25万年間の気温と海面の変化

①　海岸段丘－ア　　　②　海岸段丘－イ　　　③　海岸段丘－エ
④　河岸段丘－ア　　　⑤　河岸段丘－イ　　　⑥　河岸段丘－エ

問3　次の図5～7をもとに，世界の気候について述べた文章中の下線部①～④のうち，**適当でないもの**を一つ選べ。

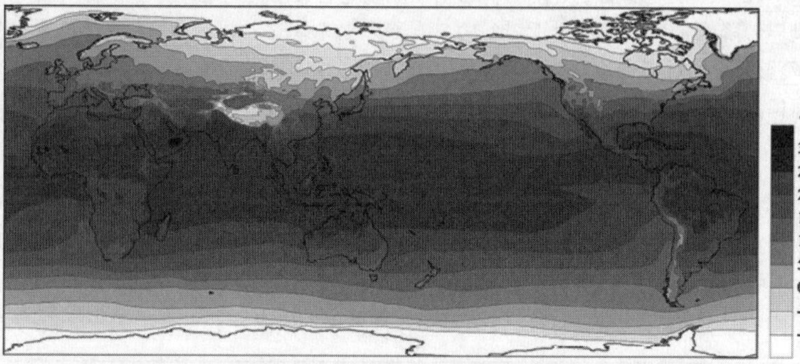

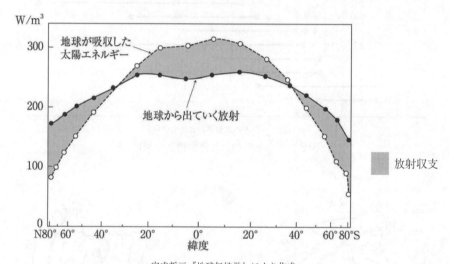

小野映介・吉田圭一郎『みわたす・つなげる自然地理学』により作成。

図5　世界における年平均気温の分布

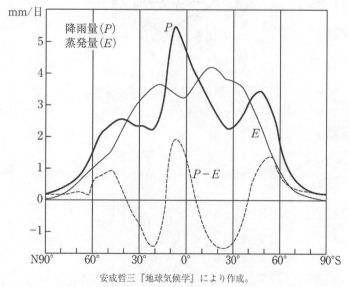

安成哲三『地球気候学』により作成。

図6　大気－地表面系における放射収支の緯度分布

安成哲三『地球気候学』により作成。

図7　緯度に沿った降水量と蒸発量の分布

実戦演習

図5から，世界の気温は，緯度とほぼ平行に変化していることがわかる。これは図6から読み取れる①放射収支の緯度方向での違いと対応している。その空間的な不均衡を解消するために②大気と海洋により熱エネルギーが輸送されていて，多様な気候を生み出す原動力となっている。

　図7から，世界の降水量は，赤道付近で多いことがわかる。これは③活発な対流活動が生じる熱帯収束帯（赤道低圧帯）の影響を受けているためである。また，図7から水収支を読み取ると，赤道付近での多量の降水には，貿易風によって④緯度45°付近から運ばれる水蒸気が加わっていると考えられる。

問4　現在の植物と植物化石を比較することによって，過去の気候を復元できることがある。次の図8は，いくつかの植物種について，それらが生育する暖かさの指数*の範囲を示したものである。ある地点の1万年前の地層からエノキとケヤキの化石が産出されたとした場合，この地層が堆積した時の気候と，現在ほぼ同じ気候の都市として最も適当なものを，後の図9中の①～④のうちから一つ選べ。

*1年のうち月平均気温が5℃以上の月について，各月の平均気温と5℃との差を合計したもの。

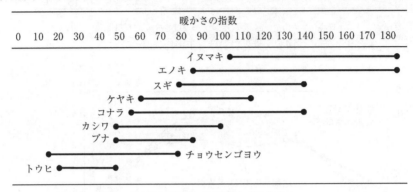

吉良龍夫『日本の森林帯』により作成。

図8　暖かさの指数と植物種との関係

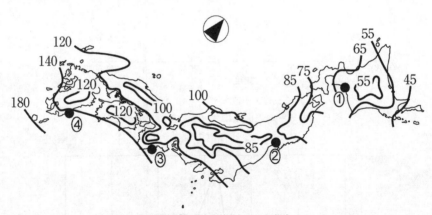

吉良龍夫『日本の森林帯』により作成。

図9　現在の暖かさの指数の分布

問5　人間社会は，自然環境の影響を受けながら，自然環境を利用し，改変している。次の図10中の矢印P〜
　　Rと矢印 t は，矢印の方向に影響あるいは作用することを示している。また，後の文カ〜クは，矢印P〜R
　　のいずれかの具体的な事例について述べたものである。P〜Rとカ〜クとの組み合わせとして最も適当なも
　　のを，後の①〜⑥のうちから一つ選べ。

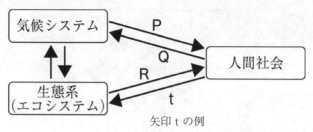

矢印 t の例
東京都と埼玉県にまたがる丘陵では，生物
多様性の高い里山の自然が維持されている。

図10　自然環境と人間社会の模式図

カ　沖縄県では，サトウキビやパイナップルが特産品として栽培されている。
キ　名古屋市の中心部では，郊外に比べて気温が高くなっている。
ク　北海道東部の湿原では，貴少な生物を観察するエコツーリズムが行われている。

	①	②	③	④	⑤	⑥
P	カ	カ	キ	キ	ク	ク
Q	キ	ク	カ	ク	カ	キ
R	ク	キ	ク	カ	キ	カ

実戦演習

第4問　人や物，情報の移動からみた産業に関する次の問い（**問1〜5**）に答えよ。

問1　現代では，貯蔵性の低い生鮮食品も世界的に流通している。次の図1中の**ア〜ウ**は，カナダ，サウジアラビア，ロシアのいずれかにおける2015〜2019年の生食用ブドウの累計輸入量上位10か国を示したものである。国名と**ア〜ウ**との正しい組合せを，後の①〜⑥のうちから一つ選べ。

ア

イ

ウ

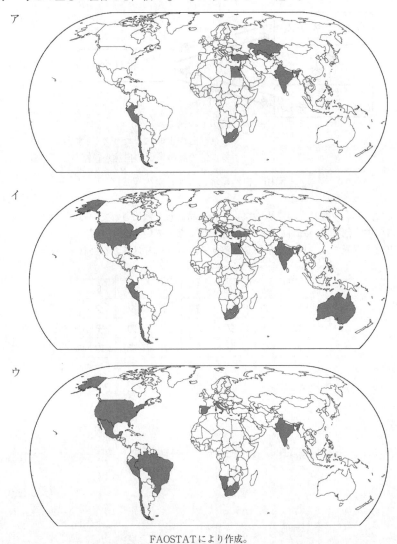

FAOSTATにより作成。

図1　各国における生食用ブドウの主な輸入先

	①	②	③	④	⑤	⑥
カナダ	ア	ア	イ	イ	ウ	ウ
サウジアラビア	イ	ウ	ア	ウ	ア	イ
ロシア	ウ	イ	ウ	ア	イ	ア

問2　世界の貿易には，地理的条件や歴史的な結びつきが反映されている。次の表1中の**カ～ク**は，北アメリカ*，西ヨーロッパ**，東アジア***のいずれかである。地域名と**カ～ク**との正しい組合せを，後の①～⑥のうちから一つ選べ。

　＊アメリカ合衆国，カナダ。

　＊＊アイルランド，イギリス，イタリア，オランダ，スイス，スペイン，ドイツ，フランス，ベルギー，ポルトガル，ルクセンブルク。

＊＊＊日本，韓国，中国（台湾，香港，マカオを含まない），モンゴル。

表1　地域間の貿易額

（単位：10億ドル）

輸出＼輸入	カ	キ	ク
カ	2,270	508	377
キ	316	542	272
ク	469	700	606

統計年次は2020年。IMFの資料により作成。

	①	②	③	④	⑤	⑥
北アメリカ	カ	カ	キ	キ	ク	ク
西ヨーロッパ	キ	ク	カ	ク	カ	キ
東アジア	ク	キ	ク	カ	キ	カ

問3　工場の分布には，様々な立地条件が反映されている。次の資料1は，製紙・パルプ工場の分布と紙・板紙*の生産の流れを示したものである。資料1をもとに，日本の製紙・パルプ工場の特徴について述べた文として**適当でないもの**を，後の①～④のうちから一つ選べ。

＊板紙は，段ボールや包装に使われる厚い紙。

資料1　製紙・パルプ工場の分布と紙・板紙の生産の流れ

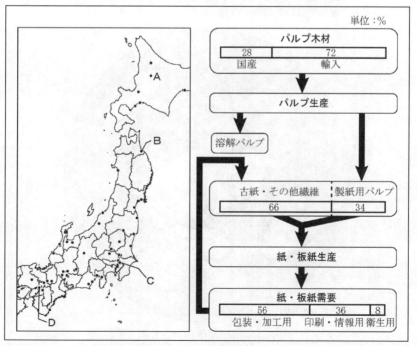

統計年次は2021年。日本製紙連合会の資料により作成。

① 工場Aでは，国産木材を調達しやすい立地条件をいかした生産をしている。
② 工場Bでは，原料を輸入しやすい立地条件をいかした生産をしている。
③ 工場Cでは，安価な労働力を得やすい立地条件をいかした生産をしている。
④ 工場Dでは，大量の古紙を調達しやすい立地条件をいかした生産をしている。

問4　都市は，様々な交通手段によって結びついている。次の図2中の**サ**と**シ**は航空と鉄道のいずれか，**A**～**C**は愛知県，大阪府，北海道のいずれかである。航空と愛知県との正しい組合せを，後の①～⑥のうちから一つ選べ。

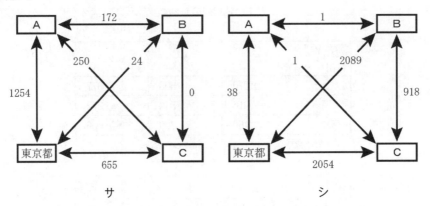

単位は万人，単位未満は切り上げ。統計年次は2019年度。国土交通省の資料により作成。

図2　4都道府県間の公共交通機関別旅客数

	①	②	③	④	⑤	⑥
航空	サ	サ	サ	シ	シ	シ
愛知県	A	B	C	A	B	C

問5　国際データ通信の多くは，次の図3に示した海底ケーブルを通じて行われている。後の表2は，国際データ通信量について示したものであり，通信先の割合には，各国・地域と諸外国との通信だけではなく，その国・地域を経由した通信も含まれている。図3と表2をもとに，国際データ通信について述べた文章中の下線部①～④のうちから，**適当でないもの**を一つ選べ。

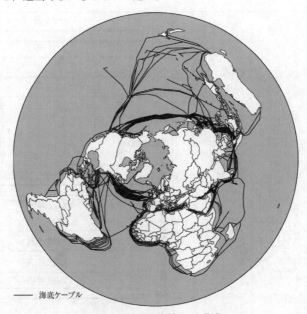

── 海底ケーブル

TeleGeographyの資料により作成。

図3　主な海底ケーブル

表2　国際データ通信量の上位8か国・地域における世界シェアと通信先の割合　（単位：%）

国・地域	世界シェア	通信先の割合				
		北アメリカ	ヨーロッパ	アジア	ラテンアメリカ	その他
香港	14.3	9.5	3.3	82.9	0.0	4.3
アメリカ合衆国	11.9	8.8	24.5	23.7	38.8	4.2
イギリス	10.3	20.3	65.7	3.6	0.2	10.2
台湾	5.1	36.6	0.1	63.2	0.0	0.1
中国	4.2	63.5	10.7	25.6	0.0	0.2
日本	3.6	43.1	2.2	52.7	0.0	2.0
ブラジル	3.1	76.4	1.7	0.0	21.8	0.1
ドイツ	3.0	2.3	89.0	1.0	0.1	7.6

中国の数値には台湾，香港，マカオを含まない。統計年次は世界シェアが2016年，通信先の割合が2017年。『ジェトロ世界貿易投資報告』により作成。

　　世界で初めて敷設された海底ケーブルは，大西洋を横断するものであった。その後，大西洋には複数の海底ケーブルが開通し①ヨーロッパ側の起点の多くがイギリスとなっている。アメリカ合衆国は，多くの国際データ通信の経由国となっており，海底ケーブルが集中している。特に，②ラテンアメリカは，北アメリカを経由地として，他の国・地域と国際データ通信を行っている。太平洋にも複数の海底ケーブルが敷設されており，アメリカ合衆国とアジアとの間の国際データ通信においては，③ほとんどのデータ通信が中国を経由している。世界シェアが1位の香港は，アジア域内と複数の海底ケーブルで結ばれ，④日本や韓国，ASEAN諸国との国際データ通信が多い。

第5問　高知県に住む高校生のチガヤさんは，授業でアフリカ地誌を学び，さらに興味や疑問をもった点について追究することにした。これに関する次の問い（**問1～5**）に答えよ。

問1　チガヤさんは，文化が自然環境への適応としての側面をもっていると学び，アフリカにおける農業と自然環境との関係を考えた。チガヤさんは，次の図1中の地点a～dにおける季節的な降雨パターンを比較するため，後の資料1の計算式から乾燥指数の年指数と夏指数を求め，図2を作成した。図2中の**ア～ウ**は，図1中のa～cのいずれかの値であり，後の文E～Gは，地点a～cのいずれかにおける農業について述べたものである。地点**c**に該当する乾燥指数と文との組合せとして最も適当なものを，後の①～⑨のうちから一つ選べ。

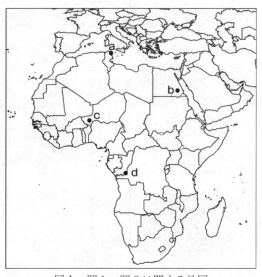

図1　問1・問2に関する地図

乾燥指数 $= P \div (T + 10)$
P（降水量）：年指数では年降水量（mm），夏指数では6〜8月（南半球では12〜2月）の降水
　　　　　　量（mm）の値をとる。
T（平均気温）：年指数では年平均気温（℃），夏指数では6〜8月（南半球では12〜2月）の
　　　　　　平均気温（℃）の値をとる。

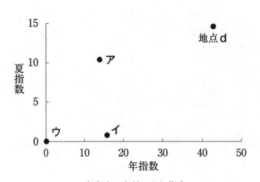

気象庁の資料により作成。
図2　図1中の地点a〜dの乾燥指数

E　小麦などを冬に栽培し，夏には休閑する農業が行われる。
F　雑穀などを夏に栽培するほか，牧畜が行われる。
G　遊牧や灌漑農業が行われる。

	①	②	③	④	⑤	⑥	⑦	⑧	⑨
乾燥指数	ア	ア	ア	イ	イ	イ	ウ	ウ	ウ
文	E	F	G	E	F	G	E	F	G

問2　チガヤさんは，図1中の地点d周辺で行われている焼畑が，東南アジアやラテンアメリカでも行われており，1970年代まで高知県の山間部でも行われていたことを知った。これらの地域で焼畑が行われてきた背景に，共通の要因があると考えたチガヤさんは，次の資料2に調べたことをまとめた。資料2中の空欄カ〜クに当てはまる語句の組合せとして最も適当なものを，後の①〜⑧のうちから一つ選べ。

資料2　焼畑について

・年中湿潤または（　カ　）の気候条件で，森林が
　広がる地域で行われる。
・高知県の焼畑では，連作を続けると雑草が増える
　ので，休閑し，森に戻すことによって雑草を除い
　ていた。植物の繁殖が旺盛で，雑草と作物が競合
　する（　カ　）の環境のため，このような農法が
　生まれたと考えられる。
・休閑し，森に戻っていく途中では，（　キ　）など
　を行う。休閑中の土地は，里山が果たすような機
　能を担っていると考えられる。
・日本では，主に山間地で行われてきた。20世紀後
　半に日本で衰退したのは，（　ク　）が進み，農業
　が成り立たなくなったからだと考えられる。

	カ	キ	ク
①	夏雨型	森林産物の採集	過疎化
②	夏雨型	森林産物の採集	森林破壊
③	夏雨型	肥料の散布	過疎化
④	夏雨型	肥料の散布	森林破壊
⑤	冬雨型	森林産物の採集	過疎化
⑥	冬雨型	森林産物の採集	森林破壊
⑦	冬雨型	肥料の散布	過疎化
⑧	冬雨型	肥料の散布	森林破壊

問3 チガヤさんは，文化の広がりには，自然環境の影響とともに歴史的背景もあることを学び，アフリカと
その周辺地域における文化に関する主題図を作成した。次の図3中のサとシは，宗教と，母語が属する語族*
のいずれかについて，国・地域ごとに分類し，凡例を分けて示したものである。図3について述べた文とし
て最も適当なものを，後の①～④のうちから一つ選べ。
*諸語などと呼ばれるものも含む。

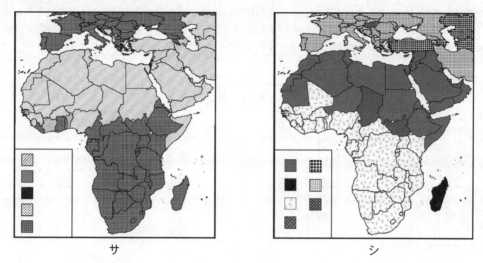

宗教の図は，宗派の違いは区別せず，最も多い宗教の人口割合が50％を超える場合はその宗教単体，超えない場合
は宗教人口1位と2位の組合せによって分類して示した。語族の図は，話者人口が最大となる語族を示した。
The World Factbookなどにより作成。

図3 アフリカとその周辺地域における宗教と語族

① アフリカで最も広域に分布する二つの語族は，ともにヨーロッパに起源をもち，それぞれ植民地時代に
アフリカに広がった。
② アフリカで最も広域に分布する二つの宗教は，ともにアフリカに起源をもつ一神教である。
③ アフリカの地中海沿岸諸国では，宗教の分布と語族の分布とが対応しているが，西アジアの地中海沿岸
諸国ではあまり対応していない。
④ マダガスカルは，宗教がヨーロッパ，語族が西アジアと関係が深い。

問4 チガヤさんは，アフリカと他の地域との関係が大きく変化してきたことを学び，アフリカの国々におけ
る貿易相手国の地域差について，次の図4を作成し考えた。図4中のJとKは中国*とユーロ圏**のいずれ
か，タとチは輸出額と輸入額のいずれかである。ユーロ圏と輸出額に該当する記号の正しい組合せを，後の
①～④のうちから一つ選べ。
*台湾，香港，マカオを含まない。 **ユーロを通貨とするヨーロッパの19か国。

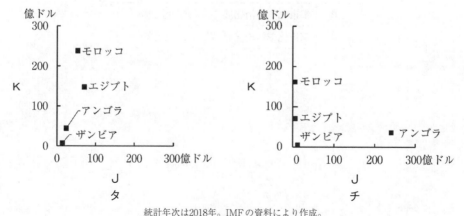

統計年次は2018年。IMFの資料により作成。
図4 アフリカのいくつかの国における中国およびユーロ圏との貿易額

	①	②	③	④
ユーロ圏	J	J	K	K
輸出額	タ	チ	タ	チ

問5　チガヤさんは，アフリカの課題の一つに人口増加の問題があることを学び，合計特殊出生率などを調べて，次の図5と図6を作成した。これらの図をもとにした先生との会話文中の空欄MとNに当てはまる語句の組合せとして最も適当なものを，後の①〜④のうちから一つ選べ。

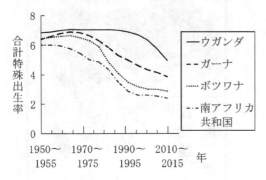

国際連合の資料により作成。

図5　アフリカの合計特殊出生率の推移

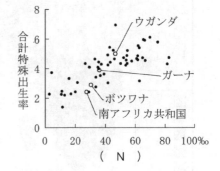

統計年次は2010-2015年。国際連合の資料により作成。

図6

先　生　「アフリカでは人口増加が続いていますが，図5から，合計特殊出生率は，ほとんどの国で下がっていることが分かりましたね」

チガヤ　「人口の歴史について調べた時に，人口転換は，（　M　）の過程で起こると本で読みました。アフリカでもそういう変化は進んでいるから，合計特殊出生率の低下もそれにあわせて進行しつつあるのではないでしょうか」

先　生　「一方で，国によって出生率低下のペースは異なります。どのようなことが考えられますか」

チガヤ　「アフリカ各国の合計特殊出生率と（　N　）との関係を示した図6に，ヒントがあるように思います。合計特殊出生率と強い相関があるようにみえる（　N　）の改善などとともに，出生率の低下が進むのではないでしょうか」

	M	N
①	食の欧米化	がん死亡率
②	食の欧米化	乳児死亡率
③	都市化や経済発展	がん死亡率
④	都市化や経済発展	乳児死亡率

第6問　高校生のジュンさんたちは，日本の国土像を考えるために，自分たちの住む地方中核都市のX市を事例に，持続可能なまちづくりについて探究することにした。この学習に関する次の問い（**問1〜7**）に答えよ。

問1　ジュンさんたちは，X市の中でも地区によって特徴が異なることに気づき，次の図1中の地区a〜cにおけるいくつかの指標を調べ，後の表1を作成した。表1中の**ア〜ウ**は，地区a〜cのいずれかである。a〜cと**ア〜ウ**との正しい組合せを，後の①〜⑥のうちから一つ選べ。

地区a：軽工業の工場や大型の量販店などに隣接した低層のアパートやマンションが立地

地区b：2005年にX市と合併した農村地域で，庭のある敷地面積の広い住居が散在

地区c：最近になって造成された住宅地で，主に戸建て住宅が立ち並ぶベッドタウン

X市の資料などにより作成。

図1　3地区の位置とその特徴

表1　3地区の世帯と人口に関する指標

（単位：%）

	単身世帯の割合	年少人口の割合
ア	53.3	14.7
イ	22.8	10.4
ウ	4.6	35.8

統計年次は2015年。国勢調査により作成。

	①	②	③	④	⑤	⑥
地区a	ア	ア	イ	イ	ウ	ウ
地区b	イ	ウ	ア	ウ	ア	イ
地区c	ウ	イ	ウ	ア	イ	ア

問2　ジュンさんたちは，空き家問題に注目して次の図2を作成し，それをもとにした考察を後の文章にまとめた。図2中の凡例AとBは「倒壊の危険性がある」と「利活用できる」のいずれか，文章中の空欄カとキは「集合住宅」と「戸建て住宅」のいずれかが当てはまる。「倒壊の危険性がある」の凡例と「集合住宅」が当てはまる空欄との組合せとして最も適当なものを，後の①～④のうちから一つ選べ。

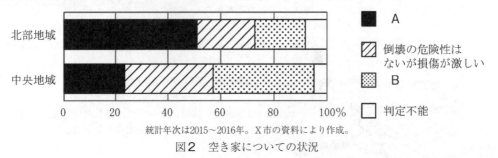

統計年次は2015～2016年。X市の資料により作成。

図2　空き家についての状況

　空き家の状況は，図2のとおり，山地が広がる北部地域と市街地の広がる中央地域では差異がある。北部地域では，（　カ　）の空き家の割合が中央地域より高い。それに対し，中央地域では，（　キ　）の空き家の割合も高い。

	①	②	③	④
倒壊の危険性がある	A	A	B	B
集合住宅	カ	キ	カ	キ

問3　ジュンさんたちは，X市内のある地区で買い物に関する聞き取り調査を行い，次の資料1と，聞き取り調査の内容に関する後の図3～5を作成した。ジュンさんたちが聞き取り調査をした地区として最も適当なものを，図3～5中の①～④のうちから一つ選べ。

資料1　聞き取り調査の結果

・この辺りは，50年前に大規模に造成された住宅地である。
・開発当時の入居者は，30歳前後の世代とその子どもが多かったが，その後，進学や就職，結婚を機に若者が転出し，今では高齢化が進んだ地域となった。
・食品スーパーへ買い物に行くには自家用車が使えれば問題ないが，歩いて行くには遠く，坂道が多いため自転車も使いにくい。
・バスの本数が少なく，食品スーパーまで遠回りで時間も運賃もかかる。
・高齢となり自家用車を使えなくなった世帯が，食品スーパーに行くことが困難になっている。

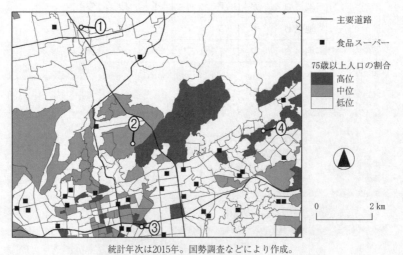

統計年次は2015年。国勢調査などにより作成。

図3　食品スーパーと地区別の75歳以上人口の割合

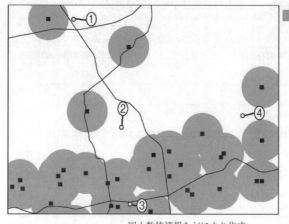

国土数値情報などにより作成。

図4　食品スーパーとそこから半径800mの範囲

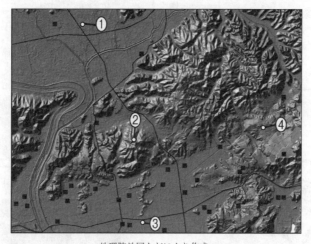

地理院地図などにより作成。

図5　食品スーパーと陰影起伏図

問4　ジュンさんたちは，モータリゼーションの進展に伴い，X市で交通渋滞が問題となっていることを知った。次の図6は，X市における渋滞発生区間などを示したものである。また，後の文章は，ジュンさんたちによる市役所の職員への聞き取り調査をまとめたものである。空欄**サ**と**シ**に当てはまる語句の組合せとして最も適当なものを，後の①〜④のうちから一つ選べ。

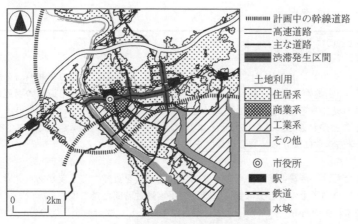

国土数値情報，基盤地図情報などにより作成。

図6　X市における土地利用と主な渋滞発生区間および計画中の幹線道路

交通渋滞は，市内の住居系と商業・工業系の地域間を結ぶ幹線道路において，発生することが多い。また，X市内が出発地でも到着地でもない，市内を（　サ　）方向に通過するだけの交通によっても，渋滞は引き起こされている。X市は，市中心部への交通を分散させたり，通過するだけの交通が市中心部へ流入することを減らしたりすることで渋滞緩和を目指しており，（　シ　）型の幹線道路網の構築を計画している。

	①	②	③	④
サ	東西	東西	南北	南北
シ	格子状	放射・環状	格子状	放射・環状

問5　ジュンさんたちは，X市のまちづくりの参考となる外国の事例はないか先生に相談した。先生にもらったスウェーデンの都市Aに関する次の資料2について考察した文章中の下線部①〜④のうちから，**誤りを含むもの**を一つ選べ。

資料2　都市Aの地図と写真

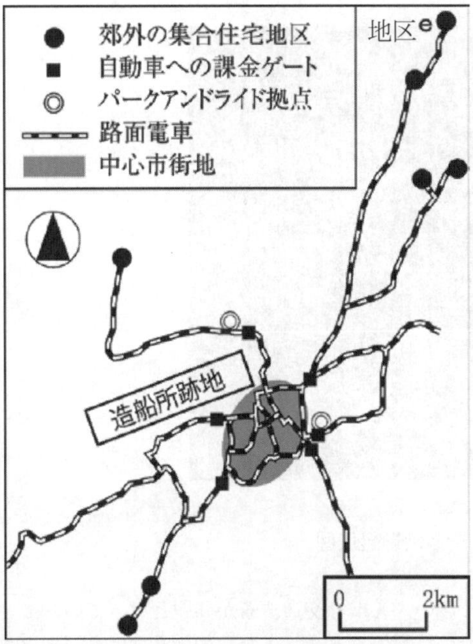

都市Aの概要

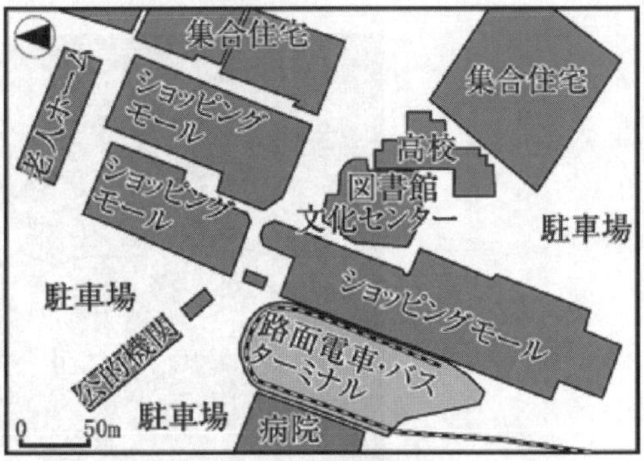

地区 e の案内図

造船所跡地に研究開発機能を集めた

サイエンスパーク

都市Aの資料などにより作成。

　都市Aでは，パークアンドライド拠点を設置することで，①中心市街地の交通渋滞を緩和させようとしている。また②中心市街地から郊外へ向かう自動車への課金ゲートを，中心市街地の周辺に設置している。都市Aでは，郊外の集合住宅地区まで路面電車が延びており③車を所有しない人でも外出しやすいまちづくりを目指していることがわかる。さらに，サイエンスパークの設置によって，大学や企業の研究機関などの④知識集約型産業の誘致により，産業衰退地区を再生しようとしている。

問6　ジュンさんたちは，持続可能なまちづくりには生活の質を意識する必要があると考え，住まいと生活時間に注目した。次の図7中のタとチは都道府県別の平均通勤時間と持ち家住宅率のいずれか，PとQは奈良県と福岡県のいずれかである。持ち家住宅率と奈良県との正しい組合せを，後の①〜④のうちから一つ選べ。

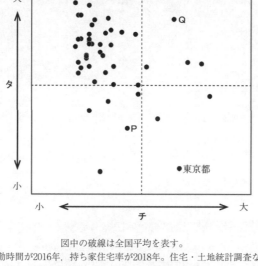

図中の破線は全国平均を表す。
統計年次は平均通勤時間が2016年，持ち家住宅率が2018年。住宅・土地統計調査などにより作成。

図7　持ち家住宅率と平均通勤時間

	①	②	③	④
持ち家住宅率	タ	タ	チ	チ
奈良県	P	Q	P	Q

問7　ジュンさんたちは，最後に，持続可能なまちづくりについて話し合った。次の会話文中の下線部マ～ム
と，それらを解決するための取組みS～Uとの組合せとして最も適当なものを，後の①～⑥のうちから一つ
選べ。

ジュン　「大都市は，公共交通機関も充実して便利だし，お店も多くて買い物もしやすいね。そんなまちづく
りをすれば暮らしやすくなると思うよ」
ヒカリ　「持続可能なまちづくりには，利便性の高さだけではなく過密の問題の解決も重要だと思う。マ大都
市は便利だけど家賃がとても高いし，人が多くて通勤ラッシュも激しいね」
ジュン　「そう考えると，大都市よりも地方都市の方が住みやすいのかな」
アズサ　「X市もそうだったように，地方都市は，車社会で交通渋滞が発生している一方，車が運転できない
人の中には買い物に困る人もいるよ。ミ車がなくても暮らしやすいまちづくりを目指すべきだと思
うよ」
ユウキ　「X市で空き家のことについて調べたけど，空き家を放置していると老朽化して危険だから，持続可
能なまちにはならないと思う。なんとかしてム空き家を活用してもらう方法を考えるべきだと思う
よ」
ジュン　「国内の他地域の取組みや海外の取組みなども参考に，持続可能なまちづくりについて引き続き考え
てみよう」

解決するための取組み
S　住宅や商店，病院などの生活関連施設を一定の範囲内に再配置する。
T　大企業の本社や国の行政機関の地方都市への移転を促す。
U　地方移住を希望する人に受け入れ側が経済的な支援を行う。

	①	②	③	④	⑤	⑥
マ	S	S	T	T	U	U
ミ	T	U	S	U	S	T
ム	U	T	U	S	T	S

2025 実戦攻略
地理総合，地理探究
大学入学共通テスト問題集

表紙デザイン
エッジ・デザインオフィス
本文基本デザイン
株式会社 Vision

QR コードは㈱デンソーウェーブの登録商標です。

2024 年 4 月 10 日　第 1 刷発行

●編　者──実教出版編修部

●発行者──小田良次

●印刷所──大日本法令印刷株式会社

〒102-8377
東京都千代田区五番町 5
電話〈営業〉(03) 3238-7777
〈編修〉(03) 3238-7753
〈総務〉(03) 3238-7700
https://www.jikkyo.co.jp/

●発行所──実教出版株式会社

002402024②　　　ISBN　978-4-407-36322-7

2025 実戦攻略

大学入学共通テスト問題集

地理総合，地理探究

解答編

実教出版

第1章　自然・防災・地図

❶イ，ア　❷イ，ア　❸イ，ウ，ア　❹ア，イ
❺ア　❻イ，ア　❼イ，ア　❽ア，エ　❾イ，ア
❿イ，ウ，カ　⓫イ，ウ，オ　⓬ア・ウ　⓭イ・ウ
⓮イ，ア　⓯エ，イ　⓰イ，ア　⓱ア，イ　⓲ウ，
ア，イ　⓳イ，ア，ウ　⓴ウ，イ　㉑ア，イ　㉒イ，
ア　㉓ア，ウ　㉔ア，イ　㉕ア，エ，カ　㉖ア，エ，
カ，キ　㉗ア，ウ　㉘イ，ウ　㉙イ，エ　㉚ア，エ
㉛ア，エ　㉜ア　㉝ア・エ　㉞ア・イ　㉟イ，ア
㊱イ，ア　㊲ア，イ　㊳ア，イ　㊴ア・エ　㊵ア・
ウ・エ　㊶ウ・エ　㊷ア，ウ　㊸ウ，イ　㊹イ・ウ
㊺ア・イ・エ　㊻イ，ア　㊼ア，ウ　㊽ア，イ
㊾ア，ウ　㊿イ・ウ・エ

第2章　資源・産業

❶ア，イ　❷オ，イ，ウ，エ　❸ア，エ　❹ア，イ
❺ア，イ　❻イ，ア　❼ウ，ア　❽イ，ウ　❾イ，
エ　❿イ，ウ　⓫イ・エ　⓬ウ・エ　⓭ア・イ・ウ
⓮ア・ウ・エ　⓯ア，イ　⓰イ，ア　⓱イ，ア
⓲ウ，イ　⓳ア，エ　⓴ア・ウ・エ　㉑ア・イ・ウ
㉒ウ，イ，エ　㉓ア，エ　㉔イ，ア　㉕ア・イ
㉖イ，ア　㉗イ・エ　㉘ア・イ・オ　㉙イ・ウ・エ
㉚イ・ウ

第3章　交通・通信・観光・貿易

❶イ，ア　❷イ，ア　❸イ　❹イ，エ　❺ア，エ
❻イ　❼イ，ウ　❽ア，イ　❾ア，イ　❿ア，エ
⓫ア　⓬ア・ウ・エ　⓭ア，イ　⓮ウ，イ　⓯イ，
ア　⓰イ，イ　⓱イ，イ　⓲エ，イ，ア，ウ　⓳ア
⓴ウ・エ・オ・カ

第4章　人口・村落・都市

❶イ，ア　❷1ウ，2イ，3ア，4カ，5オ，6エ
❸イ，ア　❹イ，ウ，オ，ク　❺イ　❻ウ　❼ア・
イ・ウ　❽イ・エ　❾Aシリア，Bトルコ，Cパキ
スタン　❿ウ，ア　⓫ウ，イ，ア，エ　⓬ア，イ，
ウ　⓭エ，ア，イ，ウ　⓮エ，ウ，ア，イ　⓯ア，
イ　⓰ア，イ　⓱ア，イ　⓲ウ・エ　⓳A工業都市，
B政治都市，C宗教都市，D観光・保養都市

第5章　生活文化・民族・宗教・国家

❶ア，イ　❷ウ，イ，エ，ア　❸ウ，ア　❹ア，エ

❺ア，エ　❻イ，ウ　❼イ，ア，ウ　❽ウ，ア，イ
❾ア，イ，ウ　❿ア，ウ　⓫ア　⓬ア，ウ　⓭イ，
エ，カ　⓮ア・イ・エ　⓯ア・イ・ウ　⓰ア・イ・
オ　⓱ア・エ　⓲ア，イ　⓳ウ，ア，イ　⓴エ
㉑ア・ウ　㉒ウ・エ・オ　㉓ア・エ　㉔A経線・緯
線，B山脈，C河川

第1章　東アジア

❶レス　❷変動　❸内陸　❹黄砂　❺カルスト
❻タワーカルスト　❼亜寒帯冬季少雨　❽畑　❾稲
❿二毛　⓫熱　⓬亜熱　⓭二期　⓮乾燥　⓯遊牧
⓰オアシス　⓱高山　⓲放牧　⓳近郊（園芸）　⓴人
民公社　㉑生産責任制　㉒養殖　㉓改革開放　㉔経
済特区　㉕工場　㉖漢　㉗ウイグル　㉘チベット
㉙西部大開発　㉚レアメタル　㉛経済特区　㉜一帯
一路　㉝一国二　㉞リアス　㉟オンドル　㊱キムチ
㊲儒教　㊳ハングル　㊴財閥　㊵漢江　㊶プライ
メート

第2章　東南アジア

❶変動　❷沖積　❸三角州　❹変動　❺棚田　❻南
沙群島　❼モンスーン　❽稲　❾緑　❿熱　⓫熱帯
雨林　⓬サバナ　⓭高床式　⓮焼畑　⓯プランテー
ション　⓰油やし　⓱緩衝　⓲ASEAN　⓳仏教
⓴イスラーム　㉑カトリック（キリスト教）　㉒ヒン
ドゥー教　㉓ブミプトラ　㉔輸出　㉕輸出加工
㉖中継　㉗AEC　㉘ドイモイ　㉙スラム　㉚スト
リート　㉛大メコン圏経済協力
図表演習
問1．Aシンガポール，Bベトナム，
　　　Cインドネシア，Dフィリピン，
　　　Eカンボジア
問2．Aマレーシア（1980年），
　　　Bタイ（1980年），
　　　Cマレーシア（2021年），
　　　Dタイ（2021年）

第3章　南アジア

❶変動　❷氷河　❸沖積　❹三角　❺サイクロン
❻安定陸塊　❼レグール　❽サバナ　❾稲　❿乾燥
⓫綿花　⓬小麦　⓭綿花（⓬，⓭は順不同）　⓮茶
⓯緑　⓰白　⓱ピンク　⓲BRICS　⓳自動車
⓴ICT　㉑ヒンディー　㉒英　㉓ヒンドゥー　㉔カー
スト　㉕ヴァルナ　㉖ジャーティ　㉗イスラーム

㉘上座 ㉙カシミール ㉚スラム ㉛インフォーマル

図表演習
問1. Aインド，Bバングラデシュ，
　　　Cスリランカ

第4章 西アジア・中央アジア

❶変動 ❷外来 ❸回帰線 ❹ワジ ❺広がる
❻原油 ❼内陸 ❽塩 ❾オアシス ❿なつめやし
⓫カナート ⓬綿花 ⓭塩害 ⓮センターピボット
⓯遊牧 ⓰日干しれんが ⓱地中海性 ⓲地中海式
⓳オアシス ⓴シルクロード ㉑スンナ ㉒シーア
㉓ユダヤ ㉔ソ連 ㉕パレスチナ ㉖クルド
㉗アラブ ㉘石油メジャー ㉙ナショナリズム
㉚OPEC ㉛石油 ㉜オイル

図表演習
問1. Aアラブ首長国連邦，Bトルコ，
　　　Cサウジアラビア，Dカタール
問2. Aカザフスタン，Bウズベキスタン，
　　　Cキルギス

第5章 ロシア

❶変動 ❷古期造山 ❸安定陸塊 ❹寒 ❺ツンドラ
❻遊牧 ❼亜寒 ❽ポドゾル ❾タイガ ❿亜寒帯冬季少雨 ⓫混合 ⓬乾燥 ⓭ステップ
⓮チェルノーゼム ⓯企業的穀物 ⓰ダーチャ
⓱ソビエト ⓲社会 ⓳計画 ⓴冷戦 ㉑バルト
㉒CIS ㉓スラブ ㉔ロシア正教 ㉕多民族
㉖チェチェン ㉗ムスリム ㉘北方領土 ㉙原油
㉚天然ガス

図表演習
問1. Aロシア，Bウクライナ，
　　　C日本からロシアへの輸出品，
　　　Dロシアから日本への輸出品

第6章 ヨーロッパ

❶ケスタ ❷広がる ❸エスチュアリー ❹変動
❺狭まる ❻沈水 ❼フィヨルド ❽ポルダー
❾カルスト ❿フィヨルド ⓫モレーン ⓬カール
⓭ホーン ⓮氷河 ⓯地中海性 ⓰地中海式 ⓱オリーブ ⓲ぶどう ⓳バカンス ⓴西岸海洋性
㉑暖 ㉒北大西洋 ㉓偏西 ㉔不凍 ㉕混合 ㉖亜寒帯湿潤 ㉗タイガ ㉘ツンドラ ㉙トナカイ
㉚園芸 ㉛近郊 ㉜エネルギー ㉝青いバナナ
㉞3 ㉟航空機 ㊱石油化学 ㊲ユーロスター
㊳北海 ㊴脱炭素 ㊵風力

㊶偏西 ㊷太陽光 ㊸水力 ㊹地熱 ㊺マーストリヒト ㊻EU ㊼ユーロ ㊽シェンゲン ㊾イギリス ㊿ゲルマン 51プロテスタント 52ラテン
53カトリック 54スラブ 55正教会 56ウラル
57カタルーニャ

図表演習
問1. Aドイツ，Bフランス，Cイタリア，Dスペイン
問2. Aオランダ，Bノルウェー，
　　　Cスウェーデン，Dアイスランド

第7章 アフリカ

❶安定陸塊 ❷新期造山 ❸回帰線 ❹アフリカ大地溝 ❺広がる ❻海岸 ❼古期造山 ❽外来
❾熱 ❿熱帯雨林 ⓫サバナ ⓬焼畑 ⓭プランテーション ⓮乾燥 ⓯灌漑 ⓰オアシス ⓱なつめやし ⓲遊牧 ⓳地中海性 ⓴地中海式 ㉑地中海性 ㉒地中海式 ㉓プランテーション ㉔切り花
㉕モノカルチャー ㉖原油 ㉗レアメタル ㉘銅鉱
㉙ダイヤモンド ㉚インフラ ㉛スラム ㉜感染症
㉝奴隷 ㉞人為的（数理的） ㉟イスラーム ㊱アラビア
㊲キリスト ㊳スワヒリ ㊴アパルトヘイト ㊵ルワンダ

図表演習
問1. Aアルジェリア，Bモロッコ，
　　　Cエジプト，Dケニア，Eエチオピア
問2. A南アフリカ共和国，Bナイジェリア，
　　　Cガーナ，Dザンビア

第8章 アングロアメリカ

❶変動 ❷ずれる ❸海溝 ❹安定陸塊 ❺鳥趾状
❻古期造山 ❼安定陸塊 ❽エスチュアリー ❾氷河 ❿フィヨルド ⓫遊牧 ⓬イヌイット ⓭亜寒帯湿潤気候 ⓮ポドゾル ⓯タイガ ⓰ブリザード
⓱西岸海洋性 ⓲春 ⓳冬 ⓴グレートプレーンズ
㉑亜寒帯湿潤 ㉒温暖湿潤 ㉓コーン ㉔プレーリー ㉕コットン ㉖乾燥 ㉗フィードロット
㉘企業的 ㉙センターピボット ㉚熱 ㉛園芸
㉜地中海性 ㉝地中海式 ㉞ヒスパニック ㉟アグリ ㊱遺伝子組み換え ㊲穀物 ㊳適地適作 ㊴園芸 ㊵近郊 ㊶スノー ㊷フロスト ㊸ラスト
㊹サン ㊺NAFTA ㊻USMCA ㊼ネイティブ
㊽WASP ㊾フロンティア ㊿タウンシップ 51公民権 52ヒスパニック 53アフリカ 54ヒスパニック 55ネイティブ 56セグリゲーション 57インナーシティ 58ジェントリフィケーション

3

問1．A日本からアメリカ合衆国への輸出，
　　　Bアメリカ合衆国から日本への輸出，
　　　C日本からカナダへの輸出，
　　　Dカナダから日本への輸出

第9章　ラテンアメリカ

❶変動　❷変動　❸サンゴ　❹ハリケーン　❺変動
❻安定陸塊　❼海岸　❽雨陰　❾フィヨルド　❿エスチュアリー　⓫インディオ　⓬カトリック　⓭スペイン　⓮ポルトガル　⓯メスチーソ　⓰ムラート
⓱熱帯雨林　⓲セルバ　⓳焼畑　⓴サバナ　㉑企業
㉒プランテーション　㉓バイオエタノール　㉔コーヒー　㉕テラローシャ　㉖温暖湿潤　㉗地中海性
㉘ぶどう　㉙偏西風　㉚高山　㉛リャマ　㉜アルパカ　㉝ポンチョ　㉞大土地所有　㉟商品　㊱スラム
㊲アグリ　㊳切り花　㊴エルニーニョ　㊵鉄鉱
㊶銅　㊷輸入　㊸輸出　㊹BRICS　㊺モノカルチャー　㊻自由貿易　㊼NAFTA　㊽MERCOSUR
㊾メキシコシティ　㊿プライメート　51ブラジリア
図表演習
問1．Aメキシコ，Bチリ，Cアルゼンチン，
　　　Dエクアドル
問2．Aブラジル（1980年），Bブラジル（2020年）

第10章　オセアニア

❶安定陸塊　❷古期造山　❸モナドノック　❹掘り抜き　❺被圧地下　❻変動　❼フィヨルド　❽乾燥
❾企業的　❿熱　⓫サバナ　⓬温　⓭地中海性
⓮ぶどう　⓯フィードロット　⓰端境　⓱西岸海洋性　⓲偏西　⓳白豪　⓴多文化　㉑アボリジニ
㉒マオリ　㉓液化天然ガス　㉔鉄鉱　㉕石炭
㉖ボーキサイト　㉗レアメタル　㉘APEC　㉙TPP
㉚キャンベラ　㉛シドニー　㉜メルボルン　㉝北極
㉞ツンドラ　㉟氷雪　㊱南極　㊲南極　㊳氷雪
図表演習
問1．Aオーストラリア，
　　　Bニュージーランド，
　　　Cオーストラリアから日本への輸出，
　　　D日本からオーストラリアへの輸出

第11章　日本

❶弧状　❷フォッサマグナ　❸糸魚川　❹静岡
❺中央　❻季節風　❼梅雨　❽台風　❾減反　❿食料　⓫フード　⓬6　⓭遠洋　⓮沖合　⓯石油
⓰石油　⓱再生可能　⓲太平洋　⓳石油　⓴高

㉑空洞　㉒バブル　㉓モーダル　㉔新幹線　㉕LCC
㉖摩擦　㉗EPA　㉘ベビー　㉙ベビー　㉚合計特殊
出生　㉛少子高齢　㉜限界　㉝ワークライフ
㉞ドーナツ　㉟スプロール　㊱コンパクト

例題演習

1

Step 1　①，②（順不同）

Step 2①　①，②（順不同），②，①，高

Step 2②　②，温，−3，18，①，高山

参考

Step 3　偏西

参考

Step 2②　温

Step 3　夏，冬，地中海性

2

Step 1　北

Step 2　温，−3，18

Step 3　夏，冬，地中海性，亜熱帯（中緯度）高圧，亜寒帯（高緯度）低圧，低，高，亜寒帯（高緯度）低圧，短，②

3

Step 1　ク，カ，キ

Step 2　j，k，地震の震央，⑥

練習問題

1 正解は②

Natural Earthなどにより作成。

図

　河川B（ポー川）は変動帯に属し，標高の高いアルプス山脈を水源としている。したがって，上流部では急流となることから侵食作用が大きく，侵食された土砂が運搬された下流部では堆積作用が大きくなる。以上を踏まえ，まず，カ・キの判定を行うが，河道の標高で500m以上の割合が高いカが河川Bに該当する。次に，文x・yの判定を行うが，河口には上流域から運搬された土砂が堆積して三角州が形成されることから，yが河川Bに該当する。なお，河川A（セーヌ川）は，標高の低い地域を流れ，侵食・運搬・堆積作用が小さいため，河口には大規模な土砂の堆積がみられず，エスチュアリー（三角江）が形成されている。

2 正解は①

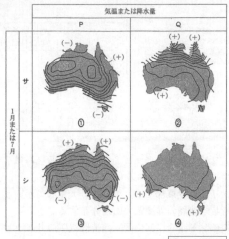

気温または降水量

（＋）大きい値
（−）小さい値

気温は月平均気温，降水量は月平均の日降水量。等値線の間隔は気温が2℃，降水量が1mm／日。NOAAの資料により作成。

図

【図版資料の着眼点】

矛盾を捉える

　①：内陸部が（＋）⇒「降水量」はNG

　④：低緯度が（−）⇒「気温」はNG

気温の年較差

　⇒内陸部は気温の年較差が大きい

　⇒夏季＝高温，冬季＝低温

　⇒Pが気温と判断できる

　オーストラリアの内陸部は，亜熱帯高圧帯（中緯度高圧帯）の影響下におかれ，年中乾燥していることから，砂漠気候（BW）が分布している。したがって，内陸部の値が大きい①が降水量に該当することはあり得ず，Pが気温，Qが降水量に該当する。

　次にサ・シの判定を行う。オーストラリアの北部は，夏季にあたる1月に熱帯収束帯（赤道低圧帯）の影響で雨季，冬季にあたる7月に亜熱帯高圧帯の影響により乾季となるサバナ気候（Aw）に分類される。したがって，北部で（＋）となるサが1月，シが7月に該当する。また，南西部には地中海性気候（Cs）が卓越し，夏季の1月に乾燥，冬季の7月に湿潤となることから，南西部で（＋）となるシを7月と考えても良い。さらに，気温を示すPを用いて判定することも可能である。気温の年較差は，内陸部で大きくなることから，内陸部で（＋）となるサが夏季にあたる1月，（−）となるシが冬季にあたる7月に該当する。

　複数の根拠を挙げることができれば，正しく判定できる可能性が高まっていく。

3 正解は②

表

	地震	火山噴火	熱帯低気圧
タ	13	0	0
チ	12	2	53
中部	4	2	1
南部	3	0	1
ツ	0	0	1

図

EM-DATにより作成。

　アフリカ大陸とアラビア半島を隔てる紅海は広がる境界に分類され、周辺では地震が発生する。また、アフリカ大陸東部では、アフリカ大地溝帯が南北を縦断し、地震の震源と火山が分布する。さらに、東部のインド洋沿岸部には、熱帯低気圧のサイクロンが襲来する。以上を踏まえて判定する。

タ…地震が多い一方、火山噴火と熱帯低気圧がみられないので、紅海沿岸に位置する北部に該当する。

チ…アフリカ大地溝帯の影響で、地震と火山噴火がみられ、インド洋沿岸で熱帯低気圧が発生する東部に該当する。

　したがって、残りのツが西部に該当する。

4 正解はチリのみに当てはまる①
　　　ニュージーランドのみに当てはまる②

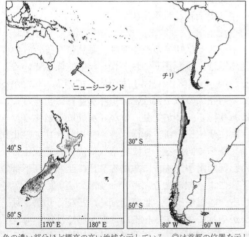

色の濃い部分ほど標高の高い地域を示している。◎は首都の位置を示している。

図

①チリ北部の沿岸には寒流のペルー海流が流れるため、上昇気流が発生せず、年中降雨が少ない砂漠気候（BW）が卓越する。一方、ニュージーランドは、全域において偏西風の影響により年中湿潤となる西岸海洋性気候（Cfb）に分類される。したがって、チリのみに当てはまる。

②ニュージーランドの首都（ウェリントン）は年中湿潤である一方、チリの首都（サンティアゴ）は、南アメリカ大陸の中緯度西岸に位置し、夏季に乾燥、冬季に湿潤となる地中海性気候（Cs）に分類される。したがって、ニュージーランドのみに当てはまる。

③チリの南部やニュージーランド南島の南西部にはフィヨルドが発達し、山岳地帯には氷河もみられる。したがって、いずれにも当てはまる。

④チリとニュージーランドのいずれもプレートの狭まる境界に位置し、火山が分布し、地震が頻発する。したがって、いずれにも当てはまる。

5 正解は①

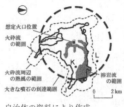

自治体の資料により作成。　　　地理院地図などにより作成。
　　　図1　　　　　　　　　　　図2

J…図1・図2より、溶岩流・火砕流の到達は免れるが、火砕流付近の熱風が到達することから、サに該当する。

K…図2より、山麓に位置する。また、図1・図2より、火砕流が到達することから、シに該当する。

L…図2より、火口との間に位置する尾根によって溶岩流・火砕流が到達する危険は小さいことからスに該当する。

6 正解は②

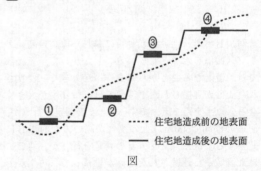

図

　図より、②は地表面を削り取って造成されたことから、地盤が固く、地震においても比較的揺れにくい。一方、①・③と④の一部は、住宅造成前の地表面に盛土を築いているため、地盤が軟弱であり、地震時に強い揺れが発生すると考えられる。また、強

い地震が発生すると，③に築かれた盛土が②に崩れ落ちる可能性が高いと考えられる。

7 正解は⑤
X…現在位置を正確に特定するシステムであることから，GPSに該当する。
Y…人工衛星から地表面の様子を探査するシステムであることから，リモートセンシングに該当する。
Z…コンピュータを用いて地図上に図示して分析するシステムであることから，GISに該当する。

8 正解は①

資料1

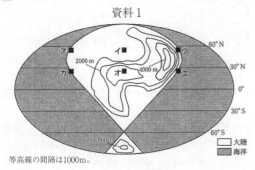

等高線の間隔は1000m。

「海からの距離による影響の違い」を比較し，「それ以外の気候因子」の違いが現れない，つまり，それ以外の条件が同じとなる2点を選択する。
①適当。アは沿岸部，イは内陸部に位置することから，海からの距離による影響を比較できる。一方，ア・イの標高・緯度は等しいことから，他の気候因子の影響を排除することができる。
②適当でない。イ・ウの標高・緯度は等しいが，2地点の間に標高4000m以上の山地があることから，地形の影響が現れる可能性ある。
③・④適当でない。2地点の標高が異なるため，標高の違いによる影響が現れる可能性がある。

9 正解は④

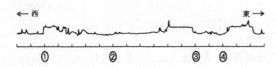

水平距離に対して垂直距離を約200倍に拡大してある。

図1

赤道が横切る大陸はアフリカ大陸と南アメリカ大陸で，図の地形の起伏から大陸を判断する。赤道上で特に標高が高い地点としては，南アメリカ大陸の西部にあるアンデス山脈，アフリカ大陸の東部にある大地溝帯である。③より西が南アメリカ大陸で，

③の約40度西側に位置する標高の高い地点がアンデス山脈である。また，④より東がアフリカ大陸で，④の約40度東側に位置するのが大地溝帯である。
つまり，③と④の間にあるのが大西洋である。経度0度（本初子午線）はロンドンを通ることから，④が該当する。
また，標高の低い場所が連続して続く箇所（②の周辺部）を太平洋と断定してから答えを導くことも可能である。②から東側に向かって標高を確認していくと，③の周辺部が南アメリカ大陸，標高の低い場所が連続して続く箇所（③〜④）が大西洋とそれぞれ断定できる。そのうえで，経度0度が大西洋の東側を通ること（ロンドンを通ること）を把握していれば，正答の④を導くことができる。

10
問　正解はマは③，ミは③

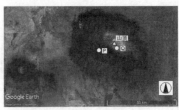

Google Earthにより作成。

図1

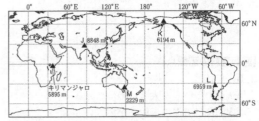

『理科年表』などにより作成。

図2

マ…J・K・Lは，プレートの狭まる境界に位置し，地震が頻発する変動帯に位置しており，現在でも地殻変動が活発である。一方，Mはオーストラリア大陸東部に位置するが，東部の山脈は，古生代に隆起した安定陸塊の山地（古期造山帯）に分類され，現在は地殻変動が活発ではない。したがって，変動帯に位置する山は3つある。
ミ…キリマンジャロは，赤道付近に位置するにもかかわらず，標高6,000m近いことから，山頂付近には氷河がみられる。したがって，キリマンジャロより標高が高く，かつ，高緯度に位置する山の山頂は，キリマンジャロの山頂よりも低温となり，氷河が発達すると考えられるため，J・K・Lが該当する。一方，Mは南緯40°付近の温

帯気候が卓越する地域に位置し（北緯40°は秋田県や岩手県に該当する），標高が2,000m程度であるため，氷河が発達するほど低温になるとは考えにくい。

11 正解は②

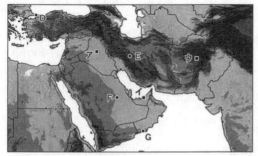

色の濃い部分ほど標高の高い地域を示し，陰影をつけている。

図1

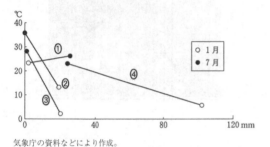

気象庁の資料などにより作成。

図2

【図版資料の着眼点】
気温の年較差
　⇒気温の年較差が大きいのは②と③
　⇒内陸部は気温の年較差が大きい
　⇒内陸部に位置するのはEとF
標高
　⇒高地ほど冷涼
　⇒FよりもEの方が高地（⇒Eが③と判断可能）

　グラフの形状が特徴的なものから判定していく。
G…最も低緯度に位置し，かつ，沿岸部に位置することから，気温の年較差が最も小さい①に該当する。
D…最も高緯度に位置することから，気温は年間を通してそれほど高くない。さらに，冬季に亜寒帯低圧帯（高緯度低圧帯）の影響を受ける期間が長いことから1月に降水量が多い④に該当する。
　残りのE・Fが②・③のいずれかであるが，Fは，Eに比べて低緯度に位置することから平均気温が高

く，さらに，内陸に位置して夏季に特に高温となることから②に該当する。

12 正解は④

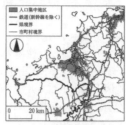

統計年次は2015年。国勢調査などにより作成。

図

④適当。左図より，福岡市の中心部から郊外に伸びる鉄道に沿って人口集中地区が広がっている。
①適当でない。福岡市周辺の市町村よりも福岡市に多くの学校や企業が立地しているからこそ，福岡市への通勤・通学率が高いはずである。
②適当でない。右図より，福岡県外，つまり，佐賀県に属して福岡市に隣接する市町村の福岡市への通勤・通学率は，いずれも低位である。
③適当でない。福岡市への通勤・通学率が中位の市町村の中にも，人口集中地区を有するものがみられる。

13 正解は②

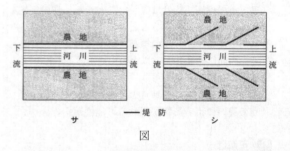

図

②適当でない。低湿な後背湿地や三角州では，用水路の設置により水田が広がっている。
①適当。
③④適当。シで示されているものは，霞堤とよばれる不連続となっている堤防である。大雨の際は周囲の農地に河川水があふれて浸水被害がもたらされることがある。しかし，上流側であふれた河川水を下流側で河川に戻して速やかに排水する機能や，堤防の決壊を防ぎ，被害が拡大するのを防ぐ役割を担っている。

⓮ 正解は⑤

サ…災害発生直後に被害の状況を空中写真や衛星画像などを用いて把握し，それらをGISで図示して公開することにより，直後の対応を適切に行うことが可能となることから，応急対策期に該当する。

シ…社会基盤（インフラ）の復旧状況や，都市計画の策定をGISで図示して地域住民と共有していることから，復興期に該当する。

ス…災害が発生するより前に，仮に災害が発生したとするならば，どのような避難経路をとるべきかをGISで図示して経路や方向の妥当性を検討していることから，予防期に該当する。

⓯ 正解は②

図1

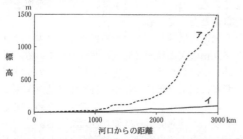

この図では，河口から3000kmまで，標高1500mまでの範囲が示されている。
USGSの資料などにより作成。

図2

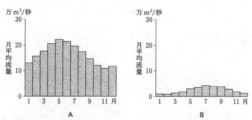

Global Runoff Data Centre, University of New Hampshireの資料により作成。

図3

まず，ア・イの判定を行う。長江は，標高5,000mを超えるチベット高原を源流とし，上流から中流にかけて高原地帯を流れるため，アに該当する。アマゾン川は，変動帯のアンデス山脈に源を発するもの

の，大部分は低平なアマゾン盆地を流れるため，イに該当する。アマゾン川の河口から3,000km以上さかのぼった地点に位置するイキトス（ペルー）の標高は125mである。

次に，A・Bの判定を行う。Aの方が一年を通して月平均流量が多いことから，熱帯収束帯（赤道低圧帯）の影響により年中多雨である赤道付近を流れるアマゾン川に該当する。したがって，Bが長江に該当する。

⓰ 正解は③

③適当。

①適当でない。1991年時点での店舗面積10,000㎡以上の大型小売店数は，甲府駅から半径1kmの範囲内の方が多い。

②適当でない。2017年時点より1991年時点の方が，甲府駅から半径1kmの範囲内における店舗面積10,000㎡未満の大型小売店数が多い。

④適当でない。2017年時点で甲府バイパスより南側にある店舗面積10,000㎡以上の大型小売店は，いずれも，それぞれの最寄り駅から500m以上離れた場所に立地している。

⓱

問1　正解は①

①適当でない。アラビア半島とアフリカ大陸の間に位置する紅海は，プレートの広がる境界に該当する。したがって，Aが位置するアラビアプレートは，南西から北東に向けて移動する。

②適当。Bはインド・オーストラリアプレート上に位置するが，南西から北東に向けて移動してユーラシア大陸と衝突する。衝突により隆起して形成されたのが，ヒマラヤ山脈である。

③適当。ハワイ諸島近海のCは，太平洋プレート上に位置する。このプレートは，南東から北西に向けて移動し，その後，太平洋北西部に連なるアリューシャン海溝，日本海溝，伊豆・小笠原海溝，マリアナ海溝などで沈み込む。

④適当。Dは，Cと同様，太平洋プレート上に位置しており，南東から北西に向けて移動する。ニュージーランドの北側には，ケルマデック海溝やトンガ海溝があり，太平洋プレートが沈み込んでいる。

問2　正解は②

ジェット気流が吹く緯度より低緯度側では暖気，高緯度側では寒気が卓越する。したがって，2017年12月の月平均気温が平年より高い地点は，ジェット気流が平年の12月における位置を示すFより高緯度側に位置するが，2017年12月における位置を示すG

より低緯度側に位置する地点である。これに該当するのは，アとウである。

イとエは，F・Gいずれのジェット気流よりも高緯度側に位置するため，2017年12月の月平均気温が平年より高くなる可能性は低い。

問3　正解は⑤

まず，地震による被害がみられるサ・シが変動帯に位置するチリとボリビアのいずれかである。したがって，スがスリランカに該当する。スリランカが位置するセイロン島は安定陸塊に位置するため，地震の被害はほとんどみられないが，低緯度に位置するため，熱帯低気圧のサイクロンの被害が多い。また，インドネシア付近などを震源とする大地震により発生した津波がインド洋を横断してセイロン島を襲来することがあり，津波の被害もみられる。

チリとボリビアは，ともに南アメリカ大陸に位置し，アンデス山脈が縦断するが，サとシを比較すると，シの方が地すべりの割合が高い。したがって，シは，国土に占める高山地域の割合が高く，地すべりが多いと考えられるボリビアである。残りのサがチリに該当する。

⑱　正解は③

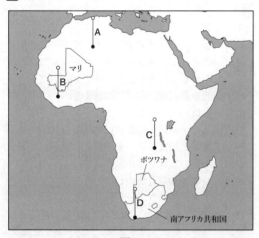

図1

【図版資料の着眼点】
南北で対称的な気候
　⇒赤道周辺は年中高温多雨
　⇒南北回帰線付近は乾燥

①いずれの地点でも年降水量が多いことから，低緯度に位置して熱帯収束帯（赤道低圧帯）の影響を受けるCに該当する。熱帯収束帯の影響を受ける期間の長い○付近の降水量が，●付近の降水量を上回る。
②Aに該当する。地中海沿岸に位置する○付近では

降雨がみられるが，サハラ砂漠に位置する●付近では降雨が極めて少ない。
③Dに該当する。Dの線上の大部分では乾燥気候が卓越し，降水量が少ない。●付近には冬季に降雨がみられる地中海性気候（Cs）が分布するが，冬季における地表面の蒸発量は少ないことから，熱帯の雨季と比べると降水量はそれほど多くない。
④Bに該当する。○付近はサハラ砂漠に位置して降水量は非常に少ない。一方，●付近は，夏季に熱帯収束帯の影響で雨季がみられることから，降水量が多くなる。

⑲　正解は③

③火山灰が降りかかることで，作物が枯れてしまうなどの被害を及ぼすため，噴火直後の火山灰は穀物生産に適しておらず，適当でない。火山の噴出物は，母岩や噴出後の期間などにより，肥沃度が変わる。玄武岩や輝緑岩を母岩として，長時間かけて風化し，植物の生育によって腐植作用が進んだものは肥沃な土壌となる。例えば，デカン高原に分布するレグールや，ブラジル高原に分布するテラローシャなどの間帯土壌は，肥沃な土壌で農業に適する。
①日本の国立公園のうち，約半数が火山地域に位置している。火山が造りだす景観や温泉は重要な観光資源となっている。
②地熱発電所は地殻内の熱を利用する。日本では東北，九州の火山地域に発電所が集中している。世界的に地熱発電は再生可能エネルギーへのシフトを背景に増加傾向にあるが，日本では地熱エネルギーの多い地域が国立公園に位置するため，開発が制限され地熱発電量は伸び悩んでいる。
④堆積した火山噴出物は透水性が大きいため，地下に浸透した雨水や雪解け水は地下水となり，火山山麓で地表に湧き出し，生活用水・灌漑用水に利用される。

⑳　正解は③

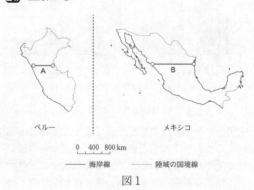

図1

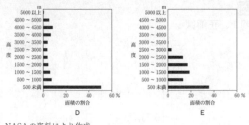

NASAの資料により作成。

図2

まず，D・Eの判定を行う。

D…500m未満の割合が50%以上を占める一方，標高
　の高い地域も含まれることから，Aに該当する。
　ペルーを横断するA付近では，太平洋に沿って
　6,000mを超えるアンデス山脈が連なるが，東部
　には低平なアマゾン盆地が広がっている。

　　したがって，Eはメキシコに該当する。メキシコ
　を横断するB付近では，西シエラマドレ山脈と東シ
　エラマドレ山脈が南北に連なり，その間にメキシコ
　高原が位置している。したがって，1,000～3,000mの
　割合が高い。

　　次にア・イの判定を行う。

イ…Aに該当する。ペルーの沿岸には寒流のペルー
　海流（フンボルト海流）が流れ，海面上の大気
　が冷やされて上昇気流が発生しにくいため，降
　水量が少なく，砂漠気候（BW）が卓越する。A
　は砂漠を横断したあと，高山気候が卓越して草
　原や灌木が分布するアンデス山脈を横切り，広
　葉樹林が分布する熱帯雨林気候（Af）や熱帯モ
　ンスーン気候（Am）の地域を横断する。

ア…Bに該当する。広葉樹や針葉樹が分布する高山
　地帯を横切り，その後はステップ気候（BS）や
　砂漠気候（BW）が卓越する地域，さらには，サ
　バナ気候（Aw）が卓越する草原地帯を横断す
　る。

21 正解は②

イ…鳥羽市に該当する。太平洋側に位置し，南東モ
　ンスーンや台風の影響をうけるため，降水量は
　3都市の中で最も多い。また，沿岸部に位置す
　るため，夏季は比較的過ごしやすく，8月の最
　高気温は3都市の中で最も低い。

ウ…伊賀市に該当する。内陸部の標高の高い地点に
　位置することから，冬季は寒冷となり，1月の
　最低気温が3都市の中で最も低い。また，水蒸
　気の供給が少なく降水量も少ない。

ア…大阪市に該当する。人口や産業が集積する大阪
　市では，人工排熱により郊外よりも気温が高く
　なるヒートアイランド現象がみられることから，
　1月の最低気温や8月の最高気温が，3都市の

中で最も高い。また，大阪市は，周囲を山地に
囲まれているため，1年を通じて降水量が少な
い。

22 正解は③

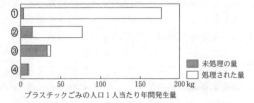

統計年次は2010年。
世界銀行の資料などにより作成。

図

【図版資料の着眼点】

量と割合

　ごみの量が多い⇒人口の多い国or先進国
　未処理の割合が高い⇒発展途上国

　　プラスチックごみの人口1人当たり年間発生量は，
様々な製品の消費量が多い先進国で多くなる傾向に
ある。しかし，先進国の方が，ごみ処理施設の建設
やごみの分別回収が進んでいることから，年間発生
量に対する処理された量の割合も高くなる。

①ドイツに該当する。先進国であることから，プラ
　スチックごみの人口1人当たり年間発生量が最も
　多いが，環境意識の高いヨーロッパの国であるこ
　とから，年間発生量に対する処理された量の割合
　が最も高い。

　　残り3か国も，1人当たりGNI（国民総所得）が
大きい国ほどプラスチックごみの人口1人当たり年
間発生量も多いと考える。したがって，②が新興国
のトルコ，③が東南アジアのベトナム，④がアフリ
カのケニアに該当する。

23 正解は①

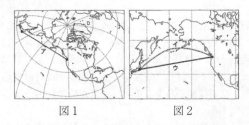

図1　　　　　　　　図2

　　図1中の正距方位図法では，中心から任意の1点
を結んだ直線が大圏航路（大圏コース），すなわち，
2地点間の最短距離を示す。図2中のメルカトル図
法では，任意の2地点を結んだウが等角航路となる

が，最短距離を示す大圏航路は曲線のイとなる。したがって，①が正しい。

❷❹

問1　正解は⑥

緯線と経線が直交する地図では，高緯度ほど拡大されて表現される。そのため，同じ長さの緯線であれば，実際の距離は高緯度ほど短くなる。

まずは太線ア・イ・ウの位置関係を確認する。ギニア湾を通るウは赤道である。より北にあるアもイも赤道より北（高緯度側）に位置するため，赤道上に位置するウが，実際の距離が最長のものである。

次に，ウの実際の距離を計算する。緯線，経線は10度間隔である。赤道1周は360度，ウはそのうちの20度分の長さである。赤道1周の距離については，地球1周の距離が約40,000kmであることを想起して計算する。赤道一周の距離40,000（km）÷赤道一周360（度）×ウの緯線の長さ20（度）＝2,222.22…（km）から，およその距離は2,200kmとなる。

問2　正解は③

対蹠点とは，地球上で正反対の地点である。ある地点から，地球の中心を通る直線が反対側の地球表面に出た地点をいい，真裏側の地点を指す。

このとき，元の地点に対して，対蹠点は南北の緯度が逆になり，経度は180度から元の値を引いたうえで東西を逆にすることで求められる。

赤道を挟んで反対側にあたる地点を絞り込むと，Kの緯度は，北緯45度から50度の間にあるため，南緯45度から50度にあたる国である。①キューバと②スリランカは北緯に位置するため不可で，残る地点は③ニュージーランドと④マダガスカルである。④マダガスカルは南緯23度付近の南回帰線が通る島であるため不可，南島が南緯45度を通る③ニュージーランドが正解となる。ちなみにKの経緯度は，北緯48度，東経2度で，その対蹠点は，南緯48度，西経178度となる。

問3　正解は②

図中のPはカスピ海北西部（ヴォルガ川河口付近），Qはアフリカ北西部のアトラス山脈付近，Rはナイル川下流付近，Sはニジェール川下流付近である。地名はわからなくても，4地点の地体構造から判断する。

最も標高の高い地点を選ぶためには，新期造山帯に位置する地点を選ぶことになる。4地点のうち新期造山帯に位置するのは，アルプス＝ヒマラヤ造山帯に属するアトラス山脈のみであるため，Qが最も標高の高い地点と判断できる。

❷❺

問1　正解は⑤

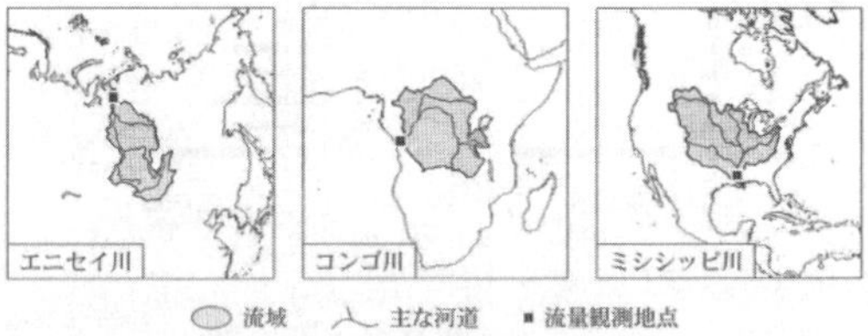

それぞれの地図は，同縮尺で，正積図法で描かれている。
World Wildlife Fundの資料などにより作成。

図1

F…コンゴ川に該当する。コンゴ川の流域が位置する赤道付近では，熱帯収束帯（赤道低圧帯）の影響で年中多雨であるため，一年を通じて月平均流量が多い。

G…ミシシッピ川に該当する。支流のミズーリ川はロッキー山脈を水源としており，春には融雪水により流量が増加する。

H…エニセイ川に該当する。冬季に極めて寒さが厳しいシベリアを流れており，北極圏に位置する流量観測地点は半年以上も凍結する。したがって，冬季の流量は少ないが，氷が融解する5〜6月頃に流量のピークを迎える。

問2　正解は④

④適当でない。グリーンランド北部は，2012年9月の時点で海氷が接岸しているため，波などの作用で引き起こされる海岸侵食の進行はみられないと考えられる。

①適当。シベリアでは永久凍土の融解により，地面の陥没や建物が傾くなどの被害がみられる。また，永久凍土内に閉じ込められていたメタンが放出され，地球温暖化が加速することが懸念されている。

②適当。海氷の融解により，北極海航路が開発されることで，東アジアとヨーロッパを結ぶ船舶の航行距離が短縮されることが期待される。

③適当。海氷の分布域の縮小により，アザラシなどの海獣の生息域も縮小され，また，海氷上の移動が難しくなり狩猟を生業とする先住民の生活にも深刻な影響が及んでいる。

❷❻　正解は④

イギリスのロンドン付近を通過する経度0度の本初子午線を基準として，東に15度移動するたびに時刻が1時間早まり，西に15度移動するたびに1時間遅くなる。そして，東西に180度移動した地点付近に日付変更線が設けられている。したがって，本初子午線から東経180度までの間は，東に行くほど時刻が早まる一方，本初子午線から西経180度までの間は，

西に行くほど時刻が遅くなっていく。

J…誤り。地点カが西半球，地点キが東半球に位置することから，地点カより地点キの方が時刻は早い。2地点間の経度差は120度であることから，8時間（120度÷15度）の時差がある。地点カが2020年7月24日17時であるとき，地点キは，2020年7月25日1時である。

K…誤り。地点クと地点キは，ともに東半球に位置しているが，地点クのほうが東に位置しているために時刻が早い。2地点間の経度差は120度であることから，8時間の時差がある。地点クが2020年7月24日20時であるとき，地点キは，2020年7月24日12時である。

27 正解は②

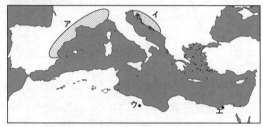

図

②適当でない。イ地域で，東ヨーロッパからアドリア海へ吹き下ろす寒冷風は，ボラとよばれる。フェーンは，春にアルプス山脈を南から越えたあと，風下の北側を吹き下ろす，高温で乾燥した風である。
①③④適当。

28 正解は④

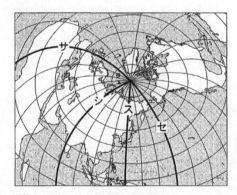

経線は15度間隔で，0度から引いてある。

図

④適当でない。セは東経および西経180度の経線に該当し，日付変更線と一致する場所も多いが，一国の領域の中を日付変更線が通過することを防ぐた

めに，日付変更線が西半球や東半球に移動している場所もあり，完全に一致しているわけではない。日付変更線は，北緯70度～北緯60度付近ではロシア領を通過しないように西半球にずれる一方，北緯60度～北緯50度付近ではアメリカ合衆国領を通過しないように東半球に移動している。
①適当。
②適当。東経75度に位置するロシアやカザフスタンは，国土が東西に広がっていることから複数の標準時を設定している。
③適当。兵庫県明石市は東経135度に位置していることから，世界標準時とは9時間（135度÷15度）の時差がある。東半球の方が時刻が進んでいることから，日本の標準時は世界標準時より9時間早い。

29 正解は④

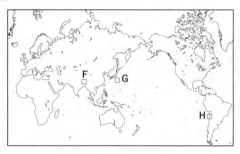

図1

【図版資料の着眼点】
震源の分布
　⇒震源が斜め下方に分布
　⇒狭まる境界（沈み込み帯）
　⇒プレートが沈み込む方向を意識

　プレートの狭まる境界には2種類ある。大陸プレートどうしの境界にあたる衝突帯と，海洋プレートが沈み込む沈み込み帯であり，沈み込み帯では海溝が形成される。震源の深さは，衝突帯ではそれほど深くならない一方，沈み込み帯では，海洋プレートの沈み込みに伴い，海溝から大陸プレート側に離れるほど深くなる。したがって，沈み込み帯では，海洋プレートの移動方向に着目する。
F…イに該当する。ともに大陸プレートであるユーラシアプレートとインド・オーストラリアプレートの衝突帯にあたるため，深度100kmより深い地点では，ほとんど震源がみられない。
G…ウに該当する。Gでは，海洋プレートに分類される太平洋プレートが西に向けて沈み込み，伊豆・小笠原海溝を形成している。したがって，

震源の分布は，境界から西に向かうにつれて深くなる。

H…アに該当する。Hでは，海洋プレートのナスカプレートが東に向けて沈み込み，チリ海溝を形成する。したがって，震源の分布は，境界から東に向かうにつれて深くなる。

30 正解は②

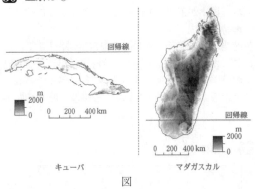

図

② 適当でない。熱帯低気圧は，海水温の高い海域で発生するため，夏季に多く発生する傾向にある。キューバは北半球に位置するため，夏季にあたる6〜11月に熱帯低気圧の襲来を受けることが多いが，マダガスカルは南半球に位置するため，冬季にあたる6〜11月には，熱帯低気圧の襲来はそれほど多くない。

① 適当。キューバとマダガスカルは，ともに，回帰線よりも低緯度側に位置するため，亜熱帯高圧帯（中緯度高圧帯）から低緯度側に向けて吹く貿易風の影響を受ける。なお，キューバでは北東貿易風，マダガスカルでは南東貿易風が吹く。

③ 適当。キューバ島は，全域でサバナ気候（Aw）が卓越する。

④ 適当。マダガスカル島では，年中南東貿易風の影響を受けるため，風上側にあたる山地の東側で降水量が多く，熱帯雨林気候（Af）が分布する。一方，山地の風下側にあたる西側は，東側よりも降水量が少なくなり，サバナ気候（Aw），ステップ気候（BS），砂漠気候（BW）などがみられる。

31 正解は①

以下，比較的特定しやすいものから順に記載する。

★…台地（標高50m以上）かつ人工的な区画内に集中していることから，比較的水利に恵まれない場所の土地利用である畑が該当する。

●…等高線の間隔が密な急傾斜部に散在している。開発がしづらい急傾斜部では一般的に樹木がそのまま残されているケースが多い。加えて，この地域の平地や台地の土地利用状況を踏まえる

と，急傾斜部にあえて田畑をつくるメリットは薄いと考えられる。また，東部の砂浜海岸にも散在していることがわかる。これは，防砂林や防風林であると推定できる。

▲…等高線がほとんどみられない平地かつ人工的な区画内に集中している点と上記★の特定結果を踏まえると，田であると判断できる。

32 正解は④

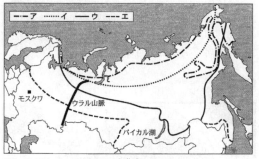

Diercke Weltatlas, 2008などにより作成。

図

① ア…北極海沿岸地域に示されていることから，ツンドラ気候の地域に該当する。線アより南側には亜寒帯気候が分布する。

② イ…北極圏に該当する。北極圏は北緯66度34分以北をさす。緯線であることから，整った弧として示されている。

③ ウ…連続した永久凍土の分布域に該当する。ロシア東部のシベリアから極東ロシアにかけては，亜寒帯冬季少雨気候（Dw）が卓越し，冬季の寒さが極めて厳しく，「北半球の寒極」とよばれ，最低気温が−70℃近くまで下がるため，永久凍土が分布している。

④ エ…針葉樹林（タイガ）の分布域に該当する。亜寒帯気候の地域では，北部で単一または少数の針葉樹からなるタイガが広がっており，北ヨーロッパからロシア西部，シベリアまで広範に分布している。

ウ・エを混同しないように気を付けたい。

33

問1 正解は④

U…高緯度，かつ，ユーラシア大陸東岸に位置することから，気温の年較差が4地点の中で最も大きい④に該当する。

S…最も高緯度に位置することから，年中冷涼な気候であると考えられるので，年平均気温が最も低い②に該当する。

残りのR・Tであるが，Rはメキシコの高原地帯

に位置し，Tより低緯度であるため，気温の年較差が小さく，緯度の割に年平均気温が上がらない①に該当する。Tは砂漠に位置し，夏季は特に高温となるため，年平均気温が高い③に該当する。

問2　正解は①

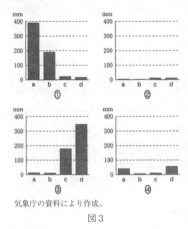

気象庁の資料により作成。
図3

【図版資料の着眼点】
位置と季節
　　⇒Yは南半球（1月は夏季）
　　⇒YのaはAw（夏季多雨，冬季乾燥）

①…Yの1月に該当する。Yの1月は，南半球の夏季にあたるが，オーストラリア北部に位置する地点aは，サバナ気候（Aw）に分類され，夏季である1月は，熱帯収束帯（赤道低圧帯）の影響で雨季となり，降水量が多くなる。

②…Xの1月に該当する。Xの1月は，北半球の冬季にあたるが，南アジア周辺では，内陸からの乾燥した北東モンスーンが卓越するため，a～dのすべての地点において乾燥する。

③…Xの7月に該当する。Xの7月は，北半球の夏季にあたるが，地点c・dでは，夏季に南アジア周辺を吹く南西モンスーンの影響により降水量が多くなる。一方，ヒマラヤ山脈の北側に位置する地点a・bは，モンスーンの風下側に位置するため，水蒸気が供給されずに乾燥している。

残りの④が，南半球の冬季にあたるYの7月に該当する。地点dは，地中海性気候（Cs）に分類されるため，夏季（①）より冬季で降水量が多いが，冬季は，気温の低下により蒸発量が少なくなるために，降雨の量は限られ，③の地点dほど多くの降雨がみられるわけではない。

34　正解は③

③JR「桜井線」の北に，複線のJR以外の鉄道路線が新たに建設されているため，適当である。

①1969年の地形図中の「橿原市」の文字の「橿」の左上にある方形で薄墨塗りが溜池で，宅地化されていることは読み取れないため，適当でない。ちなみに，橿原市は奈良盆地の南部に位置し，比較的降水量が少ない地域で多くの溜池がみられる。

②「五井町」の南には，新たに，道路に（24）の数値が記載されている国道24号線が建設されているが，有料道路の地図記号は読み取れないため，適当でない。

④新たに住宅地は建設されているが，工場の地図記号や敷地の広い工場に示される名称表示はないため，適当でない。なお，工場の地図記号は2013年11月以降制作された2万5千分の1地形図からは廃止されている。

35　正解は①

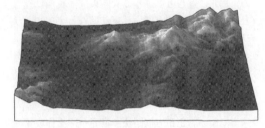

図　3

【図版資料の着眼点】
図3の手前側
　　⇒左端と中央部に微高地
　　⇒中央部の微高地は，高標高地へ連なっている

図3より，手前から眺めた鳥瞰図では，右奥に標高の高い山が連なる一方，手前には低平な地形が広がるが，左手前に小さい山が見られる。鳥瞰図のような見え方となるのは，①から見たときである。

②から見ると，左奥に標高の高い山が連なる。③から見ると，左手前に標高の高い山が連なる。④からみると，右手前に標高の高い山が連なる。

図を回して，①～④，それぞれの地点からの見え方をイメージしてみると良い。

36

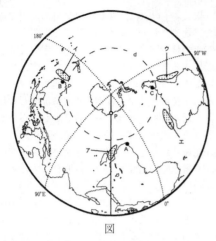

図

問1 正解は①

①適当。昭和基地（地点P）から、どの方角が東西南北に該当するかを正しく判断する。昭和基地から南極点の方向（図では上向き）が真南となるため、真北に進むとアフリカ大陸東部、真西に進むと南アメリカ大陸東部、真東に進むとオーストラリア大陸西部に到達する。

②適当でない。昭和基地から真北の方角に進むとアフリカ大陸東部を通過し、ロシア、カナダとアメリカ合衆国（アラスカ州）との国境付近に到達する。

③適当でない。正距方位図法で世界全図を作成すると、中心から外周までの距離は、地球半周分の約2万kmとなるが、図は世界全図を示しているわけではないので、中心から外周までの距離は2万kmよりも短い。

④適当でない。昭和基地から最も距離が短い地点は、A地点である。破線dに惑わされないようにしたい。

問2 正解は③

南半球の太平洋・大西洋・インド洋では、反時計回りに海流が流れるため、海洋の東部では高緯度側から低緯度側に向けて寒流、海洋の西部では低緯度側から高緯度側に向けて暖流が流れる。したがって、アでは暖流（アガラス海流）、イでは暖流（東オーストラリア海流）、ウでは寒流（ペルー海流）、エでは暖流（ブラジル海流）が流れる。

問3 正解は③

③地図は目的に応じて作成される。主題図である観光地図は、観光スポット、宿泊施設、交通手段などの情報を強調したり、イラスト等を使用した地図もあり、距離や方位は不正確である場合もある

ため適当である。

①2万5千分の1地形図、5万分の1地形図ともに全国をカバーしているが、縮尺の大小は分数の大小によるので、2万5千分の1地形図の方が縮尺は大きいため、適当でない。

②海図は、船舶の航行や停泊のために作成された地図であることは正しいが、正距方位図法でなくメルカトル図法で描かれているため、適当でない。ちなみに、メルカトル図法は、経線は等間隔の平行線、緯線は高緯度にいくほど間隔が広い平行線となる。経線と常に同じ角度で交わって進む等角航路が直線で示されるので、海図に利用されてきた。

④土地利用図は、特定の事象を詳しく表現する主題図であり、一般図ではないため適当でない。土地利用図は土地の利用状態（工業地・商業地・農地・森林など）を色分けして表現した地図である。

37 正解は④

統計地図には絶対分布図と相対分布図があり、それぞれ表現に適する地図が異なる。一般的には、絶対分布図を表すにはドットマップ、等値線図、図形表現図、流線図などが、相対分布図を表すには階級区分図やメッシュマップなどが適する。

④流線図とは、人の移動や物資輸送・貿易などの移動方向を矢印で、移動・輸送量を矢印の太さで示す絶対分布図で、駐車場収容台数を示すには適当でなく、図形表現図などが適する。

①外国人客数や③小売店数は絶対値であり、それぞれ図形表現図とドットマップは適する表現方法である。

②バス利用者の割合は相対値であり、階級区分図の利用は適する表現方法である。

38 正解は②

②歩行者通行量は現地調査で多寡を把握できるが、通行量は最短距離とは必ずしも関係はなく、日時や曜日などでも変化するため、固定された2地点間の最短距離を求めることは不可能であり、適当でない。

①適当である。一般図である地形図等をベースとして、国勢調査の高齢者人口分布、医療機関分布を地域ごとに重ね合わせて老人ホーム等の建設地点を検討する資料とするなど、複数の情報を関連づけることができる。

③適当である。土地利用の年次変化を地図上で示すことで、都市化の進行を把握するなどの利用方法がある。

④GISで利用するデータは数値化したものであるた

め，標高データを利用することで，三次元で表現した立体図や，地表を斜め上空から見た場合に見える起伏や事象を立体的にとらえた鳥瞰図を作成できる。

39 正解は⑥

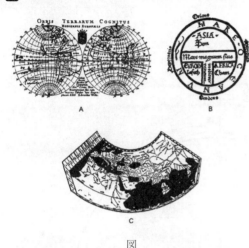

図

A…経緯線も入り，南北アメリカなど「新大陸」が比較的詳細に描かれているので，15～16世紀の大航海時代以降に作成された地図であり，ウに該当する。

B…中世のキリスト教的世界観から描かれたもの。キリスト教の聖地エルサレムを図の中心に，陸地を円盤状に表したTOマップとよばれる地図であり，イに該当する。

C…2世紀頃に描かれたプトレマイオスの世界地図で，アフリカ大陸はナイル川の上流域まで，ユーラシア大陸はインドから東南アジア付近までが描かれ，南北に比べ東西方向が誇張されており，アに該当する。

40 正解は④

④メルカトル図法では，等角航路は経線と常に同じ角度で交わる直線で示されるため，適当である。

①正距方位図法では，図の中心から任意の地点への大圏航路（大圏コース）が直線で表されるので，適当でない（②も同様）。

③メルカトル図法では，大圏航路が直線で示されるのは，同一経線上の2点間と赤道上の2点間でのみである。

41 正解は③

史跡記号（∴）の2か所を結んだ直線より北西側が南部藩領，南東側が伊達藩領で土地区画が異なっていることがわかる。

カ…南部藩では領内を流れる夏油川沿いに水田が広がり，夏油川の水を灌漑に利用していたのが読み取れるので，南部藩が該当する。

キ…伊達藩では領内に点在する溜池（「伊吹」付近などにある）を灌漑に利用していたのが読み取れるので，伊達藩が該当する。

ク…伊達藩領地の西部の「遠谷巾」を中心として広がる水田をみると，区画に沿って針葉樹の地図記号が直線的にならんでいるので，伊達藩が該当する。南部藩側の農地にはそのような植樹がない（ケ）ことも確認しておきたい。

42 正解は②

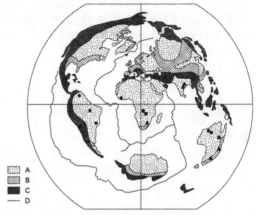

赤道上，東経20度の地点を中心とした正距方位図法。
貝塚爽平ほか編『日本の平野と海岸』などにより作成。

図

②Bは，オーストラリア大陸東部（グレートディヴァイディング山脈），北アメリカ大陸東岸（アパラチア山脈），南アフリカ共和国南東部（ドラケンスバーグ山脈），スカンディナヴィア半島を含むので，安定陸塊の山地が該当する。

①Aは，南アメリカ大陸，オーストラリア大陸，アフリカ大陸（マダガスカル島を含む），南極大陸の大部分，インド半島，アラビア半島など，かつてゴンドワナ大陸の一部であった地域で，安定陸塊の平野が該当する。

③Cは，日本列島を含む環太平洋一帯，アルプス山脈からヒマラヤ山脈にかけて分布するので，変動帯が該当する。

④Dは，海洋の中心部を走るので，プレートの広がる境界である海嶺が該当する。

43 正解は②

②河川が上流から運搬した堆積物は，河川の運搬能力と関係して，上流から砂礫，砂，粘土へと次第に細かくなっていく。扇状地は山地から平地に出

たところに形成され，河川の傾斜が緩やかになり
運搬力が衰えるので，比較的粗大な堆積物である
砂礫によって形成されるため，誤り。

① 扇状地を流れる河川は，河道が固定されないため
氾濫が多く発生する。氾濫から耕地や宅地を守る
ために河道を人工的に堤防で固定すると，運ばれ
てきた砂礫が固定された河道に堆積する。河床が
高くなり再び氾濫の危険性が高まり，さらに氾濫
を防ぐ堤防を築くと，河床はなお高くなる。結果，
河床が周辺の平野面より高くなる天井川が形成さ
れる。

③ 扇央部は厚い砂礫堆積物からなるため，河川水は
伏流し乏水地となり，土地利用は雑木林や果樹園
や桑畑であった。しかし，灌漑用水路を利用して，
灌漑水に泥土を混ぜて砂礫の隙間を埋める流水客
土で保水性を高め，水田耕作が可能になったとこ
ろもある。

④ 扇端部は平野に移り変わるところで，扇央部を伏
流した地下水が地表に湧き出し，集落や水田がみ
られる。

44 正解は②

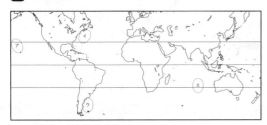

Atlas du 21ᵉ siècle などにより作成。
緯線は30度間隔。

図

② 海域イには海溝はみられないため，適当でない。
大西洋で海溝がみられるのは，西インド諸島付近
のプエルトリコ海溝である。

① 海域アは，ハワイ諸島の北西方向の海底である。
ハワイ諸島はマントルプルーム（湧昇流）によっ
てマグマが供給されるホットスポットに形成され
た火山島である。太平洋プレートの移動に伴って
火山島は移動するが，ホットスポットは固定した
ままであるため，新たに火山島が形成され，プレー
ト移動によって移動した火山島はやがて水没し海
山となる。

③ 海域ウには，水深200mまでの浅海底である大陸棚
や，緩やかな傾斜をもつ大陸斜面がみられる。

④ 海域エには，マグマが上昇することで形成された，
インド洋中央海嶺がみられる。

45 正解は③

③ エーゲ海の島々はサンゴ礁ではないので誤り。サ
ンゴ礁は赤道直下や，暖流の流れる温帯の海域に
見られる。

① 正しい。スペイン北西部はリアス海岸が見られる
ことは覚えておきたい。

② 正しい。イはスロベニアのカルスト地方を指して
いる。

④ 正しい。エはナイル川河口の巨大な三角州地帯を
指している。

46 正解は②

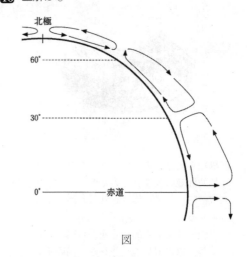

図

高圧帯では下降気流が発生し，地上平面では大気
が周囲に吹きだす。低圧帯では上昇気流が発生し，
地上平面では大気が集まってくる。

② 適当である。高圧帯や低圧帯は季節により南北に
移動し，降水量の季節変化の一因となっている。

① 赤道付近では大気が上昇して気圧の低い低圧帯に
なっており適当でない。

③ 極東風ではなく偏西風であるため，適当でない。
極東風は，極偏東風ともいい，極付近の高圧帯か
ら吹きだす恒常風である。

④ 北緯30度付近では下降気流が卓越しているが，下
降気流は乾燥した気候をもたらすため，適当でな
い。北緯30度付近は世界的に砂漠が多く分布して
いる。

47 正解は②

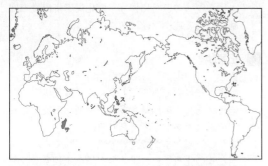

図

地形についてみると，環太平洋造山帯に属するフィリピン諸島のスと，西インド諸島に属するキューバ島のセは変動帯，マダガスカル島のサはアフリカ大陸と同じ安定陸塊，セイロン島のシはインド半島と同じ安定陸塊であるため，シは安定陸塊とある①か②である。

①②の気候から判断すると，サのマダガスカル島は，島の中央に位置する高原により，東西で大きく気候が異なるのに対し，シのセイロン島は南北で気候がわかれるため，シに該当するのは②であると判断できる。

ちなみに，シのセイロン島は，島の北部は夏季の南西モンスーン（季節風）に対して山地の風下側になり降水量が比較的少なく乾季となり，冬季は北東モンスーンの風上側にあたり雨季となるためサバナ気候（Aw）に属する。中部から南部は，夏季の南西モンスーンに対して山地の風上側になり降水量が多く，冬季にはベンガル湾を渡る北東モンスーンが，ベンガル湾から蒸発したある程度の水蒸気を含んで中部から南部を支配するので，降水量が多くなり熱帯雨林気候（Af）となる。

サのマダガスカル島は①で，島の東岸は位置的には赤道直下ではないが，年中インド洋を渡る南東貿易風の影響を受けるため，熱帯雨林気候（Af）となる。島の西岸は南東貿易風の風下側になり降水量が比較的少なく，ステップ気候（BS）や砂漠気候（BW）がみられる。

スのフィリピン諸島は，モンスーンの影響を受けるが冬季の降水量も多いため熱帯雨林気候（Af）がみられる④で，セのキューバ島は，雨季と乾季が明瞭なサバナ気候（Aw）に属する③である。

48 正解は②

②図の縮尺は2万5千分の1である。2kmの距離は，この地形図上の長さでは，2km（＝200000cm）を25000で割った数値になるため，8cmである。Bの2つの神社間の地図上の長さは，8cmの半分以下であるため，適当でない。

実戦問題

問1 正解は③

ア…インドネシアに該当する。インド・オーストラリアプレートがユーラシアプレートに沈み込む変動帯に位置し，国土の南側には，プレートの沈み込み帯にあたるスンダ海溝が走ることから，地震とそれに伴う津波の被害が多い。また，熱帯収束帯（赤道低圧帯）やモンスーンの影響を受けて降水量も多く，洪水の被害も多い。

イ…イランに該当する。国土の南部にはイランプレートとアラビアプレートの境界が位置し，地震の被害が多い。このプレート境界は衝突帯に該当することから，地震が多い一方，津波の被害は比較的少ない。また，国土の大半は乾燥帯に属するが，ひとたび降雨となると洪水が発生することも多い。

ウ…ベトナムに該当する。国土の大半は安定陸塊に分類されるため，地震の被害は少ない一方，熱帯低気圧の襲来やモンスーンの影響を頻繁に受けるため，洪水・暴風・大雨の被害が多い。

問2 正解は③

まず，A・Bの判定を行う。イランは国土の大半が乾燥帯，インドネシアは国土の大半が熱帯に属することから，1月と7月の降水量が少ないAがテヘラン，降水量が多いBがジャカルタに該当する。

次に，カとキの判定を行う。インドネシアの首都ジャカルタは，赤道に近い南半球の低緯度地域（南緯6度）に位置することから，1月に熱帯収束帯（赤道低圧帯）の影響により多雨となり，7月に少雨となることから，降水量の多いカが1月，少ないキが7月に該当する。

問3 正解は⑥

図の凡例に示された地形と災害発生リスクを理解したうえで，空欄に当てはまる記号と語句を判定する。

サ…Dが該当する。地点Cは自然堤防に位置しているため，洪水や地震による液状化現象のリスクは比較的低い一方，地点Dは低平で地盤が軟弱な旧河道に位置することから，河川の氾濫時の洪水や，地震発生時の液状化現象のリスクが高い地点であると考えられる。

シ…旧河道を含む後背湿地，三角州，埋立地など，地下水位が高く軟弱な地盤では，地震に伴って地盤が流動化する液状化現象が発生し，地盤の沈下や家屋の倒壊などの被害が生じる。地すべりは，土地の一部が徐々に下方に移動する現象

であり，傾斜地で生じる土砂災害である。

ス…上図によると，地点F付近は等高線が標高の高い方に向けて凸型となる谷に該当する。山麓の谷間においては，大雨時に土砂と雨水が混ざったものが流下する土石流が発生する可能性が高い。火砕流は，火山活動に伴って高温の火山ガスと火山灰などの火山砕屑物が混ざったものが高速で流下する現象である。

第2章 資源・産業

例題演習

1
Step 1　ベトナム，日本
Step 2　エビ，アンチョビ，イ，ウ，ア，⑤

2
Step 1　増加量
Step 2　アメリカ合衆国，シンガポール，ロシア，中国，③

練習問題

1 正解は⑥

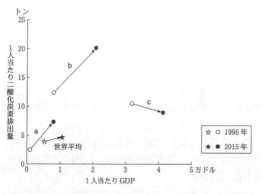

World Development Indicators により作成。

図

a …1995年時点では，1人当たりGDP・1人当たり二酸化炭素排出量のいずれも3か国中最小である一方，2015年にはともに増加している。したがって，付加価値の低い産業から高付加価値の産業に移行しつつある点を述べたスに該当する。

b …1人当たりGDP・1人当たり二酸化炭素排出量がともに大幅に増加し，特に1人当たり二酸化炭素排出量が非常に大きくなっていることから，豊富な資源を消費して経済成長を進めている点を述べたシに該当する。

c …1人当たりGDPは3か国中最大であり，1995年から2015年にかけて増加した一方，1人当たり二酸化炭素排出量は減少していることから，第

2次産業から第3次産業への移行や，再生可能エネルギーの普及に伴う二酸化炭素排出量の抑制について述べたサに該当する。

2 正解は②

e …正しい。中国における化石燃料を用いた発電量は表中で最大であることから，二酸化炭素や大気汚染物質の排出量も多く，環境への負荷も表中で最大であると考えられる。

f …正しい。おおまかで良いので，国別でみた1人当たりの化石燃料による発電量を比較する。中国の総人口は14.1億人（2017年）で，1人当たり発電量は3,318kWh。アメリカ合衆国の総人口は3.2億人（2017年）で，1人当たり発電量は8,410kWh。日本の総人口は1.3億人（2017年）で，1人当たり発電量は6,307kWh。ドイツの総人口は0.8億人（2017年）で，1人当たり発電量は4,326kWh。カナダの総人口は0.4億人（2017年）で，1人当たり発電量は3,118kWh。したがって，アメリカ合衆国が最大である。

g …誤り。総発電量に占める再生可能エネルギーの構成比が最も高いのは，カナダである。

3 正解は③

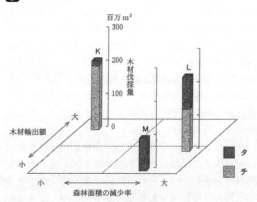

森林面積の減少率は1995年から2015年までの変化。森林面積の減少率と木材輸出額は相対的に示してある。統計年次は2017年。FAOSTATなどにより作成。

図

木材の伐採量は，森林面積の大きいブラジルやロシアで非常に多くなることから，最も少ないMがエチオピアに該当する。エチオピアのような発展途上国では，電気・ガスなどのインフラが整っておらず，木材に占める薪炭材の割合が高くなることから，タが薪炭材に該当する。Lは，森林面積の減少率が高く，薪炭材の割合も比較的高いことから，熱帯雨林の伐採が進行する発展途上国のブラジルに該当する。残りのKは，輸出向けの用材伐採量が多いロシアに該当する。

4 正解は③

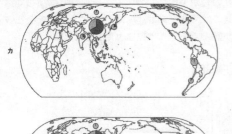

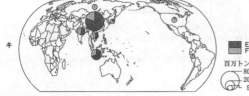

中国の数値には台湾，ホンコン，マカオを含まない。
FAOSTATにより作成。

図

　まず，カ・キの判定を行う。アジアに注目すると，キの方が漁獲量と養殖業生産量の合計が大きい。近年の経済成長により需要が増大していることから，キが2017年に該当する。

　次に，E・Fの判定を行う。中国では淡水魚の内水面養殖，ベトナムやインドネシアではマングローブ林を養殖池に造成してえびの養殖が盛んである。ペルーでは太平洋でのアンチョビ（カタクチイワシ）の漁獲が盛んである一方，養殖業は盛んではない。したがって，アジアで割合が高いEが養殖業生産量に該当する。

5 正解は④

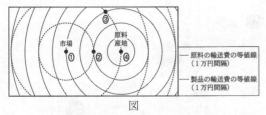

図

　仮想の地域を示した図では，凡例や条件を丁寧に読むことが大切である。

④製品1単位当たりの原料の輸送費は0円，製品の輸送費は2万円であるので，総輸送費は2万円である。

①製品1単位当たりの原料の輸送費は4万円，製品の輸送費は0円であるので，総輸送費は4万円である。

②製品1単位当たりの原料の輸送費は2万円，製品の輸送費は1万円であるので，総輸送費は3万円である。

③製品1単位当たりの原料の輸送費は3万円，製品

の輸送費は2万円であるので，総輸送費は5万円である。

　したがって，④に工場を建設すると，総輸送費が最小となる。

6 正解は③

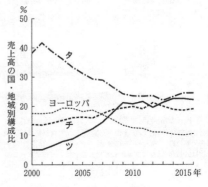

経済産業省の資料により作成。

図

タ…2000年時点では構成比が最も高いが，その後低下している。1990年代まで販路拡大や貿易摩擦への対応により日系企業が多く進出したアメリカ合衆国に該当する。

ツ…2000年代に入り急速に構成比が高まり，タと同程度となっている。巨大な人口を背景とする豊富な低賃金労働力や，近年の経済成長により拡大しつつある有望な市場を求めて日系企業が進出している中国に該当する。

　残りのチがASEANに該当する。日系企業は，1970年代以降にアジアNIEsの一角を担うシンガポールに進出した。さらに，1990年代以降，円高による輸出不振や日本国内の人件費高騰による国際競争力の低下が進んだことの対策としてタイ・マレーシアなどに進出した。

7 正解は⑥

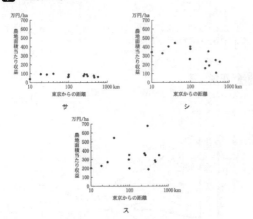

東京からの距離は各県庁所在地までの直線距離で，東京都は10kmとした。
野菜の産出額は野菜・豆・いもの合計。
統計年次は2017年。『生産農業所得統計』などにより作成。

図1

まず，サ～スの判定を行う。

サ…東京からの距離に関わらず農地面積当たりの収
益が低いことから，安価な米を生産する田に該
当する。

シ…東京から近距離に位置する県で収益が高く，遠
距離に位置する県で低い。野菜は鮮度が高いう
ちに大市場に輸送することで収益が高くなるこ
とから，畑に該当する。

残りのスが樹園地に該当する。

次にD～Fの判定を行う。

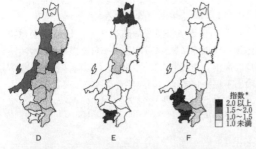

指数*
2.0 以上
1.5～2.0
1.0～1.5
1.0 未満

D   E   F

*各都県の農地面積に占める田，畑，樹園地の構成比を，それぞれ全国の
構成比で割ったもの。
統計年次は2017年。『作物統計調査』により作成。

図2

【図版資料の着眼点】
真逆の分布
　⇒D（広範囲／関東圏は目立たない）
　⇒F（関東圏に集中）

D…広範囲に分布しているが，特に秋田県・新潟県
で指数が高いことから，田に該当する。融雪水
を利用した稲作が盛んである。
F…東京の近郊で指数が高いことから，畑に該当す

る。関東地方では近郊農業が盛んである。

残りのEが果樹に該当する。青森県ではリンゴ，
山形県ではサクランボ（桜桃）・ぶどう・モモなどの
栽培が盛んであり，他県よりも指数が高い。

8 正解は⑤

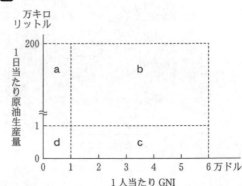

万キロ
リットル

1日当たり原油生産量

200

a   b

1

d   c

0 1 2 3 4 5 6 万ドル
1人当たり GNI

統計年次は2016年。『世界国勢図会』などにより作成。

図1

a…イランやイラクが含まれるクに該当する。原油の
生産量が多い一方，イラクでは度重なる戦争や内
戦の影響，欧米諸国と対立するイランは経済制
裁の影響により，1人当たりGNIは低位である。

b…サウジアラビア・アラブ首長国連邦・クウェー
トなどが含まれるカに該当する。原油の生産量
や輸出量が多いうえに，人口が少ないことから
1人あたりGNIが中位から高位である。

c…トルコやイスラエルが含まれるキに該当する。原
油の生産量は少ないが，工業化が進んでいるこ
とから，1人当たりGNIは中位から高位である。

9 正解は①

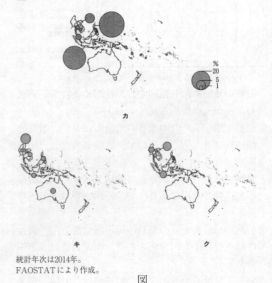

%
20
5
1

カ

キ   ク

統計年次は2014年。
FAOSTAT により作成。

図

カ…コプラ油に該当する。ココやしは高温多雨の東南アジアが原産であり，現在でも東南アジアで盛んに栽培されている。コプラ油の国別生産量で第1位のフィリピンと第2位のインドネシアを合わせると世界生産の70％以上を占める（2020/21年）。

キ…さとうきびに該当する。熱帯・亜熱帯で盛んに栽培されており，国別生産量でタイが第5位に入るほか，北東部で栽培が盛んなオーストラリアが第8位に入る（2021年）。

ク…茶に該当する。温暖多雨の気候が栽培適地で，ベトナムやインドネシアで栽培が盛んである。しかし，国別生産量で上位3か国に該当する中国，インド，ケニアの生産量を合わせると世界生産の70％以上（2021年）となり，ベトナムやインドネシアの割合はそれほど高くない。

ク…バナナに該当する。中国では，温暖な華南地方が栽培の中心地である。一方，ブラジルでは沿岸部を中心に広範囲で栽培されている。

問2　正解は③

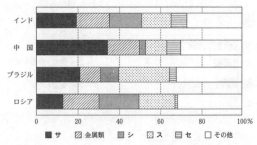

統計年次は2015年。
UNIDO, *International Yearbook of Industrial Statistics* により作成。

図2

サ…「世界の工場」とよばれる中国で割合が高いことから，機械類に該当する。パソコンやスマートフォンの大半が中国で生産され，世界中に輸出されている。

シ…世界的な原油・天然ガスの産出国であるロシアで割合が高いことから，石油製品に該当する。

ス…企業的穀物農業，企業的牧畜，プランテーション農業などが盛んなブラジルで割合が高いことから，食料品・飲料に該当する。

セ…繊維品に該当する。軽工業製品で付加価値が低いことから，すべての国で割合が低いが，主原料の綿花の生産が多く，低賃金労働力が豊富なインドで比較的高い。

🔟

問1　正解は③

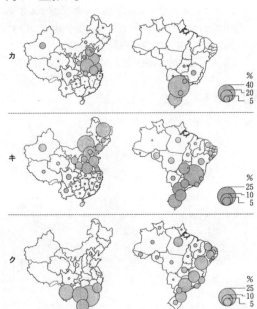

統計年次は，ブラジルの牛乳が2017年度，ブラジルのバナナが2016年度，それ以外は2014年度。
『中国統計年鑑2015年版』などにより作成。

図1

カ…小麦に該当する。冷涼な半乾燥地帯が主産地であることから，中国の黄河流域で栽培が盛んである。一方，ブラジルの赤道周辺地域では高温多雨であるため栽培されておらず，栽培地域は南部に限られる。

キ…牛乳に該当する。冷涼な地域や大都市近郊で生産量が多く，中国の黄河流域から東北部で生産が多い。

🔟 正解は②

表

バイオ燃料の生産量（万バレル）	原 油		
	生産量（万バレル）	消費量（万バレル）	自給率（％）
① 69	1,561	1,988	79
② 35	336	302	111
③ 6	16	245	6
④ 2	496	243	204

1バレルは約159リットル。
統計年次は2017年。
BP Statistical Review of World Energy などにより作成。

　まず，バイオ燃料の生産量が多い①・②がアメリカ合衆国とブラジルのいずれかである。アメリカ合衆国はとうもろこし，ブラジルはさとうきびを原料にしたバイオエタノールの生産が盛んである。①・②のうち，原油の生産量・消費量が多く，輸入にも

頼ることから自給率が100％を下回る①が，消費大国のアメリカ合衆国，②がブラジルに該当する。

残りは，原油の自給率が非常に低い③がドイツ，非常に高い④が，人口が少ないために輸出余力が大きいカナダに該当する。

⓬ 正解は④

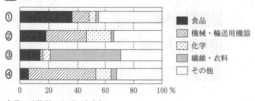

食品には飲料・たばこを含む。
統計年次は2011年または2012年。
World Development Indicators により作成。
図

【図版資料の着眼点】
目立つ値
　①：食品（⇒農業国と推定）
　②：とくになし（⇒いったん保留にする）
　③：繊維・衣料（⇒軽工業⇒途上国と推定）
　④：機械・輸送用機器（⇒先進国と推定）

④機械・輸送用機器の割合が高いことから，アジアNIEsの一角として，自動車，造船，電気機械，電子部品などの重化学工業が盛んな韓国に該当する。
①食品の割合が高いことから，農牧業とともに酪製品・食肉加工などが盛んなニュージーランドに該当する。
②化学の割合が高いことから，ライン川の河口に位置し，EU（ヨーロッパ連合）最大の貿易港，かつ，石油化学工業の都市であるロッテルダムを擁するオランダに該当する。
③繊維・衣類の割合が高いことから，人口が多い発展途上国で，豊富な低賃金労働力を利用した衣類の生産が盛んなバングラデシュに該当する。

⓭ 正解は④

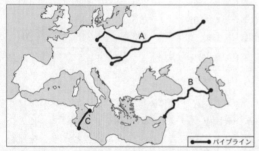

Diercke Weltatlas, 2015などにより作成。
図

A…イに該当する。Aは，ロシア語で「友好」を表すドルジバパイプラインである。ソビエト連邦時代に東ヨーロッパの友好国に原油を供給するために建設された。東西冷戦が終結すると，以前は敵対していた西ヨーロッパ諸国にも輸送されるようになった。
B…ウに該当する。BはBTCパイプラインとよばれ，旧ソビエト連邦構成国であるアゼルバイジャンとジョージアの首都である，バクー（B）とトビリシ（T），さらに，トルコの地中海沿岸に位置するジェイハン（C）を結ぶ原油のパイプラインである。カスピ海沿岸に位置するバクー油田は，ソビエト連邦領時代に開発され，第二次世界大戦前には世界有数の産油量を誇っていた。東西冷戦終結後は，多国籍企業の進出が進み，ロシアを経由しないBTCパイプラインが建設された。
C…ウに該当する。Cは，イタリア領のシチリア島と旧イタリア領であるリビアとを結ぶ天然ガスパイプラインである。リビアや隣国のアルジェリアでは，原油と天然ガスの産出が盛んであり，両国ともOPEC（石油輸出国機構）とOAPEC（アラブ石油輸出国機構）に加盟している。

⓮ 正解は⑥

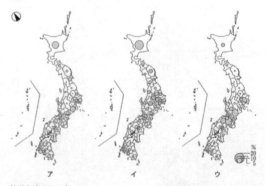

統計年次は2014年。
経済センサスなどにより作成。
図

ア…水産食料品製造業に該当する。鮮度が落ちやすい水産物を原料とすることから，水産業が盛んな沿岸部に多く立地し，北海道・静岡県など，漁獲量の多い道県の割合が高い点が特徴的である。
イ…牛乳処理場・乳製品工場に該当する。都道府県別の乳牛飼育頭数で第1位（2021年）の北海道の割合が特に高いが，大消費地の東京都や大阪府の近郊にも比較的多く分布し，鮮度の高い製品が提供されている。
ウ…喫茶店に該当する。人口の分布と密接に関わり，

東京都・大阪府・愛知県などで特に割合が高い。

15 正解は⑥

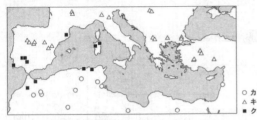

Diercke Weltatlas, 2015により作成。

図

カ…乾燥帯気候が卓越する北アフリカに分布していることから，なつめやしに該当する。なつめやしはオアシスなどで栽培され，デーツとよばれるなつめやしの実は，乾燥地域に居住する人々にとって重要な食料となる。なつめやしはエジプトやサウジアラビアで盛んに栽培されている。

キ…ヨーロッパの内陸部にも分布することから，てんさいに該当する。てんさいは冷涼な気候で盛んに栽培され，ロシアやドイツなどで生産量が多い。

ク…コルクガシに該当する。夏季に乾燥，冬季に降雨となる地中海性気候（Cs）の地域に分布しており，地中海沿岸のポルトガルやスペインなどで生産量が多い。

16 正解は②

表 （単位：万人）

	従業者数		
	1970年	1990年	2010年
①	168	125	35
②	134	196	117
③	88	96	96
④	54	28	11

『工業統計表』により作成。

【図版資料の着眼点】
値の大きさ
　④：もともと少ない従業者がさらに少なく
変化の大きさ
　①：1990年以降急減（≒経済のグローバル化）
　③：目立った変化なし（≒国の主要産業）

④従業員数が最も少なく，かつ，減少傾向にあることから，最も規模の小さい木材・木製品に該当する。

①1970年代までにピークを迎えたが，その後，多くの低賃金労働力が得られる中国や東南アジアなどに生産拠点を移したため，従業員数が急速に減少した繊維・衣服に該当する。

残りの②・③を比べると，②の方が，1990年から2010年にかけて従業員数が大幅に減少している。1980年代半ばからの円高による輸出不振や人件費高騰により国際競争力が低下したことから，その対策として，生産拠点を海外に移転し，従業員が大幅に減少した電気・電子機器に該当する。したがって，③が輸送用機器に該当する。主要な産業である自動車産業は，多様な部品を取り扱う関連工場が集積することで成立する集積指向型工業であり，現在でも，愛知県や関東地方などでの生産が盛んであり，海外にも盛んに輸出されていることから，従業員数の大幅な減少はみられない。

17 正解は④

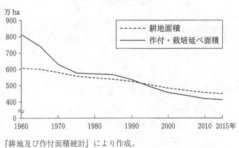

『耕地及び作付面積統計』により作成。

図

④適当でない。近年，日本においても農業の効率的な経営が求められているが，効率化を図るために耕作放棄地などの集約を行い，生産規模の拡大を進める動きがみられる。

①適当。1990年以前は作付・栽培延べ面積が耕作面積を上回っていたが，これは，1年間に同一の耕地で異なる作物を2種類栽培する二毛作で利用される耕地が多かったことによる，と考えられる。1960年代までは，夏に稲，冬に麦類を栽培する二毛作が広くみられた。

②適当。1990年頃から，耕地面積の減少率を作付・栽培延べ面積の減少率が上回るようになった。

③適当。耕作放棄地の増加の背景として，農業人口の高齢化や，都市部への農業人口の流出に伴う離農者数の増加などがあげられる。

18 正解は①

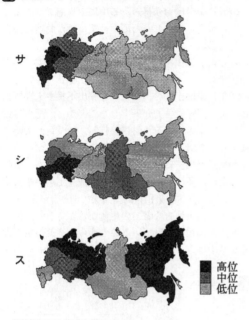

統計年次は2014年または2015年。
Federal State Statistics Service の資料により作成。

図

サ…西部は高位であるが，東部に行くにしたがい低位となることから，人口密度に該当する。ロシアは国土の大半が亜寒帯気候に属するが，西部では，偏西風の影響により東部より寒さは厳しくなく，年中平均的な降雨がみられるうえに低平な地形が広がることから，農牧業が比較的盛んであり，人口密度は高位となる。ロシアの首都モスクワや，人口第2の都市サンクトペテルブルクも西部に位置する。一方，東部では亜寒帯冬季少雨気候（Dw）が卓越して，冬季に乾燥するうえ，寒さが極めて厳しく，「北半球の寒極」とよばれる地域も存在し，広範囲に永久凍土が分布する。居住には適さない自然環境であることから，人口密度は低位である。

シ…南西部が高位である一方，北極海沿岸や東部が低位であることから，人口1人当たりの農業生産額に該当する。南西部の黒海からカスピ海沿岸地域には短草草原が広がるステップ気候（BS）が卓越し，肥沃な黒土であるチェルノーゼムが分布することから，世界的な小麦の生産地となっている。一方，北極海沿岸や東部は寒冷でやせ地がひろがることから，農業には不向きである。

残りのスが人口1人当たりの鉱工業出荷額に該当する。高位を示すウラル山脈周辺では，石炭・鉄鉱石の産出量が多いほか，西シベリア低地には，世界

的な産出量を誇るチュメニ油田が位置し，北極海沿岸では天然ガスの採掘が進んでいる。また，東部のサハリン（樺太）では原油・天然ガス，レナ川流域ではダイヤモンドも産出される。

19 正解は①

表　　　　　　　（単位：kcal）

	①	②	③	④
アメリカ合衆国	612	502	94	87
キューバ	368	156	306	635
日　本	361	113	79	607
メキシコ	260	118	1,043	64

統計年次は2007年。
FAOの資料により作成。

【図版資料の着眼点】
値の大きさ
　⇒各国の主食から判断可能（日本＝米＝④）
特徴のない値
　⇒②はどの国の値もパッとしない
　⇒ただし，アメリカ合衆国のみ突出

特徴的な値を示すものから判定する。
④ 4か国の中では日本の値が比較的大きく，日本における①～④の値を比較しても最大であることから，日本で主食として消費される米に該当する。
③ メキシコの値が特に大きいことから，メキシコで主食として消費されるとうもろこしに該当する。とうもろこしの原産地はメキシコ高原とされ，とうもろこしの粉を練ったあと，薄く円形に伸ばして焼いたトルティーヤや，トルティーヤに様々な具材を挟んだタコスなどが食されている。
残りの①・②を比較すると，いずれの国でも②より①の方が値が大きいことから，①が主食として消費される小麦に該当し，②が大豆油に該当する。

20 正解は④
④ 適当でない。日本の鉄鋼業は太平洋ベルトを中心に大都市に比較的近い沿岸部に立地するが，鉄鉱石産出国である南アメリカやオーストラリアに進出した，という事実はない。
① 適当。1970年代の石油危機以後，燃費が良く低価格の日本車が盛んに欧米諸国に輸出されたため，貿易摩擦に発展した。対応策として，日本の自動車メーカーは，輸出の自主規制を行ったほか，生産拠点を北アメリカやヨーロッパに移転して現地生産を行った。
② 適当。1985年以降に急速な円高が進行し，日本の製造業は輸出不振に陥った。さらに，日本国内の

人件費高騰の影響も重なり，製造業の国際競争力の低下が深刻となったため，生産費の削減のために豊富な低賃金労働力が得られる中国や東南アジア諸国に進出した。一方で，国内では，製造業が衰退する産業の空洞化が進行した。
③適当。1990年代に入ると，世界的にパソコンやインターネットの普及が拡大するなど，IT技術の進展がみられた。日本でも，技術者や研究者を得やすい大都市圏において，比較的小資本で立ち上げ，新技術により急成長を遂げるベンチャー企業（ベンチャービジネス）が立地するようになった。

㉑ 正解は③

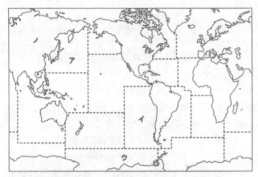

FAOの資料により作成。

図

ア…Yに該当する。日本が位置する太平洋北西部漁場には，東シナ海の大陸棚や暖流と寒流が会合する潮境がみられることから好漁場が広がる。そのため，日本・中国・ロシアなど，漁業が盛んな国が多く，世界最大の漁獲規模を誇る。しかし，乱獲による水産資源の減少や，沿岸国の経済発展に伴う水質汚濁などの海洋環境の悪化が懸念されている。
イ…Xに該当する。南アメリカの太平洋沿岸にあたる太平洋南東部漁場では，寒流のペルー海流が流れ，それに伴う湧昇流の発達により深海から栄養塩類が供給され，世界的な漁場が形成されている。特にアンチョビ（カタクチイワシ）の漁獲量が多く，肥料や飼料に利用される魚粉に加工され，輸出されている。しかし，太平洋東部の赤道周辺海域の海水温が上昇するエルニーニョ現象が発生すると，栄養塩類を供給する湧昇流が弱まり，漁獲量が減少する。そのため，年ごとの漁獲量の変動が大きい漁場となっている。
ウ…南極大陸近海のZに該当する。南極大陸や南極海が含まれる南緯60°以南の区域では，1960年代に発効した南極条約により，領有権の主張が凍

結されている。そのため，ウの海域は，特定国の領域とはされておらず，漁業活動は盛んではない。

㉒ 正解は①

	耕　地	牧場・牧草地	森　林	その他
①	21.8	8.5	59.2	10.5
②	12.9	1.2	68.2	17.7
③	3.0	3.6	3.7	89.7
④	0.8	82.5	6.5	10.2

表　　　　（単位：％）

統計年次は2003～2005年。
FAOの資料により作成。

特徴的な値に着目し，自然条件とのかかわりを考慮して判定する。
②森林が国土面積の約3分の2を占めることから，山がちな地形で森林の割合が高い日本に該当する。
④牧場・牧草地の割合が高いことから，乾燥帯気候が卓越して草原が広がり，羊・ヤギ・馬の遊牧や放牧が盛んなモンゴルに該当する。
残りの①・③を比較すると，耕地，森林の割合が高い①が，熱帯気候が卓越して熱帯林が広がるうえに，メコン川流域に広がる広大な沖積平野での稲作が盛んなカンボジアに該当し，その他の割合が高い③が，砂漠が広がり耕地，牧場・牧草地，森林のいずれの割合も低いアラブ首長国連邦に該当する。

㉓ 正解は④

①正しい。中国では，1960年代から1970年代にかけて，文化大革命とよばれる政治運動が展開された。その結果，国内は大混乱に陥り，工業生産は伸び悩んだ。
②正しい。文化大革命が終息した1970年代後半には，経済の立て直しを目的として改革開放政策が実施され，市場経済が導入された。さらに，南部の沿岸部に5か所の経済特区を設置し，外国企業を積極的に誘致し，自国の豊富な低賃金労働力を背景に工業化を推進し，輸出指向型工業を目指していった。
③正しい。1980年代には，中国の農村部では地方行政単位や個人が経営する郷鎮企業が多数設立され，農業の効率化により生まれた余剰労働力を雇用して工業製品の生産を増大させた。
④誤り。改革開放政策の実施により，沿岸部の都市部では急速な経済成長がみられた一方，内陸の農村部との経済格差が問題となった。そこで，2000年代に入り，格差是正を目的として西部大開発が

推進され，西部で鉄道やダムの建設，天然ガス田開発などが進められた。しかし，先端技術産業は首都ペキンなどの大都市や経済特区を中心とする沿岸部に集積する傾向が強く，依然として沿岸部と内陸部の経済格差は顕著である。

㉔ 正解は②

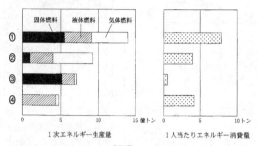

固体燃料は石炭，褐炭，泥炭，油頁岩を，液体燃料は原油と液化天然ガスを，気体燃料は天然ガスを石油換算して示している。
統計年次は1999年。
『国際連合世界統計年鑑』により作成。

図

【図版資料の着眼点】

目立つ値

① ：どの値も高水準（⇒資源大国かつ先進国）
② ：気体燃料の生産量の多さ（⇒天然ガス大国）
③ ：固体燃料の生産量，消費量の少なさ
④ ：液体燃料の生産量（⇒石油大国）

① 1次エネルギー生産量，1人当たりエネルギー消費量がいずれも多いことから，資源量が豊富で消費大国であるアメリカ合衆国に該当する。
② 1次エネルギー生産量に対して，主な気体燃料である天然ガスの割合が高いことから，ロシアに該当する。
③ 1次エネルギー生産量に対して，主な固体燃料である石炭の割合が高い一方，1人当たりエネルギー消費量は①～④の中で最小であることから，世界的な石炭産出国でありながら，人口大国で1人当たりの消費量が小さい中国に該当する。
④ 1次エネルギー生産量に対して，主な液体燃料である原油の割合が高いことから，ペルシア湾岸に位置して世界的な産油国であるサウジアラビアに該当する。

㉕ 正解は②

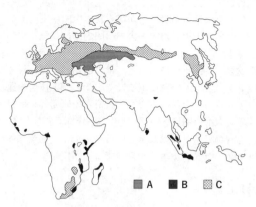

ホイットルセー，グリッグなどによる。

図

　主な企業的穀物農業地域として北アメリカのプレーリーや南アメリカのパンパといった「新大陸」の地域があげられる。しかし，地図には「新大陸」が描かれていないので，まず，混合農業地域とプランテーション農業地域を先に考える。

C…ヨーロッパからロシア連邦南部周辺にまで分布が広がり，混合農業地域の分布域と重なる。混合農業は中世ヨーロッパの三圃式農業から発達し，作物栽培（穀物と飼料作物）と家畜の飼育（肉牛・豚）を組み合わせた農業形態である。

B…アフリカや東南アジアの海岸部に分布がみられ，プランテーション農業地域である。プランテーション農業は熱帯・亜熱帯の旧植民地に成立し，世界市場向けの商品作物を大規模栽培してきた。そのため，輸出に都合の良い海岸部に発達しており，そこでは，自然環境に適した単一作物を栽培するモノカルチャーが営まれる。

A…企業的穀物農業地域。ウクライナから西シベリアにかけて分布が広がる。企業的穀物農業は，「新大陸」以外にも，ウクライナから西シベリアにかけてのチェルノーゼムが分布する黒土地帯やオーストラリア南東部の年降水量500mm前後の地域などにみられる。

㉖ 正解は②

Goode's World Atlas などにより作成。

図

②B地域は，アマゾン川流域である。熱帯雨林が広く分布しており，森林を焼いてその灰を肥料とし，いも類などを栽培する伝統的農業である焼畑農業が行われている。稲作は主にモンスーンアジアで集約的に行われているため，適当でない。

①A地域は，アメリカ合衆国北東部。氷食を受けたやせた土壌で，大都市市場に向けた酪農が行われている。

③C地域は，サハラ砂漠。乾燥した地域でラクダなどを中心とした遊牧が行われている。

④D地域は，中国の華中地方で，米と麦の二毛作が行われている。より南部の華南地方では，米の二期作も行われている。

27 正解は③

ア…カリブ海の島嶼部では，ヨーロッパの農業資本が進出し，現地住民やアフリカからの奴隷を労働力に，さとうきびのプランテーション農業を行った。よってBである。

イ…南アメリカのパンパとよばれる地域では，19世紀半ば以降，冷凍船の普及や鉄道などの交通機関の発達により鮮度を保持したまま商品の遠距離輸送が可能となり，企業的牧畜業が発達した。よってAである。

ウ…ナイル川にアスワンハイダムが建設されたことで，安定的に農業用水が確保できるようになり，灌漑農業が広く普及したため，Cである。しかし，ナイルデルタでは土壌の供給が減少したために侵食が進み，河川の氾濫が減少したことで塩害が発生している。

28 正解は③

③日本の農業は，GATTの農業交渉により牛肉やオレンジなどの農産物の輸入制限が緩和されたのを皮切りに，外国産の安い農産物が国内市場に多く流入するようになり市場競争が激しくなっている。こうしたなか，日本の農業政策は，農家や農業の保護を継続しつつも，大規模営農を行う農家を支援するなどの改革を実施しているため，適当でない。

①穀物メジャーは，穀物の生産，加工，流通などに幅広く進出している多国籍企業である。アメリカ合衆国に集中しており，世界の穀物市場に影響を与えている。

②オーストラリアは，かつては宗主国であったイギリスとの関係が強く，農産物としては羊毛の輸出が中心であった。現在では近隣のアジアを中心とした地域との関係を強め，牛肉や小麦などの輸出にも力をいれている。

④ヨーロッパでは，EUで共通農業政策が実施された。域内の農産物の関税を撤廃するとともに，域外からの農産物に課徴金を設けるなど，EU域内の農業を保護したため，域外の国々と貿易摩擦が発生した。

29 正解は①

①遺伝子組み換え作物は，病気や害虫に耐性がある遺伝子などを組み込んだ作物である。導入されている作物としては，大豆やとうもろこしなどが代表的であり，本格的に導入されている国は限られ，主に企業的穀物農業が盛んな国での導入が進んでいるため適当でない。

②農業にかかわる様々な事業を行うアグリビジネスの展開に伴い，飼料の生産や肥育，加工，流通などを大規模に行うことが可能になっている。

③日本では，農業従事者の高齢化と兼業化が進んでおり，特に規模の小さい農家では，農業を副業とする農家の割合が高い。

④アルゼンチンなどでは，19世紀半ば以降，冷凍船の普及などによりヨーロッパ市場への輸出が可能になった。

30 正解は②

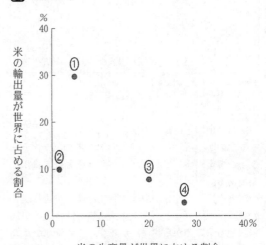

統計年次は，生産量が2010年，輸出量が2009年。
FAOSTATにより作成。

図

米の大半はアジアにおいて生産されるが，自給的な性格が強い。生産量では人口の多い中国やインド，インドネシアなどにおいて多くなっている。一方，アジアで米を大量に輸出する国はインドやタイ，ベトナムなどである。これに対し，アメリカ合衆国では商品作物として米が栽培されるため，生産された米の多くは輸出される。

③と④は生産量が世界に占める割合が高いことから人口の多いアジアの国である中国かインドに絞り込める。そのなかで、米の輸出量の割合も比較的高い③はインドであり、輸出量の割合の低い④が中国となる。

①と②は、③や④に比べて生産量が世界に占める割合は高くない。②に比べて生産量の割合の高い①がアジアに位置するタイである。現在、米の輸出量はインドが世界第1位である（2021年）が、タイは人口が少ない割に米の生産量が多く、インドに次いで世界第2位（2021年）の輸出量である。残る生産量の割合が最も低い②がアメリカ合衆国である。

31 正解は⑤

表　　　　（単位：%）

順位	ア	イ	ウ
1位	インドネシア 45.0	中　国* 35.1	タ　イ 30.4
2位	マレーシア 39.6	インド 20.9	インドネシア 27.1
3位	タ　イ 3.2	ケニア 8.2	マレーシア 8.4
4位	コロンビア 2.0	スリランカ 7.1	インド 7.3
5位	ナイジェリア 1.9	トルコ 4.8	ベトナム 7.2

*台湾，ホンコン，マカオを含まない。
統計年次は2011年。
FAOSTATにより作成。

イは、中国とトルコのほかは、インド、ケニア、スリランカと、イギリスの旧植民地で茶のプランテーション農業が盛んであった国が上位を占めており、茶である。

アとウは、上位3か国は、順位が違うが同じ国名が並ぶ。天然ゴムとパーム油は、熱帯性の気候が栽培に適することから共通点が多く、主要産地が類似するが、インドネシアとマレーシアの2か国で世界の生産の8割以上を占めるアがパーム油、残るウが天然ゴムである。

天然ゴムは自動車の大量生産が始まるとタイヤの原料として需要が高まり、マレーシアにおけるプランテーション農業の主要品として生産されてきた。しかし、1980年代以降、ゴムの木が老化したことやパーム油の価格が堅調であったことから、マレーシアではパーム油への転作が進められ、かわって台頭してきたのがタイやインドネシアである。

32 正解は④

④アムダリア川やシルダリア川の水を利用した灌漑農業が盛んになったカザフスタンでは小麦生産を、ウズベキスタンなどでは綿花生産を増加させた。綿花は、生育期は高温多雨で、収穫期は乾燥する気候に適している。一方、さとうきびはプランテーション農業において栽培される作物として知られ、熱帯モンスーン地域やサバナ地域、太平洋の島々が栽培適地であるため、適当でない。①〜③はいずれも適当であり、過度の灌漑が地下水位の低下や塩類化などを引き起こしている。

33 正解は③

まず、EとFに該当する年を考える。1位は両方とも米であるが、2位以下の農畜産物については、Eは豚肉などの畜産物が上位にあり、Fはココナッツや野菜などの農産物が上位にある。近年のほうがより肉類の生産・消費が増加していると考えられることから、Eが2005年、Fが1965年であると判断できる。

続いて、カに該当する農産物がパーム油なのかバナナなのかを検討する。両作物とも、1965年時点では上位7位までに入っていないことから、1965年より後に急速に生産量が増加した作物である。パーム油は1980年代以降マレーシアで天然ゴムにかわって急速に栽培が広がり、さらにインドネシアでも急成長し、両国で世界の生産量の多くを占めている。したがって、カに該当するのはパーム油である。

34 正解は③

③稲は、短粒種で粘り気の強いジャポニカ種と、長粒種で粘り気の弱いインディカ種とがある。世界で広く生産される稲はインディカ種であり、タイでもインディカ種を中心とした稲作が行われているため、適当でない。

①「緑の革命」とよばれる技術開発によって、高収量品種の導入や、農業機械の導入、化学肥料の使用などが行われた。東南アジアや南アジアでは、収穫量が飛躍的に上昇した地域もある。

②灌漑によって乾季でも米の栽培が可能になり、二期作が行われるようになった地域もある。

④ベトナムではフォーとよばれる米からつくられる麺のほか、米からつくられるライスペーパーを皮にした生春巻きも食されている。

35 正解は③

図

③黒色土（チェルノーゼム）から，ウクライナから
ロシア西部にかけての地域である。よって，黒海
沿岸地に位置するクが該当する。ステップ気候区
（BS）のなかでも比較的降水量の多い地域では草
の密度が高く，乾季には草が枯れて腐植になり，
肥沃な黒土が形成される。そこでは小麦などの穀
物栽培が盛んである。

①夏季に著しく乾燥するとあるため，地中海性気候
（CS）の地域である。夏の乾燥に強いオリーブや
コルクガシ，ぶどう，柑橘類などの栽培と，冬の
降雨を利用した小麦の栽培，羊やヤギなどの飼育
を組み合わせた地中海式農業が行われる。した
がって，地中海沿岸に位置するケが該当する。

②氷雪やトナカイの遊牧から，寒くて農耕が困難な
地域であり，北極圏に位置するカが該当する。

④氷河の侵食や酪農から，デンマークの北海沿岸地
域であり，キが該当する。

36 正解は④

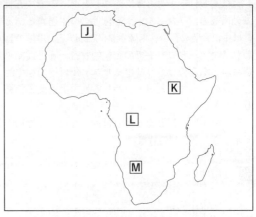

図

④Mの砂漠はカラハリ砂漠であり，南アフリカ共和
国，ボツワナ，ナミビアにまたがる砂漠である。
ぶどうなどの樹木作物が栽培されるのは，南アフ
リカ共和国のケープタウン周辺の，地中海性気候
（CS）が分布する地域であるため，適当でない。

①Jはサハラ砂漠で，乾燥帯であり，地下水路を引
いた灌漑農業などが行われている。地下水路は，
イランではカナートとよばれるが，北アフリカで
はフォガラとよばれる。

②Kはエチオピア高原で，コーヒー豆などが栽培さ
れている。

③Lはコンゴ盆地で，熱帯であり，焼畑農業でヤム
イモなどが栽培されている。

37 正解は⑤

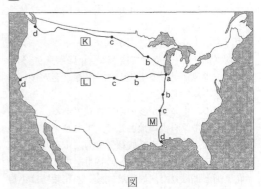

図

　アメリカ合衆国の農業は気候や土壌に合わせた適
地適作がみられる。

　クは，bやd付近で酪農とあるが，冷涼な地域で
発達しやすい農牧業である。また，c付近では夏か
ら秋に収穫する小麦とあるのは，冬を越さずに栽培
する春小麦で，小麦栽培地域のなかでは寒冷な地域
で行われる。したがって，最も北部を通過する鉄道

ルート上でみられるため，Kとなる。

カは，b付近でのとうもろこしとあるので，五大湖の南部のコーンベルト，c付近で肉牛肥育とあるのは主に大陸の西部，年降水量500mm以下の地域で行われるフィードロットでの企業的牧畜，d付近で果樹栽培とあるのは，カリフォルニア州付近の地中海性気候の分布する地域で行われる地中海式農業であり，Lとなる。

残りのキは，Mとなる。c付近の綿花，d付近のイネやさとうきびの栽培は，温暖な気候で行われる。

38 正解は②

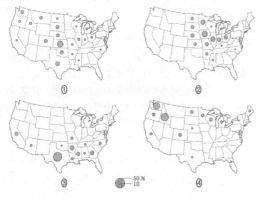

統計年次は2007年。
United States Department of Agricultureの資料により作成。

図

②五大湖の南部に分布するコーンベルトに生産量が多いため，大豆である。大豆はとうもろこしの栽培適地と重なっている。オハイオ州，インディアナ州，イリノイ州，アイオワ州の4州が主な産地となっている。

①ロッキー山脈の東側に広がるグレートプレーンズからプレーリーにかけて広がる，年降水量が500〜750mmの肥沃な黒土地帯において生産量が多いため，冬小麦である。

③南部でのみ生産量が多いので綿花である。イギリス綿工業の原料供給地として，アメリカ合衆国の南部では，アフリカ系奴隷労働力に依存した綿花プランテーションが発展し，19世紀中ごろには綿花王国とよばれた。奴隷解放後，綿花栽培は小規模になり，農業の多角化が進んでいる。

④主に北部での生産量が多い。アンデス地方が原産とされ，冷涼な気候での栽培に適しているじゃがいもである。アイダホ州が主要な生産地となっている。

39 正解は④

④ニュージーランドの南島には，サザンアルプス山脈が南北に連なる。山脈の西側は，偏西風の影響を受けて年降水量が多いため森林が広がる。傾斜が急なこともあって農業にはほとんど利用されていないため，適当でない。一方，山脈の東側は，乾燥していてなだらかな草原が広がり，主に羊の放牧や穀物栽培が行われている。

①オーストラリアでは，交通手段の発達によって長距離輸送による輸出が可能になったことで，牧畜業が発達した。大都市近郊では，大規模な肥育施設もみられる。

②オーストラリアの南西部と南東部では，集約的な牧羊と小麦の混合農業が行われている。

③ニュージーランド北島では，牧羊のほか，主に西側のやや年降水量の多い地域では酪農が行われている。

40 正解は②

図

②Q地域は，アマゾン川河口付近である。赤道付近に広がる熱帯雨林では伝統的な焼畑農業が行われており，河口付近では企業的牧畜や粗放的定住農業がみられる。集約的稲作農業はみられないため，適当でない。

①P地域は，輸出を目的としたプランテーション農業が行われ，バナナやコーヒー豆，さとうきびなどの商品作物が栽培されている。

③R地域は，日本などの援助をもとに開発が行われ，穀物メジャーによる企業的穀物農業が盛んである。大豆はブラジルの主要な輸出品のひとつとなっている。

④S地域は地中海性気候（CS）が分布し，ぶどうが生産される。チリではワインの輸出も盛んである。

41 正解は③

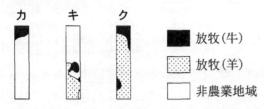

Jacaranda Atlas, 2007などにより作成。

図1

　オーストラリアの降水量分布は規則的であり，内陸のやや西側に位置する砂漠を中心にして，横長の同心円状に分布し，大陸の外側になるほど降水量が増加する。大陸の北西部に位置するグレートサンディー砂漠は，北西海岸付近にまで広がる。内陸部の砂漠では農業はみられないが，その周辺では粗放的な放牧が行われている。特に大陸東部のグレートアーテジアン盆地では地下水を掘り抜き井戸でくみ上げることで牧畜が発達してきた。

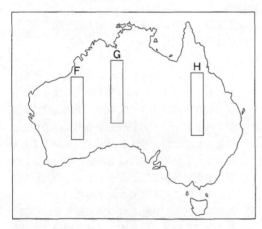

図2

　以上を踏まえ，非農業地域の割合に着目する。
　乾燥地域は大陸の西側を中心に分布するため，非農業地域の広がるカとキは，FとGであると考えられ，特に非農業地帯の割合の高いカがGである。したがって，Fはキ，Gはカ，Hはクとなる。
　ちなみに，牧牛が主に北部で盛んであることから考えれば，北部に牛の放牧が分布するカとクがGとHであることも判別できる。

42 正解は④

④生鮮野菜も鮮度を保っての輸送は可能であり，海外からの生鮮野菜は日本国内に流通しているため適当でない。

①日本の農家は，外国産の安価な農産物との厳しい価格競争にさらされるなどの影響を受けて減少しており，食料自給率も低い。政策によって，農業の大規模化や，質の高い農産物の担い手への支援などが行われている。

②牛肉については，2000年代に狂牛病の発生が確認されたのを機に，牛の全頭検査とトレーサビリティ制度が整備された。

③日本では，遺伝子組み換え作物の栽培は導入されていないが，遺伝子組み換え食品は輸入されている。遺伝子組み換え作物の食品としての利用に際しては，特定の作物について，遺伝子組み換え作物の原材料使用の表示が義務付けられている。

43 正解は②

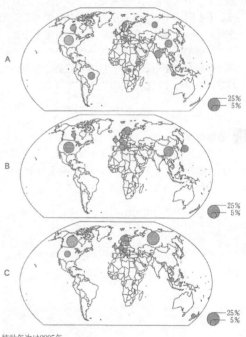

統計年次は2005年。
『世界国勢図会』により作成。

図

【図版資料の着眼点】
目立つ値
　B：日本が上位
　C：中国が圏外，カナダとロシアが上位

　A，B，Cのうち，日本が上位にあるのはBのみである。また，ロシア連邦はA，Cでは上位である

がBでは上位ではない。日本は木材輸入の多い国,
ロシア連邦は木材輸出の多い国であることから, B
は輸入量である。

AとCについては, 中国やインド, アマゾンの熱
帯林の位置するブラジルでAでは上位であるものの
Cでは上位ではない。これらの国は, 伐採量が多い
ものの, 薪炭材としての国内での消費量が多いため,
Aが伐採量, Cが輸出量である。

伐採された木材の用途は, 建築材料や製紙原料と
なる用材と, 燃料用の薪炭材とがある。アメリカ合
衆国やカナダ, スウェーデンといった先進国の亜寒
帯林地帯では用材としての伐採が多く, 重要な輸出
品となっている。第二次世界大戦後, 日本などでは
丸太需要が増大し, 東南アジアなどの熱帯林から用
材を輸入してきた。しかし, 減少の進んだ熱帯林を
保全するため規制がかかるようになると, 亜寒帯林
地帯からの輸入が増加するようになった。

44 正解は①

① 適当でない。農産物の生産地にとっては, 地域ブ
 ランドを明示することにより, 高品質であること
 が保証され, 高値で販売することが可能となる。
③ 適当。南半球に位置するニュージーランドは, 日
 本と季節が逆であるため, 日本で収穫できない端
 境期に出荷して収益を得ることができる。
②④ 適当。

45 正解は③

③ 湧昇流は深層の豊富な栄養分を上層へと運ぶた
 め, 魚介類の餌となるプランクトンが発生しやすく,
 豊かな漁場となっているため, 適当でない。

46 正解は③

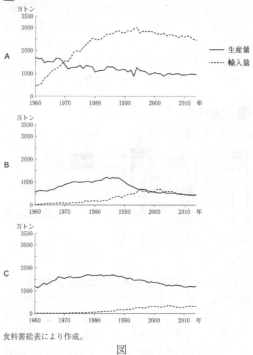

食料需給表により作成。

図

【図版資料の着眼点】
変化とその背景
　A:60年代に輸入増⇒高度経済成長と食の変化
　B:80年代以降の輸入増⇒円高, 漁獲量の減少
自給率
　⇒生産量÷消費量（生産量＋輸入量－輸出量）
　⇒Cは自給率が高い

A…穀類である。1960年代に輸入量が大きく増加し
 たことに注目する。高度経済成長に伴って, 日
 本人の食生活は大きく変化し, 米の消費量が減
 少する一方, パンの原料となる小麦の消費量が
 増加した。また, 輸入量が3000万トン近くもあ
 るのは, 食料以外の用途もあるためである。肉
 類の消費量増加にともなって, 家畜の飼料であ
 るとうもろこしの需要も高まった。
B…魚介類である。1980年代以降に輸入量が増加し
 たことに注目する。日本では排他的経済水域が
 設定されたことで, 遠洋漁業が衰退し, 沖合漁
 業が拡大した。しかし, 1980年後半以降, 漁
 獲量は激減し, かわって水産物の輸入量が増加
 することとなり世界有数の水産物輸入国となっ
 ている。
C…野菜である。野菜は日本の農水産物では比較的
 高い自給率を維持している。しかし, 安い輸入
 野菜が次第に日本国内の市場に流入してきてお
 り, それに伴って, 生産量は漸減傾向にある。

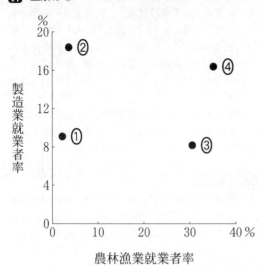

製造業就業者率（縦軸、%）／農林漁業就業者率（横軸、%）

図

統計年次は2014年。
ILOSTATにより作成。

【図版資料の着眼点】
グループ分け
　③④：農林漁業就業者率が高い⇒途上国
　①②：先進国

　まず，ヨーロッパの国であるイタリア，オランダと，東南アジアの国であるタイ，フィリピンの2つに分けて考える。ヨーロッパ諸国のような先進国では，第一次産業への就業者割合は低くなる。一方，東南アジア諸国のような発展途上国のほうが第一次産業への就業者割合は高い。したがって，①と②がイタリアとオランダのどちらか，③と④がタイとフィリピンのどちらかになる。

　次に，タイとフィリピンの産業構造を比較する。タイには日本をはじめとする大手外国自動車メーカーが相次いで進出し，自動車産業の集積地となっており，東南アジアにおいて工業化に成功した国の1つである。したがって，④がタイである。

　ちなみに，①がオランダ，②がイタリア，③がフィリピンとなる。

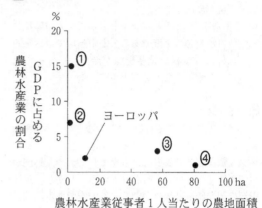

GDPに占める農林水産業の割合（縦軸、%）／農林水産業従事者1人当たりの農地面積（横軸、ha）　ヨーロッパ

図

統計年次は2010年。
FAOSTATなどにより作成。

　まず，企業的農業の発達する北アメリカ，オセアニアと伝統的農業が中心であるアジア，アフリカに分けて考える。

　企業的農業では大規模農園にて農畜産物生産が行われるので，農林水産業従事者1人当たりの農地面積が大きい③か④が該当する。特に農地面積の割に人口の少ないオーストラリアでは極めて規模が大きいことから④がオセアニアとなり，③が北アメリカとなる。したがって，①と②はアジアとアフリカとのどちらかとなる。

　次に，①と②をGDPに占める農林水産業の割合から考える。アフリカではモノカルチャー経済の傾向が残っており，特定の農産物の輸出に依存した国も少なくない。一方，アジアには中国やインドなど近年急速に発展している工業国がみられ，こうした国の存在がGDPに占める農林水産業の割合を低下させていると考えられる。したがって，①がアフリカ，②がアジアとなる。

　大地形には産出しやすい鉱産資源がある。安定陸塊は鉄鉱石など，安定陸塊の山地は石炭，変動帯は石油が多く産出することを手掛かりに解く。

　DからFの地点の地形を確認する。オーストラリア大陸は東部を除き大部分が安定陸塊であるため，Eは安定陸塊。アメリカ合衆国の東部にあるDのアパラチア山脈は安定陸塊の山地，Fは変動帯に属する。

ア…「急峻な山脈」「石油や天然ガス」から，変動帯に位置するFである。石油は西アジアや北アフリカに特に多く埋蔵されている。

イ…「なだらかな起伏」「石炭」から，安定陸塊の山

地であるDである。付近のアパラチア炭田では石炭が産出する。

ウ…「構造平野」「ボーキサイト」から，安定陸塊に位置するEの平野である。安定陸塊では鉄鉱石以外にも多様な鉱産資源が産出し，付近ではボーキサイトなどを産出する。

50 正解は④

④アフリカは石油や石炭，ウランなどのエネルギー資源のほか，鉄鉱石やボーキサイト，金，銅，レアメタル類などの金属資源にも恵まれており，外国から資源開発への投資も行われている。しかし，鉱産資源の国際価格は変動が激しく不安定である。加えて政情不安などで経済が発展しないこともあり，財政は豊かにはなっておらず，貧富の差も解消されていないため，適当でない。

①～③はすべて適当である。

51 正解は①

①日本では第二次世界大戦時まで石炭は自給されていた。しかし，採掘可能な層が深く規模が小さいため，安価な輸入石炭が多く供給されるようになった。エネルギー資源の中心が石炭から石油に転換されたことも重なって（エネルギー革命），国産の石炭は1960年代をピークに減少した。その後1970年代に石油危機を経験したものの，炭田が再開発されることはなかったため，適当でない。

②太陽光発電は，二酸化炭素を多く排出する化石燃料を使用せず，自然の力を使用した発電であり，環境への負荷の少ない発電として注目されている。日本では以前から太陽光発電が盛んで，2012年に導入された固定価格買取制度の影響もあり，発電量は増加している。

③1970年代の二度の石油危機をきっかけに，エネルギーの多様化を図るとともに，石油の備蓄が進められている。

④メタンハイドレートは，「燃える氷」ともよばれる新しい天然ガス資源であり，日本近海にも存在している。

52 正解は④

④ビール工業は原料に大麦やホップのほかに大量の水を必要とし，製品重量の大部分を水が占めている。水はどこでも入手可能な普遍的原料で重量も大きいので，輸送費を節約するためには，大麦やホップが得やすい農山村地域よりも，大消費地に近い場所に立地する傾向があるため，適当でない。

①ファッションの流行に敏感な，アパレル（服飾）製品の企画やデザインを行う事業所は，消費市場の情報を求めて大都市に立地する傾向がある。

②アルミニウム工業は精錬に大量の電気を必要とするので，大量の電気が安価に手に入りやすい地域に立地する傾向がある。アルミニウムは中間製品のアルミナを精錬して製造するが，その過程で大量の電力を消費するために「電気の缶詰」とよばれている。

③安価で大量生産される電気機械は，加工・組み立てに際して豊富で低廉な若年労働力が得やすい先進国以外の地域に立地する傾向がある。

53 正解は③

③ドイツのルール工業地域では，ルール炭田の豊富な石炭とライン川の水運を利用した鉄鋼業が発展してきたが，近年は，石炭資源の枯渇や石油へのエネルギー革命により大消費地の近くなどに拠点が移動した。

①技能をもつ職人や中小企業により，繊維など伝統工芸を中心とした高級品が生産されている地域は，イタリアのサードイタリー（第三のイタリア）である。

②アメリカ合衆国のシリコンヴァレーに関する説明である。シリコンヴァレーはサンベルトを代表する先端技術（ハイテク）産業の集積地域となっている。

④シンガポールに関する説明文である。国内市場だけでは経済成長に限りがあったため，シンガポール政府は税を優遇して外資系企業を誘致し，知的労働者の受け入れを強化するなど，世界中の卓越した人とモノを集める政策を実施した。その結果，アジア太平洋地域の統括拠点をシンガポールに置く多国籍企業が増加している。

54 正解は③

鉄の原料となる鉄鉱石以外は非鉄金属とよばれる。金属によっては産地に偏りがみられる。

A…南アメリカに特に多いため，銅鉱である。銅鉱は環太平洋の変動帯に多くみられ，チリは銅鉱の生産量，埋蔵量ともに世界第1位（2014年）である。チリは銅鉱を世界全体の約3割生産しており，チュキカマタなどの大規模銅山が国営企業により管理されている。チリ以外に銅鉱の生産量が多いのは，中国やアメリカ合衆国，ペルーである。

B…特にアジアに多いため，すず鉱である。すず鉱は中国やインドネシアなどアジアで多く産出される。インドネシアではオランダ統治時代，すず鉱山が開山され生産量を増大させた。現在のインドネシアのすず生産は国営企業により行わ

れる。アジア以外で生産量が多いのは南アメリカで，ペルー，ボリビア，ブラジルにおいて産出されている。

C…アジアの次にオセアニアで多いため，ボーキサイトである。ボーキサイトはその生産の約3割がオーストラリアで産出する。熱帯およびその周辺において産出が多く，オーストラリア以外には，中国，ブラジル，インドネシア，インドなどで多い。

55 正解は④

石炭の生産量は，中国，アメリカ合衆国やオーストラリア，インドネシアなどで多い。アではオーストラリアやインドネシアが上位になく，ウは中国やインドが上位にないことから，イが生産量である。

中国やインドは，工業化が進み，産出する石炭の多くが自国内で消費される一方，オーストラリアやインドネシアでは輸出される割合が高いため，ウが輸出量である。

残りのアは消費量で，資源に乏しい日本が上位になっている。

実戦問題

問1　正解は④

特徴的な国に着目して判定する。

A…羊肉に該当する。羊は乾燥地域や冷涼な地域で飼育されることから，オーストラリア，西アジアのイラン，北アフリカのスーダンなどでも生産量が多い。また，ヨーロッパでは，冷涼なイギリスで最も多く生産されている。

B…牛肉に該当する。アメリカ合衆国，ブラジル，アルゼンチン，オーストラリアなどの新大陸で大規模な肉牛の放牧が行われており，牛の頭数に比して牛肉の生産量が多く特徴がある。設問では，牛肉に水牛肉が含まれないことから，牛の飼育頭数では世界第2位（2021年）であるものの，神聖視する牛を殺傷することを禁じるヒンドゥー教徒が多数を占めるインドは上位に入らない。

C…牛乳に該当する。牛の飼育頭数が多いインドでは，牛を殺傷しない一方，牛乳やバターの生産量が多く，牛乳の生産量は世界第1位（2021年），バターの生産量は世界第1位（2020年）である。

問2　正解は⑥

一般に，人口が多い地域や森林面積の広い地域では木材伐採高が大きく，発展途上国では薪炭材，先進国では用材として利用される割合が高い。また，

低緯度地域では広葉樹，高緯度地域では針葉樹の割合が高くなる。

ア…ヨーロッパに該当する。先進国中心で薪炭材の割合が低いことに加え，北ヨーロッパやロシアを中心に針葉樹の割合が高い。

ウ…アジアに該当する。中国やインドなどの人口大国を擁することから，木材伐採高は全地域の中で最も大きい。また，発展途上国が多いことから，薪炭材の割合が高い。

残ったイが南アメリカに該当する。

問3　正解は③

まず，アルゼンチンに着目する。アルゼンチンでは製造業生産額全体に占めるカの割合が高い。同国では企業的牧畜や企業的穀物農業が盛んであり，国内で生産された農畜産物の加工業が発達していると考えられることから，カが食料品に該当する。

次にD・Eの判定を行う。

E…カ（食料品）の割合が高いことから，アルゼンチンと同様，企業的農業が盛んであることに加え，北東部で生産されるさとうきびの加工も発達するオーストラリアに該当する。同国では，産出量が世界第1位（2020年）であるボーキサイトを原料とするアルミニウム工業が盛んであることから，クが金属に該当する。

D…バングラデシュに該当する。同国ではキの割合が非常に高いことから，キは，豊富な低賃金労働力を活用する繊維に該当する。

第3章　交通・通信・観光・貿易
例題演習

1

Step 2　ドイツ，フランス，①，フランス，オランダ

2

Step 1　キ，ク，<u>イギリス，イタリア</u>（順不同），カ，オーストラリア

Step 2　キ，ク，ク，イタリア，イギリス，⑤，キ，イギリス

練習問題

1 正解は③

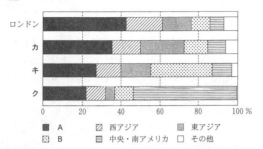

統計年次は2018年。
Eurostat により作成。

図

【図版資料の着眼点】

目立つ項目
  ⇒「キ」のB
  ⇒「ク」の中央・南アメリカ
歴史的背景
  ⇒植民地支配
  ⇒スペイン×ラテンアメリカ
  ⇒フランス×北アフリカ

　まず，凡例A・Bを判定する。ロンドンではAの割合が最も高いことから，Aは英語圏に属していてイギリスとの経済的交流が盛んな北アメリカに該当する。したがって，Bはアフリカに該当する。
　次にカ～クを判定する。
ク…中央・南アメリカの割合が過半を占めることから，中央・南アメリカを植民地支配し，言語的・文化的な繋がりが深いスペインの首都マドリードに該当する。
キ…4都市の中でB（アフリカ）の割合が最も高い。北アフリカを植民地支配し，その後も繋がりが深いフランスの首都パリに該当する。残りのカが，ドイツのフランクフルトに該当する。

2 正解は②

【図版資料の着眼点】

値の大きさ
  ⇒「サ」の割合が高い（⇒資源国）
値の変化と背景
  ⇒Yの減少が目立つ（⇒輸送距離，EUの成立）

　まず，サ・シの判定を行う。
サ…輸出総額に占める鉱産物の割合が高いことから，世界有数の銅鉱産出国であるチリに該当する。したがって，シはニュージーランドに該当する。

　次にX・Yの判定を行う。Xは，サ（チリ）とシ（ニュージーランド）の両国において，2018年における割合が1985年より減少しているが，Yの方が減少率が高い。したがって，Yは，EU発足により加盟国間の貿易の比率が高まっている西ヨーロッパに該当する。一方，Xは，減少率が比較的低いことから，世界の経済大国であるアメリカ合衆国が含まれる北アメリカに該当する。

3 正解は③

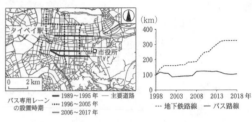

タイペイ市の資料などにより作成。　　タイペイ市の資料により作成。
　　　図1　　　　　　　　　　　　図2

x…誤り。1989〜1995年にバス専用レーンの設置が開始されたが，当初は，都心部と副都心を結ぶバス専用レーンが整備された。その後，郊外に向けて拡大していった。
y…正しい。

4 正解は⑥

キ…首都間距離をみると，3千km未満に集中していることから，9か国と国境を接しているヨーロッパのドイツである。EU域内では人の移動が自由で，国境検査を省略している国が多く，鉄道や道路の整備も進んでいるので，ドイツの人々の渡航先は圧倒的にヨーロッパ域内が多い。そのなかでも，冬が寒冷で，海水浴のできる海岸の少ないドイツの人々がよく訪れるのは，南ヨーロッパの地中海諸国である。
ク…首都間距離は散らばっているが，首都間距離が左端にある最短の国と首都間距離が4千km弱の2か国が，1,000万人以上と突出して多くなっている。クはアメリカ合衆国であり，この2か国はカナダとメキシコである。アメリカ合衆国からの渡航先は，この2か国を除くと，ヨーロッパ，次いでカリブ海諸国が多い。首都間距離が12千km近くある国は中国である。
カ…首都間距離は散らばっているが，左端の2か国と右端の1か国が200万人以上と多いので，日本である。日本からの渡航先は中国，アメリカ合衆国，韓国が多く，次いで近隣のアジア諸国とヨーロッパが多い。

5 正解は④

ア…電気機械に該当する。シンガポールでは，1970年代以降にアジアNIEsの一角として発展したことにより重化学工業の割合が高まり，1990年・2015年のいずれにおいても機械類が上位に位置する。

イ…衣類に該当する。シンガポールでは，1990年時点で4位に入っていたが，その後，高付加価値の重化学工業製品に取ってかわられ，2015年時点では5位以内に入っていない。一方，比較的低賃金であるトルコでは盛んに輸出されているが，その割合も低下している。

ウ…果実類に該当する。国土面積の小さい都市国家であるシンガポールでは，農業がほとんど行われておらず，輸出品目の上位に果実類は入らない。

6 正解は④

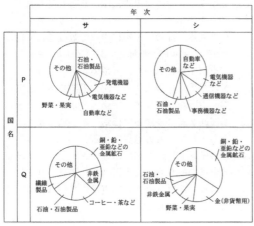

UN Comtrade により作成。

図

　まず，国名P・Qの判定を行う。Qは，鉱産資源が上位であることから，銅鉱・亜鉛鉱など金属資源の世界的な産出国であるペルーに該当する。一方，Pは，石油・石油製品や工業製品の割合が高いことから，メキシコ湾岸で原油の産出量が多く，アメリカ合衆国向けの自動車・電気機器などの生産も盛んなメキシコに該当する。

　次に，年次サ・シの判定を行う。P（メキシコ）に着目すると，シにおいて工業製品がより上位に位置している。1990年代のNAFTA（北米自由貿易協定）締結後，低賃金労働力を求めて，自動車産業をはじめとする多くの組立機械工業がメキシコに進出し，工業製品の割合が高くなったことから，シが2016年に該当する。

7 正解は④

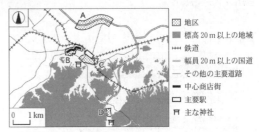

国土基本情報などにより作成。

図2

①大型小売店数が最も多いことから，主要駅から離れて幅員が広い国道沿いに位置し，ロードサイド型の大型小売店が立地するAに該当する。

③土産品店数が最も多い一方，大型小売店数が0で，バス路線数も最も少ないことから，神社に近く多くの観光客が訪れるものの，幅員の広い道路が通っておらず，自動車によるアクセスには適さないDに該当する。

④バス路線が最も多く，土産品店数も比較的多いことから，主要駅の駅前に位置して鉄道からバスへの乗り換え客が多く，神社の近くで観光客も多いCに該当する。

残りの②がBに該当する。

8 正解は②

表

	国際線の就航都市数	国内線の就航都市数
①	260	37
②	144	8
③	109	48
④	75	155

国際線・国内線ともに就航都市数は直行便のみ。
統計年次は2017年。
OAG Flight Guide Worldwide により作成。

　先進国であり，国土面積と人口規模がともに大きい国では，航空機を利用した国内の移動が多くなることから，国内線の就航都市数が最も多い④がアメリカ合衆国に該当する。

　続いて，残りの①～③を判定する。

①国際線の就航都市数が最も多いことから，EU（ヨーロッパ連合）の中心的な位置にあり，ヨーロッパの政治・経済・文化の中心の一つであるパリに該当する。

　残りの②・③を比べると，②は，国際線の就航都市数が多い一方，国内線の就航都市数が少ない。東アジアの代表的なハブ空港であるインチョン（仁川）空港において国際線の離着陸が多い一方，国土面

が小さく国内線が少ない韓国のソウルに該当する。残りの③が東京に該当する。

9 正解は①

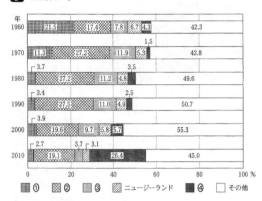

Year Book Australia により作成。

図

①イギリスに該当する。オーストラリアの旧宗主国であるイギリスは、オーストラリアの独立後も輸出相手国で最も高い割合を占めてきた。しかし、1973年にイギリスがEC（ヨーロッパ共同体）に加盟し、EC加盟国との関係を強化すると、割合は急激に低下した。

②日本に該当する。イギリスの割合が低下した1970年代以降、オーストラリアにとって最大の輸出相手国となり、鉄鉱石や石炭を盛んに輸出した。

④中国に該当する。2000年代以降、急速な経済成長によりオーストラリアからの鉱産資源の輸入が急増し、オーストラリアにとって最大の輸出相手国となっている

残りの③がアメリカ合衆国に該当する。

10 正解は③

③が誤り。インターネットが普及している国や地域とそうでない国や地域に住む人々の間の、デジタルディバイドといわれる情報格差の拡大がおこっている。

④に関連して、この問題が出された当時から後、新型コロナウイルスの流行期間を経て、リモートワークやリモート会議などがより普及していることについてもおさえておくとよい。

11 正解は④

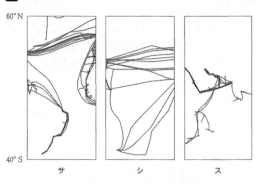

Greg's Cable Map などにより作成。

図

海底ケーブルは、インターネットによるデータ通信で利用されており、通信量が多い先進国や新興国の間での敷設が多い。また、海底ケーブルは大洋を横断するものに加え、海岸線に沿う形で敷設されるものも多く、大陸の海岸線に似た分布も見られる。

サ…Mの大西洋に該当する。南アメリカ大陸やアフリカ大陸北部の海岸線に沿って敷設されているほか、北大西洋を横断して北アメリカとヨーロッパを結ぶ海底ケーブルも多い。

シ…Nの太平洋に該当する。北太平洋を横断して日本や中国などの東アジア諸国と北アメリカを結ぶ海底ケーブルが多いほか、南半球のオーストラリアと結ぶものも見られる。

ス…Lのインド洋に該当する。インドから、アラビア半島を取り巻くようにペルシア湾・紅海に敷設され、アフリカ大陸の東岸にも結ばれていることが読み取れる。

12 正解は③

③船舶は一度に大量の、重量の大きいものやかさばるものを遠くまで輸送することができる。重量当たりの輸送費用は小さくなるので、適当でない。

①時間距離とは2地点間の距離を移動に必要な時間で表した距離のことである。徒歩で何日もかかって着いた東京—大阪間は、鉄道の開通により半日で、航空路線の開通では約1時間で行けるようになった。

②航空機では、長距離を短時間で移動することができる。そのため、人の長距離の移動では航空機が主要な交通機関となっている。

④単位輸送量当たりの二酸化炭素排出量は、鉄道は旅客部門では乗用車の約7分の1、貨物部門では約55分の1である（2016年度）。鉄道は自動車などと比べエネルギー効率が高く、環境負荷が小さい交通機関といえる。

⓭ 正解は④

統計年次は2011年。
Internet Geographies at the Oxford Internet Institute の資料により作成。

図

④デジタルデバイドとは，情報格差，つまり地域間，あるいは人々の間での情報量や情報へのアクセスの格差のことである。世界的にはインターネット利用者率の差が大きいことから，情報量には地域間格差があることがわかるため，適当である。

①インターネットは，世界各国のコンピュータネットワークを電話回線や専用回線などを使用して相互につないだものである。衛星回線を用いることもあるが，通信衛星を経由するため遅延が生じ，また雨や風，太陽雑音などの影響を受けることがあるため，海上や航空機内，地震時などの非常用通信手段としての利用が主となっているため，適当でない。

②図の面積を比べると，アメリカ合衆国は中国より小さい。つまり利用者数はアメリカ合衆国の方が少ないので，適当でない。

③図の色の濃さからインターネット利用者率（％）をみると，ナイジェリア以南は40％未満，西ヨーロッパはポルトガルが40〜60％で，それ以外は60％以上であり，サハラ以南のアフリカ諸国のインターネット利用率は西ヨーロッパよりも低いことがわかるので，適当でない。

⓮ 正解は③

③ヨーロッパでは内陸水路交通が盛んであるが，内陸水路には狭い川幅，浅い水深，橋の高さの制限などがある。コンテナは小型船で輸送されることが多い上に，内陸水路内での積み替えは少ないため，ヨーロッパの港のコンテナ貨物取扱量はさほど多くない。コンテナ貨物取扱量が多いのは，アジアであるため，適当でない。2021年は上位8港までがアジアの国である。

①2021年の航空貨物輸送量第1位はアメリカ合衆国であるが，以下中国，カタール，韓国，アラブ首長国連邦とアジアが続いている。

②上海浦東国際空港には新潟や茨城など，仁川国際空港には青森や米子など，日本の20港以上の地方空港から国際路線が就航している。

④EUの統合が進み，シェンゲン協定の締結により国境管理がなくなり，ユーロトンネルが開通すると，イギリスとフランス，ベルギーを結ぶユーロスターやフランスとベルギー，オランダ，ドイツを結ぶタリス（2023年10月にユーロスターと統合）などの，国際路線網が整備された。

⓯ 正解は②

図

②「三角州（デルタ）地帯を流れる河川や水路」からチャオプラヤ川のデルタにあるタイのバンコクである。バンコクは河川や水路が発達しており，船が主な交通手段で，人々は水上バスや小舟を使って移動し，水上マーケットで買い物をして生活していた。都市化の進展などから運河は埋め立てられ水運は縮小していったが，交通渋滞を緩和するものとして船は用いられ，水上マーケットも自国文化の保護や観光客の誘致へと役割を変えながら存続している。

①「環境問題への配慮から自転車の利用が推奨され」とあることから，海抜が低く，地球温暖化による海面上昇の懸念などから，自転車の利用促進を進めてきたオランダのアムステルダムである。多くの道路には特定の「自転車専用レーン」があり，専用の交通信号や交通規制などで安全確保が図られている。

③「路上に」「放し飼いの牛」からインドのデリーである。ヒンドゥー教では牛を聖なる動物と考えているため，野良牛でも餌が与えられるなど大切にされている。

④「高速道路が網状」「自動車への依存度が非常に大きい」などからモータリゼーションの進んだアメリカ合衆国のロサンゼルスである。

⓰ 正解は②

②メキシコである。温暖な気候を背景に世界遺産のほか，ユカタン半島のリゾート地が人気で，隣国アメリカ合衆国などからの観光客が多い。

①国際観光収入の世界全体に占める割合が，1990年，2013年ともに高いことから，観光資源に恵まれ，

世界中から多くの観光客が訪れるフランスである。

③国際観光収入の世界全体に占める割合が1990年には低かったにもかかわらず，2013年には割合も観光大国のフランスに近づくほどになってきていることや，国際観光収入が2013年には1990年の20倍以上と大幅に増えていることから中国である。中国は観光資源が豊富だが，1970年代末に観光業の対外開放が行われ，1990年はまだ基礎作りの段階であった。インフラの整備やサービス向上への投資，観光地の開発が進んできたことから，国際観光収入が増えている。

④国際観光収入の世界全体に占める割合は4か国のなかで最も低いが，1990年と比べた2013年の値は30倍以上と大幅に増えていることからポーランドである。ポーランドは1989年に非社会主義政権が発足し，体制が転換したばかりで政局が不安定だったため，1990年には観光客数が少なく，国際観光収入も少なかったと考えられる。2004年のEU加盟も，2013年の増加につながっている。

17 正解は③

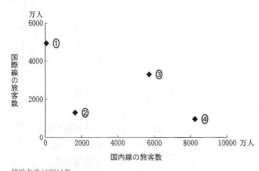

万人

統計年次は2011年。
『航空統計要覧』により作成。

図

【図版資料の着眼点】
軸の単位
　⇒縦軸も横軸も単位が同じ

③国内線も国際線も一定の旅客数があるので，先進国で経済活動の活発な日本の東京にある空港である。羽田空港は国内・国際の乗降旅客数世界第5位，成田空港は国際線の乗降旅客数世界第18位である（2016年）。

①国内線の旅客数が極端に少ないことから，国土面積が小さく人口も少ないオランダのアムステルダムにある空港である。国際ハブ空港であり，乗降旅客数は国内・国際では世界第12位だが，国際線に限ると世界第4位である（2016年）。

④国際線の旅客数は多くないが，国内線の旅客数が非常に多いことから，国土面積が広く人口も多い

アメリカ合衆国のアトランタにある空港である。世界第2位の旅客輸送量を誇るデルタ航空のハブ空港で，乗降旅客数は国内・国際で世界第1位であり，発着回数も世界第1位である（2016年）。

②国際線も国内線も旅客数がそれほど多くないため，発展途上国のフィリピンのマニラにある空港である。国内・国際の乗降旅客数は世界第47位である（2016年）。

18 正解は④

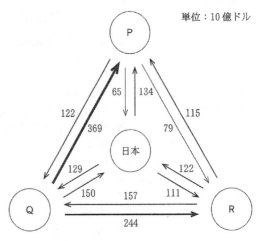

単位：10億ドル

統計年次は2013年。
ジェトロの資料により作成。

図

【図版資料の着眼点】
輸出入額
　P：一貫して輸入額＞＞輸出額
　Q：一貫して輸出額＞＞輸入額

Pは，Q，R，日本，いずれの国に対しても輸出額より輸入額の方が多く，貿易赤字なので，世界第1位の貿易赤字国のアメリカ合衆国である。

Qは，P，Rへの輸出額が大きく，P，R，日本，いずれの国に対しても輸出額の方が輸入額より多く貿易黒字なので，世界の工場の中国である。P（アメリカ合衆国）の最大の貿易相手国であり，Pとの貿易で日本よりも輸出額，輸入額ともに多いことからも確認できる。

残るRは，ASEANである。Q（中国）が最大の貿易相手国であり，P（アメリカ合衆国）や日本よりもQとの貿易額の方が多い。（2016年度）

⑲ 正解は⑥

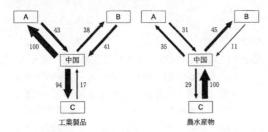

中国には，台湾，ホンコン，マカオを含まない。
統計年次は2009年。
WTO, *International Trade Statistics* により作成。

図

A…EUである。中国からの工業製品の輸入額がC
　（アメリカ合衆国）と同じくらいで，輸出額の2
　倍以上と多いことからも判断できる。

B…中国からの農水産物の輸入額が多いが，輸出額
　はかなり少ないので，日本である。日本は中国
　から鶏肉の調製品や冷凍野菜，生鮮野菜など多
　くの農水産物を輸入しているが，輸出は多くは
　ない。中国からの工業製品の輸入額より中国へ
　の輸出額の方が多いことからも判断できる。中
　国は部品と機械を主に日本などのアジア地域か
　ら輸入し，製品を主にアメリカ合衆国などの先
　進工業国に輸出するという形をとっているため
　である。

C…農水産物をみると，Cから中国への輸出額が最
　大であり，次点の中国からBへの輸出額の2倍
　以上と大差をつけていることから，アメリカ合
　衆国である。中国では経済発展に伴う食生活の
　変化で，油をとるための大豆などの需要が伸び，
　アメリカ合衆国から大量に輸入している。

⑳ 正解は①

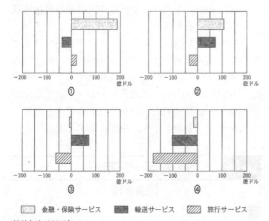

金融・保険サービス　　輸送サービス　　旅行サービス

統計年次は2012年。
World Development Indicators により作成。

図

①金融・保険サービスの黒字が突出して大きいこと，

そして旅行サービスが4か国のなかで唯一黒字で
あることから，スイスである。チューリッヒ，ジュ
ネーブと世界有数の金融センターをかかえ，観光
資源も豊富である。スイスは銀行業，保険業とも
に盛んである。

②金融・保険サービスとともに輸送サービスも黒字
であることから，シンガポールである。シンガポー
ルは香港や中国，フィリピンやマレーシアと時差
がなく，世界的な金融センターとなっている。ま
た，シンガポールにはハブ港とハブ空港がある。

③輸送サービスのみが黒字なので，オランダである。
オランダにもハブ港とハブ空港がある。

④カナダである。カナダはいずれも赤字であるが，
人口のわりに海外旅行者が世界第8位（2015年）
と多く，旅行サービスが大きな赤字となっている。

㉑ 正解は③

②首位港湾がその国のコンテナ貨物取扱量に占める
割合が100％なので，都市国家で港湾が一つのシン
ガポールである。シンガポール港は貨物を積み替
えて目的地に輸送する中継拠点となる港である。
問題文の2008年当時は国際順位が第1位であった
が，2010年には上海に抜かれ，近年のコンテナ貨
物取扱量は第2位となった。

①コンテナ貨物取扱量が圧倒的に多いので，輸出貨
物量の多い中国である。首位港湾がその国のコン
テナ貨物取扱量に占める割合が24％と低いことか
らも，沿岸に工業都市が多く，港湾の多い中国と
わかる。2021年は世界のコンテナ貨物取扱量上位
10港までのうち7港が中国であった。

④首位港湾がその国のコンテナ貨物取扱量に占める
割合が80％と高いので，港湾の少ないアラブ首長
国連邦である。ドバイは湾岸最大の国際貿易港で，
中継貿易が盛んであり，貨物取扱量が多い。

③日本である。首位港湾がその国のコンテナ貨物取
扱量に占める割合が22％と低く，首位港湾の国際
順位も低いことから，国内に港湾が多くハブ港が
ないことがわかる。

22 正解は②

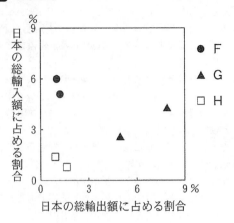

統計年次は2013年。
財務省貿易統計により作成。

図

F…日本の総輸入額に占める割合は高いが, 総輸出額に占める割合が低いことから, 資源国であり, 原油の輸入先のアラブ首長国連邦・サウジアラビアである。

G…日本の総輸入額に占める割合はそれほど高くないが, 総輸出額に占める割合が高いことから, 資源国ではないアジアの国で, 韓国・タイである。アジアへの輸出品は, 部品や機械類, 鉄鋼, 非鉄金属などで, アジア諸国の経済発展を背景に, 工業やインフラ整備などの原材料が多い。

H…日本の総輸出額に占める割合と総輸入額に占める割合がともに低いことから, イギリス・フランスである。

実戦問題

問1 正解は③

まず, A・Bの判定を行う。

A…カザフスタンに該当する。CIS加盟国のカザフスタンは, ソビエト連邦からの独立後もロシアとの関係が深く, ア・イのいずれにおいてもロシアが最大の輸入先となっているほか, 隣国の中国が上位となっている。

B…リトアニアに該当する。バルト3国の一国であるリトアニアは, 隣国のポーランドや, リトアニアと同様にバルト3国の一国であるラトビアとの貿易が盛んである。

次に, ア・イの判定を行う。

A (カザフスタン)・B (リトアニア) のいずれにおいても, アにおいてロシアの割合が低くなっている。また, Aではアにおいて中国の割合が高くなっている。したがって, ソビエト連邦崩壊後, 徐々にロシアの割合が低下する一方, 中国などの新興国の

台頭を読み取ることができるアが, 2020年に該当する。

問2 正解は⑤

C…いずれの年においても上位に位置することから, 東アジアから南・西アジアやヨーロッパを結ぶ重要な航路上に位置し, 東南アジアのハブ港として発展を続けたシンガポールに該当する。

D…2000年以降, 順位・割合ともに低下傾向にあることから, 韓国や中国など, 近隣の新興国における経済発展や港湾の整備に伴い地位が低下した日本に該当する。

E…近年, 潤沢なオイルマネーを背景に港湾の整備を進め, 西アジアのハブ港として発展を遂げているドバイを擁するアラブ首長国連邦に該当する。

問3 正解は④

一般に, 国際観光客数は, 地中海沿岸諸国, 東南アジア, メキシコなどの温暖な国で多く, そのような国では国際観光収入が国際観光支出を上回る。一方, ドイツ・スウェーデン・ロシアなど, 高緯度に位置して冷涼な国では, 休暇を過ごすために温暖な国に向かう人々が多く, 国際観光支出が国際観光収入を上回る傾向にある。また, 訪日外国人観光客数に関しては, 近隣のアジア諸国からの観光客が多いことが特徴である。

ク…タイに該当する。温暖な気候に恵まれて観光業が発達し, 国際観光収入が多い一方, 発展途上国であることから, 総人口に比して海外旅行を行う人は多いとは言えず, 国際観光支出は少ない。一方, 近年の経済成長やLCC (格安航空会社) の路線拡大を背景に訪日観光客数が増加傾向にあったため, 3か国の中では訪日外国人観光客数が最も多い。

次にカ・キを判定するが, シェンゲン協定により域内の自由が認められるEU (ヨーロッパ連合) の加盟国であり, 人口約8,300万人を擁するドイツの方が, 人口約3,800万人 (2021年) のカナダよりも国際観光収入・国際観光支出が多くなると考えられる。したがって, カがドイツ, キがカナダに該当する。

第4章 人口・村落・都市
例題演習

1

Step 1　キ, ク

Step 2　ケニア, 韓国, カ, オーストラリア

Step 3　b, b, ②

2

Step 2　インド，バングラデシュ，発展途上国

Step 3　インド，バングラデシュ

参考

Step 2　イタリア，カナダ，先進国

Step 3　カナダ，イタリア，③

練習問題

1 正解は②

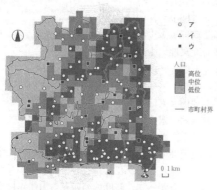

国土数値情報などにより作成。

図

【図版資料の着眼点】

分布／地図上の凡例数

　ア：広範囲／多い

　イ：人口高位地域に分布／少ない

　ウ：人口低位地域に分布／少ない

ア…施設数が最も多く，立地も分散しているが，人口高位の地域に立地する割合が高いことから，広範囲で対応する必要があるが，特に人口の多い地域で対応する機会が多い交番・駐在所に該当する。

イ…施設数が最も少なく，立地が人口高位の地域にほぼ限定されることから，多くの利用者を見込む市民ホールに該当する。

ウ…アに比べると施設数が少なく，人口低位の地域に立地する割合が高い。近隣住民への配慮などにより郊外に立地する傾向にある，ごみ処理施設に該当する。

2 正解は④

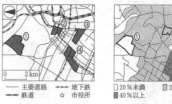

主要道路　　地下鉄
鉄道　　　　市役所

中心業務地区付近の概要

20 % 未満　　20〜40 %
40 % 以上

2000 年の居住者の貧困率

減少　　　　　0〜20 % 増加
20 % 以上増加

大学を卒業している居住者の増減
（2000〜2015 年）

減少　　　　　0〜40 % 増加
40 % 以上増加　データなし

賃料の増減
（2000〜2015 年）

UCLA Lewis centerの資料などにより作成。

図

　ジェントリフィケーションが起こることにより，大都市の中心地付近で，貧困層の割合が高く衰退した地域の再開発が進む。その結果，大学を卒業した専門的職業従事者や富裕層が流入し，地価や賃料が上昇する。これらの様子が全てみられるのは④である。

　①は，中心地から離れているうえ，2000年時点における居住者の貧困率が低く，衰退地区に該当しない。②では，2000〜2015年にかけて賃料が減少している。③では，2000〜2015年にかけて，大卒の居住者が減少し，賃料も減少している。以上から，①〜③はいずれもジェントリフィケーションがみられた地区に該当しない。

3 正解は①

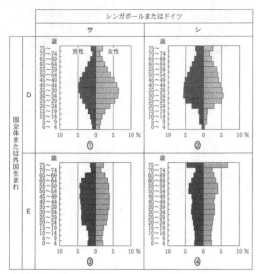

統計年次は2019年。
*International migrant stock 2019*により作成。

図

　まず，DとEを判定する。

D…働き盛りの20～50歳代の割合が高いことから，職を求めて移住した外国生まれの人口ピラミッドに該当する。

E…当事国で生まれたと考えられる年少人口の割合が，Dより高いことから，国全体の人口ピラミッドに該当する。

　次にサ・シを判定する。③・④を比べると，④の方が高齢者の割合が高いことから，早くから少子高齢化が進行したドイツに該当する。したがって，シがドイツ，サがシンガポールに該当する。なお，ドイツの老年人口率は22.2％，シンガポールの老年人口率は14.1％（2021年）である。

4 正解は③

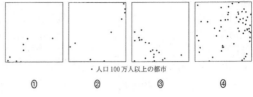

・人口100万人以上の都市

統計年次は2015年。
*World Urbanization Prospects*により作成。

図2

【図版資料の着眼点】

分布／地図上の凡例数
　①：南部　／少ない
　②：北東部／少ない
　③：南西部／多め
　④：東部　／多い

自然的要因×人口・都市
　⇒乾燥地，寒冷地，高山は少ない

イ…該当範囲の南側にあたるインド北部では，東に向けて流れるガンジス川流域に大都市が分布する。したがって，範囲内の西から南にかけて南東方向に都市が連なる③に該当する。

ア…該当範囲の北側にサハラ砂漠があるので，大都市の形成に不向きである。一方，南側のギニア湾岸や，ギニア湾に注ぐニジェール川流域には大都市が分布することから，①に該当する。

ウ…人口大国の中国には大都市が多く，特に，東部の沖積平野に集中していることから，④に該当する。

エ…ブラジルの大西洋沿岸部では，入植したポルトガルによって都市が建設された一方，内陸部に分布する大都市は限られる。したがって，②に該当する。

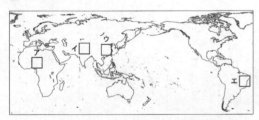

図1

　人口大国である中国やインドに大都市が多い点や，多くの人々が居住可能な沿岸部や沖積平野に大都市が分布する傾向にある点に留意する。

5 正解は②

②パークアンドライドは，都市内の慢性的な交通渋滞や大気汚染問題を緩和することを目的としているため，適当でない。パークアンドライドは，自動車を都市郊外の駐車場に止め，電車やバスなどの公共交通機関に乗り換えて都心に向かうことで，自動車の都市内への侵入を減らす交通システムである。

①グリーンツーリズムは都市住民が農山漁村地域に滞在し，その自然や文化，人々との交流を楽しむ余暇活動のことである。

③都市近郊の雑木林は里山とよばれ，かつては薪炭や山菜などの採取に利用されてきた。エネルギー革命以降，荒れた状態になっていた里山を保全・活用する活動が始められている。

④農村では過疎化や高齢化により農地の荒廃もみられるようになってきた。担い手不足の農家を支援し，農業活動を維持するために都市住民のオーナーやボランティアを募っている。

6 正解は③

国勢調査などにより作成。

図

サ…1925〜1930年の人口増加率が非常に高いことから，1925年には人口密集地の縁辺部に位置し，この時期に急速に都市化が進んだBに該当する。

シ…1965〜1970年に人口が減少していることから，早くから人口と産業が集積していたが，地価の高騰や住環境の悪化により，郊外に人口が流出してドーナツ化現象が進行した，都心部のAに該当する。Aでは，1990年代のバブル崩壊に伴う地価の下落により再開発が進み，2000年代以降，人口が流入する都心回帰が生じていることから，2005〜2010年の人口増加率が高くなっている。

残りのスがCに該当する。Cは東京都多摩市である。1960年代後半以降に多摩ニュータウンの開発が進み人口が流入したことから，1965〜1970年の人口増加率が非常に高い。

7
(1) 正解は②

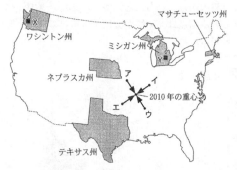

U.S. Census Bureauの資料などにより作成。

図

アメリカ合衆国では，第二次世界大戦前から五大湖周辺地域から北東部にかけて重工業が発達し，人口も集積した。しかし，資源の減少や産業構造の転換により，この地域の地位は低下した。一方，1970年代以降，温暖な北緯37°以南の地域に，安価な土地や労働力を求めて先端技術産業が集積して発展し，サンベルトとよばれるようになった。さらに，近年では，メキシコをはじめとするスペイン語圏から，ヒスパニックとよばれる移民が南西部を中心に流入した。したがって，人口分布の重心はイのように，北東から南西に向けて移動した。

(2) 正解は①

サンベルトの発展に伴い人口分布の重心が移動したことから，①が最も適当である。

8 正解は①

ミシガン州またはワシントン州

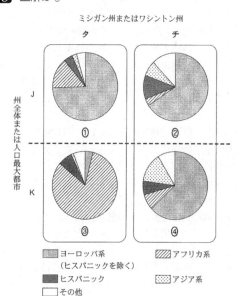

統計年次は2010年。U.S. Census Bureauの資料により作成。

図

設問**7**における図中のミシガン州とワシントン州の位置を押さえたうえで判定する。

まず，タ・チの判定を行う。チは，タよりアジア系の割合が高いことから，太平洋側に位置して比較的アジアとの関係が深いワシントン州に該当する。したがって，タはミシガン州に該当する。

次に，J・Kの判定を行う。①と③を比較すると，③の方が，アフリカ系の割合が極端に高い。五大湖周辺地域はヨーロッパ系の割合が高いが，大都市では雇用を求めて賃金水準の低いアフリカ系も多数流入する。したがって，③がミシガン州最大の都市であり，自動車工業が盛んなデトロイト，①がミシガン州の州全体に該当する。

9 正解は②

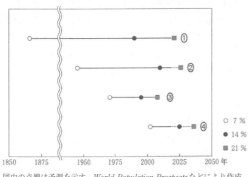

図中の点線は予測を示す。*World Population Prospects* などにより作成。

図

老年人口率が7％以上になると高齢化社会，14％
以上で高齢社会，21％以上で超高齢社会とよばれる。
① フランスに該当する。早くから高齢化社会となっ
　たが，福祉政策の拡充など，出生率を高める政策
　を導入したことにより，先進国の中では出生率が
　比較的高く，老年人口率の上昇は緩やかである。
③ 日本に該当する。高度経済成長期の1970年に高齢
　化社会となり，その後の急速な少子高齢化により，
　2007年，世界に先駆けて超高齢社会に突入した。
④ 中国に該当する。発展途上国の中国では，高い出
　生率による人口増加が問題となった。その対策と
　して1970年代に一人っ子政策が導入され，出生率
　が大幅に低下した。その結果，急速に少子高齢化
　が進行し，2001年に高齢化社会となった。今後，
　老年人口率はますます高まり，高齢化社会から高
　齢社会，高齢社会から超高齢社会に移行するのに
　要する期間は，日本より短いと予想されている。
　残りの②がカナダに該当する。

10 正解は④

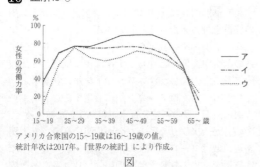

アメリカ合衆国の15〜19歳は16〜19歳の値。
統計年次は2017年。『世界の統計』により作成。

図

ア…フィンランドに該当する。北欧諸国では，福祉
　　制度の充実により，女性が出産・育児を行いな
　　がら仕事に従事する環境が整っていることから，
　　30歳代以降も離職する女性が少なく，女性の労
　　働力率が高い。
ウ…韓国に該当する。女性の労働力率が25〜29歳で

ピークを迎えたあと，30歳代に低下している。
日本と同様，保育所・託児所の整備や育児休業
制度の浸透が不十分であることに加え，性別役
割分担の考え方が欧米よりも強いから，出産・
育児のために離職する女性が多い。
残りのイがアメリカ合衆国に該当する。

11 正解は④

Googleマップにより作成。

写真

写真で示されている集落は，ヨーロッパの伝統的
な集落の形態である円村である。村落の中心に広場
や教会が設けられ，それらを取り囲むように家屋が
配置され，人々が集まって居住することから共同作
業が容易であった。さらに，外敵に対しては防御機
能も備えていた。したがって，キとbに該当する。
なお，カの地域では，直線的な道路や整然と区切ら
れた耕地がみられることが多い。また，aで述べら
れている利点は，家屋が分散する散村の利点として
知られる。

12 正解は③

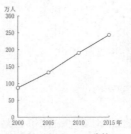

Dubai Statistics Centerの資料に　　Dubai Statistics Centerの資料に
より作成。　　　　　　　　　　　　　より作成。

図1　　　　　　　　　　図2

図1より，近年，ドバイの人口が急速に増加しているが，図2より，20〜40歳代の男性が多く流入していることが読み取れる。ドバイでは潤沢なオイルマネーを背景にインフラの整備や高層ビルの建設が進められているが，建設業に従事する労働者の多くが，南アジア出身の出稼ぎ労働者である。したがって，③が最も適当である。

13 正解は②

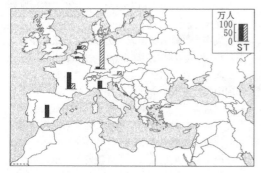

ヨーロッパ各国のうち，居住するトルコ人とモロッコ人の合計が10万人以上の国を示した。
統計年次は2017年。UN Population Divisionの資料により作成。

図1

まず，S・Tの判定を行う。
T…ドイツに多く在住することから，トルコ人に該当する。ドイツは，第二次世界大戦後の経済成長期にトルコや東ヨーロッパからの労働者を受け入れた。彼らはガストアルバイターとよばれている。
　残りのSがモロッコ人に該当する。モロッコから近距離に位置するスペインや，旧宗主国のフランスに多く居住する。

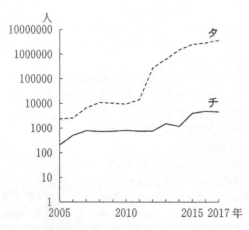

UNHCRの資料により作成。

図2

急増年と歴史的背景
　2011年⇒「アラブの春」⇒シリア内戦

次にタ・チの判定を行う。
タ…2011年以降，急速に難民数が増加していることから，トルコに該当する。2010年，アラブ諸国において「アラブの春」とよばれる民主化運動が発生した。その影響により，翌年にはトルコの隣国シリアで内戦が勃発し，多くの難民がトルコに流出した。
　残りのチがモロッコに該当する。

14 正解は③

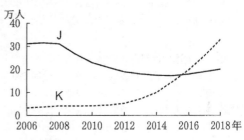

『在留外国人統計』により作成。

図1

まず，J・Kの判定を行う。
K…近年，急速に増加していることから，日本で職業についての技術を学ぶ技能実習生として来日しているベトナム国籍の居住者に該当する。
J…2000年代に入り減少傾向にあることから，ブラジル国籍の居住者に該当する。1990年の出入国管理及び難民認定法（入管法）の改定以後，自動車産業を中心とする製造業に従事する日系ブラジル人が増加した。しかし，2000年代に入り，工場の移転や閉鎖により解雇され，母国に戻る日系ブラジル人が増加した。

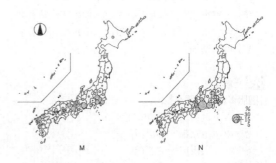

統計年次は2018年。『在留外国人統計』により作成。

図2

次に，M・Nの判定を行う。

N…自動車産業が盛んな愛知県・静岡県に多いことから，ブラジル国籍の居住者に該当する。

残りのMが，ベトナム国籍の居住者に該当する。

15 正解は②

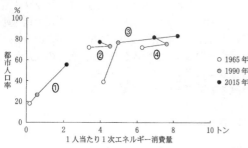

BP Statistical Review of World Energy などにより作成。

図

一般に先進国では都市人口率が高く，1人当たり1次エネルギー消費量が多い。しかし，近年では環境意識の高まりやサービス経済化の進行により，1人当たり1次エネルギー消費量が減少している国も多い。また，エネルギー資源の生産量が多く，人口が比較的少ない国でも，豊富な資源を背景に1人当たり1次エネルギー消費量が多くなる。

②・④いずれも早くから都市人口率が高い一方，近年は1人当たり1次エネルギー消費量が減少していることから，先進国のアメリカ合衆国かドイツのいずれかである。④が，1人当たり1次エネルギー消費量がより大きいことから，消費大国のアメリカ合衆国，②がドイツに該当する。

①中国に該当する。1965年時点では，経済発展の遅れから都市人口率が低く，1人当たり1次エネルギー消費量も少なかった。しかし，1990年代以降の急速な経済成長に伴い，いずれの値も増加傾向にある。

③サウジアラビアに該当する。豊富に埋蔵する石油によってもたらされたオイルマネーにより，経済発展と都市化が進行した。また，他の3か国より人口が少なく，1人当たり1次エネルギー消費量も大幅に増加した。

16 正解は④

【図版資料の着眼点】

グループ分け（転入後の所在地）

カ・ク：東京都＞＞大阪府

キ・ケ：大阪府＞＞東京都

比較（カ・ク）

転出者数：カ＞＞ク

移　　動：「ク⇒カ」＞＞「カ⇒ク」

比較（キ・ケ）

転出者数：キ＞＞ケ

移　　動：「ケ⇒キ」＞＞「キ⇒ケ」

東北地方の宮城県・秋田県，中国地方の鳥取県・岡山県と，大都市圏に位置して雇用機会の多い東京都と大阪府との距離と転入数の関係に着目する。

カ…大阪府よりも東京都への転入数が多く，その数も最大であることから，東北地方の県であり，さらに，東北地方最大の人口を擁する宮城県に該当する。

キ…大阪府への転入数がカ～ケの中では最も多いことから，大阪府と距離が近い中国地方に位置し，鳥取県より人口が多く，アクセスも良好である岡山県に該当する。

ク…カ（宮城県）への転出数とカからの転入数が，ともに東京都に次いで多いことから，東北地方の秋田県に該当する。

残りのケも，東京都よりも大阪府への転入数が多いことから，中国地方に位置する鳥取県に該当する。

17 正解は①

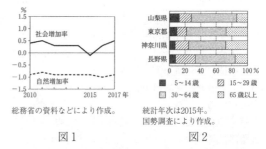

総務省の資料などにより作成。　統計年次は2015年。
国勢調査により作成。

図1　　　　　図2

①適当でない。人口増加率は，自然増加率と社会増加率の和で求められる。図1によると，2010年から2017年にかけてのいずれの年においても，自然増加率と社会増加率の和はマイナスで，総人口は減少している。

②適当。社会増加率は，転入率から転出率を引いた差で求められる。図1によると，2015年以外はいずれの年も社会増加率がプラスであり，転入率が転出率を上回っている。

③適当。図2によると，東京都・神奈川県からの65歳以上の転入者の割合は20％を上回り，山梨県・長野県からよりも高い。

④適当。図2によると，中学生以下の子どもが含まれる5～14歳と，その親世代に該当する30～64歳の転入者数の割合が最も高いのは山梨県である。

18 正解は②

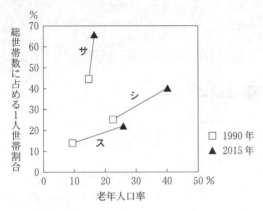

国勢調査により作成。

図

サ…Aに該当する。雇用の多い中心業務地区に位置することから、生産年齢人口の割合が高く、老年人口率が低い。また、20〜30歳代の未婚の世代も多く、総世帯数に占める1人世帯割合が高い。

シ…Cに該当する。老年人口率が急速に高まっていることから、山間部に位置し、若年層が流出している市町村であると考えられる。また、高齢の単身世帯が多く、総世帯数に占める1人世帯割合が上昇している。

ス…Bに該当する。1960年代から1980年代にかけて、新しく家庭を持った人々がニュータウンに転居したため、総世帯数に占める1人世帯割合が最も低い。

19 正解は③

①中国の首都ペキンに該当する。近年の経済成長により、巨大企業が多く出現している。市域人口1916万人、郊外を含む人口2189万人（2020年）であるが、中国の総人口が多いため、国の総人口に占める人口割合は4都市の中で最も低い。

②韓国の首都ソウルに該当する。ソウルはプライメートシティ（首位都市）の代表例として知られ、韓国の総人口の約20％を占めている。

④オーストラリアの首都キャンベラに該当する。キャンベラは、オーストラリアで人口が最大の都市であるシドニーと、人口第2の都市メルボルンの間の地に、首都機能を有する政治都市として建設された計画都市であり、人口は43万人（2020年）に過ぎない。国の総人口に対する人口割合が低く、巨大企業の立地も見られない。

したがって、残りの③が、マレーシアの首都クアラルンプールに該当する。

20 正解は④

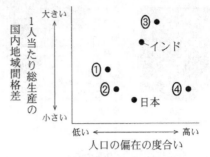

統計年次は、人口の偏在の度合いが2012年、1人当たり総生産の国内地域間格差が2010年。
OECD, *Regions at a Glance 2013* により作成。

図

【図版資料の着眼点】
グループ分け（格差）
　①③：大きい（インドに近い⇒途上国）
　②④：小さい（日本に近い　⇒先進国）
グループ分け（偏在度）
　③④：高い（自然的要因または首位都市）
　①②：低い

　まず、図の縦軸に着目する。1人当たり総生産の国内地域格差は、一部の富裕層に富が集中し、多くの貧困層との経済格差が顕著である発展途上国や新興国で大きくなり、先進国で小さくなる傾向にある。したがって、①・③が南アフリカ共和国かメキシコのいずれか、②・④がオーストラリアかオランダのいずれかとなる。インドや日本の位置もヒントになるであろう。

　次に、横軸に着目する。先進国では、乾燥地域、寒冷地域、高山などのアネクメーネ（非居住地域）が広がる国において、特定の地域に人口が集中するために人口の偏在の度合いが高くなる。②・④を比べると、④の方が偏在の度合いが高いことから、内陸に砂漠が広がり、国土の約6割を乾燥帯が占め、沿岸部に人口が集中するオーストラリアに該当し、②がオランダに該当する。また、プライメートシティ（首位都市）が存在する国では、人口の偏在の度合いが高くなることから、①・③を比較して、偏在の度合いが高い③が、代表的なプライメートシティとして知られるメキシコシティを擁するメキシコに該当する。一方、①は、ヨハネスバーグやケープタウンなどに人口が分散する南アフリカ共和国に該当する。

21 正解は④

カ 中央分離帯のある幅の広い道路や大規模な工場がみられる。

キ 直交する格子状の道路や四角形のため池がみられる。

ク 堀や丁字路，寺社の立地が集中している場所がみられる。

図

　最も古い時代に形成された集落はキであり，古代に形成された条里制（条里集落）に該当する。条里制は，班田収授法の成立（646年）以降に実施された土地区画制度であり，直交する格子状の道路や四角形のため池といった特徴をもつ。村落の形態は，不規則に密集した塊村であり，図中の「九条町」のように「条」「里」などが用いられた地名が多い。

　次に古い時期に形成されたものはクであり，近世に成立した城下町に該当する。図の北西にみられる「柳沢神社」の周辺に堀がみられることから，ここが城跡（郡山城）であることが読み取れる。また，城跡の近くには，外敵の侵入を防ぐために丁字路が多く，道路の幅も狭い。さらに，城から離れた区域に寺社を集中させ，外敵の侵入に備えた。

　最も新しい時期に形成されたものはカである。計画的に直線的な道路が建設され，モータリゼーションに対応するため，幅の広い道路となっている。また，広大な工業用地が整備され，大規模な工場が多数立地している。

22 正解は①

①適当でない。新市街には直線的な道路や直交路型の街路など，計画的に建設された道路網が発達している。迷路型の道路網は，イスラーム圏の旧市街に多くみられる。

②適当。ギリシャでは，2009年，財政赤字を過少に公表していたことが発覚したことから財政危機に陥った。

③適当。フランス南部の地中海沿岸に位置するコートダジュールは，世界的にも有名な保養地であり，

高級リゾート開発も進められている。代表的な都市にニース，カンヌ，独立国のモナコなどがある。

④適当。イタリア北西部の地中海沿岸に位置するジェノヴァは，イタリア有数の港湾都市であり，鉄鋼・化学・造船などの工業が発達している。

23 正解は②

表　　　　　　（単位：人）

	1 位	2 位	3 位
①	アルバニア (54,904)	ジョージア （グルジア） (774)	ウクライナ (665)
②	モロッコ (86,894)	アルバニア (69,953)	ルーマニア (25,231)
③	モロッコ (86,181)	エクアドル (60,686)	コロンビア (57,367)
④	モロッコ (53,823)	アルジェリア (45,927)	チュニジア (18,861)

統計年次は2013～2015年の合計。
OECD, *International Migration Outlook* により作成。

　移民の流入に関する統計では，出身国と移住先の国との距離や，旧宗主国と旧植民地といった歴史的な繋がりに着目する。また，表中の値の大小にも気を付けたい。

③スペインに該当する。スペインの旧植民地であった，南アメリカのエクアドルやコロンビア出身の移民が多い。

④フランスに該当する。モロッコ，アルジェリア，チュニジアといった，旧フランス領の北アフリカの国々が上位に入る。

　残りの①・②を比較すると，②の方が国籍を新たに取得した人の人数が多い。つまり，②の方が，経済の発展合いが大きく雇用がより多い国であることから，イタリアに該当する。一方，①は2009年に財政危機に陥り，失業率が高いギリシャに該当する。

24 正解は②

表

	人口10万人当たり大型小売店数（店）	人口1人当たり卸売販売額（万円）	人口増減率（％）
E	16.4	212.7	1.05
F	12.8	32.8	6.34
G	10.7	99.9	− 8.25

統計年次は，人口10万人当たり大型小売店数が2014年，人口1人当たり卸売販売額が2012年，人口増減率が2010～2015年。
総務省の資料などにより作成。

E…カに該当する。Eは，人口1人当たり卸売販売
　　額が最大であることから，地域の中心地機能を
　　有する都市であり，カのような県庁所在地の都
　　市が該当すると考えられる。
F…クに該当する。Fは，人口増減率が最も高いこ
　　とから，都心へのアクセスが良好な近郊に位置
　　し，住宅地の開発が急速に進んで人口の流入が
　　進む都市であると考えられる。
G…キに該当する。人口1人当たり卸売販売額は比
　　較的大きいが，人口増減率が最も低く，人口が
　　減少していることから，地場産業で栄えていた
　　が，近年は衰退傾向にあり人口の流出がみられ
　　る地方都市であると考えられる。

㉕　正解は⑤

ア　中心部には城壁で囲まれた政府機関を核として中・低層の建造物が
　　広がる。郊外に向かって高層化していく住宅団地が特徴である。

イ　中心部には中心業務地区をなす高層ビルの集積がみられる。郊外に
　　は一戸建ての住宅地域が広がる。

ウ　中心部には土地利用や景観の観点から中・低層の歴史的建造物が保
　　全されている。周辺部には高層ビルからなる副都心が形成されている。

Claval, *La Logique des Villes* などにより作成

図

イ…シカゴに該当する。アメリカ合衆国などの新大
　　陸の都市は，ヨーロッパ系の入植により形成さ
　　れ，歴史が浅いことから，中心部の中心業務地
　　区（CBD）に多くの高層ビルが建設された。一
　　方，郊外には富裕層が居住する一戸建ての住宅
　　地域が広がることが多い。
ウ…パリに該当する。ヨーロッパの伝統的な都市で
　　は，中心部に残された中・低層の歴史的建造物
　　が保全され，高層ビルは郊外の再開発地区に建
　　設されることが多い。パリ郊外のラ・デファン
　　ス地区には副都心が建設され，新たにオフィス
　　ビルや商業施設が建設された。
　　残りのアがモスクワに該当する。中心部には城壁
に囲まれた，政府機関が集中する区域がある。モス
クワの城塞は，ロシア語でクレムリンとよばれる。

㉖　正解は⑤

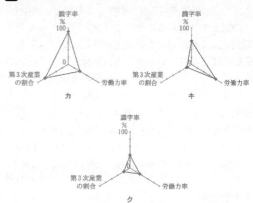

統計年次は，女性の識字率と女性労働人口に占める第3次産業の割合が
2000年～2004年のいずれか，女性の労働力率が2004年。
World Development Indicator などにより作成。

図

【図版資料の着眼点】
女性に関する値
　　⇒「イスラーム圏」
　　⇒女性の社会進出があまり進んでいない
　　⇒女性の労働力率と識字率が低くなる

　　女子の識字率や労働力率が最も低いクが，イス
ラーム圏のパキスタンに該当する。
　　残りのカ・キを比べると，カの方が識字率や第3
次産業の割合が高いことから，新興国としてカンボ
ジアより1人あたりGNI（国民総所得）が高いメキ
シコに該当する。一方，キが，1970年代に激しい内
戦を経験して経済発展が遅れたカンボジアに該当す
る。

㉗　正解は③

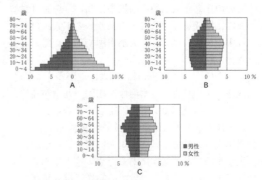

統計年次は2012年または2013年。
UN, *Demographic Yearbook* により作成。

図

　　人口ピラミッドと人口転換モデルとを対応させな
がら考える。図は，Aが富士山（ピラミッド）型，
Bが釣鐘型，Cがつぼ型である。

発展途上国は，多産多死の段階にあり，年少（幼年）人口（15歳未満人口）が多く高年齢ほど減少し，Aの富士山型になる。やがて医学・薬学，環境衛生の発達により乳児死亡率などが急速に低下すると，多産少死となり，いわゆる人口爆発が起き人口が急増する。次いで生活水準が向上すると出生率が低下し，年少人口が減少した少産少死型となり，Bの釣鐘型に移行する。さらに少産少死が進み年少人口が減るとCのつぼ型となり，高齢化が進行する。

以上のことから，Aの富士山型は発展途上国のタンザニア，Bの釣鐘型は工業化で経済発展したタイ，Cのつぼ型は，先進国で高齢化が進み，将来人口減少の懸念がみられるドイツである。

㉘ 正解は③

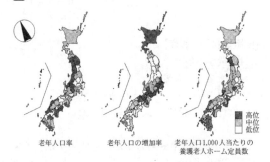

統計年次は，老年人口率，老年人口1,000人当たりの養護老人ホーム定員数が2010年，老年人口の増加率が2000～2010年。
国勢調査などにより作成。

図

③老年人口1,000人当たりの養護老人ホーム定員数は，東京都・愛知県・大阪府が低位，周辺の都市圏も含め低位や中位が多く，非大都市圏に高位の都道府県が集中しているため，適当でない。三大都市圏への人口集中は著しく，老年人口率は低いものの，老年人口数や増加率は高い。施設は設置までに期間を要することもあり，老年人口数や増加率の反映が難しく，大都市圏で不足していると考えられる。

①老年人口率では，三大都市圏は低位が多く，東北，北陸，中国地方の日本海側，四国，九州が高位にあるため，適当である。都市部では若年層の流入などにより老年人口率が低いが，農村部では高い。

②老年人口の増加率は，老年人口率とは対象的に三大都市圏で高い傾向にあるため，適当である。

④1955年から1970年にかけての高度経済成長期は，多くの若年層が三大都市圏へ流入し，高齢期に入っているため適当である。

㉙ 正解は①・②（順不同）

①アメリカ合衆国では，同時多発テロ以降に不法入国者対策や入国審査の強化は行われたものの，移民を禁止したわけではなく外国生まれの住民は増加しているため，適当でない。

②インドでは，1950年代から家族計画などの人口抑制政策がとられたが，人口増加率が高く2023年には総人口で中国を抜き世界第1位になったので，適当でない。

③スウェーデンでは，少子高齢化や人口減少傾向の回復のため，男女機会均等や家族政策・育児支援政策がとられ，1.5まで落ちた合計特殊出生率を1.7（2021年）にまで回復させている。

④中国は，一人っ子政策の実施で高齢化が懸念されたため，2016年にはこの政策を廃止し，二人目を認める政策へ転換しているが，少子高齢化に歯止めはかかっていない。

⑤日本は，世界的な少子高齢化の国であり，保健医療・高齢者福祉などを支える若年層の高負担が問題になっている。

⑥ブラジルは，現在BRICSの一員として経済発展しており，農村部から都市への人口移動も激しい。都市人口率も高まっており，ファベーラとよばれるスラムでの劣悪な居住環境などの都市問題も深刻化している。

㉚ 正解は④

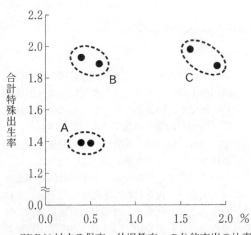

GDPに対する保育・幼児教育への公的支出の比率

統計年次は2010年。
OECD, *Family Database* などにより作成。

図

A…合計特殊出生率が低く，GDPに対する保育・幼児教育への公的支出の比率も低い。少子高齢化が進み，きわめて低出生率で，その対策も十分でないドイツ・日本である。

C…GDPに対する保育・幼児教育への公的支出の比率が高いことから，少子化が問題になったために少子化対策に力を入れ，出生率が回復しているスウェーデン・デンマークである。

B…アメリカ合衆国・オーストラリアである。移民が多く，それも若い年齢層が多いためにドイツや日本に比べ，出生率も高い。

（※BとCは，合計特殊出生率は類似しているが，GDPに対する保育・幼児教育への公的支出の比率が異なる。）

31　正解は②

急速な経済発展を遂げた韓国では，都市に人口が集中し，特に首都ソウルに一極集中している。よって，表の中で国の総人口に占める市域人口の割合が最も高い②と判断できる。ソウルには世界的に活躍する企業の本社も多くみられる。

①売上高が世界の上位500位以内の企業本社数が最も多く，世界経済の中心地ともいえるニューヨークであると考えられる。

③国の総人口に占める市域人口の割合が最も低い。シャンハイ（上海）は2000年当時の人口で約1400万人（2016年は2420万人）と多いが，中国の総人口が2000年当時は約13億人（2018年は14億人）で，割合は低い。

32　正解は④

④ブラジルのリオデジャネイロは，人々が農村部から仕事を求めてやってきた結果，都市でも十分な仕事や住居が得られない人も多く，中心地周辺の山の斜面や土地条件の悪い地域に不良住宅地区（スラム）が形成されている。

①シドニーの位置するオーストラリアは，イギリスから独立した国であるとともに，白豪主義を掲げ白人以外の移民が制限されていたため，もともとは，ヨーロッパからの移民が多かった。白豪主義の廃止後は，黒人ではなく，地理的に近いアジアからの移民が増えたため，適当でない。

②パリの中心部のマレ地区などでは，景観保全や伝統的建築物の保護のために建物の高さなどに規制があるため適当でない。新たに形成された大規模なオフィス地区は，パリ中心部ではなく，パリ郊外のラ・デファンス地区である。

③メキシコシティでは中心業務地区（CBD）の周辺に高級住宅街が広がっており，市街地を取りまく傾斜地などの土地条件が悪い地区にはスラムが形成されている。

33　正解は③

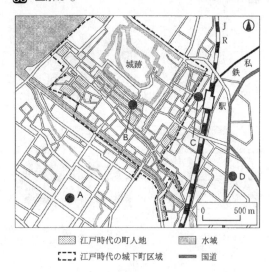

凡例：
▨ 江戸時代の町人地　　▨ 水域
╌╌ 江戸時代の城下町区域　　━ 国道

『日本図誌体系』などにより作成。

図

地点Cは江戸時代の城下町区域から外れたJRと私鉄の駅付近に位置している。③にあるように，近代以降，鉄道の開通とともに発展した地区と考えられる。モータリゼーション（車社会化）の発達に伴い，都市中心部の商店などは閉店する店舗も増えている。

①1970年代以降，都市では中心部から離れた郊外に宅地開発が盛んに行われた。図の中では地点Aと考えられる。

②城下町の雰囲気を醸し出す景観整備が行われている地区は江戸時代の町人地の中と考えられるので，地点Bである。

④自動車交通の便利な場所は，国道沿いの地点Dと考えられる。モータリゼーションの進展により，郊外の幹線道路沿いには広い駐車場を備えた大型のショッピングセンターなどがみられる。

34 正解は②

統計年次は2010年。
国勢調査により作成。

図

　まず,「小地域の境界と鉄道路線」の地図の中で,駅の位置を確認する。駅周辺は小地域の区画の面積が小さくなっているため,早くから市街地化した都心部と考えられる。
　ア～ウの地図の高位の分布をみると,アは駅を中心とした都心部に高位の地域が集中しており,ウは,アで低位となっている駅から離れた周辺部に高位の地域が分布している。イは都心にも周辺部にも高位の地域がみられる。よって,アが人口密度を示していると考えられる。人口密度の高い地域には農地や山林は少ないと考えられるので,ウが農業・林業就業者割合である。残るイは老年人口割合で,高齢化は都心・周辺部ともに進んでいることがわかる。

35 正解は①

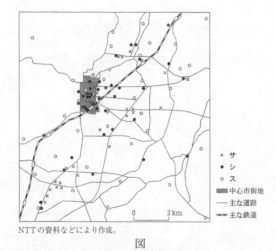

NTTの資料などにより作成。

図

　大型小売店,銀行,小学校のそれぞれの施設の立地条件を考える。大型小売店は車で来ることを前提

としているため,広い駐車場が確保でき,交通の便利な郊外の幹線道路沿いに立地することが多い。銀行は官公庁や企業の多い中心市街地や,駅の近くに立地することが多い。小学校は生徒数が確保でき,どの子どもも通学ができる場所につくられるため,分散している。
サ…郊外の幹線道路沿いに分布がみられるので,大型小売店である。
シ…中心市街地や駅の周辺に多くみられるので,銀行である。
ス…中心市街地に近い場所から離れた場所まで広く分散しているので,小学校と考えられる。

36 正解は①

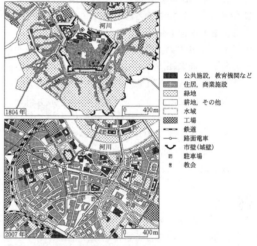

Diercke Weltatlas により作成。

図

　新旧の地図を比較して,凡例や地図記号を読み取る。
①2007年の地図でも,迷路状の街路網が残されているが,旧市街の中に駐車場の記号が読み取れるため,適当でない。
②地図の上部に位置する河川は,2007年の地図では1804年の地図よりも2本橋が増えている。
③2007年の地図では,1804年の地図の市壁（城壁）があった場所に,路面電車の記号が読み取れる。
④1804年の地図で耕地,その他の記号が大半であった市街の外部は,2007年の地図では住居,商業施設や工場などになり,都市化が進んでいる。

実戦問題

問1　正解は⑦
ア…集落Aは,中世に成立した環濠集落である。集落の外周に防御や用水の確保を目的とした濠がめぐらされていることから,防御が該当する。

イ…集落Aでは家屋が不規則に密集していることから、自然発生的に成立した塊村が該当する。円村は、教会や広場を中心として家屋が円状に配列されている村落である。ヨーロッパには数多く分布するが、日本にはみられない。

ウ…集落Bでは、ほぼ直線状の道路に沿って家屋が配列されており、家屋の周辺には短冊状に区切られた耕地が広がっている。したがって、集落Bは、江戸時代に成立した新田集落である。明治時代に北海道で形成された屯田兵村では、耕地が碁盤目状に区切られている。

問2　正解は②

C…サに該当する。自動車工場が進出したことにより、工場に勤務する20～50歳代の男性の割合が高くなっている。また、近隣の市町村から工場への通勤者も多いことから、昼夜間人口比率が非常に高い。

D…スに該当する。新興住宅地の建設により、若年層の夫婦とその子からなる核家族が流入したことから、30～40歳代と20歳未満の割合が高い。また、都心部への通勤圏に位置することから、夜間人口（常住人口）の方が多く、昼夜間人口比率は100％を下回っている。

E…シに該当する。都心部から離れているために高齢者の割合が高い一方、観光業が盛んであることから、サービス業に従事する20歳代女性の割合が特に高い。また、近隣の市町村から観光業に従事する通勤者も多いことから、昼夜間人口比率は150％を超えている。

問3　正解は⑥

先進国では、産業構造の高度化により都市部に第2次産業・第3次産業が集積することから、雇用を求める人々が流入し、都市人口割合が高くなる。一方、発展途上国では、農村部で第1次産業に従事する人々の割合が高いことから、都市人口割合は低くなる。しかし、近年は、発展途上国においても農村部から都市部への人口の流入が増加し、なかでも人口第1位の都市への流入が顕著であり、人口第2位の都市との差が著しいプライメートシティ（首位都市）が形成されることが多く、都市問題が深刻化している。したがって、発展途上国において、人口第1位・第2位の都市人口比率が高くなる傾向にある。

まず、カ～ケが先進国・発展途上国のいずれであるかを判定する。カ・キは、都市人口割合が低く、人口第1位・第2位の都市人口比率が高いことから発展途上国、ク・ケはその逆であることから先進国である。

カ・キのうち、キは首都と人口第1位の都市が異なることから、ナイジェリアに該当する。ナイジェリア最大の都市は、国土の南西部、ギニア湾岸に位置するラゴスであり、長らく同国の首都であった。しかし、1990年代には、国土のほぼ中央部に位置し、多民族国家のナイジェリアにおいて中立的な位置にあるアブジャに首都が移転された。一方、カがバングラデシュに該当する。

ク・ケのうち、首都と人口第1位の都市が一致するクが、首都ベルリンを擁するドイツである。一方、ケは、人口第1位のトロント、人口第2位のモントリオールに対して、首都がオタワであるカナダに該当する。

問4　正解は③

F…チに該当する。北ヨーロッパのノルウェーとスウェーデンは、福祉政策の充実により出生率が比較的高く、自然増加率がプラスであることに加え、移民や高度な技術をもつ労働者の流入により社会増加率もプラスとなっている。

G…タに該当する。ドイツやスペインでは少子高齢化が進行して自然増加率はマイナスである一方、北アフリカや西アジア、東ヨーロッパなどから雇用を求める移民が流入しているため、社会増加率はプラスである。

H…ツに該当する。アルバニアと、かつてのソビエト連邦の構成国であったモルドバは、いずれも、旧社会主義国でEU非加盟国である。ヨーロッパの中では経済発展が遅れていることから、出生率が急激に低下して自然増加率がマイナスであるうえ、若年層を中心にEU諸国などに流出していることから、社会増加率もマイナスである。

第5章　生活文化・民族・宗教・国家
例題演習

1

Step 1　アジア、アフリカ、中央・南アメリカ

Step 2　イスラーム、カトリック、プロテスタント、①

2

Step　キリスト教（正教会）、イスラーム、イスラエル、イスラーム、ユダヤ教、スリランカ、仏教（上座部仏教）、ヒンドゥー教、ク、カ、キ、⑤

練習問題

1 正解は④

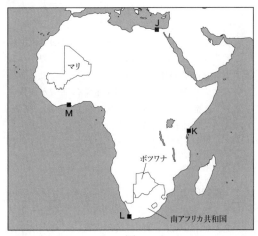

図

① Mに該当する。Mは，コートジボワール最大の都市アビジャンである。コートジボワールを含む西アフリカ諸国の多くは旧フランス領で，フランス語が公用語とされている国も多い。

② Lに該当する。Lは，南アフリカ共和国のケープタウンである。19世紀に地中海と紅海を結ぶスエズ運河が開通し，ヨーロッパとアジアの重要な交易路となったが，それまでは，アフリカ大陸の南を回り，ケープタウンを経由する航路が繁栄していた。南アフリカ共和国では，アフリカ系が多数を占めるが，17世紀にオランダ人が入植し，19世紀にイギリスの植民地となったことから，キリスト教が広く信仰されている。

③ Jに該当する。Jは，エジプト第2の都市アレクサンドリアであり，ナイル川の河口を形成する三角州に位置する。エジプトではムスリム（イスラーム教徒）が多数を占める。

④ Kに該当する。Kは，ケニア第2の都市で同国最大の貿易港であるモンバサである。アラブ人やインド人との間で行われたインド洋交易で栄えた都市であり，南西と北東から吹くモンスーンを利用して船舶が往来した。ケニアでは，旧宗主国イギリスの影響による英語に加え，アフリカ系の言語とアラビア語が混じりあって形成されたスワヒリ語が公用語とされている。

2 正解は①

表

	2000年 （百万ドル）	2016年 （百万ドル）	増減率 （％）
カ	1,043.5	1,134.2	8.7
キ	951.1	799.1	−16.0
中央・南アメリカ	639.9	283.6	−55.7
ク	549.3	40.2	−92.7
南アジア	440.1	307.4	−30.2

外務省の資料により作成。

ODA（政府開発援助）は，先進国が発展途上国の経済発展を促すために資金や技術の協力を行う援助である。距離的に近い国や旧植民地などを対象に支援することが多く，日本は，欧米諸国よりもアジア諸国に対する援助額の割合が高い。しかし，2000年代以降，アジア諸国では急速な経済成長がみられたことから，日本からアジア諸国に対する援助額は減少傾向にある。

カ…アフリカに該当する。経済発展が遅れている多くの国がODAによる多額の援助を受けていることから，ODAの地域別実績では最大であり，しかも，2000年から2016年にかけて金額が増加している。

ク…東アジアに該当する。1960〜1970年代には韓国，1980〜2000年代には中国に対して多額の援助が行われたが，両国の台頭に伴い大幅に減少した。そのため，2016年時点での地域別実績は，5地域の中で最小であり，2000年と比べた増減率は最も低くなっている。

残りのキは，東南アジアに該当する，近年は援助額が減少傾向にあるが，フィリピン，カンボジア，ベトナムなどに対する援助額は依然として大きい。

3 正解は③

③ 適当。海岸線から200海里（約370km）までの海域を排他的経済水域（EEZ）という。航空機や船舶の航行，海底ケーブルの敷設は公海上と同様に自由であるが，海洋資源の利用や管理については沿岸国が主権を有する海域である。

① 適当でない。現在でも，ロシアが不法占拠する北方領土や，インドとパキスタンで領有を争うカシミール地方など，未解決の領土問題が残されている。

② 適当でない。領海は，一般には低潮線とよばれる干潮時の海岸線を基線として，基線から12海里（約22km）の海域である。

④ 適当でない。領空は，大気圏内に限られており，大気圏外はいずれの国の領域にも属さない。

4 正解は③・④（順不同）

③適当でない。APEC（アジア太平洋経済協力会談）は、オーストラリアの提唱により1989年に設立され、アジア太平洋地域における政府間の経済協力を推進することを目的としている。日本、中国、ロシア、アメリカ合衆国など、太平洋周辺諸国の多くが加盟している。

④適当でない。巨大資本を有する欧米の国際的な石油会社をメジャー（国際石油資本）といい、第二次世界大戦前より西アジアや北アフリカなどにおける油田開発で大きな影響力をもっていた。しかし、1950年代以降、自国内の天然資源に対する主権を確立しようとする資源ナショナリズムの動きがみられ、石油資源に関しては、1960年に、OPEC（石油輸出機構）が設立され、メジャーに対抗して原油価格の決定に対して強い発言力を持つようになった。

①②⑤適当。

⑥適当。ASEAN（東南アジア諸国連合）は1967年、シンガポール、マレーシア、タイ、インドネシア、フィリピンによって設立されたが、当初は、インドシナ半島で勢力を拡大する社会主義国に対抗するための資本主義国による組織であった。しかし、1990年代に冷戦が終結すると、ベトナムなどの社会主義国も加盟し、東南アジア全体の経済・文化の発展や貿易の促進を目的とする組織に変容を遂げた。

5 正解は①

①スリランカに該当する。スリランカでは、上座仏教（上座部仏教）が広く信仰されているため仏教寺院が多いうえに、旧イギリス領であることから、ヨーロッパ風の街並みもみられる。

②ウズベキスタンに該当する。中央アジアのウズベキスタンでは、イスラームが信仰されており、ウズベキスタン第2の都市で、シルクロードの要衝でもあるサマルカンドの歴史的建造物は世界文化遺産に登録されている。

③フィリピンに該当する。フィリピンのルソン島では、急斜面に棚田が広がっており、世界文化遺産に登録されている。また、旧宗主国スペインの影響により、カトリックが信仰されており、キリスト教の教会も多い。

④スウェーデンに該当する。中世のヨーロッパでは、ハンザ同盟とよばれる北海からバルト海における貿易を独占するための都市間同盟が結ばれたが、スウェーデンにもハンザ同盟にもとづく交易都市の遺跡があるほか、北部には良質な鉄鉱石を産出するキルナ鉄山などの鉱山が分布する。

6 正解は⑥

カ…NAFTAに該当する。NAFTAは、アメリカ合衆国・カナダ・メキシコの間で1994年に設立された自由貿易協定である。したがって、1人当たり総所得がカ～クの中で最大であり、1人当たりGNIが最上位の国がアメリカ合衆国であることから、カ～クの中では最大である。

※NAFTAは現在USMCAとなっている。

ク…ASEANに該当する。加盟国は発展途上国中心であることから1人当たり総所得がカ～クの中では最小である。しかし、アジアNIEsの一角を担うシンガポールの1人当たりGNIが大きいことから、最上位国の値はEUとカに次いで大きい。

残りのキがCISである。CISは、旧ソビエト連邦の構成国によって結成され、中心国はロシアであることから、1人当たりGNIが最上位国の値は、カ・クと比べて小さくなっている。

7 正解は③

③適当でない。近年、ニュージーランドには、中国系の移民も増加しているが、公用語は、旧宗主国イギリスによってもたらされた英語と、先住民の言語であるマオリ語である。なお、オーストラリアには先住民のアボリジニが居住するが、公用語は英語のみであるので、両国の区別を正しく行いたい。

①②④適当。

8 正解は③

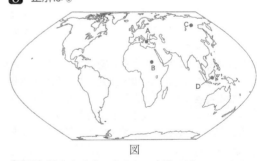

図

③「通気性をよくする」から、赤道に近いDのカリマンタン（ボルネオ）島である。熱帯雨林気候（Af）で年中高温多湿のため、湿度の高い地表面から床面を離し、床下に風通しをよくする高床式住居がみられる。高床式には洪水の際の浸水や、害虫や野獣の侵入を防ぐという利点もみられる。森林資源に恵まれており、建材には木や草、竹が用いられる。

①「厳しい寒さを防ぐ」から、緯度が高く、亜寒帯（冷帯）のCシベリア（ロシア）である。イズバは太い丸太を横に積み重ねた住居で、針葉樹林の直

林が豊富なシベリアでは伝統的に木造住居が多くみられる。積んだ丸太で壁の隙間をふさぎ，窓は小さく少なく，半地下で採暖保温を図ることで，厳しい寒さを防いでいる。

②「樹木が少ない」から，乾燥帯のＢサハラ砂漠である。住居は土や日干しレンガでつくられており，強い日差しと屋外の熱を遮断するため，壁は厚く，窓は小さく少ない。

④「白壁の石造り住居」から，地中海沿岸のＡである。地中海性気候（CS）は，夏は高温で乾燥する。日差しが強いので，住居は太陽光を反射する白い厚い壁で，窓は小さく少ない。少雨のため木材は多くはないが，豊富な石灰石を利用した石造りの家が多い。

9　正解は④

④インドネシアの公用語はインドネシア語，スイスの公用語はドイツ語，フランス語，イタリア語，ロマンシュ語（レートロマン語）であるため適当でない。ともに多民族国家であるが，インドネシアは「多様性のなかの統一」という国是のもと，インドネシア語を公用語としながらも各民族の言語を尊重し使用する政策をとっているのに対し，スイスは４つの言語を公用語として定め，民族間の融和を図ろうとしている。

①民族とは言語や宗教，風習・慣習などの文化的社会的特徴によって分類した人類の集団のことであり，他民族との差異を意識することなどを通して，帰属意識をもつ。

②ドイツ語はインド・ヨーロッパ語族のゲルマン語派，フランス語はインド・ヨーロッパ語族のラテン語派に属する。

③地域の特殊性に応じて独自に発達していったために，一つの言語が，音韻・語彙・文法などが他と異なる言語体系に分かれることがある。これを方言といい，日常的に使用される言葉が異なる場合もある。これに対し，地域を越えて通じる言葉を共通語という。

10　正解は④

④上座仏教は，東南アジアではミャンマー，タイ，ラオス，カンボジアなどに広く浸透しているが，これらはインド文化圏で，インド系の文字を用いている。ベトナムは漢字文化圏であるが，伝わったのは大乗仏教で，現在用いられているのは中世にヨーロッパの宣教師たちによって伝えられたアルファベットであるため，適当でない。

①社会主義体制時代，東ヨーロッパやロシアおよびその周辺の地域では，宗教は厳しい弾圧を受け，教会の破壊や閉鎖が行われたが，その後体制が崩れると宗教は復興した。教会の再建が行われ，礼拝も行われている。

②イスラーム暦は太陰暦で，ムスリム（イスラーム教徒）が多く住む地域では，公式の暦としては西暦を用いるが，宗教関係の年間行事や休日・祝日は太陰暦をもとにしたイスラーム暦で決められていることが多い。イスラームの安息日である金曜日が休日とされる地域が多く，昼にはモスクでの集団礼拝が行われる。

③カースト制はインド特有の身分制度である。憲法ではこの制度による差別は禁止され，婚姻の自由が保障され職業選択の自由も認められている。しかし，差別はいまだに残っている。

11　正解は④

ア…「外衣」「断熱性に優れた毛織物」は寒さを防ぐものなので熱帯地域ではなく，「撥水性」は降水をはじく目的なので乾燥帯地域ではないため，南アメリカの高山地域と判断する。「四角形の布の中央に頭の通る穴をあけた外衣」はインディオの民族衣装のポンチョである。着脱が容易なので，高地における「大きな気温の日較差」に対応できるよう，着用されている。家畜のアルパカやリャマの毛を素材としている。

イ…「放熱性や吸水性に優れた麻や綿」から，高温多湿な地域であるため，東南アジアの熱帯地域である。ここに出てくる「横にスリットのある上衣とズボンとの組合せを基本とした衣服」はベトナムの民族衣装のアオザイである。中国服式の立襟と非対称な右前の打ち合わせ，裾の長いスリットを特徴としている。

ウ…残るウは西アジアの乾燥地域である。太陽光を遮る雲がなく，「強い日差し」の地域である。日中は暑いので，「綿でつくられた袖と裾の長い外衣と，頭部を覆う布」で「全身を覆う」ことによって，紫外線と熱から身を守り，乾燥による体内の水分の蒸発を防いでいる。

12　正解は③

③米は生育期に高温多雨な気候を好むが，小麦は生育期に冷涼湿潤，収穫期に温暖乾燥の気候を好む。小麦は米と比べて冷涼乾燥な地域での栽培に適しているので，適当でない。中国では降水量の少ない北部では小麦を中心とした畑作，降水量の多い南部では稲作が盛んで，南部の華中・華南は米が主食だが，北部の華北は小麦からつくる饅頭や麺類が主食となっている。

①紅茶を煮出して，香辛料や砂糖，ミルクを加えて

飲むマサラチャイは，イギリスの植民地時代，良質な紅茶をイギリスに送った後，残ったくずの茶葉をおいしく飲む方法として考えられたといわれている。

② キャッサバはマニオクともいわれるブラジル原産の低木で，根茎からタピオカとよばれるでんぷんが得られる。熱帯から亜熱帯の地域で広く栽培されている。タイで食されるタピオカにココナッツミルクを加えた冷菓はサークー・ガティとよばれる。

④ ベトナムはフランスの植民地時代，フランス文化の影響でコーヒーを飲む習慣ができた。牛乳が豊富でなかったため，代わりにコンデンスミルクをコーヒーに混ぜて飲むようになった。

13 正解は③

③ カナダではイギリス系の住民が多数派だが，ケベック州ではフランス系の住民が多数派で，カナダからの分離独立運動が起きている。このため，政府は英語とフランス語を公用語とし，多文化主義政策を採用するなどして，融和を図ってきた。それぞれのもつ伝統や文化の共存を認める多文化主義政策は他の少数派の人々に対してもとられているため，適当である。

① インドネシアでは「多様性のなかの統一」の下，各民族の言語が尊重されているが，公用語はインドネシア語だけであるため，適当でない。

② オランダでは自分たちの宗教や価値観にしたがって子供に教育を受けさせる権利が保障されている。公立学校のほかに，カトリック，プロテスタント，イスラーム（イスラム教）などの学校を選ぶこともできる。宗教にかかわる教育が行われている学校もあるので，適当でない。

④ フランスには政教分離法があり，非宗教性の原則から，公的な場所で宗教的なシンボルを身に着けることは禁じられている。公立学校での子供たちの宗教色の強い服装は認められていないので，適当でない。

14 正解は④

④ 「1日5回の礼拝や断食月」「生涯に一度は聖地を巡礼」から，イスラーム（イスラム教）であり，イスラームを国教としているサウジアラビアである。1日5回の礼拝などはムスリム（イスラーム教徒）の実行すべき基本的な務めで五行といい，ほかに「信仰告白」や貧しい人への施しである「喜捨」がある。

① 「生まれや職業による厳しい身分制度」からカースト制度と考え，ヒンドゥー教徒の多いインドと判

断する。カースト制度による差別は憲法で禁止されており，少しずつ緩和されているが，解消されてはいない。

③ 「男性は生涯に一度は僧侶」から，上座仏教と考え，タイと判断する。出家することで社会から一人前と認められる。

② 残りの②は「ヒレやウロコがないものは食べられない」から，ユダヤ教であり，イスラエルと判断する。ユダヤ教の食の禁忌は豚・血液・宗教上の適切な処理がされていない肉などイスラームと重なるものが多いが，ユダヤ教の方が厳格な規程をもつ。タコ・イカや貝類はムスリム（イスラーム教徒）にも食さない人が多いが，イスラームの宗教上の教義で禁じられてはいない。

15 正解は③

第二次世界大戦後，南アジアはヒンドゥー教徒の多いインド，ムスリム（イスラーム教徒）の多いパキスタン（その後東パキスタンであったバングラデシュが分離），仏教徒の多いスリランカに分かれて，それぞれ独立した。

③ 仏教の割合が69.3％と高いことから，スリランカである。スリランカは古代，ここを拠点として上座仏教が南インドや東南アジアに伝わっていった地域で，シンハリ（シンハラ）人には上座仏教徒が多い。これに続くのが，主にヒンドゥー教徒のタミル人である。

① ② イスラーム（イスラム教）の割合が高いことから，パキスタンとバングラデシュである。このうちヒンドゥー教や仏教の割合が①より高い②が，周囲をヒンドゥー教国のインドと仏教国のミャンマーに囲まれたバングラデシュ，イスラーム（イスラム教）が96.4％の①が，パキスタンである。

④ ヒンドゥー教の割合が80.6％と高いことから，2007年までヒンドゥー教を国教としていたネパールである。

16 正解は②

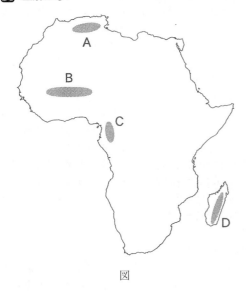

図

②「雑穀などを主食」とあるので，乾燥アフリカ地域であり，サヘルのBである。雑穀を中心とするサバナ農耕文化は西アフリカのニジェール川流域で生まれたといわれる。キビやモロコシ類は乾燥に強いので，サヘルの乾燥地域でも少ない雨を利用して，焼畑農業で栽培される。また，「ラッカセイのペースト」とあるが，サヘルでは商品作物としてラッカセイが栽培されていることにも注意したい。

①「小麦粉を粒状にして蒸したものなどを主食」「オリーブ」とあるので，地中海沿岸地域のAである。地中海式農業では夏に高温乾燥に強いオリーブなどの樹木作物を，温暖多雨の冬に小麦などの穀物の栽培を行っている。「ナツメヤシ」は，Aの沿岸を少し離れた乾燥地域のオアシスで栽培される食材である。

③「米飯を主食」とあることから，東南アジアから渡来したマレー系の人々の子孫の多いDのマダガスカルである。島国で海岸にココやしが育つので，ココナッツミルクも使われる。

④主食が「ヤムイモなどのイモ類やバナナ」，「豊富な森林産物」から，赤道付近で，熱帯雨林の広がるCのガボンである。

17 正解は④

カ…先住民の割合が高く，現地日系人の概数も多いので，ペルーである。先住民のインディオは中央アメリカやアンデス山脈の高地に多く，ペルー，ボリビアでは約半数を占めている。また，ペルーは1899年から日本人の移住が始まり，日系人はブラジル，アメリカ合衆国，カナダに次

いで世界4番目の規模である（2017年）。

ク…混血に続いて白人と黒人の割合が高く，現地日系人の概数が少ないため，キューバである。黒人はサトウキビプランテーションなどで働く奴隷として，西アフリカから連れてこられた。混血の多くは白人と黒人の混血のムラートである。

キ…残るキはメキシコである。混血に次いで先住民の割合が高い。混血の多くは先住民と白人の混血のメスチーソである。また，日系人は世界で8番目の規模である（2017年）。

18 正解は①

①オーストラリアの先住民アボリジニは，18世紀後半からのイギリスの入植で迫害を受け，人口が激減した。しかし，オーストラリア社会が多民族国家，多文化社会へと変貌していくなか，アボリジニも国民として法的に平等となった。権利を守るための施策が行われ，人口は増加している。ニュージーランドの先住民マオリも，同様にイギリスの入植で人口が減少したが，第二次世界大戦後の国際的な人権意識の高まりやアジア系移民の増加のなかで，多民族国家の象徴としてマオリ語やマオリの文化が尊重されるようになり，マオリの人口は増えているため，適当である。

②オセアニアでは，イギリスから独立した国が多く，公用語も英語が多いため，適当でない。

③オセアニアでは，宗主国であった西欧の文化的な影響を受けた国が多く，そのような国では主にキリスト教が広まっているため，適当でない。

④メラネシアは，ほぼ日付変更線以西で，赤道から南緯30°付近までの間の地域である。ニュージーランドは日付変更線以西ではあるが，南緯30°より南に位置し，ポリネシアに属するので，適当でない。

⒚ 正解は③

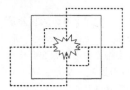

諸民族の分布域が国の内外に錯綜し，一つの国の中で，拮抗する複数の民族が主導権を争う。
①

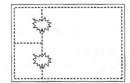

一つの国の中で，多数派の民族によって抑圧された複数の少数民族が，連帯して抵抗する。
②

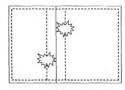

一つの民族が，複数の国にまたがって分布し，それぞれの国において自治や独立を要求する。
③

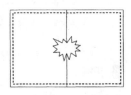

一つの民族が二つの国に分断され，政治体制の違いから同一民族どうしで紛争が起こる。
④

☐ 国の領域　┆┆ 民族の分布域　 紛争の発生地

図

③クルド人はトルコ，イラク，イランなどにまたがるクルディスタンという山岳地域に居住する，国をもたない最大の民族である。複数の国に分断されて，各国で少数民族として居住し，各国で自治や分離・独立を要求して弾圧を受けている。よって，「一つの民族が，複数の国にまたがって分布し，それぞれの国において自治や独立を要求する」③が該当する。

①アフリカの民族紛争にはこのパターンが多い。旧宗主国が民族分布を無視して引いた植民地の境界線をそのまま国境としたために，一つの民族が複数の国に分断されていたり，一つの国が言葉も通じあわない多数の民族からなっていたりして，民族紛争の火種となっている。

②旧スーダンでの内戦などがこれに該当する。旧スーダンでは，北部（政府）と分離・独立を求めた南部（現南スーダン）との間の南北スーダン内戦や，スーダン西部のダルフールで，アラブ系遊牧民族とアフリカ系農耕民族の間で昔からあった水や牧草地などを巡る抗争を背景に，政府・アラブ系民兵と反政府勢力との間でダルフール紛争がおこった。

④北朝鮮と韓国，かつての北ベトナムと南ベトナムなどがこれに該当する。

⒛ 正解は②

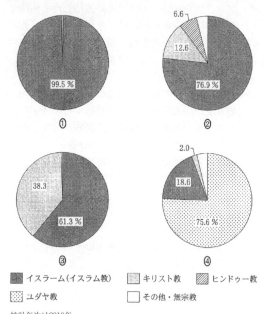

■ イスラーム（イスラム教）　▨ ヒンドゥー教　▧ キリスト教
▨ ユダヤ教　☐ その他・無宗教

統計年次は2010年。
Pew Research Centerの資料により作成。

図

問題文の注＊の「外国籍の住民」が外国人労働者で，主に出稼ぎ労働者等と類推する。

②イスラームを主として，多様な宗教が混在している。ヒンドゥー教はインドからの，キリスト教はフィリピンからの労働者を反映したものである。これらの人々の出稼ぎ先を考えればアラブ首長国連邦と判断できる。同国は世界的な産油国で，オイルマネーを利用した石油産業や，ドバイなどで知られるような観光開発，都市建設を行っており，南・東南アジアから多くの出稼ぎ労働者を受け入れてきた。

①ほぼ100％がイスラームで，イスラームのシーア派を国教とするイランである。周辺国のスンナ派との対立がみられる。

③約6割がイスラーム，約4割がキリスト教なのでレバノン。それぞれの宗派は，イスラームはシーア・スンナ・ドゥルーズ各派，キリスト教もマロン派・ギリシャ正教・カトリックと複雑で，隣国の干渉や内戦を招き政情不安が続いている。

④ユダヤ教の割合が高いのでイスラエル。ユダヤ国家建国後もパレスチナ時代からのムスリム（イスラーム教徒）を含み，大きな民族対立問題を抱えている。

21 正解は⑤

サ…アメリカ合衆国は2001年の同国における同時多発テロ事件をきっかけに，その背景にあったイスラーム原理主義組織の指導者の支配地域アフガニスタンに対して，空爆を行い，軍事進攻したのでZが該当する。

シ…北部のトルコ系住民と南部のギリシャ系住民との対立からXのキプロスと判断する。1960年にイギリスから独立した後，両民族が対立した。1983年に北部はトルコの支援で分離独立したが，国連は未承認である。一方南部のキプロス共和国は，2004年にEUに加盟している。

ス…Yのクウェート。1990年に，イラクが石油資源はイラクに属するとしてクウェートに侵攻し，翌年湾岸戦争に発展した。この国際紛争はアメリカ合衆国を中心とする多国籍軍がクウェートを支援し，イラクの敗北に終わった。

22 正解は②

②東欧諸国のEU加盟に伴い，人件費や生産コストが低いことから，EU域内のみならず，アメリカ合衆国や日本など域外からも工場進出などがみられているため，適当でない。

①1995年に結ばれたシェンゲン協定によって，EU加盟国を中心に国境管理が廃止され，人々の移動は自由になった。

③EUでは，共通農業政策のもと域内の生産性の低い農家へ補助金支給などの支援を行ってきたが，生産過剰や補助金負担の増大などが問題となった。2000年代に入り，補助金は農産物の品質向上や環境保全重視への支援にかわり，農村地域ではアグリツーリズムやグリーンツーリズムを取り入れた観光開発にも力を入れ，活性化を図るようになった。

④ドイツのエッセン近郊の炭坑やザールの製鉄所などは，産業遺産として評価されユネスコの世界遺産（文化遺産）に登録されている。博物館のほか，オフィス，観光施設に転用されて保存されており，地域の活性化に役立っている。イギリスやスウェーデンなどにも同様の例がみられる。

23 正解は①

①アメリカ合衆国では，1960年代の移民法の改正により，アジアからの移民規制が大幅に緩和されたため，アジア系移民が急増し，ヨーロッパ系移民を上回るようになった。よって，適当でない。

②19世紀中ごろまで，南部のプランテーション農園の労働者は，アフリカ系の奴隷に依存していた。1865年の奴隷解放後は，工業化の進展で労働力が不足した北部や太平洋岸などの都市への拡散もみられる。

③エスキモー（イヌイット）は北アメリカの極北地方の先住民で，伝統的な暮らしで知られるが，近年都市部に定住する人々も増え生活形態も変化している。カナダでは彼らの民族・文化を尊重し1999年にヌナブト準州が設立された。

④ヒスパニックは，スペイン語を話すラテンアメリカ系の移民とその子孫である。現在ではアメリカ合衆国における人種・民族構成でアフリカ系を上回っている。メキシコとの国境沿いの州で人口が多く，主に農業やサービス業・建設業などの低賃金の職に従事してきたが，居住地域，職業とも多様化がみられる。

24 正解は⑤

X…日本最西端に位置する与那国島は沖縄県与那国町に属し，町民による集落が形成され，観光客が訪れることも可能である。よって，スが該当する。

Y…東京都小笠原村に属する日本最南端の沖ノ鳥島はサンゴ礁によって形成された島であるが，波の侵食による島の消失，さらには，沖ノ鳥島周辺の領海や排他的経済水域（EEZ）の喪失が懸念されていることから，海岸侵食を防ぐための護岸工事が行われている。よって，サが該当する。

Z…日本最東端の南鳥島は東京都小笠原村に属するが，主な常駐者は気象観測や自衛隊などの任務を帯びた公務員に限られ，集落の形成はみられない。よって，シが該当する。

実戦問題

問1　正解は⑤

b誤り。ヴァラナシは，インド北部のガンジス川中流域に位置する都市であり，ヒンドゥー教の聖地である。イスラームの聖地としては，メッカやメディナ（サウジアラビア），エルサレム（イスラエル）が知られている。エルサレムは，ユダヤ教・キリスト教・イスラームの聖地であるが，周辺ではユダヤ教徒とムスリム（イスラーム教徒）の対立が続いている。

d誤り。サウジアラビアではスンナ派が広く信仰される一方，イランではシーア派が中心となっている。

a・cはいずれも正しい。

問2　正解は⑧

e誤り。カシミール地方の領有をめぐっては，パキ

スタンとインドによる対立が続いているが，ヒンドゥー教徒が多数を占めるインドに対して，パキスタンで多数を占めるのはムスリム（イスラーム教徒）である。

f 誤り。キプロスでは，キリスト教徒が多数を占める南部に対して，ムスリムが多数を占める北部が独立宣言を行っているが，独立を承認しているのは，同じくムスリムが多数を占めるトルコのみである。なお，南部はEU（ヨーロッパ連合）に加盟している。

g 誤り。カフカス山脈北麓のロシア領内には，イスラームを信仰するチェチェン人に対して高度な自治を認めるチェチェン共和国が設置されている。チェチェン共和国はロシアからの独立を求めているが，共和国内にはカスピ海周辺で採掘される石油を輸送するためのパイプラインが通過していることから，独立を阻止するための軍隊がロシアから投入され，激しい戦闘に発展した。

問3　正解は⑤

スラブ語派とラテン語派は，いずれもインド・ヨーロッパ語族に属しており，スラブ語派は東ヨーロッパ，ラテン語派は南ヨーロッパで主に使用されている。また，ラテン語派は，南ヨーロッパのスペインやポルトガルによって植民地支配されていた中央・南アメリカ（ラテンアメリカ）においても広く使用されている。

ア…クロアチアに該当する。東ヨーロッパに位置するクロアチアでは，スラブ語派に属するクロアチア語が使用されている。一般に，東ヨーロッパではキリスト教のなかでも東方正教（正教会）が広く信仰されるが，クロアチアでは，南ヨーロッパで広く信仰されるカトリックの信者が多数を占め，東方正教の信者は少数派である。

イ…フランスに該当する。ラテン語派に属するフランス語が公用語であり，カトリックの信者が多数を占める。また，かつての植民地であった，アルジェリアやモロッコなどの北アフリカ諸国を中心にイスラームを信仰する移民の流入が多く，イスラームの割合が比較的高い。

ウ…アルゼンチンに該当する。アルゼンチンでは，スペインの植民地下に置かれていた影響により，ラテン語派に属するスペイン語が公用語とされており，カトリックが広く信仰されている。

第6章 地域圏の調査

例題演習

1
Step　66.9，適当，29，27，適当でない，適当，③

2
Step　地理情報システム

練習問題

1　正解は④

一般的知識を用いて判定が可能なものもあるが，資料中の該当箇所と丁寧に照らし合わせ，根拠をもって適当でないものを判定する。

④適当でない。移住者が増加しているが，都市域の拡大過程である郊外化とは関係が無い。

①適当。かつて設置されていた分校は，子どもの減少に伴い廃校となってしまった。

②適当。高齢化により，春祭りの神事の担い手が途絶えてしまった。

③適当。宮津市の棚田の保全や自然を求めて訪れる人がみられる。

2　正解は②

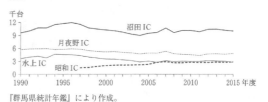

『群馬県統計年鑑』により作成。

図

調査方法に関する設問では，図の読み取りや選択肢の文の判定を冷静に行い，確実に得点に結び付けたい。

②適当でない。過去に交通量が変化した要因を知りたいにもかかわらず，将来の人口推計値を用いることは適切ではない。

①③④適当。

3　正解は②

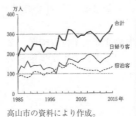

高山市の資料により作成。

図

		高山市	全国
外国人旅行者数 （万人）		26.8	1,973.7
地域別割合 （%）	アジア	58.7	84.3
	ヨーロッパ	25.1	6.3
	南北アメリカ	9.2	7.0
	オセアニア	6.6	2.2
	その他	0.4	0.2

表

高山市の値は，宿泊客のみの数値。
統計年次は2015年。
高山市の資料などにより作成。

②適当でない。2015年における岐阜県全体の日帰り客数は3,731万人，宿泊客数は629万人で，合計は4,360万人であり，合計に占める日帰り客数の割合は，約86％（3,731万人÷4,360万人×100）である。一方，図より，高山市における2015年の日帰り客数は約210万人，合計は約350万人であり，合計に占める日帰り客数の割合は，約60％（210万人÷350万人×100）である。したがって，高山市の方が日帰り客数の割合が低く，通過型の観光地としての性格が強いとは言えない。

①適切。

③適切。図より，2015年における高山市の宿泊客数は約140万人であり，表より，2015年における高山市の外国人旅行者の宿泊客数は26.8万人であることから，宿泊客数の総数に占める外国人旅行者の宿泊客数の割合は，約19％（26.8万人÷140万人×100）である。

④適切。

4　正解は②

②空中写真は，地形，地質，土地利用，植生，災害などの調査に利用するもので，撮影した時点の状況しか判断できず，流動する人の動きなどの調査は不可能であるため適当でない。

①業種には，農業・林業，漁業，建設業，製造業，卸売業・小売業などがあり，国（総務省統計局）などがそれぞれの業種の従業者数や経営規模などを調査し，資料を作成している。

③聞き取り調査は現地調査の基本的手段で，現地でしか知り得ない情報が得られる。

④文献資料による調査は，過去の状況を把握する方法として有効である。

5　正解は④

カ…マグロやブリは暖海魚で，比較的高い水温の海域に生息し，壱岐島周辺の海域には暖流である黒潮（日本海流）から分流した対馬海流が流れているので，「暖流」が該当する。

キ…壱岐島の漁業の経営規模は，表の1経営体当たり漁船数で判断でき，1経営体当たり漁船数が1隻の割合が全国平均を上回るので，「小さい」が該当する。

ちなみに，養殖真珠の生産量は，1位長崎県，2位愛媛県，3位三重県で，この3県で生産量割合の90％以上を占める（2021年）。

6　正解は②

②適当でない。表より，田の減少率は，（1,730－2,035）÷2,035×100≒－15となり，約15％であるの

に対して，畑の減少率は，（4,364－6,803）÷6,803×100≒－36となり，約36％であることから，畑の減少率の方が高い。

①適当。表より，桑園の減少率が最も高い（約54％）ことから，養蚕業の衰退が読み取れる。群馬県は，世界文化遺産に指定されている富岡製糸場の所在地であり，近代以降は養蚕業が発達していた。

③適当。図より，1990年から2010年にかけて，木材，家具製造業事業所の減少が最も大きい。

④適当。図や表から直接読み取ることはできないが，利根沼田地域が大都市から離れている地域であることから，大都市への転出や高齢化が進行していると考えられる。

実戦問題

問1　正解は③

③適当。国勢調査は，日本国内の外国籍を含むすべての人や世帯を対象として，総務省が5年ごとに行う統計調査であり，調査結果は，インターネットで閲覧・ダウンロードすることが可能である。さらに，パソコンの表計算ソフト等を用いることで調査結果をグラフとして可視化することもできる。

①適当でない。GNSSは，全球測位衛星システムの略であり，人工衛星からの電波を受信することで，現在位置を正確に特定するシステムである。地図の作成・分析はGIS（地理情報システム）を用いて行われる。

②適当でない。同一地点の土地利用の変化は，発行年代の異なる地形図を比較することで知ることができる。しかし，畑や果樹園の地図記号が示されている地域において，どのような作物が栽培されているのかについては，地形図だけでは確認することはできない。

④適当でない。ある地域における訪日外国人観光客数の推移は，地方公共団体などが公表する統計調査などで知ることができる。外国人労働者に聞き取り調査を行うことは，訪日外国人観光客についての調査方法として適切ではない。

問2　正解は④

④適当。表より，日帰り客1人当たりの観光消費額は140,713（百万円）÷57,704（千人）≒2,439（円），宿泊客1人当たりの観光消費額は166,368（百万円）÷28,307（千人）≒5,877（円）である。したがって，宿泊客が日帰り客の2倍以上大きい。

①適当でない。図より，延べ利用者数と観光消費額との間には，強い相関関係がみられることが読み取れる。

②適当でない。図より，2019年から2020年にかけて，延べ利用者数は約8,600万人から5,100万人に減少したが，減少率は約40％である。

③適当でない。表より，2019年の延べ利用者数の合計は57,704（千人）＋28,307（千人）＝86,011（千人）。したがって，日帰り客の割合は，57,704（千人）÷86,011（千人）×100≒67（％）であり，約3分の2を占めている。

問3　正解は③

③不適当。調査結果の整理・分析や仮説の検証の結果，さらなる調査が必要とされた場合は，デスクワークだけではなく現地調査も必要となる可能性がある。

①②④は適当。

2025年度大学入学共通テスト試作問題

第1問－問1　正解は④

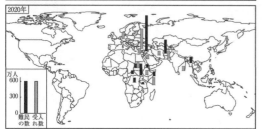

　図中の難民の出身国と受入れ国の位置関係を丁寧に読み取り、誤りを含むものを判定する。

④誤り。ドイツとウガンダでは、GDPの総額はドイツの方が大きい。したがって、難民の受入れ数が同程度であるならば、GDP1ドル当たりの難民受入れ数は、ウガンダの方が大きくなる。

①正しい。2000年における難民の数はアフガニスタンで最も多い。2020年の難民数はシリアで最も多く、アフガニスタンがこれに次ぐ。いずれの国も西アジアに位置している。

②正しい。2011年には「アラブの春」に伴うシリア内戦、2013年には南スーダン内戦が勃発した。2017年には、ミャンマーに居住する少数民族のロヒンギャ族が、同国の軍部による迫害を受けた。いずれの国においても多くの難民が発生した。

③正しい。受入れ数の多い国のほとんどが、難民の出身国の近隣に位置している。

第1問－問2　正解は③

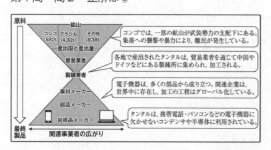

　資料から、タンタルの主要産出国と産出量割合や、原料から最終製品となる過程で多くの国や企業が関与していることをつかむ。

③適当でない。レアメタルが完成品メーカーに届くまでに、多くの業者やメーカーが関わっている。そのため、完成品メーカーが紛争鉱物の含有を特定することは困難であり、完成品メーカーに対してのみ紛争鉱物の利用を規制することは効果的ではない。

①適当。産出量第1位のコンゴ民主共和国（コンゴ）と第2位のブラジルを合わせると、全産出量の54.7%と過半を占める（2019年）。

②適当。コンゴ産タンタルの禁輸により、コンゴで正規に取引している企業や労働者の生活が圧迫されることが懸念される。

④適当。レアメタルは高価であるため、違法取引による利益が武装勢力の資金源となることもある。リサイクルの普及により取引価格を引き下げることで、違法取引や武装勢力の関与を防ぐことが期待される。

第1問－問3　正解は⑥

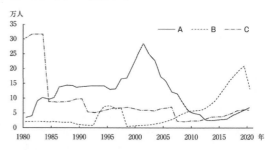

　問1でみたように、難民受入れ国は出身国の近隣に位置することが多いことを踏まえ、ア～ウの国を判定する。さらに、ア～ウで述べられている難民受入れの年代から、A～Cを判定する。

イ…ベトナムに比較的近いオーストラリアに該当する。受入れ数は、ベトナム戦争直後の1980年代に多く、2000年代以降は減少していることから、Cに該当する。

ウ…地中海を挟んで北アフリカと向き合うイタリアに該当する。受入れ数は、2010年以降に大幅に増加していることが考えられるので、Bに該当する。

ア…ザンビアに該当する。隣国のコンゴ民主共和国では、2002年まで内戦が続いていた。受入れ数は、内戦が終結する2002年まで増加を続けたAに該当する。

第1問－問4　正解は③

　資料の空欄前後と矛盾が生じないように、適切な

語句を選択する。

E…紛争後の平和や安定を構築する手段である**b**が入る。

F…紛争後の難民の生活を支援するための方策である**a**が入る。

カ…直後で様々な組織との連携や，受入れを各国に割当てることが述べられていることから，**x**が入る。

キ…直後で様々な価値観や文化・宗教の理解について述べられていることから，**y**が入る。

第2問－問1　正解は①

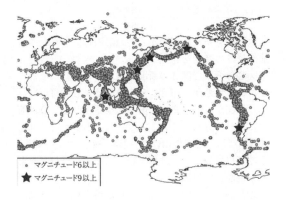

● マグニチュード6以上
★ マグニチュード9以上

選択肢と図の読取りを丁寧に行うことにより，適当でないものを判定する。

①適当。プレート境界では，長期にわたり地震が繰り返し発生する。その様子は，地層の痕跡や古文書の記録からも知ることができる。

②誤文。ニューヨーク，パリ，ロンドンでは規模の大きい地震はほとんど発生していない。

③誤文。マグニチュード9以上の地震は，日本近海，インドネシア近海，チリ近海など，いずれも狭まるプレート境界で発生している。

④誤文。海溝型地震は，活断層による地震よりも規模が大きいうえに震源が深いことから，広域で強い揺れを発生させる。

第2問－問2　正解は④

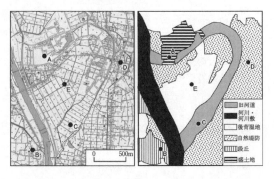

旧河道
河川・河川敷
後背湿地
自然堤防
段丘
盛土地

④適当でない。自然堤防に位置する地点Dは，後背湿地に位置する地点Eよりも標高が高いため，浸水深は小さく，浸水時間は短くなる。

①適当。流路の短絡化・直線化により，河川の水を速やかに下流に排水することが可能となり，洪水発生リスクが低減される。

②適当。標高の高い段丘面に位置する地点Bに対して，地点Aは，地下水を多く含み地盤が軟弱である旧河道において，盛土により造成された土地であることから，地震発生時に液状化が発生しやすい。

③適当。地点Cは低湿な旧河道に位置することから，河川氾濫時の浸水リスクが高く，浸水が長期にわたる。

第2問－問3　正解は③

資料から災害と地形の特徴をつかみ，該当する地形図を選択する。

資料1に「大地が大いに揺れ動き」「水がしきりに噴き出し」「海潮はわきあがって」とあることから，この自然災害は，地震とそれに伴う液状化現象と津波である。そのため，自然災害伝承碑は，海岸付近の低湿な地形に位置していると考えられる。したがって，図中に2mを示す標高点がみられ，周囲に水田が広がる③に該当する。

①②④はいずれも該当しない。

第2問－問4　正解は②

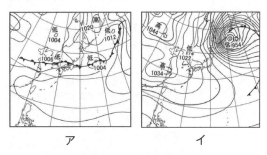

ア　　　　　　イ

天気図から季節を判定し，発生しやすい気象現象や被害を想起する。さらに，被害を軽減する適切な構造物を選択する。

まずは，アとイの季節と気象現象を判定する。

ア…日本付近に停滞前線が横たわることから，初夏の梅雨，もしくは，秋雨の天気図であり，大雨や洪水の被害が発生する可能性が高い。構造物は，浸水被害を軽減するために家屋の下に盛土が築かれているJに該当する。

イ…ユーラシア大陸に高気圧，日本の東海上に低気圧がみられる西高東低の気圧配置であることから冬であり，大雪の被害が発生する。構造物は，

吹雪による視界の悪化や積雪を防ぐため，道路にスノーシェルターが建設されているLに該当する。特に，積雪の多い海岸付近では，強風により雪の吹き溜まりが生じやすい。

なお，Kは，山に建設された構造物で，周囲に多くの岩がみられることから，火山の噴石から避難するシェルターである。

第3問－問1　正解は①

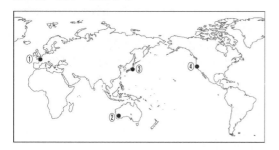

ハイサーグラフの特徴を理解し，「形が縦軸にほぼ平行になる」，つまり，「年中平均的な降雨がみられる」地点を判断する。

①のパリでは偏西風が卓越し，大西洋から安定的に水蒸気が供給されることから，年中平均的な降雨がみられる。したがって，ハイサーグラフの形は縦軸にほぼ平行になる。なお，パリは西岸海洋性気候（Cfb）に属する。

②のパースは地中海性気候（Cs）に属し，夏季に乾燥，冬季に降雨となるため，ハイサーグラフの形は右下がりとなる。

③の東京は温暖湿潤気候（Cfa）に属し，梅雨前線や台風の影響により夏季から秋季に降雨が多くなることから，ハイサーグラフの形は右上がりとなる。

④のサンフランシスコは地中海性気候（Cs）に属するので，②と同様，ハイサーグラフの形は右下がりとなる。

第3問－問2　正解は⑤

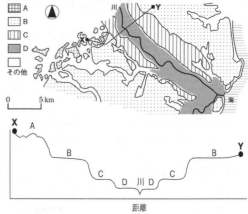

地形の分布や断面図から各地形の特徴をつかみ，地形形成の時期を判定する。

図2の分布と図3の断面図をみると，河川を挟んで対称に地形が分布し，C・DはBよりも河川に近く，標高が低い。また，図2によると，C・Dは河川に沿って分布していることから，Bが形成された後に，河川の堆積作用により形成された地形である。Dは河川に最も近い沖積平野であり，CはDより形成年代が古い河岸段丘に該当する。

したがって，図4より，年代が最も新しいアは，河川に最も近いDの形成時期に該当し，Dに次いで河川に近いCは，イの時期，つまり，寒冷化に伴い海面が低下した時期に形成されたと考えられる。

以上より，⑤が正解となる。

第3問－問3　正解は④

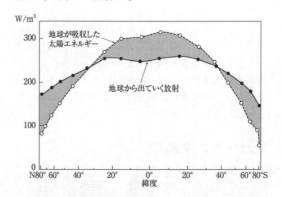

緯度ごとの気温，エネルギーの放射収支，降雨量と蒸発量の特徴や要因について，適当でないものを判定する。

④適当でない。貿易風は緯度30°付近から低緯度に向けて吹く恒常風である。緯度45°付近では，偏西風が吹く。

①適当。図5・図6より，低緯度では太陽エネルギー

の吸収量が放射量を上回るために気温が高くなる一方，高緯度では放射量が吸収量を上回るために気温が低くなる。よって，気温の分布は，緯度とほぼ平行になる。

②適当。熱エネルギーの量は，低緯度で多く高緯度で少ないため，不均衡を解消するために風や海流が低緯度から高緯度へ熱エネルギーを輸送している。

③適当。赤道付近では，地表面が大量の太陽エネルギーを受けるために空気が温められ，上昇気流が生じて熱帯収束帯（赤道低圧帯）が形成され，多くの降雨がもたらされる。

第3問－問4　正解は②

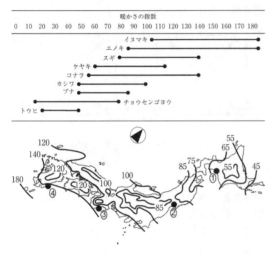

特定の植物が生育する「暖かさの指数」を読み取り，現在の日本におけるいずれの都市と合致するのかを判定する。

図8より，エノキとケヤキがともに生育する「暖かさの指数」は，おおよそ85～115である。図9で，その範囲に該当するのは，85～100に位置する②である。

①は55～65，③は120～140，④は140～180に位置するため，該当しない。

第3問－問5　正解は①

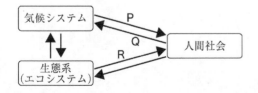

カ～クの自然現象や活動がみられる要因を考慮し，図10のいずれの矢印に該当するか判定する。

カ…沖縄県は温暖な気候であるため，さとうきびや

パイナップルの栽培といった産業が発達した。したがって，「気候システム」が「人間社会」に作用する**P**に該当する。

キ…大都市の中心部では，人為的につくられたコンクリートやアスファルトなどの構造物に，オフィスビルや自動車から大量に排出された人工熱が蓄えられるため，郊外より気温が高くなる。したがって，「人間社会」が「気候システム」に作用する**Q**に該当する。

ク…北海道東部には，希少な生態系がみられる湿原が分布しているため，それらを地域住民が観光資源として活用してエコツーリズムが行われている。したがって，「生態系（エコシステム）」が「人間社会」に作用する**R**に該当する。

第4問－問1　正解は⑥

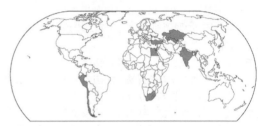

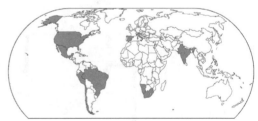

生食用ブドウは「貯蔵性の低い生鮮食品」であることから，輸入先は比較的近距離に位置する国が多い。そのうえで，自由貿易協定や経済的な国際機構なども加味して正しい組合せを判定する。

ア…旧ソビエト連邦の構成国であるカザフスタン・ウズベキスタンや，近距離に位置するトルコがみられることから，ロシアに該当する。ロシアは，カザフスタン・ウズベキスタンなどの旧ソ連の構成国とCIS（独立国家共同体）を結成している。

ウ…アメリカ・メキシコといったNAFTA（北米自

由貿易協定）加盟国や，比較的近距離に位置するスペインや南米諸国がみられることから，カナダに該当する。なお，2020年，NAFTAにかわりUSMCA（米国・メキシコ・カナダ協定）が発効した。

イ…消去法でも良いが，近距離に位置するトルコ・エジプトや，比較的近距離に位置するオーストラリアがみられることから，サウジアラビアに該当する。

第4問－問2　正解は③

問1と同様，自由貿易協定や経済的な国際機構の加盟国どうしでの貿易が盛んであることを考慮したうえで，輸出入額の大きさや，貿易収支（輸出額と輸入額のどちらが大きいのか）を読み取りながら正しい組合せを判定する。

カ…同一地域内の輸出入額が突出して大きいことから，EU加盟国間で貿易が盛んな西ヨーロッパに該当する。

キ…他地域に対して，輸入額が輸出額を上回ることから，世界最大の貿易赤字国のアメリカ合衆国が含まれる北アメリカに該当する。

ク…他地域に対して，輸出額が輸入額を上回ることから，「世界の工場」として多くの工業製品を輸出し，世界最大の貿易黒字国である中国が含まれる東アジアに該当する。

第4問－問3　正解は③

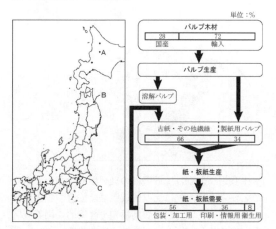

資料1中左図の工場A～Dの立地条件に関する設問である。左図中の工場A～Dの位置に加え，右図からパルプと紙・板紙の原料調達方法をつかんだうえで適当でないものを判定する。

③適当でない。工場Cは大都市圏に立地することから，地方と比較すると労働者の賃金水準は高くなる。

①適当。工場Aは北海道の内陸に立地する。また，資料1より，パルプ木材の28％は国内で調達されることから，工場Aの周辺地域に分布する森林が活用されていると考えられる。

②適当。工場Bは人口がそれほど多くない青森県の臨海部に立地する。また，資料1より，パルプ木材の72％は輸入に依存することから，工場Bは輸入木材を利用していると考えられる。

④適当。工場Dは人口や企業が集積する大都市圏の中心部に立地する。また，資料1より，紙・板紙の原料の66％を「古紙・その他繊維」が占めることから，大都市で生じる大量の古紙が再利用されていると考えられる。

第4問－問4　正解は②

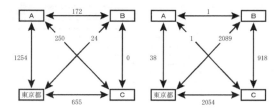

一般に人口が多い都道府県ほど旅客数が多くなる。また，三大都市圏の間など，比較的近距離の移動では鉄道（新幹線）が多く利用されるが，北海道や沖縄県など，本州から離れた遠距離の移動では航空が広く利用される。以上を踏まえ，図2中の突出した値に注目して判定する。

まず，**A**に注目する。**シ**によると，B・C・東京都のいずれに対しても旅客数が極めて少ないことから，三大都市圏から離れた北海道であり，**シ**は鉄道に該当する。したがって，**サ**は航空であるが，東京都とBの間では旅客数が少ないので，Bは，東京から最も近く，新幹線の移動が優位となる愛知県に該当する。残りの**C**が大阪府に該当する。**サ**で，A（北海道）に対する旅客数が東京都に次いで多いことから，愛知県より人口の多い大阪府と判断しても良い。

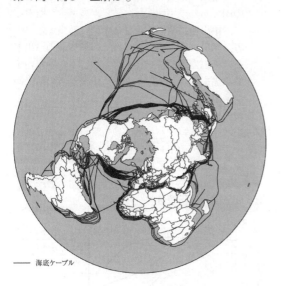

―― 海底ケーブル

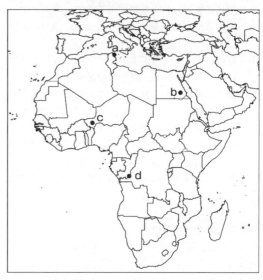

　選択肢と図表の読み取りを丁寧に行うことにより，適当でないものを判定する。

③適当でない。図3より，アジアとアメリカ合衆国との間の国際データ通信の多くは，中国を経由していないことがわかる。

①適当。図3より，イギリスから多くの海底ケーブルが伸びている。また，表2より，ヨーロッパでは，イギリスの世界シェアが最も高い。

②適当。図3より，ラテンアメリカ諸国から伸びる海底ケーブルの多くが北アメリカを経由している。また，表2より，ブラジルの通信先の約76％が北アメリカである。

④適当。香港は中国南部の沿岸部に位置するが，表2より，通信先の大半がアジア諸国である。さらに，図3より，香港から伸びる海底ケーブルの多くが日本・韓国や東南アジアのASEAN諸国とつながっている。

　地点a～cの位置と降雨パターンを想起し，図2のア～ウから適切なもの，文E～Gから適切な農業を選択する。資料1と図2は一見すると難解であるが，図2の横軸の値が大きければ，年降水量が多く年中湿潤であり，縦軸の値が小さいほど夏季に乾燥する点がつかめれば問題ない。赤道付近に位置する地点dの値も参考にしたい。

　まず，ア～ウの判定を行う。地点cは，サハラ砂漠の南縁に位置し，乾燥帯に属するが，夏季には北上した熱帯収束帯（赤道低圧帯）の影響により短い雨季が生じる。したがって，夏指数の大きいアに該当する。なお，地点aは地中海沿岸に位置することから，夏季に乾燥し，冬季に降雨がみられる地中海性気候（Cs）に属する。したがって，年指数は比較的大きいが夏指数が小さいイに該当する。地点bは年中亜熱帯高圧帯（中緯度高圧帯）の影響下にある砂漠地帯に位置することから，年指数・夏指数ともに小さいウに該当する。

　次に文E～Gの判定を行う。地点cは，夏季に降雨がみられ，耕作が可能となることからFに該当する。なお，地点aは，冬季に降雨がみられ，耕作が可能となることからEに該当し，地点bは，年中乾燥しており，遊牧や灌漑農業が行われることからGに該当する。

　以上より，②が正解となる。

第5問－問2　正解は①

　焼畑について，自然条件・農業形態などを理解したうえで，資料中の空欄の前後もヒントにしながら該当する語句を考える。

カ…焼畑は，東南アジアやラテンアメリカの熱帯地

域で行われる。空欄直前の「年中湿潤」が熱帯雨林気候（Af）の特徴であるので，空欄にはその周辺地域に卓越するサバナ気候（Aw）の特徴が入り，「夏雨型」が該当する。

キ…森林資源も有効活用することから，「森林産物の採集」が該当する。焼畑は原始的な農業形態であり，森林に火入れをすることにより生じた草木灰を唯一の肥料とするため，耕作時や耕地を森に戻すときに肥料を散布することはない。

ク…日本では，高度経済成長期に山間部から都市部への人口移動が顕著となり，山間部における農業の担い手が大幅に減少したことから，「過疎化」が該当する。

第5問－問3　正解は③

アフリカのみならず，アジアやヨーロッパの宗教・言語分布も考慮したうえで適当な文を判定する。

まず，**サ**と**シ**の図が，宗教と，母語が属する語族のいずれに該当するかを判定する。**サ**では，北アフリカから西・中央アジアまで同一区分であることからイスラーム，ヨーロッパの大部分が同一区分であることからキリスト教の分布が示されていると考えられることから，**サ**は宗教に該当する。一方の**シ**は，語族に該当する。

次に文の正誤を判定する。

③適当。北アフリカの地中海沿岸では，宗教（イスラーム）と語族（アフリカ・アジア語族）が対応しているが，西アジアの地中海沿岸諸国では，宗教と語族が対応していない。

①適当でない。**シ**によると，アフリカの広範囲に分布する語族（北アフリカのアフリカ・アジア語族とサハラ以南アフリカのニジェール・コルドファン諸語）とヨーロッパで広範囲に分布する語族（インド・ヨーロッパ語族）は異なる。

②適当でない。**サ**によると，北アフリカにはイスラームが分布するが，イスラームは西アジアを起源とする宗教である。

④適当でない。**シ**によると，マダガスカルに分布する語族は西アジアに分布する語族とは異なる。なお，マダガスカル語は，オーストロネシア語族に属し，東南アジアと関係が深い。

第5問－問4　正解は④

近年，中国はアフリカ開発に力を入れており，アフリカの鉱産資源を輸入する一方，中国産の工業製品を盛んに輸出している。2つの図を見比べ，顕著に異なる箇所に注意する。

まず，**タ・チ**の判定から行う。

チ…横軸のアンゴラの値が突出して大きい。アンゴ

ラは石油の輸出に依存するモノカルチャー経済の国であり，中国向けの輸出が多い。したがって，輸出額に該当し，**J**は中国に該当する。一方，エジプトやモロッコは，鉱産資源の輸出がそれほど盛んではない一方，中国から多くの工業製品を輸入しているため，中国からの輸入額が輸出額を大きく上回っている。

縦軸の**K**はユーロ圏に該当する。モロッコやエジプトなど，ヨーロッパに近い地中海沿岸諸国では，低賃金労働力を活用した安価な農産物や工業製品をヨーロッパに輸出している。

第5問－問5　正解は④

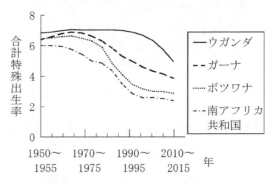

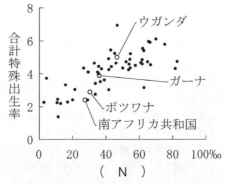

図と会話文を照らし合わせ，空欄に該当する語句を考える。

M…「都市化や経済発展」が該当する。発展途上国では出生率・死亡率がともに高かったが，経済発展に伴い医療の発達や公衆衛生の普及が進むと死亡率が低下する。さらに都市化と経済発展が進行すると，女性の社会進出や高学歴化による養育費の高騰などが進み，出生率も低下する。

N…図6によると，合計特殊出生率と**N**が正の相関関係にあるが，経済発展が遅れている国では，家計を支える多くの労働力や，親の老後の世話をする存在が必要とされるため，合計特殊出生率が高くなる傾向にある。そのような国では医療の発達も遅れていることから，合計特殊出生

率と正の相関関係にあるのは，「乳児死亡率」である。

第6問－問1　正解は①

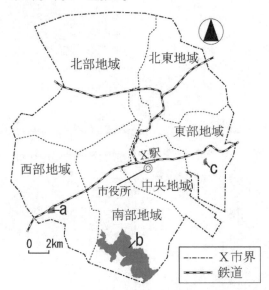

地区a〜cの位置と特徴を押さえ，人口に関する指標で突出した値に注目して適切な組合せを考える。

地区b…交通の便が悪い農村地域であることから，高齢者を含む世帯が多い一方，若年層の流出がみられると考えられる。したがって，年少人口の割合が最も低いイに該当する。

地区c…最近になって建設された戸建て住宅が多いことから，新たな家庭を築き，子供と暮らす若年層の夫婦が多いと考えられる。したがって，単身世帯の割合が最も低い一方，年少人口の割合が最も高いウに該当する。

残りのアは，地区aに該当する。

第6問－問2　正解は②

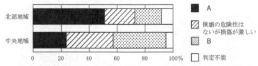

考察の文章をもとに，図と文章中の空欄に該当する語句を考える。

まず，図2中の凡例A・Bの判定を行う。

考察の文章より，北部地区は山地に位置しており，過疎化が進行し，放置された空き家が多いと考えられる。したがって，北部地区で割合が高いAは「倒壊の危険性がある」に該当し，中央地域で割合が高いBは「利活用できる」に該当する。

次に文章中の空欄カ・キの判定を行う。

カ…山間部の北部地域は中央地域に比べて人口密度

が低いことから，敷地面積の広い「戸建て住宅」の割合が高いと考えられる。

キ…中央地域に多いことから，人口密度が高い地域で多くみられる「集合住宅」が該当する。

第6問－問3　正解は④

聞き取り調査の内容と3つの図を丁寧に照らし合わせて位置を判定する。

資料1より，対象地域は80歳前後の世代が多く，高齢化が進行している。したがって，図3より，75歳以上人口の割合が高位である③か④のいずれかが該当する。さらに，近隣に食品スーパーが存在せず，傾斜地が広がることから，図4・図5より④が該当する。

第6問－問4　正解は②

聞き取り調査の内容と図を丁寧に照らし合わせて空欄に該当する語句を選択する。

サ…文章1行目の「市内の住居系と商業・工業系の地域間を結ぶ幹線道路」で発生する渋滞が南北方向に続くのに対して，東西を横断する幹線道路においても渋滞が発生していることから，「東西」が該当する。

シ…計画中の幹線道路は，市役所の東から南，さらには西に続く環状となっている。また，市役所付近から南西方向に放射状に伸びる幹線道路も計画されていることから「『放射・環状』型の幹線道路網」が該当する。

第6問－問5　正解は②

都市問題への対策を理解したうえで，誤りを含むものを判定する。

②誤り。中心市街地の交通渋滞を緩和するために実施される仕組みを，ロードプライシング制度といい，郊外から中心市街地に流入する自動車に課金する制度である。

①正しい。パークアンドライドは，自動車を郊外の駐車場に停車し，鉄道やバスに乗り換えて中心市街地に入る方式であり，これにより，中心市街地の交通量が抑制される。

③正しい。特にヨーロッパにおいて，路面電車の活用が進んでいる。

④正しい。

第6問-問6　正解は②

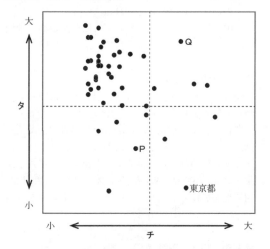

　都道府県の位置と，平均通勤時間・持ち家住宅率
の関係を考える。
　まず，**タ・チ**の判定を行う。
　図7中に示された東京都は，地価が高いことから
持ち家住宅率が低い一方，郊外から通勤する人が多
いことから平均通勤時間は長くなる。したがって，
東京都が全国平均より大幅に小さい**タ**が持ち家住宅
率に該当し，全国平均より大きい**チ**が平均通勤時間
に該当する。
　次に，**P・Q**の判定を行う。
　奈良県は，大阪府に隣接し，大阪府に通勤する人
の割合が高いことから，平均通勤時間が長い一方，
郊外に位置することから持ち家住宅率は高いと考え
られ，**Q**に該当する。一方，福岡県の県庁所在地で
ある福岡市は，九州地方の広域中心都市であり，人
口密度が比較的高く，持ち家住宅率が低いと考えら
れる。したがって，福岡県は**P**に該当する。

第6問-問7　正解は③

　下線部と，その前後の文章を丁寧に読み，適切な
取組みを選択する。
マ…大都市における過密問題が述べられていること
　　から，大都市の機能を地方都市に分散すること
　　を提案している**T**に該当する。
ミ…地方都市において車を利用できない人のための
　　まちづくりについて述べられていることから，
　　諸機能を一定の範囲内に集約する，つまり，コ
　　ンパクトシティの建設を提案している**S**に該当
　　する。
ム…空き家の活用について述べられていることから，
　　他地域からの移住を促進することを提案してい
　　る**U**に該当する。